Who cares?

Geschichten übers Sorgen, Pflegen und Betreuen

der hospiz verlag

Herausgegeben von
Gert Dressel, Edith Auer, Günter Müller, Barbara Pichler, Elisabeth Reitinger

Impressum

Bibliografische Information der Deutschen Bibliothek
Die Deutsche Bibliothek verzeichnet diese Publikation in der Deutschen Nationalbibliografie; detaillierte bibliografische Daten sind im Internet über **http://dnb.ddb.de** abrufbar.
Bibliographic information published by the Deutsche Bibliothek
The Deutsche Bibliothek lists this publication in the Deutsche Nationalbibliografie; detailed bibliographic data is available in the internet at **http://dnb.ddb.de**

Herausgegeben von
Gert Dressel, Edith Auer, Günter Müller, Barbara Pichler, Elisabeth Reitinger
Who cares? Geschichten übers Sorgen, Pflegen und Betreuen

© der hospiz verlag, Esslingen 2020
ISBN: 978-3946527-33-6

Kreativdirektion und Layout: Maria Mosesku, meetme@lagrafiosa.de

Dieses Werk, einschließlich aller seiner Teile, ist durch das Urheberrecht geschützt. Jede Verwertung außerhalb der engen Grenzen des Urheberrechtes ist ohne schriftliche Zustimmung des Verlags zu Unterrichtszwecken, Übersetzungen sowie Einspeicherungen und Verarbeitung in elektronischen Systemen nicht zulässig.

Druck: MCP, Polen

INHALT

7 Da capo al fine
Traude Veran

9 Einleitung der HerausgeberInnen

21 EINBLICKE IN SORGE-, PFLEGE- UND BETREUUNGSERFAHRUNGEN

23 Erfahrungen mit eigenem Betreuungs- oder Pflegebedarf

23 „Schließlich ist es *mein* Leben …"
Wilhelmine Hinner

26 „Nie hatte ich mich so ausgeliefert gefühlt …"
Otti Neumeier

31 „… dass mir ein Pflegeheim erspart bleibt"
Herta Rohringer

34 Absichern
Elisabeth Amann

39 Erfahrungen mit Betreuung und Pflege im privaten Umfeld

39 „Es konnte ja nicht mehr allzu lange dauern …"
Dagmar Gruber

47 Mein Leben mit der Betreuung von alten Menschen
Sabine Lenk

53 „… dass ich mehr zurückbekomme, als ich gebe"
Agnes Grandjean

62 Die letzten Tage meines Vaters
Eva Novotny

65 Ein stiller Gast
Karin Böck

67 Erfahrungen bei der Betreuung und Pflege von Angehörigen mit Demenz

67 „Solange ich etwas auf den Tisch bringe ..."
Rupert Erharter

70 Am Ende meiner Kräfte
Adolf Katzenbeisser

77 „Als ihre Zerstreutheit immer ärger wurde ..."
Günter Antony

79 Die Sache mit Mama. Wie alles begann ...
Wilma Brauneis

95 „... also kümmerst du dich eben" – Die Demenzerkrankung meines Bruders
Stefanie Ohrner

103 Erfahrungen mit institutioneller Betreuung und Pflege

103 „Meine persönlichen Gefühle habe ich rasch abgelegt ..."
Erika Pazdera

107 Wenn's zum Himmel stinkt. Erlebnisbericht aus dem Jahr 2010
Rosemarie Philomena Sebek

114 Was tut sich in solchen Heimen?
Judith Schachenhofer

117 „Mein Wunsch an das Pflegepersonal wäre ..."
Margarete Sprinz

119 „Tagtäglich notiere ich in Stichworten den Krankheitsverlauf"
Susanne Peterseil

129 Erfahrungen mit Betreuung und Pflege im gesamtgesellschaftlichen Kontext

129 „All diese menschenunfreundlichen Veränderungen ..."
Gertrud Maurer

136 Lassen Sie sich niemals pflegen!
Susanne Sayici

143 Im Betreuungsmodus
Brigitte Lachner

145 „... gelogen und selbstbetrogen wird halt viel"
Elfriede Wolf

148 Fünf Minuten Streicheln
Marianne Obermeier

153 **Glossar**

157 **LESARTEN**

159 Schreiben, Erzählen und Zuhören. Elemente einer Sorgekultur
Gert Dressel

169 „Trotzdem möchte ich die Zeit nicht missen, ich habe viel gelernt ..."
Sorgen und Pflegen als biografische Lernerfahrung?
Daniela Rothe

188 Der Zeit ihren Sinn geben
Edith Auer

201 Wenn Frauen und Männer betreuen und pflegen. Gender im Care-Alltag
Erich Lehner, Elisabeth Reitinger

211 „Demenzkranke sind unberechenbar ..."
Reflexion von Männlichkeit(en) in der Pflege von Demenz betroffener Ehefrauenn
Barbara Pichler, Elisabeth Reitinger

223 Leben bis zuletzt. Betreuung und Pflege sterbender Menschen
Elisabeth Reitinger, Katharina Heimerl, Sabine Pleschberger

235 „Anhand von Geschichten lerne ich Pflege ..."
Über professionelle Langzeitpflege als Kommunizieren und Da-Sein
Monika Gugerell im Gespräch mit Gert Dressel

253 **AUSKLANG**

255 Ein Beitrag im Original – Frances Nunnally

265 Ein Beitrag im Original – Sinem Solmaz

268 Schreibaufruf „Geschichten übers Sorgen, Pflegen und Betreuen"

270 Über die AutorInnen und HerausgeberInnen

Da capo al fine

TRAUDE VERAN

Wenn du einmal eine gewisse Anzahl von Kleinkindern, alten Menschen und Haustieren betreut hast, kann dich eigentlich nichts mehr erschüttern. Du hast immer aufmunternde Worte, einen warmen Andrückbusen, eine dicke Küchenrolle und eine leichte Mahlzeit zur Hand.

Wie es dir dabei geht, interessiert keine Sau.

Bist du übernächtig, hättest du eben früher schlafen gehen sollen. Hast du einen Termin verschustert, müsstest du dein Leben eben besser organisieren. Liegen ungebügelte Hemden und halbfertige Manuskripte herum, hättest du dir das alles eben besser einteilen sollen. Platzt dir der Kragen, hättest du dich eben beherrschen müssen.

Gute Ratschläge prasseln von allen Seiten auf dich ein. Ist ja so einfach:
Du musst ja nur … Du könntest doch … Du solltest einmal … Du darfst eben nicht …

Tadelnd wird deine Hilfsbereitschaft eingefordert: Du wirst doch sicherlich … Du müsstest aber wirklich … Es kann doch nicht so schwer sein … Du wirst uns doch jetzt nicht …

Vorbilder werden dir vor Augen gehalten: Die Tante hat noch mit 75 … Andere rackern sich krumm … Was glaubst du, was wir im Krieg …

Wie es dir dabei geht, interessiert keine Sau.

Irgendwie hast du es überlebt. Knapp, aber oho. Und hast es dir die letzten Jahre richtig gut gehen lassen. Nicht gefaulenzt, o nein. Viel getan, viel erreicht. (Kein Wunder, die hat ja sonst nichts zu tun …)

Und jetzt: alt, gebrechlich, behindert. Andere sorgen für dich. Du musst sorgfältig überlegen, ob du es ihnen nicht doch heimzahlen willst.

Wie es ihnen dabei ginge, interessiert vermutlich keine Sau.

Traude Veran
wurde 1934 in Wien geboren und verbrachte kriegsbedingt ihre Schulzeit in verschiedenen Bundesländern. Nach der Reifeprüfung absolvierte sie eine zweijährige Fürsorgerinnenausbildung und als Werkstudentin ein Psychologiestudium in Wien. Ab Mitte der 1970er Jahre war die zweifache Mutter als Schulpsychologin im südlichen Burgenland für die Einführung von Integrationsschulklassen verantwortlich.

Neben pädagogischen Arbeiten veröffentlichte sie (auch unter ihrem früheren Namen Gertraud Schleichert) eine Vielzahl an literarischen Werken, vor allem Lyrik und Kurzprosa, und betätigte sich weiters als Erwachsenenbildnerin, künstlerische Fotografin und Lektorin.

Seit einiger Zeit lebt sie in einem Wiener Seniorenheim und widmet sich ganz ihren kulturellen Arbeiten und Interessen.

EINLEITUNG DER HERAUSGEBERINNEN

Sorgen geht uns alle an. Sorgeaufgaben des täglichen Lebens betreffen uns alle. Die Sorge um uns selbst und um andere, ja, auch die Sorge um die Umwelt und zukünftige Generationen hat eine existenzielle Dimension: für uns als Individuen wie als Gesellschaft. Von „Lebenssorge" spricht die Philosophin Cornelia Klinger (2013). Und es gibt besondere Situationen wie die der Krankheit oder der Pflegebedürftigkeit. Diese erhöhen – aus Sicht der Betroffenen – noch einmal den Sorgebedarf und das Angewiesen-Sein auf andere. Im Lichte der demografischen Veränderungen in Europa sind diese Situationen keine Ausnahmen, sondern Normalität. Der Bedarf an Sorge, Pflege und Betreuung steigt. Das lässt uns fragen:

| Wer vor allem sorgt für andere? Frauen wie Männer? Bestimmte Berufsgruppen, ehrenamtlich Engagierte, An- und Zugehörige? Wie gerecht also sind Sorgeaufgaben in unserer Gesellschaft verteilt?

| Wo finden Sorgetätigkeiten statt? In privaten Räumen, an institutionalisierten Orten der Versorgung (Krankenhäuser, Pflegeheime) oder doch auch in einem „Dazwischen", in einem „dritten Sozialraum" (Dörner 2007): in Nachbarschaften, in Quartieren, die sich als „Caring" oder „Compassionate Community" (Wegleitner, Heimerl, Kellehear 2015) verstehen?

| Wie wird gesorgt (oder versorgt)? Woran orientieren sich Sorgetätigkeiten? Vorwiegend an körperlichen Einschränkungen? Oder ebenso an deren emotionalen, psychischen, sozialen oder auch spirituellen und letztlich biografisch begründeten Bedürfnissen? Oder stehen Routinen von Organisationen und Menschen, die sorgen, betreuen und pflegen, im Vordergrund? Und wie sind Sorge- und Pflegebeziehungen strukturiert? Vorwiegend an den Defiziten jener, für die Sorge getragen wird? Oder doch auch an immer noch vorhandenen Möglichkeiten, Ressourcen, Bedürfnissen der Betreuten und deren Würde und Autonomie?

| Womit wird versorgt und gesorgt, sprich: Welche materiellen, personellen und anderen Ressourcen stehen für die verschiedenen Sorgetätigkeiten eigentlich zur Verfügung? Auch dahingehend ist Sorge angebracht, stehen doch meist zu wenig Ressourcen für Sorgearbeiten zur Verfügung.

Letztlich kann man die Frage stellen, wie Sorge (und Betreuung und Pflege) gegenwärtig vorwiegend organisiert wird, praktiziert und erlebt wird. Und daran anschließend eröffnet sich die Frage, wie zukünftige Sorgekulturen aussehen können, die Aspekte von Gerechtigkeit, sozialer Verantwortung und Achtsamkeit in Begegnungen und Beziehungen in den Fokus rücken und in denen die Sorge um andere und die Sorge um sich selbst nicht neoliberalen Logiken bzw. einer „Selbstoptimierung" (Bröckling 2007; Pichler 2007) unterworfen sind. Diese Fragen richten sich nicht nur an jene, die ohnehin bereits professionell, ehrenamtlich oder privat sorgen und pflegen, sondern an „uns alle" – als BürgerInnen und verantwortungsbewusste Individuen. Und sie richtet sich an EntscheidungsträgerInnen in Politik, Verwaltung und Organisationen, die für die Gestaltung der Rahmenbedingungen von Sorge und Pflege über mehr Handlungs- und Entscheidungsmöglichkeiten verfügen als andere. Die Frage nach den Rahmenbedingungen und Strukturen ist eng verknüpft mit gesellschaftlichen Machtverhältnissen, die kritisch vor dem Hintergrund von „Care-Regimes" (Appelt 2014) diskutiert werden.

Schreibaufruf zu Sorge-, Pflege- und Betreuungserfahrungen

Diese Fragen stellten wir uns im Projekt „Who cares? – Szenarien einer zukunftsweisenden Sorgekultur", das vom Forschungsprogramm „Sparkling Science" des österreichischen Bundesministeriums für Wissenschaft, Forschung und Wirtschaft in den Jahren 2015 und 2016 finanziert wurde. Das damalige Institut für Palliative Care und OrganisationsEthik der Fakultät für Interdisziplinäre Forschung und Fortbildung (IFF) an der Alpen-Adria-Universität Klagenfurt (Wien, Graz) kooperierte dabei unter anderem mit SchülerInnen und LehrerInnen von zwei Schulen in Wien: dem Caritas Ausbildungszentrum für Sozialberufe/SOB-Altenarbeit und dem Wiedner Gymnasium. Die Ergebnisse dieser Zusammenarbeit und partizipativ orientierten Forschung, mit denen mögliche Perspektiven bzw. Szenarien für eine zukünftige Sorgekultur identifiziert wurden, sind in einer 2016 erschienenen Publikation dokumentiert (Reitinger, Dressel, Pichler 2016; vgl. auch Dressel et al 2019).

Darüber hinaus haben wir – in Kooperation zwischen dem Institut für Palliative Care und OrganisationsEthik und der Dokumentation lebensgeschichtlicher Aufzeichnungen („Doku Lebensgeschichten") am Institut für Wirtschafts- und Sozialgeschichte der Universität Wien – einen Schreibaufruf initiiert. In dieser Dokumentationsstelle werden seit mehr als 35 Jahren lebensgeschichtliche Erinnerungstexte und andere Selbstzeugnisse gesammelt und für die Nutzung im Bereich von Bildungs-, Forschungs- und Kulturprojekten bereitgestellt (vgl. Müller 2006 bzw. https://lebensgeschichten.univie.ac.at). Die Sammel- und Dokumentationstätigkeit stützt sich wesentlich auf den Kontakt zu mehreren hundert schreib- und erinnerungsfreudigen, vorwiegend älteren Menschen. An diesen Personenkreis werden von Zeit zu Zeit Schreibaufrufe zu aktuellen Themen und verschiedensten alltagsbezogenen Fragestellungen ausgegeben, so eben auch zu persönlichen Sorge-, Pflege- und Betreuungserfahrungen. Der Schreibaufruf mit dem Titel „Who cares? – Geschichten vom Sorgen, Pflegen und Betreuen" (siehe S. 268/269) erging im Herbst 2015 an mehr als tausend SchreiberInnen dieses Autorenkreises und fand hier auch das stärkste Echo. Daneben wurde der Aufruf unter den Beschäftigten einer großen österreichischen Betreuungsorganisation und auf Internetseiten verbreitet. Zudem wurde der Schreibaufruf in den projektbeteiligten Schulen lanciert und – in türkischer Übersetzung – auch an MitbürgerInnen mit türkischer Muttersprache adressiert.

95 Personen, rund zwei Drittel davon aus dem Kreis der Doku Lebensgeschichten, haben aufgrund dieses Schreibaufrufs einen oder mehrere Texte im Umfang von einer bis zehn A4-Seiten eingesandt. Großteils wurden die Beiträge neu verfasst, in zehn Fällen wurden bereits früher entstandene und zum Teil umfangreichere Aufzeichnungen (z. B. Tagebücher oder andere Schriften mit engem Bezug zum gestellten Thema) zur Verfügung gestellt. Erwartungsgemäß fühlten sich durch den Schreibaufruf überwiegend Frauen angesprochen; knapp ein Sechstel aller EinsenderInnen waren Männer. Etwa ebenso hoch ist der Anteil von Personen, ausschließlich Frauen, die in Sozial- und Pflegeberufen beschäftigt sind oder es früher waren; einige weitere engagieren sich ehrenamtlich in diesem Bereich. Etwa die Hälfte aller SchreiberInnen berichtet aus der Perspektive von Angehörigen über einen oder mehrere Pflegefälle im eigenen Familienzusammenhang und blicken dabei meist aus einer gewissen zeitlichen Distanz von einigen Monaten bis zu 25 Jahren auf diese offenkundig einprägsamen Erfahrungen zurück. Demgegenüber erzählt eine kleinere Gruppe von Personen, die das eigene Angewiesen-Sein auf fremde Unterstützung im Alltag thematisieren, überwiegend aus der unmittelbaren (Schreib-)Gegenwart. So ergibt sich aus der Gesamtheit der gesammelten Erfahrungsberichte eine Vielfalt an aufschlussreichen und zum Teil komplementären Perspektiven auf das gesellschaftliche Praxisfeld von Pflege und Betreuung.

Einblicke in Sorge-, Pflege- und Betreuungserfahrungen

Dieses Buch basiert auf jenen Sorge-, Pflege- und Betreuungserfahrungen, die uns zugesandt und anvertraut wurden. Das ganze Buch lebt davon. Im Mittelpunkt stehen die Menschen selbst, die „es" erlebt haben – als An- oder Zugehörige, als hauptamtlich oder ehrenamtlich Engagierte oder als unmittelbar Betroffene, weil pflege- oder zumindest unterstützungsbedürftig. In Summe entsteht so ein Mosaik, das wichtige Einblicke und auch durchaus Antworten auf die anfangs aufgeworfenen W-Fragen gibt: auf das Wer, Wo, Wie und Womit des Sorgens. Deutlich werden die – stets kontextabhängigen – Möglichkeiten und Grenzen des Sorgens, zuweilen auch die Ängste, Unsicherheiten, Bedürfnisse und Bedarfe, ob als gepflegte Person, als An- oder Zugehörige, als ehrenamtlich oder hauptamtlich tätige Person. Es werden aber nicht nur belastende oder „Mangel"-Erfahrungen thematisiert, sondern ebenso Momente und Situationen der Freude und des intensiven und besonderen Kontakts, wo – über alle Routinen, Checklisten und funktionale Logiken hinaus – Resonanzen entstehen und Bedeutsames zwischen den Beteiligten lebendig werden kann (vgl. Rosa 2016). Gerade diese Erfahrungen können als „Geschichten des Gelingens" gelesen werden, die ermutigen (Wiebicke 2017: 34).

Die Auswahl der Schreibaufrufbeiträge für diesen Editionsband ist uns nicht leichtgefallen. Die Veröffentlichung aller Texte hätte jedenfalls den Umfang des Buches gesprengt. Wir haben uns daher dafür entschieden, den Fokus auf Erzählungen zu legen, in denen eine spezifische Sorgesituation, nämlich die Pflege von alten, hochaltrigen, schwerkranken und sterbenden Menschen thematisiert wird. Diese thematische Fokussierung brachte es mit sich, dass jene vor allem von SchülerInnen und von Personen türkischer Muttersprache verfassten Texte, in denen eine sorgende, aufmerksame Grundhaltung im nachbarschaftlichen Alltag oder ein Engagement für Menschen, die im Zuge der Flüchtlingsbewegungen im Herbst 2015 nach Europa kamen, beschrieben wurden, in dieser Textedition nicht berücksichtigt werden konnten. Um diesen wichtigen Erfahrungen und Engagements dennoch Rechnung zu tragen, haben wir den Beitrag der jüngsten (geboren 2006) gemeinsam mit dem Beitrag der ältesten Schreibaufrufteilnehmerin (geboren 1921) exemplarisch am Ende des Buches in Originalfassung abgedruckt.

Bei der endgültigen Auswahl der Beiträge haben wir schließlich darauf geachtet, dass verschiedene relevante Perspektiven in Pflegesituationen ausgewogen Platz bekommen. Der Editionsteil des Buches, also die hier publizierten Schreibaufrufbeiträge, unterteilt sich daher in die Abschnitte:

| Erfahrungen mit eigenem Betreuungs- oder Pflegebedarf

| Erfahrungen mit Betreuung und Pflege im privaten Umfeld

| Erfahrungen bei der Betreuung und Pflege von Angehörigen mit Demenz

| Erfahrungen mit institutioneller Betreuung und Pflege

| Erfahrungen mit Betreuung und Pflege im gesamtgesellschaftlichen Kontext.

Die Zuordnung zu den thematischen Abschnitten ist als schwerpunktmäßige zu verstehen, das heißt, einzelne Erfahrungsberichte können natürlich vielfältige inhaltliche Aspekte ansprechen und unter mehreren Blickwinkeln mit Gewinn gelesen werden. So ist etwa von der ehrenamtlichen Betreuung unterstützungsbedürftiger alter Menschen wie auch von der beruflichen Tätigkeit in diesem Bereich an keiner Stelle prominent, aber doch verstreut in mehreren Beiträgen die Rede.

Die vier bis fünf ausgewählten Erzählungen pro Abschnitt erscheinen uns entweder als Ganze von hoher Aussagekraft oder enthalten Detailaspekte, die uns besonders beeindruckt oder berührt haben. Grundsätzlich erachten wir die edierten Erfahrungsberichte als wahrhaftig und von daher für diskursrelevant, ohne dass sich darin getroffene Aussagen im Einzelnen überprüfen ließen. Es geht in dieser Edition darum, markante persönliche Erfahrungen und Sichtweisen unverfälscht zur Darstellung zu bringen, ohne dass wir sämtliche Aussagen der SchreiberInnen vorbehaltlos teilen oder unterstützen.

Die redaktionelle Bearbeitung der Textbeiträge beschränkte sich weitgehend auf die Gewährleistung der orthografischen und grammatikalischen Richtigkeit. Vereinzelt waren Kürzungen notwendig oder erschienen kleine Änderungen in der Textabfolge dem Verständnis bzw. der Lesbarkeit förderlich. Da nicht alle VerfasserInnen ihre Einsendungen mit einem Titel versehen haben, wurden etwa bei der Hälfte aller Beiträge aus unserer Sicht treffende Überschriften in Form von Kurzzitaten hinzugefügt, die dem jeweiligen Erzähltext entnommen sind. Einige Erzählungen enthalten für Österreich typische sprachliche und andere Spezifika, die im Text mit Sternchen gekennzeichnet und in einem Glossar am Ende des Editionsteils erläutert werden.

Fast in allen Unterkapiteln finden sich lebensgeschichtliche, rückblickende Erfahrungen, womit auch ein historischer Wandel von Sorge, Pflege und Betreuung angesprochen wird. Und auch wenn die Erfahrungstexte größtenteils von Personen geschrieben wurden, die in Österreich leben: Die darin beschriebenen Erfahrungen und Handlungsweisen, die angesprochenen Themen und Problemlagen weisen mit Sicherheit darüber hinaus. Diese potenzielle Verallgemeinerbarkeit artikulierter Erfahrungen mit Betreuung und Pflege veranlasste uns zu einem durchgängigen redaktionellen Eingriff in die Erzähltexte. Da allfällige Kritik sich nicht bloß an einzelnen Institutionen festmachen, sondern an das Betreuungs- und Pflegesystem insgesamt adressiert werden soll, haben wir uns - nicht zuletzt auch im Hinblick auf ein Lesepublikum, das mit den österreichischen Verhältnissen weniger vertraut ist - entschlossen, sämtliche in den persönlichen Erzählungen genannte Institutionen des österreichischen Gesundheits- und Pflegesystems (abgesehen von historischen Einrichtungen) zu anonymisieren.

Was uns vor allem bei der Zusammenstellung des Editionsteils beschäftigt und bewegt hat: eine Sichtbarmachung und Würdigung - von dem, was gemeinhin im Verborgenen stattfindet, und von jenen, die es tun. Damit schließt dieser Band an ein anderes Buch an, das Katharina Gröning gemeinsam mit Kolleginnen (Gröning et al 2012) über die Erfahrungen pflegender Angehöriger herausgegeben hat.

Ebenso wie die Konzeption und Verbreitung des Schreibaufrufs erfolgte auch die Planung und Textauswahl für den Editionsteil dieses Buches im Zuge eines längeren gemeinsamen Diskussionsprozesses im HerausgeberInnen-Team. Für die Endredaktion der Beiträge in Abstimmung mit den einzelnen AutorInnen zeichnet Günter Müller hauptverantwortlich.

Lesarten

Wir laden alle LeserInnen ein, in Dialog mit den Texten zu treten, in denen uns Menschen Einblicke in ihre Sorge-, Pflege- und Betreuungserfahrungen geben. Wir ersuchen, einzelne Texte oder gar Haltungen von AutorInnen, die vertrauensvoll ihre Erfahrungen nicht nur uns, sondern hiermit einer größeren Öffentlichkeit zur Verfügung gestellt haben, nicht vorschnell zu bewerten. Wir laden vielmehr alle ein, die spezifischen Erfahrungen als etwas wahrzunehmen, in dem sich Grundsätzliches über einen Sorge- und Pflegealltag unter ganz konkreten Bedingungen offenbart. Auch wir als MitarbeiterInnen des „Who cares?"-Projekts haben das getan. In mehreren Workshops haben wir gemeinsam mit weiteren KollegInnen Beiträge, die im Zuge des Schreibaufrufs entstanden sind, gelesen. Es gibt vielfältige Möglichkeiten, diese Texte so zu lesen, dass Allgemeines deutlich wird – je nachdem, mit welcher wissenschaftlichen bzw. professionellen Brille gelesen wird. Unser Projektteam bzw. unsere „Leseworkshops" waren interdisziplinär, auch interprofessionell zusammengesetzt, denn das Thema Sorge geht mehr als nur eine wissenschaftliche Disziplin oder eine bestimmte Profession etwas an. Es braucht geradezu inter- und transdisziplinäre Kooperationen, also den Dialog und Projekte zwischen Personen aus verschiedenen wissenschaftlichen Feldern mit VertreterInnen und Sichtweisen aus der sogenannten Praxis, um Sorge, Pflege und Betreuung als gesellschaftlicher Herausforderung gerecht zu werden (vgl. Dressel et al 2014). Von Ausbildung bzw. Studium und aktuellem Arbeitsfeld her kamen die Mitglieder unter anderem aus der Bildungswissenschaft, Psychologie, Soziologie, Geschichte, Medizin, Public Health, der feministischen Wissenschaft, der Männlichkeitsforschung, der Pflege, der Palliative Care, der Care Ethik und der Erwachsenenbildung.

Einige mögliche Lesarten der Erfahrungsberichte möchten wir im zweiten Teil des Buches anbieten, ohne damit eine Vollständigkeit an relevanten Betrachtungsweisen vorgeben zu wollen. Denn die Texte sagen einerseits immer etwas über ihre AutorInnen aus – nämlich über ihre jeweilige fachliche Perspektive, aus der sie die

Erfahrungsberichte gelesen haben. Andererseits weist jede Lesart darüber hinaus: Werden doch bestimmte Aspekte in den einzelnen Lesarten thematisiert, die wiederum relevante Bezüge zu den anfangs aufgeworfenen W-Fragen (wer, wo, wie, womit) hinsichtlich einer gesellschaftlichen Sorgepraxis oder Sorgekultur herstellen.

Gert Dressel reflektiert das Potenzial des Schreibaufrufs und weiterer Praktiken des Erinnerns und Erzählens. „Schreiben, Erzählen und Zuhören. Elemente einer Sorgekultur", lautet der Titel seines Beitrags, in dem eine Praxis des Erzählens und Zuhörens von Menschen, für die gesorgt wird, aber ebenso von jenen, die sorgen, als ein wichtiger Kontrapunkt zu einer dominanten Kultur der Planbarkeit und Verfügbarmachung verstanden wird.

Daniela Rothe setzt sich am Beispiel von zwei Erinnerungsberichten, die im Zuge des Schreibaufrufs entstanden sind, mit dem Lernen von pflegenden Angehörigen auseinander. Sie geht davon aus, dass Lernen im Erwachsenenalter wesentlich in lebensweltlichen Kontexten stattfindet und oft von den Anforderungen des Alltags angestoßen wird. Die Übernahme von Betreuungs- und Pflegeaufgaben durch Angehörige ist Anlass intensiver Lernprozesse: „‚Trotzdem möchte ich die Zeit nicht missen, ich habe viel gelernt ...' Sorgen und Pflegen als biografische Lernerfahrung?", fragt sie.

Edith Auer geht in ihrem Beitrag einem Phänomen nach, das bestimmenden Einfluss auf das ganze Leben hat. „Der Zeit ihren Sinn geben" heißt die Gegenwart nutzen und die Vergangenheit mit Erinnerungen füllen, zukünftige Zeithorizonte ersehnen oder auch negieren. Zeit wird Wirklichkeit, weil kurze Momente und lange Abschnitte mit Empfindungen, Gefühlen und Handlungen verbunden werden. Kontrolle über die Zeit zu haben, bedeutet weitestgehende Autonomie im persönlichen Leben und Sicherheit in der umfassenden Lebenswelt. Pflege- und Betreuungssituationen verändern die gewohnten Routinen oft dramatisch, Zeit wird in jeder Hinsicht zu einer kostbaren Ressource.

Erich Lehner und Elisabeth Reitinger nähern sich in ihrem Beitrag dem Thema „Wenn Frauen und Männer betreuen und pflegen. Gender im Care-Alltag". Gender als soziales Geschlecht beeinflusst den Sorge-Alltag sowohl auf der Ebene der individuellen Erfahrungen als auch auf struktureller Ebene. Ausgehend von konkreten Erfahrungen aus dem Pflegealltag werden zunächst strukturelle Rahmenbedingungen der informellen Betreuung und Pflege unter dem Genderaspekt untersucht, um darauf aufbauend auf Forschungsarbeiten im Bereich der professionellen Betreuung und Pflege am Beispiel von Österreich näher einzugehen.

Barbara Pichler und Elisabeth Reitinger betrachten in ihrem Beitrag „‚Demenzkranke sind unberechenbar ...' Reflexion von Männlichkeit(en) in der Pflege von

Demenz betroffener Ehefrauen" das Thema Pflege und Betreuung bei Menschen mit Demenz durch die Geschlechterbrille. Den Diskurs „Männlichkeit in der Angehörigenpflege" aufgreifend, interessiert die Autorinnen, wie Männer mit den Herausforderungen eines Pflegealltags umgehen und welche Strategien sie dabei entwickeln – handelt es sich doch um Tätigkeiten, die in einer traditionellen Geschlechterordnung den Frauen zugeschrieben werden.

Elisabeth Reitinger, Katharina Heimerl und **Sabine Pleschberger** widmen sich im Beitrag „Leben bis zuletzt. Betreuung und Pflege sterbender Menschen" dem Lebensende, dem Sterben, dem Tod und der Trauer. Auf Basis einiger Erzählungen wird zunächst untersucht, welche Themen die Menschen rund um die unterschiedlichen Situationen am Lebensende, Sterben, Tod und Trauer beschäftigen. Diese werden dann jeweils vor dem Hintergrund von Hospizarbeit und Palliative Care diskutiert.

Der abschließende Beitrag ist ein Interview: „‚Anhand von Geschichten lerne ich Pflege ...' Über professionelle Langzeitpflege als Kommunizieren und Da-Sein". **Monika Gugerell**, langjährige Pflegedirektorin einer großen Hilfsorganisation, reflektiert über Rollen, Aufgaben und notwendige Kompetenzen von professionellen Pflegekräften – insbesondere im Hinblick auf das Spannungsfeld von Abhängigkeit und noch gegebener Autonomie von Menschen, die der Pflege bedürfen. Nicht zuletzt kommt sie auf die Lernpotenziale zu sprechen, die den Sorge-, Pflege- und Betreuungsgeschichten innewohnen, die im Zuge des Schreibaufrufs entstanden sind.

Wie gesagt: Diese Beiträge stellen eine von uns getroffene Auswahl aus einer Fülle von Blickwinkeln dar, aus denen man die Pflege- und Betreuungsgeschichten lesen und ihre über den Einzelfall hinausweisende Bedeutung vor den Vorhang bringen kann. Andere Lesarten sind also nicht nur möglich, sondern notwendig.

Ein gutes Leben bis zuletzt

Es ist wichtig, die Finger in Wunden zu legen, nichts schönzureden, Mängel und Defizite zu benennen. Das gilt zum Beispiel für eine real existierende Pflegepraxis, insbesondere für die Strukturen, also die Bedingungen, in denen Menschen für andere Menschen sorgen. Das wird sowohl durch die Erfahrungen aus dem Schreibaufruf als auch die unterschiedlichen Lesarten verdeutlicht. Gleichzeitig ist es notwendig, Möglichkeitsräume zu öffnen. Fragen der selbstbestimmten, autonomen Lebensführung trotz oder gerade in Anerkenntnis der eigenen Verletzlichkeit und auch der Hilfe- und Unterstützungsbedürftigkeit nahestehender Personen ziehen sich als roter Faden durch das Buch. Autonomie ist eine „Illusion" (Meyer-Drawe 2000) –

vordergründig für jene, die ihrer eigenen körperlichen und anderen Möglichkeiten verlustig gehen. Autonomie ist aber ebenso eine Illusion für jene, die – in welcher Funktion und Rolle auch immer – Sorge für andere tragen. Letztlich ist Autonomie für „uns alle" illusionär, denn es gibt kein menschliches Dasein oder ein Subjektsein abseits von Machtverhältnissen, gesellschaftlichen und lebensweltlichen Strukturen und unabhängig von anderen Menschen. Das hat durchaus etwas Entlastendes, denn keine und keiner ist ihres oder seines eigenen Glückes Schmied (auch wenn uns das so manche neoliberale Ideologie einreden möchte).

Aber, und das ist wichtig: Wir alle sind keine Marionetten, wir verfügen über Handlungskorridore bzw. -möglichkeiten (Riegraf 2000). Autonomie kann sich in Beziehungen – als relationale Autonomie – realisieren, nicht durch Abgrenzung von anderen, sondern durch wechselseitige Unterstützung (vgl. Walser 2010; Reitinger, Heller 2010). In der Anerkennung dieser anthropologischen Grundierung erkennen wir auch an, dass ebenso jene, die mehr als andere Sorge und Versorgung benötigen, trotz aller Abhängigkeiten über Handlungsmöglichkeiten und -willen verfügen (Pichler 2016; Schirilla 2003). Und damit erkennen wir an, dass eine Sorgekultur, die die Menschen in den Mittelpunkt rückt, immer nur in Beziehungen mit anderen stattfinden kann: in der Sorge für andere, für sich selbst, für eine „Caring Community" oder auch für eine „sorgende Gesellschaft" (Klie 2014). Autonomie ist eine Illusion, aber eine notwendige, mit einem praktischen Sinn, denn ein Stück mehr kann es durchaus sein: „Als Chiffre für eine humane Gesellschaft bleibt Autonomie unverzichtbar, weil sie gegen reale Fremdbestimmung protestiert, wenngleich deren vollständige Beseitigung aussichtslos ist" (Meyer-Drawe 2000: 64). Gerade in der gesellschaftlichen Organisation von Care-Arbeit ist diese illusionäre Kraft von Autonomie gefragter denn je, wenn wir uns in Richtung einer „Caring Democracy" (Tronto 2013) bzw. einer Welt bewegen wollen, in der nicht nur für wenige, sondern für alle „ein gutes Leben möglich sein soll" (Haraway 2001: 283) – ein gutes Leben bis zuletzt.

Dank

Dieses Buch wäre ohne die Beiträge und das Engagement vieler Menschen nicht möglich gewesen. Unser erster und größter Dank gilt den 95 Personen, die sich am Schreibaufruf „Geschichten übers Sorgen, Pflegen und Betreuen" mit einem oder mehreren Texten beteiligt haben. Auch wenn es viele sind, ihre Namen sollen hier genannt werden:

Anna K. Altzinger, Elisabeth Amann, Günter Antony, Christine Bäuerl, Theresia Baumgartner, Ingried Bay, Karin Böck, Sylvana Bogner, Wilma Brauneis, Christine Capek,

Hermine Diernegger, Silvia Edinger, Karl Elsensohn, Erna Erhart, Rupert Erharter, Bernhard Fellner, Gerda Forstner, Elisabeth Fuchs, Gerlinde Fuchsbauer, Agnes Grandjean, Dagmar Gruber, Fritz Haiszan, Jürgen Heimlich, Wilhelmine Hinner, Gertrud Hollinetz, Rosa Imhof, Gertrud Jagob, Christa Jenewein, Adolf Katzenbeisser, Monika Kerschbaumer, Bettina Kirchmayr, Marianne Knoblinger, Helmfried und Luitgard Knoll, Brigitte Lachner, Rosemarie Philomena Sebek, Brigitte Lauber, Sabine Lenk, Irene Makomaski, Gertrud Maurer, Liane Micko, Rosemarie Mörth, Wasiem Mourad, Edith Mrazek-Sommer, Gerhild Mückstein, Erika Neuberger, Otti Neumeier, Irma Nierlich, Eva Novotny, Frances Nunnally, Hedwig Öhler, Erika Örtel, Irene Pachner, Erika Pazdera, Susanne Peterseil, Ulrike Prodinger, Andrea Redlich, Christiane Ritter-Zahony, Herta Rohringer, Stefanie Roßmanith, Ulrike Sammer, Marianne Obermeier, Susanne Sayici, Judith Schachenhofer, Sonja Schiff, Maria Schiffinger, Therese Schwarz, Horst-Dieter Sihler, Belkiz Solmaz, Reinhilde Soyka, Margarete Sprinz, Johanna Steixner, Brigitta Strauss-Wurzinger, Josef F. Švec, Anna Thaler, Ele Thomas, Elfriede Treimer, Traude Veran, Hermann Waach, Peter Paul Wiplinger, Elfriede Wolf sowie zehn weitere Personen, die nicht namentlich genannt werden wollen. Auch die SchülerInnen Abdullah, Ela, Elif, Semih und Sinem haben sich am Schreibaufruf mit eindrucksvollen Erzählungen und Zeichnungen beteiligt.

Bei der Vorbereitung und Durchführung des Schreibaufrufs haben weitere Personen dankenswerterweise wichtige Rollen eingenommen: Bärbel Traunsteiner verbreitete den Schreibaufruf bei gleichgeschlechtlich lebenden und liebenden Menschen; Nevin Altintop lancierte eine türkischsprachige Fassung des Aufrufs in ihrer Community. Und, was uns besonders freute: Elsa Schönwiese und Victoria Emathinger, Schülerinnen des Wiedner Gymnasiums, initiierten den Schreibaufruf in den beiden projektbeteiligten Schulen, in denen Andrea Lorenz (Caritas Ausbildungszentrum) und Philipp Pimmer (Wiedner Gymnasium) als Lehrpersonen unsere wichtigsten AnsprechpartnerInnen waren. Sarah Alexandrova und Barbara Herrmann, ebenfalls Schülerinnen des Wiedner Gymnasiums, organisierten und moderierten überdies ein berührendes Erzählcafé zum Thema Sorgeerfahrungen in ihrer Schule.

Viele, die an der Durchführung des Schreibaufrufs beteiligt waren, haben auch an unseren interdisziplinären und interprofessionellen Theoriewerkstätten, in denen zahlreiche Erfahrungsberichte gelesen und diskutiert wurden, teilgenommen. Ebenfalls dabei waren: Johanna Gehmacher, Katharina Heimerl, Erich Lehner, Klara Löffler, Elisabeth Malleier, Birgit Meinhard-Schiebel, Sabine Pleschberger, Daniela Rothe, Luba Volanska, Elisabeth Wappelshammer und Monika Weißensteiner. Ihnen allen sei für ihre wichtigen Inputs gedankt. Besonders danken möchten wir Monika Gugerell, die uns als Pflegeexpertin, als erfahrene Führungskraft im Gesundheits- und Sozialbereich und als ehrenamtliche Mitarbeiterin der Doku Lebensgeschichten im gesamten Projektverlauf mit Rat und Tat beiseite gestanden ist.

Eine erste Präsentation von Ergebnissen des Schreibaufrufs erfolgte bei einem öffentlichen Lesenachmittag im Wien Museum. Ohne Edith Fridrich und Isabel Termini-Fridrich wäre das nicht möglich gewesen, vielen Dank dafür. Ein ganz besonderer Dank wiederum gebührt Anna Hostalek und Doris Pfabigan, beide wissen wofür. Schließlich: Ohne die Finanzierung seitens des österreichischen Bundesministeriums für Wissenschaft, Forschung und Wirtschaft (Forschungsprogramm „Sparkling Science") hätte es weder das Projekt „Who cares?" und den Schreibaufruf noch dieses Buch gegeben. Last but not least: Ein großes Dankeschön an den Verlag, vor allem an Karin Caro und Maria Mosesku.

Literatur

Appelt Erna (2014). Das österreichische Elder-Care-Regime - eine intersektionelle Analyse. In: Appelt Erna, Fleischer Eva, Preglau Max (Hg.). Elder Care. Intersektionelle Analysen der informellen Betreuung und Pflege alter Menschen in Österreich. Innsbruck: StudienVerlag. 55-76

Bröckling Ulrich (2007). Das unternehmerische Selbst. Soziologie einer Subjektivierungsform. Frankfurt am Main: Suhrkamp

Dörner Klaus (2007). Leben und sterben, wo ich hingehöre. Dritter Sozialraum und neues Hilfesystem. Neumünster: Paranus

Dressel Gert, Berger Wilhelm, Heimerl Katharina, Winiwarter Verena (Hg.) (2014). Interdisziplinär und transdisziplinär forschen. Praktiken und Methoden. Bielefeld: transcript

Dressel Gert, Reitinger Elisabeth, Pichler Barbara, Heimerl Katharina, Wegleitner Klaus (2019). Partizipatives Forschen mit SchülerInnen als Empowerment - Erfahrungen aus dem Projekt „Who cares?". In: Ukowitz Martina, Hübner Renate (Hg.). Interventionsforschung. Band 3: Wege der Vermittlung - Partizipation. Wiesbaden: Springer. 157-178

Gröning Katharina, Kunstmann Anne-Christin, Rensing Elisabeth, Röwekamp Bianca (Hg.) (2012). Pflegegeschichten. Pflegende Angehörige schildern ihre Erfahrungen. Frankfurt am Main: Mabuse

Haraway, Donna (2001). Situiertes Wissen. Die Wissenschaftsfrage im Feminismus und das Privileg einer partialen Perspektive. In: Hark Sabine (Hg.). Dis/Kontinuitäten. Feministische Theorie. Opladen: Leske + Budrich. 281-298

Klie Thomas (2014). Wen kümmern die Alten? Auf dem Weg in eine sorgende Gesellschaft. München: Pattloch

Klinger Cornelia (2013). Krise war immer ... Lebenssorge und geschlechtliche Arbeitsteilungen in sozialphilosophischer und kapitalismuskritischer Perspektive. In: Appelt Erna, Aulenbacher Brigitte, Wetterer Angelika (Hg.). Gesellschaft. Feministische Krisendiagnosen. Münster: Westfälisches Dampfboot. 82-104

Meyer-Drawe Käte (2000). Illusion von Autonomie. Diesseits von Ohnmacht und Allmacht des Ich. München: Kirchheim

Müller Günter (2006). Dokumentation lebensgeschichtlicher Aufzeichnungen. In: Eigner Peter, Hämmerle Christa, Müller Günter (Hg.). Briefe - Tagebücher - Autobiographien. Studien und Quellen für den Unterricht. Innsbruck et al: StudienVerlag. 140-146

Pichler Barbara (2007). Autonomes Alter(n) - Zwischen widerständigem Potential, neoliberaler

Verführung und illusionärer Notwendigkeit. In: Aner Kirsten, Karl Fred, Rosenmayr Leopold (Hg.). Die neuen Alten – Retter des Sozialen? Wiesbaden: VS Verlag für Sozialwissenschaften. 67-84

Pichler Barbara (2016). Alter und Autonomie. In: Bakic Josef, Diebäcker Marc, Hammer Elisabeth (Hg.). Aktuelle Leitbegriffe der Sozialen Arbeit. Ein kritisches Handbuch. Wien: Löcker. 11-23

Reitinger Elisabeth, Dressel Gert, Pichler Barbara (2016). Who cares? Wen kümmert's? Szenen und Kulturen des Sorgens. Kursbuch palliative care 13/2016. Wien: Institut für Palliative Care und OrganisationsEthik der Alpen Adria Universität Klagenfurt, Wien, Graz

Reitinger Elisabeth, Heller Andreas (2010). Ethik im Sorgebereich der Altenhilfe. Care-Beziehungen in organisationsethischen Verständigungsarrangements und Entscheidungsstrukturen. In: Krobath Thomas, Heller Andreas (Hg.). Ethik organisieren. Handbuch der Organisationsethik. Freiburg im Breisgau: Lambertus. 737-765

Riegraf Birgit (2000). Organisationswandel, Organisationslernen und das Geschlechterverhältnis. In: Lenz Lise, Nickel Hildegard Maria, Riegraf Birgit (Hg.). Geschlecht - Arbeit - Zukunft. Münster: Westfälisches Dampfboot. 159-170

Rosa Hartmut (2016). Resonanz: Eine Soziologie der Weltbeziehung. Frankfurt am Main: Suhrkamp

Wegleitner Klaus, Heimerl Katharina, Kellehear Allan (Hg.) (2015). Compassionate Communities. Case studies from Britain and Europe. London: Routledge

Schirilla Nausikaa (2003). Autonomie in Abhängigkeit. Selbstbestimmung und Pädagogik in postkolonialen, interkulturellen und feministischen Debatten. Frankfurt am Main, London: IKO-Verlag für Interkulturelle Kommunikation

Tronto Joan C. (2013). Caring Democracy. Markets, Equality, and Justice. New York, London: University Press

von Unger Hella (2014). Partizipative Forschung. Einführung in die Forschungspraxis. Wiesbaden: VS Springer

Walser Angelika (2010). Autonomie und Angewiesenheit: ethische Fragen einer relationalen Anthropologie. In: Reitinger Elisabeth, Beyer Sigrid (Hg.). Geschlechtersensible Hospiz- und Palliativkultur in der Altenhilfe. Frankfurt am Main: Mabuse. 33-44

Wiebicke Jürgen (2017). Zehn Regeln für Demokratie-Retter. Köln: Kiepenheuer & Witsch

Einblicke in Sorge-, Pflege- und Betreuungserfahrungen

ERFAHRUNGEN MIT EIGENEM BETREUUNGS- UND PFLEGEBEDARF

„Schließlich ist es *mein* Leben …" WILHELMINE HINNER

Vielen Dank für den Schreibaufruf, über den ich mich sehr gefreut, aber auch gewundert habe. Das Thema entspricht meinem Leben. Wie wenn Sie es für mich ausgesucht hätten. Da kann ich einiges berichten.

Mein Spitalsaufenthalt war für mich wie ein kleines Abenteuer. Im Zimmer befanden sich sechs Betten. Ich wurde am Nachmittag eingeliefert. Im Saal war es sehr still, was sich auch in nächster Zeit nicht änderte. Fünf alte Weiberln lagen bis zum Halse zugedeckt in ihren Betten. Schwestern zogen mich total aus, und schon lag ich ebenso wie diese Damen in meinen Kissen. Und ich war sofort „weg". Ich litt wie an Schlafsucht und bekam keine Untersuchungen mit. Ich lag im Sterben. Das glaubten alle meine Lieben.

Einmal fragte ich den lieben Doktor, ob wir hier in Jugoslawien seien. Er meinte: „Nein, wir sind immer noch in Wien." Ich hatte die Orientierung verloren … Da muss ich noch immer darüber lachen. Auch im Saal sagte ich: „Es ist gut, dass ich schon gekommen bin. Muss schaun auf die alten Muatterln, denn das kann man nicht mit ihnen machen …"

Da ich doch nicht gestorben bin, brachte mich mein Sohn heim. Es geht mir gut – bin aller Sorgen enthoben und bin arm wie eine Kirchenmaus. Nach dem Spitalsaufenthalt von 14 Tagen erlebte ich das Unvermeidliche: Einiges hatte sich hier in meiner Wohnung verändert. Der Gasherd hatte keinen Haupthahn mehr, auch die Lebensmittel waren weg, und ich war ein Pflegefall und auf Hilfe angewiesen. Aber der Kühlschrank war voll mit Getränken und Fertiggerichten. Meine Jungen haben das arrangiert. Und ich überließ ihnen meine Finanzen und Erspartes und die Bankgeschäfte. Ich bekomme wöchentlich einen aufgestockten Hunderter, brauche mich um nichts mehr kümmern. Alles Weitere besorgt die Firma … [Name und Anschrift einer Betreuungsorganisation].

Es sind dort junge Menschen angestellt von Polen, Rumänien, Slowakei, Tschechien, Serbien, Ungarn, Jugoslawien, aber auch dunkelhäutige aus Nigeria. Sie alle sind sehr freundlich. Sie übernehmen die Pflege von Wohnung und Mensch, und sie sprechen alle deutsch. Sie hören gerne zu oder sie erzählen von sich. Sie kommen morgens, mittags und abends, jeweils auf eine Stunde oder auch länger. Das kostet natürlich seinen Preis, 1.300 Euro monatlich.

Wie ich mich dabei fühle? – Komme mir manches Mal wie ein kleines Kind vor. Sie wollen mich alle zum Essen und Trinken animieren. Sie teufeln das Schlechte an die Wand, wenn ich nichts esse. Man wird behandelt wie ein kleines Kind (oder wie ein Tepp).

Wilhelmine Hinner [1923–2019] wuchs mit einem jüngeren Bruder in einer Arbeiterfamilie in Wien-Meidling auf.

Sie absolvierte eine Schneiderinnenlehre und war in der Folge bis zu ihrer Pensionierung in derselben Firma als Näherin beschäftigt – nach der Geburt ihres Sohnes Anfang der 1950er Jahre in Heimarbeit. Seit einem längeren Spitalsaufenthalt im Jahr 2013 verbrachte sie ihr Leben hauptsächlich innerhalb der eigenen vier Wände und wurde von Heimhilfen unterstützt.

Der folgende Beitrag wurde aus mehreren Zuschriften der Verfasserin zusammengestellt.

Ansonsten sind sie alle lieb, freundlich und nett. Sie kommen aus nah und fern, sind fast alle an die vierzig, fünfzig. So viele Nationen hätte ich normalerweise nicht kennengelernt. Auch ihre Chefin besuchte mich mit ihrem Anhang, darunter gibt es auch einen jungen Mann aus Nigeria. Er wurde hier ausgebildet. Dieser junge Mann zwickte mich über den Tisch hinweg in meinen Arm. Ich meinte sofort: „Es ginge noch zu grillen …" Da lächelte auch er.

Die Betreuung ist ja nicht schlecht – kostet auch dementsprechend. Die Wohnung halten sie sauber. Wenn man nicht aufpasst, wird sofort alles weggeworfen – in den Mist oder in die Waschmaschine. Auch kleine Schäden muss man in Kauf nehmen. Deswegen gab's schon Debatten. Sagt mir doch die Heimhilfe, nachdem sie meine Wasserkanne ruiniert hatte, mit lachendem Gesicht, sie müsse nichts bezahlen. Leider hab' ich so einen Vordruck unterschrieben.

> **IM GROSSEN UND GANZEN IST ES EINE GUTE EINRICHTUNG.**

Im Großen und Ganzen ist es eine gute Einrichtung. Wenn ich nicht will, brauche ich in kein Spital mehr gehen. Auch in kein Pflegeheim. Für mich wäre es furchtbar, müsste ich in ein Heim und immer diese Bevormundungen über mich ergehen lassen. Ich habe von meinen Freundinnen schon gehört, wie da alles gemacht wird: alles schnell, schnell. Gewaschen und gebadet wird man von Männern, das ist alles furchtbar, und überhaupt, ein Kommando vertrag' ich nicht. Da bleibe ich lieber in meinen vier Wänden. Im Großen und Ganzen geht alles so, wie ich will. Habe mich auf meine Füße gestellt, denn mit allem bin ich nicht einverstanden.

Meine Jungen versorgen mich jeden Freitag mit Lebensmitteln und Getränken. Es geht mir soweit gut. Seit Februar gehe ich nicht mehr an die Luft. Stützstock und Wagerl sind bei mir verdammt. Frischluft bietet mir ein offenes Fenster. Mein Leben gleich dem einer Nonne, ohne Gebete. Gesundheitlich geht's bergab, das spüre ich. Auch das Augenlicht lässt nach. Alle rundum sind schon gestorben. Mich mag der liebe Gott noch nicht. Oder muss ich noch etwas erledigen?

Entschuldigen Sie bitte mein Geschreibsel. Es ist gar nicht mehr so einfach, in meinem Alter noch auf der Maschine zu schreiben. Momentan, beim Schreiben, kann ich noch einiges sehen. Aber nach kurzer Zeit verschwimmt alles. Nochmals alles lesen, ob es gut ist, ist leider nicht mehr möglich.

Eigentlich wollte ich noch über die Leibesuntersuchungen schreiben … Ab und zu sieht die Heimhilfe am Körper nach, nach eventuellen Ausschlägen etc. Mir selbst sind diese Kontrollen sehr peinlich. Ich sage es jedes Mal, wenn sie mich „untersucht" – unter den Armen, Brüsten, Bauchfalten, Gesäß, zwischen den Beinen. Aber bitte, das sind alle keine Mediziner, könnten das bleiben lassen.

Habe auch vergessen, über die Mappe zu schreiben. Sie liegt auf der Bank beim Fenster. Für jeden ersichtlich und einsehbar: Ärzte, Rettung, Heimhilfen … Es gibt nichts, was zu vergessen wäre. Alles wird vermerkt, sogar jedes Wimmerl* …

Soweit geht es mir gut. Ich stehe um 7 Uhr auf, wasche mich, ziehe mich an und frühstücke. Anschließend lege ich mich auf die Bettbank und warte auf die Heimhilfe. Sie können die Türen mit einer Automatik selbst öffnen. Wenn ich früh aufstehe, bin ich dann schon mit allem fertig. Meine Heimhilfe hat nur das Vergnügen, mein Bettzeug wegzulegen, das heißt, es wird geordnet im Kasten verstaut. Sie will mir helfen. Leider habe ich keine besondere Arbeit. So sitzen wir dann im Zimmer, sie fragt mich nach etwaigen Dingen. Dann nimmt sie die Mappe und füllt alle diversen Fragen aus. Für mich wird es still und ich warte, bis sie mit dem Schreiben fertig ist. Dann wieder allein …

Die Heimhilfen sind alle nett. Manche haben selbst Beschwerden und Sorgen. Es kommt manchmal vor, dass ich sie über alte Leute aufkläre. Sie sind eben jung und halbwegs gesund. Aber was können alte Leute dafür, wenn sie Rückenschmerzen plagen und sonstige Wehwehchen. Das alles kommt von ganz alleine. Es ist nicht so einfach, wenn man auf die Hundert zugeht.

Aber Spaß beiseite. Ich denke fast dauernd an früher. Es war eine schöne Zeit! Jung und gesund und voller Träume. Alles ist vorbei. Nicht einmal einen Mann bekomme ich mehr, denn Anfang Juni ließ ich mir meine letzten unteren Vorderzähne ziehen. Der Zahnarzt kam zu mir in die Wohnung. Mein Sohn war auch dabei. Also, ich bin jetzt ohne unteres Gebiss. Schiach* bin ich deswegen lange nicht.

Kommen wir zu den Heimhilfen zurück. Sie lernen eine gewisse Strenge, und zwar bei der Einnahme von Pillen. Ich nehme bei ihnen keine Pillen. Langsam haben sie sich daran gewöhnt. Auf Befehl geht nichts bei mir. Ich nehme Tabletten, wann ich will. Schließlich ist es mein Leben, und es dürfte alles nicht so falsch sein, wie ich es mache. Meine Ärztin hat mich schon zwei Jahre nicht gesehen. Es ist nur schade, dass alles vorbei ist.

Zurzeit erlebe ich die Höhen und Tiefen meines Zustandes. Es ist nicht ganz einfach, sich bedienen zu lassen, auch wenn es gut gemeint ist. Aber ich bin zufrieden und warte schon auf den Augenblick, wo ich auf das Atmen vergesse …

„Nie hatte ich mich so ausgeliefert gefühlt ..."   OTTI NEUMEIER

Im Krankenhaus

Bis zum Jahre 2015 war ich ein selbständiger Mensch, das heißt, ich konnte mich bewegen, wenn auch nicht immer schmerzfrei, konnte mich versorgen und war relativ agil. Im August nach meinem 79. Geburtstag ergab es sich, dass ich zuerst in mein Lieblingsspital – die „Döblinger Privatklinik" – musste, aber aufgrund meines Gesundheitszustandes war eine Verlegung in eine andere spezialisierte Klinik notwendig. Eine Niereninsuffizienz brachte es mit sich, dass ich offenbar sehr krank der Pflege dieses Hauses ausgeliefert war. Kein Zweifel, dass man das Beste für mich machte, aber das bedeutete nicht, dass ich mit Samthandschuhen angegriffen wurde.

Otti Neumeier [1936–2017] wurde als einziges Kind eines Tischlers und einer Hausfrau in Wien-Ottakring geboren.

Nach der Pflichtschule schloss sie eine industriekaufmännische Lehre ab, ab den 1970er Jahren arbeitete sie im Büro eines Wiener Kommunalpolitikers. In diesem Rahmen organisierte sie unter anderem einen Frauenzirkel und gab eine monatliche Zeitschrift zu frauenspezifischen Themen heraus. Neben ihrer Berufstätigkeit war sie aktives Mitglied einer Laientheatergruppe. Später engagierte sie sich ehrenamtlich im Archiv des Wiener Volksliedwerks, wo sie einige sozialhistorische Studien sowie zahlreiche Musikerbiografien erstellte.

2011 erschien ihr Erinnerungsband „Wir vom Jahrgang 1936" im Wartberg Verlag.

Von meinen Besuchern erfuhr ich, dass ich die ersten 14 Tage im Koma gelegen war. Danach fühlte ich mich sehr bewegungslos, ich war in einem Zustand, in dem ich nicht sprechen konnte, mein rechter Arm war bandagiert und mit einem Zugang für die Blutabnahme versehen. Von Zeit zu Zeit kam eine Schwester oder ein junger Pfleger, um mir Blut abzunehmen. Ich lag die ganze Zeit auf dem Rücken. Wie das Urinieren vor sich ging, wusste ich vorerst nicht, und andere Entleerungen wurden über die Schüssel gemacht.

Als ich langsam meinen Zustand begriff, wurde es für mich schwieriger.

Man brachte mir zu essen, aber es stand in der gleichen Höhe, wie ich im Bett lag, und ich konnte es nicht sehen. So tappte ich manchmal mit meiner linken Hand mitten in die Buttersemmel, ich fand keinen Zucker und konnte die Tasse nicht zum Munde führen. So aß ich gar nichts, denn gefüttert wurde ich nicht. Aber es wurde beklagt, dass ich nicht esse, also bekam ich die nötige Ernährung in Form von Infusionen verabreicht.

In der Zeit meines Aufenthalts wurde ich mindestens viermal in ein anderes Zimmer verlegt. Dank meiner Zusatzversicherung stand mir ein Zweibettzimmer zu, aber das gab es offenbar nicht so leicht. So lag ich wochenlang in einem Riesenzimmer mutterseelenallein, ohne Radio, ohne Fernseher und die ganze Zeit im Spital ohne Zeitung. Es gab einfach keine. Die einzigen Menschen, mit denen ich reden konnte, waren die Pfleger, die mich betreuten, und manchmal kamen Pfleger anderer Abteilungen, die sich aus dem großen Zimmer Röntgenapparate oder Ähnliches holten.

Worunter ich besonders litt, war eine Gesichtsmaske, die mir Ozon zufächelte. Es gab davon nur eine Größe und diese drückte mich ungemein in meine Wangen, aber darauf konnte man nicht Rücksicht nehmen. Eines Abends, als ich den Druck nicht mehr aushielt und die Maske unter dem Kinn etwas lüftete, kam sofort die Schwester gerannt und schimpfte mit mir wie mit einem kleinen Kind: „Lassen Sie die Maske auf!"

Als ich ihr deutete, warum ich sie lüftete, kam nur zur Antwort:
„Da kann man nichts machen", und sie zwang mir das Ding wieder aufs Gesicht.

Wieder hielt ich es einige Zeit aus, erleichterte mich von dem Schmerz, und es wiederholte sich die Szene mit der Schwester. Beim dritten Mal gingen der Schwester die Nerven durch. Sie drückte mir die Maske auf die Backenknochen und sagte: „Wollen Sie mich in den Wahnsinn treiben, Sie Krätzn*!". Stimmlos, wie ich war, konnte ich nichts erwidern, sondern war nur den Tränen nahe, einerseits über den Schmerz, andererseits hatte mich in meinem Leben noch nie jemand „Krätzn" geheißen.

Nach längerer Zeit wurde mir dann die Maske entfernt, nicht zum letzten Mal, aber für diese Nacht war ich erlöst. Nie hatte ich mich so ausgeliefert gefühlt, niemand, dem ich meine Kränkung hätte sagen können und der mich tröstete.

Ich hatte von meinem verstorbenen Lebensgefährten seinerzeit eine Stoffkatze bekommen, die nahm ich nach seinem Tod bei meinen Aufenthalten im Urlaub oder im Krankenhaus immer mit. Es ist so wichtig, irgendetwas bei sich zu haben, was man liebhaben kann, das zu einem gehört unter all der Fremdheit, die einen umgibt, und etwas Wärme und Vertrautheit vermittelt. Dieses Kätzchen konnte ich, wie es kleine Kinder tun, an mich drücken und fühlte mich dadurch nicht mehr ganz so allein und verlassen.

Eine weitere Verlegung brachte mich in ein kleineres Zimmer mit einem ganz netten, vielleicht 21-jährigen Pfleger, der noch lernte. Mit ihm konnte ich über vieles plaudern und ich erzählte ihm, was ich so machte, und es tat mir unendlich gut, dass sich irgendjemand dafür interessierte. Wochenlang war ich stumm, ohne geistige Nahrung vor mich hin gelegen. Wenn Besuch kam, war zwar jemand da, aber befriedigt wird man davon trotzdem nicht.

In all den Wochen hatte ich einen Harnkatheter, das heißt, ich hatte ständig einen Plastiksack zwischen den Beinen und es wurde kontrolliert, wie viel Urin ich von mir gab. Dieser Katheter musste alle 14 Tage gewechselt werden. Das Abnehmen war kein Problem, aber das Einsetzen brachte mit sich, dass zwei Schwestern ihre Hände in meinen Unterleib vergruben, die Vagina auseinandernahmen oder -rissen, dass mir Hören und Sehen verging. Und das alles unter Beisein meines netten, jungen Pflegers, der das ja auch lernen musste. In diesem Moment habe ich meine letzte Würde verloren.

Für das Pflegepersonal war das sicher eine ganz normale Handlung, aber für einen Menschen, für den dieses Gebiet sozusagen höchst privat und eventuell nur für einen geliebten Menschen zugänglich ist, ist es schrecklich, mit weit geöffneten Beinen für jedermann sichtbar an sich herummanipulieren zu lassen. Nicht immer ging diese Manipulation schmerzfrei vor sich, speziell wenn sich das Gummiröhrchen nicht einfach an die Blase anschloss und immer wieder hineingequält wurde. Erst viel später erfuhr ich, dass die Entleerung des Urins auch anders vorgenommen werden kann.

Zu allem Unglück wurde ich eines Tages aufmerksam gemacht, dass alle meine Besucher bzw. das Pflegepersonal nur mit Gesichtsmasken und Schutzkleidung das Zimmer betreten dürften. Wochenlang ging das so und ich hatte keine Ahnung, warum das so war. Ich bekam jede Menge Antibiotika, die Haare gingen mir aus und ich fragte meine Gäste beim Hereinkommen: „Wer bist du?" Bussi konnten wir uns nur Gesichtsmaske an Gesichtsmaske geben, denn auch ich musste bei Besuchen eine solche tragen. Erst als ich aus dem Spital kam, erfuhr ich, dass ich meine Aufenthaltsverlängerung auf insgesamt drei Monate dem Krankenhausvirus verdankte. [...]

> „... ABER AUF DIE WUNDE SEELE DES KRANKEN MENSCHEN GEHT NIEMAND EIN."

Wenn es darum geht, wie man gepflegt wird, kann ich nach meinen langen Erfahrungen nur sagen: Man hat in diesem Spital sicher alles getan, dass ich gesund werde, aber auf die wunde Seele des kranken Menschen geht niemand ein. [...]

24-Stunden-Pflege zu Hause

Ich war gezwungen, nach dem Verlassen des Krankenhauses einen 24-Stunden-Dienst in meiner Wohnung zu haben. Ich konnte nicht allein zur Toilette gehen, ich konnte mich nicht versorgen, konnte mich nicht pflegen, ich brauchte einfach jemanden, der mir dabei half. Die slowakischen Helferinnen, die diesen 24-Stunden-Dienst machen, kochen, gehen einkaufen, pflegen den Bedürftigen und kosten für zwei Wochen € 1.055,-. Ich hatte zweieinhalb Monate lang drei Damen, und wenn ich nicht gespart hätte, hätte ich mir das nicht leisten können.

Alle 14 Tage wechselten die Damen sich ab. Es war schon eigenartig. Da diese Helferinnen irgendwo schlafen und ihre Kleidung etc. verstauen mussten, hatte ich mich entschlossen, im Wohnzimmer auf der Couch zu nächtigen, und überließ ihnen mein Schlafzimmer inklusive Kasten.

Die ersten drei Wochen konnte ich noch nicht allein zur Toilette. Abends ging ich so spät als möglich, aber leider drängten mich meine Bedürfnisse schon wieder um 4 Uhr früh. Oft versuchte ich mein Drängen hinauszuziehen, um diese Frauen nicht wecken zu müssen, aber auch das hatte seine Grenzen. So klopfte ich mit meinem Stock auf die Tür und weckte damit die jeweilige Helferin. Das musste eine der Damen der Geschäftsführerin beim Sozialen Dienst gepetzt haben, und die machte mich darauf aufmerksam, dass die Damen auch ihre acht Stunden Schlaf benötigen. Ich war so verdutzt, dass mir gar nicht einfiel zu sagen, dass ich auch 24 Stunden bezahlte. Ich sagte nichts, weckte die Damen weiterhin auf. Was hätte ich auch tun sollen – in meine Couch urinieren? Gott sei Dank war es mir dann nach einiger Zeit möglich aufzustehen und mit dem Rollator zur Toilette zu gehen, es war ein reines Glückserlebnis nach den vielen Monaten der Abhängigkeit.

Da die Damen für mich kochen mussten, war es mir ab dem Moment, wo ich wieder gehen konnte, lieber, mich zu ihnen in die Küche zu setzen, mitzuhelfen und alle Speisen nach meinem Gusto zubereiten zu lassen. Allerdings hatte ich eine dabei, die zwar mit mir für uns kochte, aber eisern allein in der Küche aß. Trotz meiner Aufforderung lehnte sie das gemeinsame Essen ab, und so aß ich allein im Wohnzimmer und war nicht sehr zufrieden damit.

Als ich die Einkaufsrechnung überprüfte, stellte ich fest, dass die Dame gerne Fleisch aß, während ich mich fast vegetarisch ernährte. Sie ignorierte meine Einkaufsliste und kaufte für sich zusätzlich Fleisch, während ich brav mein Gemüse mit Kartoffeln aß. Nun erklärte sich auch, warum sie das lieber allein in der Küche tat.

Eine andere wieder, die besonders nett war und mit der ich mich so gut verstand, dass ich ihr drei Ringe aus meinem reichhaltigen Fundus schenkte, was sie in Verzücken versetzte, aß und plauderte zu Mittag mit mir, verabschiedete sich liebevoll bis zum nächsten Mal und kam nie mehr wieder. Eine völlig neue, die das nächste Mal anstatt der nicht Wiederkehrenden kam, saß fast den ganzen Tag bei mir, redete aber sehr schlecht, dafür sehr viel.

Heimhilfe

Ich war sehr froh, dass auch diese Zeit vorüberging und ich wieder in meiner üblichen Lebenssituation sein konnte. Wohl war es nicht ganz einfach, aber jetzt habe ich Heimhilfen. Alle 14 Tage eine Bedienerin für drei Stunden wie auch vor meiner

Erkrankung. Aber eine Dreiviertelstunde am Montag und eine Dreiviertelstunde am Freitag Heimhilfen.

Eine von diesen habe ich sehr liebgewonnen und wir haben uns richtig befreundet. Eine 48-jährige Wienerin, verheiratet mit Kind, tüchtig, freundlich und gesprächig, kommt am langen Montag. Da ich außerdem in meiner Wohnung sehr viel selbst mache, braucht sie mir nur den Kopf zu waschen und die Haare zu föhnen, den Restmüll und den Papiersack auszuleeren. Das ist auch die Haupttätigkeit der Freitagdame, die hin und wieder auch einkaufen gehen muss. Wenn wir also Zeit haben, tratschen wir, umarmen uns zum Abschied, und so wird auch meine Seele gepflegt. Und das Lustige ist, dass diese liebe Person sagt, sie kommt so gern zu mir, weil sie sich nachher immer so gestärkt fühlt. Ich versteh's nicht, aber sie wird schon wissen, warum.

> „ES IST SO WICHTIG, IRGENDETWAS BEI SICH ZU HABEN, WAS MAN LIEBHABEN KANN, DAS ZU EINEM GEHÖRT UNTER ALL DER FREMDHEIT, DIE EINEN UMGIBT, UND ETWAS WÄRME UND VERTRAUTHEIT VERMITTELT.

„... dass mir ein Pflegeheim erspart bleibt" HERTA ROHRINGER

Bis vor kurzem war ich diejenige, die für junge und ältere Familienmitglieder in schwierigen Zeiten zuständig war, nun bin ich selber auf Hilfestellung angewiesen.

Aufgewachsen in Zimmer, Küche, Kabinett, mit dem alten Großvater, der sehr schwerhörig war und dem ich eine laute, klare Sprache zu verdanken habe, war ich mein ganzes Leben von alten Menschen umgeben. Diese Tatsache erforderte immer besondere Rücksicht, allerdings bekam ich dadurch auch einen lockeren Umgang und hatte keine Scheu vor Gesprächen mit alten Leuten. Nach dem Krieg war ich auch mit der Jungschar der Pfarre Sühnekirche unterwegs. Wir verteilten kleine Pakete mit Lebensmitteln an Alte und Kranke; oft wurden wir dann ersucht, etwas vorzusingen. Ich war sehr stolz, dass wir so viel Freude bereiten konnten.

Zu meinem Glück lernte ich das männliche Gegenstück kennen. Auch mein Mann wuchs bis ins 20. Lebensjahr bei seinen Großeltern auf, dadurch erübrigten sich in unserem Zusammenleben bestimmte Streitfragen. Es wurde stets auf die ältere Generation Rücksicht genommen, unser eigenes Leben kam dadurch zwangsläufig zu kurz. Erst als durch den Tod meiner Eltern und der Schwiegermutter Zeit zum Nachdenken blieb, wurde uns klar, dass wir unser Leben eigentlich ganz anders geplant hatten und die jungen Jahre gern lebensfroher gestaltet hätten.

Es gab Jahre, in denen wir viel freie Zeit in Spitälern verbrachten. Vom Personal wurden uns dann oft noch Vorhaltungen gemacht, weil wir angeblich ständig anwesend zu sein hätten, zum Beispiel mittags und abends zum Essen, um die Schwestern zu entlasten.

Am schlimmsten war es in der Frauenabteilung eines großen Wiener Krankenhauses. Meine Tante war in der Nacht dreimal „abgefahren", musste wiederbelebt werden. Nach dem Aufenthalt in der „Intensiv" war sie total desorientiert. „Mia müassen s' immer suchen gehen, Sie müassn wos tuan!"

Es war der Beginn einer langen Reihe von Jahren – insgesamt 22 – in denen unsere Lebensqualität immer schlechter wurde. Auch meine Gesundheit, insbesondere meine Herztätigkeit, litt sehr unter dem Dauerstress.

Meine Kinder und Enkelkinder haben die Besuche in Spital und Pflegeheim noch immer in belastender Erinnerung, obwohl wir uns stets bemüht hatten, diese Besuche mit einem für die Kinder freudvollen Erlebnis ausklingen zu lassen: Konditoreibesuch oder großer Kinderspielplatz.

Herta Rohringer wurde 1935 geboren und wuchs als einziges Kind eines Bäckers und einer Hausfrau in Wien-Hernals auf.

Ihr berufliches Leben verbrachte sie als diplomierte Kindergärtnerin und Horterzieherin. Ihr Mann, mit dem sie zwei Kinder großzog und 50 Jahre lang verheiratet war, war im Gastgewerbe tätig.

Beide verband unter anderem ein ausgeprägtes Interesse an stadt- und alltagshistorischen Themen. Sie bildeten über ein Jahrzehnt lang den Mittelpunkt eines Zirkels von schreib- und erinnerungsfreudigen Menschen im Umfeld der Dokumentation lebensgeschichtlicher Aufzeichnungen, dem auch einige weitere AutorInnen dieses Sammelbandes angehörten.

Eines allerdings haben auch sie übernommen, besonders die beiden Mädchen meiner Tochter. Sie bemühen sich nun um mich und die Großeltern väterlicherseits, obwohl sie beruflich sehr gefordert sind. „Ihr wart auch immer für uns da", antworten sie, wenn ich sie bitte, auf ihre karge Freizeit nicht zu verzichten. Bei meinem Spitalsaufenthalt im vergangenen Jahr wurde ich sehr beneidet, weil sie so fürsorglich und umsichtig agieren. Ich bin sehr stolz auf die beiden (36 und 38 Jahre alt).

Den Tod meines Mannes vor zehn Jahren haben sie noch immer nicht überwunden. Ich bemühe mich, Ihnen den Umgang mit dem Tod leichter zu machen. Gerade wir Wiener haben viel Beziehung dazu, in Liedern, Theaterstücken und Gedichten. Ich hoffe, es gelingt mir, in meinen Nachkommen eine pragmatischere Einstellung zu festigen.

So habe ich nach dem Tod meines Mannes begonnen, etliche Erbstücke an Kinder und Enkelkinder zu verschenken. Dazu erzähle ich die Geschichte, die mit den Gegenständen in Zusammenhang steht. Anfangs haben sich alle gewehrt: „Noch lebst du ja, behalte die Sachen!" Mein Einwand, dass sie nach meinem Tod die Geschichten rund um die Gegenstände von niemandem mehr erfahren könnten, hat sie mit meinem Vorgehen versöhnt.

> **ICH BIN MIT MEINEN HELFERN SEHR ZUFRIEDEN.**

Meine Phantasie, ich könnte wieder wie früher allein unterwegs sein, musste sich der Wirklichkeit unterwerfen. Derzeit kann ich nicht einmal aus dem Haus gehen. Die Erfahrungen mit meinen Eltern und der dementen Schwiegermutter haben dazu geführt, dass ich bereits nach dem Tod meines Mannes der ältesten Enkelin die notarielle Vollmacht übergeben habe. Als ich bald darauf ins Spital kam, wurde sie prompt eingefordert.

Nach dem letzten Spitalsaufenthalt wurde dann aber vom Spital alles Weitere veranlasst. Meine Familie bekam alle nötigen Unterlagen zur Einreichung für eine Heimhilfe, die Amtsärztin war nur verwundert, wie viele Betreuungsstunden mir zugebilligt wurden. Auch eine Therapie wurde mir bewilligt, bei der die Therapeutin ins Haus kommt. Sie verfügte, dass ich mit Rollmobil in der Wohnung unterwegs sein muss, die Sturzgefahr ist sehr groß.

Dadurch bin ich wieder sehr mobil geworden. Ich kann wieder selbst kochen, die Wäsche waschen und zum Wäscheständer transportieren. Meine täglichen Heimhilfen nehmen die Wäsche dann ab und bügeln sie.

Ich bin mit meinen Helfern sehr zufrieden. Sie saugen den Staub, tragen den Mist weg, helfen beim Duschen, beim Anziehen, machen das Bett und sind sehr intelligente Gesprächspartner. Bis auf zwei sind alle Migrantinnen, auch ein Mann ist dabei. Er ist sehr an meinen Kindheitserinnerungen interessiert und wir haben viele andere gemeinsame Themen. Sein Weg führte ihn aus dem Libanon zu uns.

Meine Tochter und meine Enkelinnen versorgen mich mit Lebensmitteln, und wenn sie ein Zeitfenster haben, putzen sie in der Wohnung die Dinge, die die Heimhilfen und meine private Putzhilfe nicht schaffen.

Ich hoffe, dass mir ein Pflegeheim erspart bleibt. Die sieben Jahre, die meine Eltern dort verbringen mussten, haben mir gezeigt: Es ist der Mensch, der aus einer solchen Einrichtung eine kalte, unpersönliche Bewahranstalt oder eine mit persönlicher Zuwendung machen kann.

Ich habe seit meinen Schwierigkeiten mit der Linse im linken Auge nicht mehr am Computer geschrieben. Es hat sich nämlich herausgestellt, dass ich fast das Schreiben verlernt habe. Ich habe also beschlossen, wieder ohne technische Hilfe zu schreiben.

Anmerkung der HerausgerInnen:
Der Originalbeitrag wurde handschriftlich abgefasst.

> „MEINE PHANTASIE, ICH KÖNNTE WIEDER WIE FRÜHER ALLEIN UNTERWEGS SEIN, MUSSTE SICH DER WIRKLICHKEIT UNTERWERFEN.

Absichern

ELISABETH AMANN

Ein Versprechen

Im nachfolgenden Beitrag verarbeitete die Autorin eigene Erfahrungen in der Person einer Akteurin namens Eva.

Das Telefon in Feldkirch klingelte, Eva hob ab. Die freundliche Stimme Joachims, der in Salzburg lebt, fragte, wie es ihr gehe. Er erwartete wie üblich, dass Eva sich lachend für die Nachfrage bedankte. Stattdessen hörte er einen Seufzer von ihr, der damit begründet wurde, dass sie einen „Durchhänger" habe, weil sie bald den 78. Geburtstag feiere. Auf die Frage Joachims, was plötzlich daran so schlimm sei, ob und warum die von ihr gewohnte positive Lebenseinstellung baden gegangen sei, meinte sie, zum ersten Mal sei ihr bewusstgeworden, dass sie vor kurzer Zeit erst ihren Siebzigsten gefeiert habe. „Auf einmal geht alles viel schneller, wohin sind die acht Jahre entflohen?", rief sie ins Telefon.

Elisabeth Amann wurde 1936 in eine ländliche Arbeiterfamilie geboren und wuchs mit ihren Eltern und vier Geschwistern an verschiedenen Orten des Pongaus im Bundesland Salzburg auf.

„Geh, du machst es sicher wie der Hundertjährige, der aus dem Fenster steigt und verschwindet[1] , entgegnete der um genau zehn Jahre jüngere Mann. Eva lachte nun wieder und entgegnete, dass es für sie schwierig sein könnte, aus dem Fenster im zweiten Stockwerk zu steigen, denn genau unter dem Fenster, nur getrennt durch die Ufermauer, fließe die Ill; das sei gefährlich für sie als Nichtschwimmerin.

Als Achtzehnjährige ging sie auf Arbeitssuche nach Vorarlberg, wo sie heute noch lebt. Sie heiratete einen alkoholkranken Mann, bekam sechs Kinder und musste weitgehend allein für den Unterhalt der Familie sorgen. Sie war anfangs im Gastgewerbe, später in verschiedenen sozialen Berufen tätig. Ab den 1970er Jahren begann sie journalistisch wie literarisch über den eigenen Lebensalltag zu schreiben. Seither hat sie mehrere Bücher mit autobiografischem Hintergrund veröffentlicht,

Spontan versprach Joachim, dass er an ihrem 100. Geburtstag unter ihrem Fenster warten werde, um sie aufzufangen, und anstatt zu verschwinden, würden sie gemeinsam mit Tanzschritten zu ihrem Fest eilen. Das Bild des wartenden Mannes unter ihrem Fenster erheitert sie, es zaubert ein Lächeln auf ihr Gesicht, sooft sie an das Versprechen denkt. Ab nun musste sich Joachim bei jedem Gespräch gefasst machen, von Eva gefragt zu werden, ob er fleißig trainiere, damit er bei Kräften bleibe bis zu seinem 90. Geburtstag. Er ein sportlicher Mensch, sie eine mollige, eine ziemlich mollige Alte! Diese Vorstellung erheiterte die beiden, sooft sie davon sprachen.

Durch das Angebot Joachims, sie aufzufangen, wurde ihr in alten Tagen ein Bild von Erwartet-, von Getragen- und von Beschütztwerden geschenkt. Die Zusagen des „Erwartens", „Auffangens" und „Tragens" räumen manche Schwere aus Evas Lebensweg. Ihr Gang ist leicht, das Gefühl für Gelassenheit und für Vertrauen wächst, es sitzt hinter ihrer Stirn, ihre Augen strahlen Freude und Zuversicht aus.

Näheres siehe https://elisabethamann.com

---

1 *Bezugnahme auf den Titel des 2011 auf Deutsch erschienenen und später verfilmten Erfolgsromans „Der Hundertjährige, der aus dem Fenster stieg und verschwand" des schwedischen Autors Jonas Jonasson*

Offenheit – auch sich selbst gegenüber?

Wie Raureif im Sommer fühlte es sich an für Eva, Leichtigkeit und Zuversicht schienen sie zu fliehen, als im „Feldkircher Anzeiger" von einer „Vorsorgemappe"[2] zu lesen war, mit deren Inhalt sie sich befassen werde müssen. In der Einleitung stand: „In jeder Lebenslage sicher sein, dass in meinem Sinn gehandelt wird ... Um das zu erreichen, braucht es Informationen und klare Handlungsanweisungen. Die Feldkirch-Vorsorgemappe unterstützt Sie dabei."

Die Mappe war auf Initiative des Seniorenbeirats Feldkirch nach dem Vorbild der „Vorsorgemappe" des Kreisseniorenrats Bodenseekreis erarbeitet worden. Die Fragen in der Mappe waren so drängend und beklemmend, weil sich Eva ein Wunschdenken angeeignet hatte. Sie war sich ihrer Gesundheit so sicher gewesen, hatte sich vorgenommen, wie selbstverständlich gesund und beweglich bis ins hohe Alter zu bleiben, um eines Nachts sich im Schlaf von dieser Erde zu verabschieden.

Verantwortung für die nächste Generation

Von Verantwortung, Gesprächsbereitschaft und Offenheit den Nachkommen gegenüber war die Rede und von deren Sicherheit bei wichtigen Entscheidungen. Eva las die Mappe durch: wichtige Telefonnummern, persönliche Daten, Schlüsselverwahrung, Angehörige, die im Notfall zu benachrichtigen sind ...

Die Fragen waren logisch, ihre Kinder müssen wissen, wie die behandelnde Ärztin heißt, bei welcher Bank ein Bausparvertrag abgeschlossen wurde ... Wer die Wohnungsschlüssel hat. Eva füllte ein paar Daten aus, legte die Mappe zurück in den Schrank und beschloss, ihre Töchter beim Ausfüllen der vielen Fragen um Hilfe zu bitten.

> *„Keine Zeit"*, war das Echo der Töchter.
> *„Es eilt wirklich nicht"*, versicherte erleichtert die Mutter.

Wochen später, Eva hatte den Gedanken an die Vorsorgemappe weit von sich geschoben, meldeten sich Ursula und Susanne, die Töchter. „Wir haben Samstag am Vormittag Zeit, wir kommen!" Eva rief, es eile ihr nicht, sie müssten für diese Dinge ihre Zeit am Samstag nicht opfern. „Mutter, wir kommen!" Jetzt galt keine Ausflucht mehr, Mutter war durchschaut, die Themen aus der Mappe schienen ihr nicht gelegen.

2 *https://www.feldkirch.at/leben/dienstleistungen-von-a-z/detail/vorsorgemappe/*

> **WAS BEWAHRST DU DORT SONST NOCH AUF? – OH MÄDELS, ERINNERUNGEN, ERINNERUNGEN ...**

Klarheit schaffen

Wir empfehlen, dass Sie jedes Kapitel, das Sie bearbeiten, mit den entsprechenden Dokumenten in einem gemeinsamen Ordner aufbewahren. Wenn das aus Platzgründen nicht möglich ist, dann können Sie hier angeben, wo sich die einzelnen Ordner befinden.

Die Töchter waren resolut, sie wollten keine Geschichten hören, sondern mit den Fragen aus der Mappe vorwärtskommen. „Mutter, wo ist der Ordner mit deinen Verträgen wie Haushalts- und Unfallversicherung?" – „Im Kleiderkasten, in der untersten Schublade." Ursula verfiel in Gelächter. „In der untersten Schublade, Mama? Was bewahrst du dort sonst noch auf?" – „Oh Mädels, Erinnerungen, Erinnerungen ..."

Die unwürdige Greisin

„Unsere unwürdige Greisin", lautete Ursulas Kommentar. Sie wusste, dass sich Mutter diebisch freute, so genannt zu werden, denn sie lachte nun ebenfalls.

Aus der Zeremonie des Fragens und Antwortens machten die klugen Töchter mit fröhlichen Kommentaren einen Vormittag mit Gelächter und mit Lob für die Mutter. Sie hatten gesehen, dass Mutter manchmal lieber geweint als gelacht hätte.

Benachrichtigungen

Dann richtete Ursula eine Excel-Datei auf Mutters PC ein; dort solle sie eintragen, wer von ihrem Tod verständigt werden muss. Per Brief oder per E-Mail, so hieß der Befehl. Ob das unbedingt nötig sei, war Evas Frage. „Klar", lautete die lapidare Antwort. Sie hörten zwar in Mutters Erzählungen viele Namen von für sie wichtigen Persönlichkeiten, kannten aber nur einen Bruchteil davon persönlich. Du wirst uns enorm viel Arbeit ersparen, wenn wir sämtliche Email-Adressen oder Telefonnummern nicht extra heraussuchen müssen. Die Adressen aufzuschreiben hieße noch lange nicht, dass man deswegen sterben müsse; sie solle kein solches Gesicht machen. Mit dieser Arbeit werde sie am nächsten Tag beginnen, versprach sie den Töchtern – und sich selbst.

Am nächsten Morgen, mit einem tiefen Gefühl von Verlassenheit, begann sie die Arbeit an der Excel-Datei. Das Gefühl von Verlassenheit schlug um in Trauer und in Wut, dass der Tag ihres Ablebens kommen werde, unausweichlich. Sie brach in

Tränen aus, fand sich selber kindisch, aß einige Riegel Schokolade – und floh in den Wald. Sie wusste, dass ihr Gemüt sich in der Natur beruhigen konnte. Hohe, alte Baumriesen mit starken Wurzeln und sturmerprobten Kronen galten Eva von jeher als Symbol für Kraft und Ausdauer.

Angst

Mit den Fragen in der Mappe waren Risse in ihrer Auffassung von eigener Stärke und Kraft entstanden, Ahnungen von Unausweichlichkeit, von Endlichkeit! Diese Erkenntnis machte Angst, aber warum? Sie erfuhr von Bekannten und Freunden mehr über Hinfälligkeit, Tod und Trauer. Eva hatte zeit ihres Lebens viele Menschen bis zum Ende begleitet, dass es sie selbst irgendwann treffen werde, lag in ihrem Verständnis bis jetzt weit, sehr weit, außerhalb der Zeitrechnung.

In der „Vorsorgemappe" steht: Nachlassregelung, Testament, Bestattungsvorgaben und -wünsche; Checkliste: Was ist nach dem Todesfall zu erledigen? Liste der Bestatter ...

Eva nannte auf die Frage von Susanne ihren Wunschpriester. Ursula gab zu bedenken, dass dieser im Alter von Mutter sei, und es wäre ungewiss, ob er überhaupt noch lebte, wenn sie ihn brauchte. Immer wieder ging Eva, auch allein, diese Fragen durch. Sie würde ihre Tapferkeit – trotz inneren Widerstands – beweisen, die Mappe ausgefüllt irgendwann ihren Kindern präsentieren.

Wertschätzung

Eva traf zufällig Alexander, den Chef des Mobilen Hilfsdienstes, dem sie von ihren Überlegungen bezüglich Ableben und Vorsorgemappe erzählte. Er versprach ihr bei der Beantwortung einiger Fragen zu helfen. Er hat langjährige Erfahrung mit alten Menschen, mit Demenz und mit schwierigen Familienverhältnissen.

Die Fragestunden aus der Mappe um das Ritual „Bestattungsvorgaben" gestaltete er humorvoll und er bezog Evas literarisches Leben in dieses Ritual ein. Sie müsse Texte vorbereiten, die bei der Feier gelesen werden sollten. Ein Gedicht für die Todesanzeige? Sei vorhanden, sagte Eva. Alex wusste, was Eva brauchte: Anerkennung ihres Lebens, die beim Abschied unter seiner Regie zur Sprache gebracht werden sollte.

Als sie bei der Frage „Wünsche bei Betreuung und Pflege" angekommen war, schlug sie die Mappe wieder einmal zu ...

Sie traf Alex wieder und auf seine Frage, wie weit sie mit der Beantwortung der Pflegemappe wäre, sagte sie, dass sie „seit längerem" nicht mehr daran gedacht hätte. In tiefer Sorge um ihre Sorglosigkeit nahm er Eva ins Gebet. Seine Vorhaltungen musste sie annehmen, überdenken, weil sie ernst und zugleich liebevoll waren und aus seiner Lebenserfahrung resultierten: „Dass du gesund und vital bist, sehe ich. Aber es ist purer Leichtsinn und Realitätsverweigerung, wenn du denkst, es könne ausgerechnet dir nicht passieren, dass du morgen nach einem Schlaganfall gelähmt und der Sprache nicht mehr fähig, dich von Menschen angreifen lassen musst, die du kaum ertragen kannst. Bitte, lege fest, was du deine Pflege betreffend willst!"

Geknickt und mit belegter Stimme verabschiedete sie Alex. Sie rief ihre Tochter Susanne an und erzählte von der Begegnung. Susannes Antwort war für das Empfinden Evas cool und rigoros, genau wie der Auftritt von Alex. Sie versprach Susanne, nachzudenken, wie sie sich ihre Pflege vorstelle, um dann Bescheid zu geben.

Dann ging es schnell: Eva lud ihre fünf erwachsenen Kinder ein, um über die Vorsorgevollmacht zu sprechen. Dabei legte sie fest, dass sie keines ihrer Kinder zu ihrer Pflege verpflichten wolle. Die Pflege sollten Institutionen wie Krankenpflegeverein und Mobiler Hilfsdienst übernehmen; den Kindern und Enkelkindern sollten angenehme Dienste überlassen bleiben wie Spaziergänge, Erinnerungen auffrischen, alte Lieder singen.

Eva fühlte sich wie befreit, sie war völlig erleichtert. So erleichtert, als ob sie aufgefangen werde, wenn dies nötig sein wird. Sie traf Alex auf dem Friedhof. Dieser Prozess so wichtiger Entscheidungen befreie sie mehr und mehr, versicherte sie und bedankte sich bei Alex für seine gezeigte Vehemenz, denn ab und zu brauche sie jemanden, der sie „auf Touren bringe". „Je mehr du entscheidest, umso freier wirst du dich fühlen", sagte er und war froh, sie auf einem guten Weg zu wissen.

> **BITTE, LEGE FEST, WAS DU DEINE PFLEGE BETREFFEND WILLST!**

ERFAHRUNGEN MIT BETREUUNG UND PFLEGE IM PRIVATEN UMFELD

„Es konnte ja nicht mehr allzu lange dauern ..." DAGMAR GRUBER

Frau Dr. A. war meine Volksschullehrerin von 1947 bis 1951, ich kannte sie also fast mein Leben lang. Die Verbindung zwischen uns ist nie ganz abgerissen, sie interessierte sich für meinen Berufsweg ebenso wie für mein Privatleben, sie hatte sogar mit dem Gedanken gespielt, mich zu adoptieren, kam aber davon ab, als ich eine Familie gründete. (Das erfuhr ich erst knapp vor ihrem Tod.)

Frau Dr. A. stammte aus einer gutbürgerlichen Familie und lebte mit Eltern und zwei Geschwistern ab ihrem dritten Lebensjahr in der Wohnung in Gersthof, in der sie 2011 auch gestorben ist. Sie war mit Leib und Seele Lehrerin, blieb unverheiratet, arbeitete auf eigenen Wunsch fast ausschließlich mit Volksschulkindern und war ein großzügiger und karitativ denkender Mensch. Sie hat ihr Leben lang Menschen in Not geholfen, kostenlos Sprach- und Nachhilfeunterricht gegeben und auch wiederholt Menschen bei sich aufgenommen, weil sie sich ihres Privilegs, allein über eine 120-Quadratmeter-Wohnung zu verfügen, während andere kein Dach über dem Kopf hatten, bewusst war. Sie öffnete ihre Tür kroatischen Mädchen, die zum Taizé-Treffen nach Wien gekommen waren, ebenso wie einem tschechischen Flüchtling (mit ihm und seiner Familie verband sie eine lebenslange Freundschaft). Sie ließ einen koreanischen Musikstudenten täglich auf ihrem Bechstein-Flügel üben und sandte Care-Pakete und Medikamente an dessen zu Hause gebliebene kranke Ehefrau. Sie nahm eine Arbeitskollegin und deren krebskranke Mutter bei sich auf, weil deren Pflege in ihrer Substandardwohnung nicht ausreichend möglich war, und adoptierte die junge Kollegin schließlich, um ihr die Wohnungsübernahme zu ermöglichen, als bei ihr selbst eine Tumorerkrankung festgestellt wurde.

Sie hatte außer einer nur um zwölf Jahre jüngeren Nichte, die mit ihrer Familie in Kanada lebte und nur jedes zweite oder dritte Jahr auf Kurzbesuch nach Wien kam, keine Verwandten und hat sich im Laufe ihres Lebens durch ihr Verhalten eine Ersatzfamilie geschaffen.

Eine besondere Beziehung hatte Frau Doktor zeitlebens zu „Gretl", einer Schülerin der allerersten Klasse, die sie unterrichtet hatte, und zu Veronika, der Frau des Tschechen, und deren Töchtern Helene und Ludmilla (auch sie hatte während des Studiums bei ihr gewohnt).

Frau Dr. A. hatte langjährig eine kroatische Zugehfrau*, die ihr sehr zugetan war. Gekocht hat sie selbst für sich, wobei ihr ganz generell gutes Essen nicht wichtig war. War Besuch angesagt, ließ sie von „Aida" Kuchen oder Torten kommen, ansonsten lebte sie von Dosen- und Tiefkühlkost und Brot. Bis Mitte ihrer Neunziger blieb sie

Dagmar Gruber
wurde 1941 als zweites Kind einer Arbeiterfamilie in Eisenerz in der Obersteiermark geboren, verbrachte aber bereits ihre gesamte Schulzeit in Wien, wo sie bis heute lebt.

Sie absolvierte eine Lehre als Buchhändlerin und übte diesen Beruf bis zu ihrer Familiengründung aus. Nachdem ihre zwei Töchter großjährig waren, war die Autorin bis zur Pensionierung als kaufmännische Angestellte in einem Wissenschaftsverlag tätig.

rüstig, ging in Konzerte, Theater und Oper und nahm an den Vorträgen der literarischen Gesellschaft teil, deren langjähriges Mitglied sie war.

Als ihre Beine die zwei Stockwerke bis zu ihrer Wohnung nicht mehr schafften, traf sie das schwer, sie musste damit einen Teil ihrer Unabhängigkeit aufgeben, die ihr zeitlebens so wichtig war. Ihre Gretl, ein lebenskluger und tatkräftiger Mensch, sorgte für die notwendigen Schritte, erhielt die Bankvollmacht und brachte die langjährige Friseurin dazu, alle zwei Wochen einen Hausbesuch zu machen, um Haare und Nägel von Frau Doktor zu pflegen.

Auch im hohen Alter war Frau Dr. A. geistig sehr rege geblieben. Sie las viel und nahm am Geschehen in der Welt via Zeitung und TV regen Anteil; körperlich wurde sie schwächer, Stürze erforderten mehrmals einen kurzen Spitalsaufenthalt. Gretl organisierte den Rufdienst einer Rettungsorganisation, die praktischerweise ihre Zentrale nur wenige Häuser entfernt hatte und per Knopfdruck herbeigerufen werden konnte. Bald war es auch notwendig, eine Heimhilfe zu organisieren, die der Frau Doktor morgens aus dem Bett half und abends wieder hinein.

Soweit war alles organisiert und lief ganz gut. Frau Doktor war nicht glücklich über die „vielen Fremden" in ihrer Wohnung, aber sie wusste: Nur so war es möglich, dass sie zu Hause bleiben konnte – was ihr größter und einziger Wunsch war.

Im Oktober 2008 verstarb Gretl unerwartet an Krebs. Damit wurden die Betreuung der alten Dame und die Organisation ihres Haushaltes zu einem Problem. Veronika lebte zwischen Linz und Prag. Sie hatte zwar eine Wohnung in Wien, ganz in der Nähe, hatte aber sehr viele Verpflichtungen innerhalb ihrer Familie und schied daher ebenfalls aus. Nun schien es unabwendbar, dass Frau Doktor in ein Seniorenheim übersiedeln müsste.

Ich entschloss mich, die bisher von Gretl erledigten Aufgaben zu übernehmen. Frau Doktor war 99 Jahre alt, es konnte ja nicht mehr allzu lange dauern, und wir waren uns einig, dass eine Übersiedlung in ein Heim ihren raschen Tod bedeuten würde.

Als Erstes musste ich eine Bankvollmacht bekommen. Bisher hatte Gretl Anfang jedes Monats die gesamte Pension bis auf einen minimalen Rest abgehoben und Frau Doktor übergeben. Die füllte die entsprechenden Zahlscheine für Miete, Strom, Gas, Telefon etc. aus und schickte ihre treue Stojanka damit auf die Post oder Bank.

Ein Notar kam mit zwei Mitarbeitern ins Haus, um die Vollmacht aufzusetzen und amtlich zu beglaubigen. Gleichzeitig schlug er, wohl aufgrund des sehr hohen Alters, die Errichtung eines Testamentes vor. Frau Doktor setzte mich als Alleinerbin ein, was ich, in Anbetracht der Tatsache, dass außer abgenütztem Hausrat, einem inzwischen kaputten Klavier und einem sehr bescheidenen Betrag auf einem Sparbuch kein Erbteil vorhanden war, akzeptierte. Ich unterschrieb eine bedingte Erberklärung, zu der (Gott sei Dank) der Anwalt geraten hatte.

Bald musste ich feststellen, dass Frau Doktor die Umstellung von Schilling auf Euro nicht erfasst hatte und sich erstens wunderte, dass plötzlich alles so billig geworden war, und zweitens Stojanka und die Friseurin weiter mit den gleichen Beträgen bezahlte wie vor der Umstellung. Ich musste mir erst einen Überblick verschaffen, wie viel Geld da war, wie hoch das monatliche Einkommen inklusive Pflegezuschuss war, und wie hoch die monatlichen Kosten waren, also Fixkosten wie Miete, Gas und Strom, TV, Fahrtendienst, Essen auf Rädern, Heimhilfen, Friseurin, Pflegeartikel.

Die Heimhilfen waren von unterschiedlicher Qualität, meist sehr einfache Frauen, freundlich, aber immer in Eile. Sie taten die notwendigen Handgriffe und benötigten für die Dokumentation zumindest gleich viel Zeit wie für ihre Patientenbetreuung. Das war in hohem Maße unbefriedigend, aber Vorschrift.

Abends variierten die Zeiten oft stark (jede Zeitverzögerung während des Tages wirkte sich abends besonders aus). Frau Doktor saß mehr als einmal hilflos im Dunkel und schlief im Sessel, bevor die Heimhilfe kam, sie wusch und ins Bett brachte.

Ihr Zustand verschlechterte sich langsam, aber stetig. Sie benötigte jetzt Einlagen, die Kosten für die Heimhilfen stiegen, Veronika konnte eine Erhöhung der Pflegestufe und damit mehr Pflegegeld erreichen.

Im Mai feierte Frau Doktor ihren 100. Geburtstag, und Veronika und ich bemühten uns, ihn ihr so schön wie möglich zu gestalten. Anhand ihres privaten Telefonbuches erstellten wir eine Einladungsliste. Alle, die ihr noch etwas bedeuteten, sollten eingeladen werden. Der Bezirksvorsteher sagte sich an (eine eher peinliche Vorstellung). Er kam mit einem zausigen Blumenstrauß sowie einem Fotografen, aber auch einem Kuvert mit 300 Euro, die wir dringend brauchten.

Eine ganze Woche lang gaben einander jeden Tag zwei bis drei Besucher die Klinke in die Hand, wurden mit Kaffee und Kuchen bewirtet und plauderten mit ihr von gemeinsam erlebten Zeiten. Frau Doktor sah sehr distinguiert aus, sie trug ein neu gekauftes, elegantes Strickensemble und eine Bernsteinkette und genoss die ungewohnte Aufmerksamkeit, obwohl diese sie auch ermüdete.

Am 2. Mai, ihrem eigentlichen Geburtstag, kam die gesamte Familie von Veronika, der Ehemann, die Töchter Ludmilla und Helene und Ludmillas fünf Kinder. Dieser Tag war für sie am schönsten, aber abends war sie sehr erschöpft und hatte genug vom Feiern. Die meiste Freude aber bereitete ihr der Besuch ihrer Nichte, die, 88 Jahre alt, mit ihrem Sohn aus Kanada gekommen war, um den 100. Geburtstag ihrer Tante zu feiern.

Zwischen Weihnachten und Neujahr stürzte Frau Doktor wieder und wurde ins Krankenhaus gebracht. Ich brach meinen Aufenthalt in der Steiermark ab und kam nach Wien zurück. Im Spital gab es auch einen Sozialstützpunkt. Dort wurde mir klargemacht, dass es nur zwei Möglichkeiten gab: entweder sofortige Unterbringung in einem Pflegeheim oder 24-Stunden-Pflege zu Hause. Ein langwieriger Behörden-Wirrwar war die Folge.

> **EIN LANGWIERIGER BEHÖRDEN-WIRRWAR WAR DIE FOLGE.**

Die betreuende Hausärztin vermittelte uns ein junges ungarisches Mädchen, deren Tante ebenfalls im Pflegedienst in Wien arbeitete und die recht gut deutsch sprach.

Nun begann erst wirklich der Kampf mit dem Geld. Frau Doktor wurde zwar schon vom Spital aus in die nächsthöhere Pflegestufe eingesetzt, aber es reichte trotzdem bei weitem nicht; die letzten Reserven schmolzen rasant. Die 24-Stunden-Betreuung bedeutete, dass ein Zimmer an die Pflegerin abzutreten war; es mussten Kasten, Kommode etc. geleert und eine wohnliche Atmosphäre geschaffen werden.

Frau Doktor und ich waren zwei Tage lang beschäftigt, den vollgestopften Kasten zu leeren. Sie hatte jede Kinderzeichnung, alle rührend ungelenken Bastelarbeiten ihrer Schüler, jede Grußkarte von Freunden und Bekannten sorgfältig aufgehoben, ein ganzes Leben lang. Es fiel ihr sehr schwer, sich davon zu trennen. Ich ließ sie bei jedem einzelnen Exemplar selbst entscheiden, was entsorgt werden sollte und woran ihr Herz zu sehr hing. Sie tat mir sehr, sehr leid, aber es gab keinen anderen Weg; es war, trotz der Größe der Wohnung, kaum Stauraum vorhanden.

Frau Doktor verfügte über zu wenig Bettwäsche. Es mussten - möglichst billig - Überzüge, Handtücher usw. beschafft werden, teilweise von uns zu Hause, weniges musste gekauft werden. Da nun die 24-Stunden-Pflegerin auch für Haar- und Nagelpflege zuständig war, sagte ich die externen Friseurbesuche ab, was wieder Aufregung und böse Worte von Seiten der Frau Doktor verursachte. Ich hingegen war nicht sehr gut auf die Friseurin zu sprechen, die monatelang die Eurobeträge anstelle des vereinbarten Schillinglohnes eingesteckt hatte, ohne zu protestieren.

Frau Doktor fing an, mir all diese Veränderungen übelzunehmen, sie warf mir vor, alles nur wegen des Geldes zu tun (also mich selber zu bereichern), was mich fast dazu brachte, das Ganze hinzuschmeißen. Alle meine Aufzeichnungen, Tabellen etc. halfen nicht, sie konnte sie ja nicht mehr lesen.

Ich musste sehen, wo Einsparungen möglich waren. Als Erstes musste sich Frau Doktor von ihrer Stojanka trennen, was mir beide sehr übelnahmen. Zweitens wurde das Essen auf Rädern abbestellt, das Mädchen konnte ja angeblich kochen. Leider musste ich feststellen, dass sie außer Gulasch gerade noch Grießkoch zubereiten konnte. Außerdem hatte sie Heimweh, und ich traf sie oft verweint an. Sie sprach kein Wort deutsch, also musste ich jedes Mal telefonisch die Tante zu Hilfe nehmen, wenn ich etwas mit ihr besprechen wollte, was ziemlich mühsam war.

Veronika und ich versuchten verzweifelt, Abhilfe zu schaffen. Wir hörten von einer staatlichen Stelle, die 500 Euro Zuschuss für die Beschäftigung von gelerntem, selbständigem Pflegepersonal gewähren sollte. Während ich die finanziellen Probleme und den Ablauf des Alltages übernahm, fand Veronika eine tschechische Pflegerin, Jenka, die alle erforderlichen Papiere besaß, vertrauenserweckend aussah und deutsch sprach.

Diese wieder hatte Verbindung zu anderen tschechischen Pflegerinnen, und so hatten wir es letztendlich geschafft, ab April 2010 eine geordnete 24-Stunden-Pflege mit fachlich und pflegerisch sowie menschlich tadellosem Personal aufzustellen. Lenka war jung, fröhlich, mollig, mit einer blonden Lockenmähne und ausgezeichnetem krankenpflegerischem Können. Sie brachte Frau Doktor oft zum Lachen, scherzte mit ihr, ohne ihre Würde zu verletzen, und war in jeder Hinsicht ein Gewinn. Alena war älter, Mitte dreißig, sie interessierte sich für Buddhismus, las viel, und führte mit Frau Doktor lange, geistige Gespräche, was diese außerordentlich schätzte, da in den letzten Jahren ihr Geist meist unterbeschäftigt geblieben war, besonders, seit sie nicht mehr lesen konnte. Alena war in der Pflege nicht so perfekt wie Lenka, aber sie war eine gute Vorleserin und stellte sehr schnell eine geistige Verbindung zu der alten Frau her. Obwohl ich insgeheim den Verdacht hegte, dass mit ihren Papieren möglicherweise etwas nicht in Ordnung sein könnte, kümmerte ich mich nicht darum. Die Papiere wurden beim Sozialamt nicht angezweifelt, wir bekamen den Zuschuss, und Frau Doktor war perfekt versorgt.

Die beiden Mädchen wechselten im 14-Tage-Rhythmus, sie waren beide in Brünn zu Hause, die Fahrtkosten hielten sich in Grenzen, die Bezahlung ging direkt und zur Gänze an die Pflegerinnen. Wir waren alle glücklich mit „unseren" Mädchen, endlich lief alles reibungslos, auch Frau Doktor wirkte zufrieden, gepflegt und gut gelaunt. Ich kam - unangemeldet - zwei bis drei Mal pro Woche zu Besuch, plauderte mit Frau Doktor und kontrollierte die Arbeit der Pflegerinnen. Alle zwei Wochen, jeweils bei Turnusende, wurden Haushaltsbuch, Rechnungen und Wirtschaftsgeld abgerechnet. Es gab nie Grund zur Beanstandung.

Nach einigen Monaten bat Jenka, die erste tschechische Betreuerin, die in einem Pflegeheim in Wien arbeitete, ob sie nicht in dem hinter der Küche gelegenen „Dienerzimmer" wohnen dürfe. Sie würde sich dafür in ihrer freien Zeit nützlich machen, die Mädchen bei Körperpflege, Baden sowie Haushaltsführung unterstützen und, soweit es ihre Dienstzeit zuließ, in den Freistunden der Mädchen bei Frau Doktor bleiben.

Nach Rücksprache mit Frau Doktor und den Mädchen wurde ihr das auch erlaubt, und damit war ich nur mehr für das Finanzielle und die Kontrolle zuständig. Die Pflegerinnen bekamen Haushaltsgeld, führten ein Haushaltsbuch, hielten Kontakt mit der Hausärztin, und ich hatte die Sicherheit, dass Frau Doktor bestmöglich betreut war.

> **KÖNNEN SIE RATENZAHLUNG LEISTEN? WENN JA, IN WELCHER HÖHE?**

Da kam der nächste Schock in Form einer Nachricht vom „Fonds Soziales Wien"* am 1. März 2010. Frau Dr. A. hatte im Jahr 2008 eine Erhöhung der Pflegestufe von 3 auf 4 zugestanden bekommen, Veronika hatte das erkämpft. Leider wusste sie nicht, dass das beim Fonds Soziales Wien extra zu melden war. Nun war, bei Zuerkennung der Pflegestufe 5, aufgefallen, dass alle von einer Hilfsorganisation geleisteten Arbeiten nach Pflegestufe 3 statt 4 verrechnet worden waren. Eine Aufforderung zur Nachzahlung von 8.164,56 Euro flatterte ins Haus.

Ich versuchte, zu retten, was zu retten war, packte alle Unterlagen samt Kontoauszügen und Sparbuch zusammen und ging zum Fonds. Die zuständige Dame dort hörte sich meine Probleme sehr geduldig an (es war ihr offensichtlich nicht neu), und fragte zuletzt: „Können Sie Ratenzahlung leisten? Wenn ja, in welcher Höhe?" Ich schlug ziemlich zaghaft 100 Euro pro Monat vor, sie konterte: „… und 500 Euro bei den quartalsmäßigen Sonderzahlungen!"

Ich war erleichtert und stimmte zu. Aber es hieß, noch einmal knapper rechnen. (Die Angst, die altersschwache Therme oder andere Geräte wie zum Beispiel die unentbehrliche Waschmaschine könnten ihren Geist aufgeben, verließ mich bis zum Tod der Frau Doktor nicht. Tatsächlich brach die Therme eine Woche nach ihrem Tod endgültig zusammen.)

Frau Doktor wurde nun zusehends schwächer. Betteinlagen, Windeln und ein Pflegebett waren notwendig geworden, sie war fast blind, schwerhörig, und auch ihre geistigen Fähigkeiten ließen nach. Den 101. Geburtstag feierte sie mit den Pflegerinnen und mir, Veronika kam extra aus Linz. Der Unterschied zwischen dem 100. und 101. Geburtstag war aber nicht zu übersehen.

Frau Doktor war sehr gebrechlich geworden, sie saß jetzt im Rollstuhl, trotzdem war sie noch interessiert. Die Mädchen machten auch noch Ausflüge mit ihr. Der Fahrtendienst einer Rettungsorganisation wurde gebeten, den Transport über die Stiegen zu übernehmen. Sie wollte noch einmal „ihre" Schule sehen, Veronika ging mit ihr essen, die Mädchen in den Türkenschanzpark. Ab Herbst war sie dann auch dazu zu müde, sie schlief jetzt viel. Zu Weihnachten feierten wir am Vorabend, wie immer, zusammen mit der Pflegerin. Wir hatten ein kleines Bäumchen, hörten Weihnachtslieder, es wurde vorgelesen, kleine Geschenke ausgepackt, ein gutes Essen genossen, ein Gläschen Wein getrunken.

Der Jänner verlief ruhig, die Hausärztin konstatierte bei ihren regelmäßigen Besuchen den schleichenden Kräfteverfall. Dann wollte Frau Doktor gar nicht mehr aufstehen, Lenka und Alena sowie Jenka mussten ihr immer wieder Schleim absaugen, sie saßen dann bei ihr und hielten ihre Hand, oft spielten sie Musik.

In ihren letzten Tagen entwickelte sie eine Lungenentzündung, die Hausärztin kam jeden Tag, um zu tun, was nötig war, kontrollierte, ob nirgends eine wundgelegene Stelle auftrat, war mit der Arbeit der Pflegerinnen sehr zufrieden, die die Kranke fast stündlich vorsichtig umbetteten, sehr sauber hielten, gut eincremten und die Luftwege frei hielten.

Eines Tages meinte die Ärztin, es könne nur noch Stunden dauern, wir sollten in der Früh den Amtsarzt anrufen, wenn sie gestorben war.

Frau Dr. A. schlief ganz friedlich ein, sie hörte einfach auf zu atmen, im 102. Lebensjahr.

Wir alle waren froh, ihr diesen friedvollen, angstfreien Tod zu Hause ermöglicht zu haben, traurig, weil wir in den vergangenen Monaten auch eine enge Gemeinschaft geworden waren, und natürlich, weil das Zentrum, Frau Dr. A., nicht mehr da war.

Am Morgen riefen wir den Amtsarzt an, es kam eine Ärztin, die fragte, warum wir nicht die Rettung verständigt hätten, wer wir alle wären, und rief die Polizei. Die nahm uns alle Schlüssel ab und forderte uns auf, die Wohnung zu verlassen. Ein unschöner Abschluss und ein Schock für uns alle. Den Mädchen wurde nicht einmal gestattet, ihre Sachen zu packen. (Wenn man an verschiedene Zeitungsberichte denkt, wonach hilflose Rentner von gewissenlosen „Pflegerinnen" ausgeplündert werden, ist die Reaktion verständlich, in Anbetracht meiner jahrelangen Kämpfe um jeden Euro, der ausgegeben werden musste, entbehrte unser Rauswurf nicht einer gewissen Komik.) Aber es war egal, Frau Doktor war ihr sehnlichster Wunsch, in ihrem eigenen Heim zu sterben, erfüllt worden, alles andere war zweitrangig.

Bei aller Hilfestellung durch Behörden, Ämter und karitative Organisationen ist der Weg durch den Informationsdschungel mühsam. Trotz allem möchte ich diese Erfahrung nicht missen.

> **WIR ALLE WAREN FROH, IHR DIESEN FRIEDVOLLEN, ANGSTFREIEN TOD ZU HAUSE ERMÖGLICHT ZU HABEN…**

Mein Leben mit der Betreuung von alten Menschen SABINE LENK

Ich war 21 Jahre alt, als ich meinen Mann kennenlernte, und beim ersten Treffen mit seiner Verwandtschaft fiel bereits der Generationensprung auf. Seine Tante und sein Vater waren so alt wie meine Großeltern, seine Cousins so alt wie meine Eltern und Onkel. Und es war mir von Anfang an klar, dass seine Eltern einmal zu Hause gepflegt werden. Ich hatte damit kein Problem, da ich schon damals immer einmal im Monat mit meiner Oma zur Frauenärztin gefahren bin. So heirateten wir und bekamen Kinder, bauten sein Elternhaus um, und die Zeit nahm ihren Lauf.

Nun fuhr ich alle zwei Monate auch mit der Tante zum Internisten (Linksherz, Restless-Legs-Syndrom, Blutdruck, Durchblutungsstörungen). Am Anfang unterstützten sie uns noch beim Hausbauen, Tante kochte und Vater half draußen mit. Dann kochte ich immer mehr selber und ihre Waschmaschine ging kaputt. So wusch ich ihre Wäsche mit, da es sich nicht mehr auszahlte, eine neue zu kaufen. Die Tante konnte die Wäsche eh nicht mehr richtig aufhängen, da die Arme nicht mehr mitmachten.

Als die Tante 80 Jahre alt wurde, fingen die ersten Wehwehchen an. Zuerst bekam sie ein neues Hüftgelenk in Zwettl. Da es ihr bereits sehr schlecht ging, weil sie gestürzt war, begleitete ich sie dorthin und nahm mir ein Zimmer. Drei Wochen Krankenhaus. Meine Kinder waren eine Woche bei meinen Eltern und anschließend bei mir in Zwettl.

Reha ging nicht, da sie nicht wollte und ich die Kinder nicht so lange alleine lassen konnte. Alleine ging auch nicht, da ihre Schulter ausgehängt war und nicht mehr gerichtet werden konnte.

Mein Mann ging fleißig arbeiten, denn von irgendwas mussten wir auch leben. Bald konnten wir in das halbfertige Haus einziehen. Der Alltag wurde etwas leichter, da wir nicht mehr zur Baustelle und den Schwiegereltern pendeln mussten. Nichtsahnend ging ich eines Tages rüber, um Milch zu holen, da unsere Küche noch nicht fertig war, da saß mein Schwiegervater mit blutender Kopfwunde am Küchentisch. Tante saß daneben und frühstückte. Sie meinte, irgendwann käme ich eh rüber und dann könne ich mir die Wunde ja ansehen. Na super! Da ich bereits öfters kleine Wunden gesäubert und verbunden hatte, holte ich alles, was ich brauchte, und reinigte sie, klebte die Wunde mit den Wundstreifen zusammen und säuberte alles. Das noch vor dem Frühstück. Vater war die Stiegen runtergefallen.

Als sich bei unserer Tante die Hüfte normalisiert hatte, machte sich beim Schwiegervater seine Parkinson-Krankheit und Alzheimer wieder bemerkbar. Nach vielen Arztterminen und langem Einstellen der Medikamente ging es ihm wieder etwas besser.

Sabine Lenk wurde 1976 als zweites Kind eines Mechanikers und einer Hausfrau in Mistelbach, Niederösterreich, geboren.

Nach Abschluss der Pflichtschule absolvierte sie eine Lehre als Köchin und Kellnerin und arbeitete auch nach ihrer Familiengründung und der Geburt zweier Kinder Teilzeit im Gastgewerbe.

Die Betreuung und Pflege ihrer Verwandten über mehr als ein Jahrzehnt erforderte letztlich die Aufgabe ihrer Erwerbstätigkeit und bedeutete für die Schreiberin insgesamt eine tiefe biografische Zäsur. Danach konnte sie sich mit Unterstützung des Arbeitsmarktservice beruflich neu orientieren und arbeitet mittlerweile als Sekretärin in einem Vermessungsbüro. Seit 2010 ist Sabine Lenk in ihrer Heimatgemeinde Poysdorf als Gemeinderätin und in der Ortsstelle einer sozialen Hilfsorganisation ehrenamtlich tätig.

Auch das Waschen im Waschbecken ging immer schlechter. So nahm ich beide und duschte sie einmal in der Woche. Da sie aus einem Bauernhaus kamen, kannten sie dies nicht, und es war anfangs eher schwierig, sie zu überreden. Manchmal war ich draußen vor der Dusche nasser als mein Schwiegervater drinnen. So regelte es sich auch automatisch mit dem Anziehen von frischer Kleidung.

Mit zunehmendem Alter wurde das Duschen immer beschwerlicher, erst montierten wir Griffe in der Dusche und dann einen Sitz. Später war die kleine Stufe – sieben Zentimeter – ein unüberwindliches Hindernis, und so endete die Duschzeit. Nichtsdestotrotz, Waschschüssel her, und von nun an wusch ich beide täglich vor dem Frühstück. Wie es kommen musste, entdeckte ich eines Tages beim Waschen bei der Tante rote Flecken und Druckstellen. Nichtsahnend zog ich sie an, da das wegen ihrer ausgerissenen Schulter nicht mehr alleine ging. Am nächsten Morgen war der rote Fleck schwarz! Ab zum Arzt. Diagnose Dekubitus! Zusätzlich noch ein Lungeninfarkt, der zum Glück gut ausging.

Da die Betten nun nicht mehr ideal waren, die Tante eine Druckluftmatratze benötigte und mein Schwiegervater bereits Probleme beim Aufstehen hatte, liehen wir uns vom Roten Kreuz gleich zwei Pflegebetten aus. Nach zwei Monaten intensivster Wundreinigung schloss sich die offene Stelle und ich konnte wieder kurz aufatmen. Jedoch bekam nun mein Schwiegervater einen Gichtanfall, da er die Medikamente nicht mehr richtig nahm. Wieder zum Arzt, Medikamente einstellen. Da es nicht mehr funktionierte, übernahm ich die Medikamentenausgabe. Durch die ständigen Kontrollen bei den Ärzten konnte ich bereits selber die Dosen bestimmen, damit das Blutbild passte, aber die Medikamente nicht zu viel wurden. So besserten sich auch bald die roten geschwollenen Füße bei meinem Schwiegervater und die Socken und Schuhe passten wieder, da das Wasser aus den Füßen wegging.

Als die Schulter der Tante zu schmerzen anfing, besorgten wir eine Halteschale. Das war eine Prozedur! Wenn ich sie angelegt hatte, war sie verschnürt wie ein Grillhendl. Alleine konnte sie das nicht anlegen und ablegen. Der nächste Sturz ließ nicht lange auf sich warten. Als wir gemütlich vom Kellerfest heimkamen, saß Tante im Garten mit einem blauen Auge und lädierter Nase, die Brille war kaputt, und die Lust, nochmal gemeinsam wegzugehen, schwand.

So wechselten sie sich immer ab. Mal ein Parkinsonschub von ihm, mal ein Sturz von ihr. Nach einer Zeit bemerkte ich ein System bei den Schüben und entdeckte, dass jedem Parkinsonschub eine Blasenentzündung voranging. So verabreichten wir einmal wöchentlich einen Liter Ringerlösung in die Bauchdecke, um den Flüssigkeitshaushalt zu stabilisieren. Und siehe, es wurde besser. So bemerkten wir auch, dass beide viel zu wenig tranken.

Eines Tages kam ich hinüber in die Küche und sah, dass beim Holzofen die Tür offen war und das Feuer brannte. Nach dem zweiten Mal montierten wir das Ofenrohr ab, räumten das Holz weg und deckten den Ofen ab. Die Zentralheizung war vorhanden und der Küchenofen zu gefährlich.

Nach und nach ließen die Kräfte nach und die Wege zum Klo wurden für Tante viel zu lang. Auch ins Bett konnte sie nicht mehr alleine. So beschaffte ich eine Funkglocke, damit sie läuten konnte, wenn sie was brauchte. Auch die altertümliche Art, mit alten Stofffetzen eine Einlage zu basteln, schaffte ich bald ab, da immer öfter alles nass war. Wir fingen mit Einlagen an und das Klo-Gehen alleine war vorbei. Viel zu umständlich fand Tante die Einlagen und sie konnte sie nicht richtig einlegen.

Nun war ich auf Abruf! Ständig läutete sie, mal aufs Klo, mal was bringen, mal was wegwerfen. In der Nacht drei Mal aufstehen und mit ihr auf den Leibstuhl gehen … Nebenbei noch die Kinder und Haushalt und Teilzeit arbeiten im Gasthaus.

Mein Mann und ich gaben uns nur mehr die Türklinke in die Hand. Wenn ich Termine hatte, war er für die beiden da, und wenn er in die Nachtschicht ging, musste ich zu Hause sein. Unsere Tante war immer schon eine Nachteule, meistens ging sie erst um Mitternacht zu Bett. Nun fing der Streit an, wann sie schlafen gehen soll. Ich war bereits um 21 Uhr müde, sie aber wollte nicht schlafen gehen, so einigten wir uns auf 22 Uhr. Mann, war das eine schwere Stunde, zu warten, bis es 22 Uhr wird. Jedoch auch das pendelte sich schön langsam ein.

Kein gemeinsamer Urlaub mehr möglich, kein gemeinsames Fortgehen. Nur Stunden des Davonstehlens und mit der Sorge leben, was man wohl für eine Überraschung vorfindet, wenn man wieder nach Hause kommt.

Einsicht war von Tante nicht zu erwarten. Wenn sie etwas machen wollte, tat sie es, ohne darüber nachzudenken. So kam es, dass ich halt jede Stunde mal nachsehen ging, ob sie noch im Sessel saß. Vater war viel im Freien draußen. Sehr bald fuhr er nicht mehr mit dem Fahrrad weg, da er einmal fast nicht mehr nach Hause gefunden hätte. Dann versteckte er sich immer im Keller oder im „Stadl" oder im Garten. Wenn ich meiner Arbeit nachging und ihn entdeckte, lief er davon. Eines Tages suchte ich ihn überall und konnte ihn nicht finden. Panisch suchte ich den ganzen Ort ab. Zum Glück fanden ihn die Kinder bei der Pferdekoppel in der Nähe. Er wollte nur spazieren gehen, meinte er. Bescheid gegeben hat er nie, war einfach weg.

Es wurde immer schwieriger für die Kinder, da sie auf vieles verzichten mussten, und für mich mit dem Arbeiten-Gehen. Schweren Herzens gab ich meinen Job auf.

Schon bald besorgten wir einen Rollstuhl, damit Tante nicht seitlich vom Sessel fallen konnte, wenn sie einschlief, und einen Rollator als Unterstützung beim Gehen. Beim Schwiegervater setzten Schluckprobleme ein, und wir mussten sein ganzes Essen passieren. Essen mit Messer und Gabel ging auch nicht mehr, und so löffelte er seine Mahlzeiten. Die Medikamente wurden, soweit es ging, auf lösliche umgestellt, um ihm die Einnahme zu erleichtern. Bald musste man ihn auch ermahnen zu essen und zu trinken.

Eines Tages bemerkte ich einen komischen Geruch im WC. Nach einer Woche wusste ich, dass er Durchfall hatte, und gab ihm ein Medikament. Einige Tage später bemerkte ich, dass es noch nicht besser war, und wir gingen zum Arzt. Dort sagte er, dass eh alles okay sei. Als ich ihn auf den Durchfall ansprach, wich er aus. Vom Arzt konnte ich mir nur anhören: „Jetzt kommt ihr erst!" Wir bekamen neue Medikamente und der Durchfall verging.

> **JETZT KOMMT IHR ERST!**

Mein Schwiegervater war immer im Garten draußen, im Winter stand er oft im Heizraum, da es dort warm war. Er warf immer wieder mal ein Holzstück in den Ofen hinein, damit das Feuer nicht ausging. Eines Tages im Winter – endlich hatten wir mal Schnee und die Kinder konnten draußen spielen – erwischte ich ihn, wie er die Asche im Garten auf den Schnee streute. Das war ein Anblick! Die Kinder konnten nicht mehr draußen spielen, da sie sonst voll Dreck waren. Auch das Urinieren im Garten wurde zum Problem, da er überall, wo er stand, hinmachte. Bald konnten keine Freunde der Kinder mehr kommen, da ich nie wusste, was mein Schwiegervater gerade tat.

So vergingen die Jahre. Schubweise wurden die Beschwerden bei beiden immer mehr, die Arbeit immer intensiver, die Ruhezeiten immer weniger und die Unzufriedenheit immer größer. Tante wollte nicht mehr leben und sprach ständig vom Tod, Vater vergaß immer mehr grundlegende Dinge. So kam es, dass er im verwirrten Zustand um drei in der Früh durch unser Haus geisterte, um seine Schwester bei der Tür rauszulassen. Nun machten wir uns Gedanken, ob wir die Tür in den Garten verschließen, damit er nicht eines Tages weglief.

Die Aktivitäten in der Nacht wurden immer mehr. Er ging mehrmals auf die Toilette, ohne das Licht aufzudrehen, und so kam es, wie es kommen musste – er stürzte in der Küche. Da wir ja im selben Haus lebten, hörte ich den Lärm. Wir konnten ihn gleich saubermachen und wieder ins Bett bringen. Eine Nachtflasche musste her, so konnten wir die nächtlichen Wanderungen wieder reduzieren. Klar kam es manchmal zu Flaschenunfällen und alles schwamm im Schlafzimmer.

Trotz seiner Krankheit war Vater immer dankbar für die Unterstützung, die er bekam. Auch die Intimpflege musste ich bald übernehmen und das Binden der Arbeitshose schaffte er bald auch nicht mehr. Trotz der Medikamente wurden seine Bewegungen immer steifer. In der letzten Woche vor seinem Tod, wurde die Unruhe in der Nacht immer schlimmer. Morgens saß er vor dem Bett und jammerte: „Was habe ich schon wieder gemacht ..." Er war so traurig, dass er uns so viel Mühe machte.

Eines Tages beim Waschen entdeckte ich eine große Platzwunde am Ellbogen. Die konnte ich nicht mehr flicken, und so fuhren wir ins Krankenhaus. Dort wurde er genäht und untersucht, und wir konnten wieder nach Hause fahren. In der Nacht fing er an zu zittern, wir konnten nichts mehr tun. Mein Mann blieb die ganze Nacht wach und versuchte, ihn im Bett zu beruhigen. Am nächsten Tag fuhren wir wieder ins Krankenhaus. Dort meinte man nur: „Die wollen den Alten nur abschieben, damit sie keine Arbeit haben", und schickten mich mit ihm wieder nach Hause. Total geschockt rief ich die Hilfsorganisation an, und die halfen uns, ihn zu waschen und umzuziehen. Nach einer weiteren Nacht ohne Schlaf fuhren wir wieder ins Krankenhaus. Dort wurde dann eine Blutung im Kopf entdeckt, und einen Monat vor seinem 85. Geburtstag verstarb er im Krankenhaus.

Zutiefst gekränkt blieb Tante zurück. Sie wollte ja sterben und nicht er! Nun saß sie alleine in der Küche. Geschwächt vom Alter ging sie nun schon um 21 Uhr schlafen. Ihr Zustand blieb unverändert, mal ging es auf, mal ging es ab mit ihrer Gesundheit. Mit unseren Kräften am Ende, machten wir trotzdem weiter. Das Hilfswerk unterstützte mich in der Pflege und mein Mann in seiner Freizeit, damit ich etwas aus dem Haus kam.

Als Tante dann eine Blasenentzündung bekam und es ihr ganz schlecht ging, konnte sie nicht mehr stehen, und so musste ich sie nun im Bett wickeln und waschen. Drei bis vier Mal am Tag ins Bett und wieder raus. Die Mahlzeiten mussten verabreicht werden, das Trinken weggeräumt werden, sonst war es unter dem Tisch. Schutzhosen besorgen und drei Salben zusammenmischen, damit die Haut nicht litt. Im Fernsehen nur mehr Zeichentrickfilme, Menschen starrten sie aus dem Fernseher immer an, Schlafengehen bereits um 19 Uhr.

Ein halbes Jahr lang kämpften wir uns durch, bis sich ihr Wunsch endlich erfüllte. Dann brach für mich eine Welt zusammen. Plötzlich stand ich ohne Arbeit und Einkommen da. Keine Zeit, um zu überlegen, was ich will oder brauche. Zum Glück stand mein Mann immer hinter mir.

Das Schwierigste in den vielen Jahren war für mich immer das Gebundensein an jemand anderen. Nicht so entscheiden zu können, wie ich wollte, da immer die beiden im Vordergrund waren. Trotzdem möchte ich die Zeit nicht missen, ich habe viel gelernt, und wer weiß, was gewesen wäre, wenn wir sie nicht gepflegt hätten. Der Gedanke „Es wird schon zu was gut sein" hat mir dabei immer sehr geholfen.

Nun versuchen wir, als Familie wieder einen gemeinsamen Weg zu finden. Denn eines ist sicher: Die Zukunft liegt in unseren Händen.

> AM NÄCHSTEN TAG FUHREN WIR WIEDER INS KRANKENHAUS. DORT MEINTE MAN NUR: „DIE WOLLEN DEN ALTEN NUR ABSCHIEBEN, DAMIT SIE KEINE ARBEIT HABEN", UND SCHICKTEN MICH MIT IHM WIEDER NACH HAUSE.

„... dass ich mehr zurückbekomme, als ich gebe" AGNES GRANDJEAN

Oma

Meine Oma war 80 Jahre alt, als mein Opa starb. Ich bin sofort zu ihr gezogen, ich wollte nicht, dass sie alleine ist. Sie wohnte in Ottakring in einer Zimmer-Küche-Wohnung mit Bassena (Wasserhahn mit Becken) und WC am Gang, aber das machte mir nichts aus. Obwohl Oma wehe Füße hatte, stand das Essen bereits am Tisch, wenn ich von der Arbeit heimkam. Ich wurde immer dicker und dicker, denn Oma war eine richtige „böhmische Köchin" und ihre Hausmannskost schmeckte mir, nur war sie zu nahrhaft. Oma war geistig fit, politisch sehr interessiert und las jeden Tag die Arbeiterzeitung. Im Laufe der Jahre fiel ihr das Kochen immer schwerer, da lernte ich es unter ihrer Anleitung, räumte auf und im Winter heizte ich den Kohleofen ein. Ich wusch auch die Wäsche, nur die Bettwäsche brachte ich in die Wäscherei. Da ich im Lebensmittelgeschäft meiner Mutter arbeitete, brachte ich die Einkäufe abends mit. Fritz, der Mann meiner Kusine Hedy, kümmerte sich um anfallende Reparaturen.

Jeden Sonntag kamen meine Mutter, meine Tante, meine Kusine mit ihren Männern zu Besuch. Nur meine Schwester kam seltener, da sie im Internat nicht jedes Wochenende Ausgang bekam. Oma war nie krank, war weder dement noch inkontinent, brauchte auch keine Medikamente, nur wurde sie immer schwächer. Da bat meine Mutter einen Arzt, einen Hausbesuch bei Oma zu machen. Diesen Arzt hat Oma wieder weggeschickt. Da beschlossen wir, in die Wohnung meiner Mutter in Mariahilf zu übersiedeln. Nun konnten wir uns gemeinsam um Oma kümmern.

Dann wurde Mutti schwer krank, musste ins Krankenhaus. Dieser Aufenthalt sollte sechs Monate dauern. Ich bekam sofort Hilfe von Tante Pepi, der zwölf Jahre jüngeren Schwester von Oma. Sie ist zu uns gezogen, wärmte Oma das Essen, das ich am Vorabend zubereitet hatte, begleitete sie auf die Toilette und plauderte mit ihr.

Am Wochenende habe ich Oma von oben bis unten gewaschen, leider konnte sie nicht mehr in die Badewanne steigen.

Unser Arzt schaute regelmäßig nach Oma. Sie wurde immer gebrechlicher, lag den ganzen Tag im Bett und konnte fast nichts mehr essen. Sie verlangte immer nur ein Glas Milch mit Cognac. Ich fragte unseren Arzt, und der sagte, dass ich ihr auf keinen Fall Alkohol geben dürfe.

Eines Sonntagabends verdrehte Oma plötzlich die Augen, atmete schwer und wurde ganz blass. Doch so schnell dieser Anfall gekommen war, war er auch schon wieder

Agnes Grandjean wurde 1940 als ältere von zwei Töchtern einer Kaufmannsfamilie geboren und wuchs auf einem landwirtschaftlichen Anwesen in Kaltenleutgeben bei Wien auf.

Sie arbeitete im Lebensmittelgeschäft ihrer Mutter mit und war später als Angestellte in einer Krankenversicherung in Wien beschäftigt.

Agnes Grandjean hat einen Sohn und zwei Enkelkinder und lebt in Baden bei Wien, wo sie sich in der örtlichen Pfarre engagiert und als ehrenamtliche Betreuerin in einem Pflegeheim tätig ist.

vorüber. Oma beauftragte mich am nächsten Tag, alle Familienmitglieder anzurufen und sie zu bitten, sofort zu kommen. Am Dienstag waren alle da.

Am Mittwoch um 5 Uhr früh, ich wollte die Wohnung gerade verlassen, stand Oma im Vorzimmer. „Agnes, bitte grüße Pepa von mir", so wurde meine Mutter gerufen, „und du pass auf dich auf und fahr vorsichtig." Das habe ich ihr versprochen, doch dann musste ich leider gehen, weil ich das Geschäft um 6 Uhr früh aufsperren musste. Oma wirkte so lebendig, ich machte mir keine Sorgen. Gegen Mittag kam dann der Anruf – Oma war friedlich eingeschlafen. Ich sperrte das Geschäft für den restlichen Tag zu. Als ich heimkam, war bereits die ganze Familie anwesend.

„UND DU PASS AUF DICH AUF UND FAHR VORSICHTIG."

Nun lag ein schwerer Weg vor mir, ich musste die traurige Nachricht meiner kranken Mutter überbringen. Meine Kusine begleitete mich. Zu meiner Überraschung war Mutti sehr gefasst und tröstete mich. Ich war so erleichtert, dass ich auf der Heimfahrt unaufmerksam war und einen Verkehrsunfall verursachte, der Gott sei Dank gut ausging.

Meine Tante und meine Kusine kümmerten sich um das Begräbnis und sorgten mit ihren Männern für die Auflösung von Omas Wohnung. Ohne die Hilfe der Familie hätte ich das alles nicht geschafft und war allen sehr dankbar.

Später habe ich mit unserem Arzt nochmals über Oma gesprochen, und er meinte, ich hätte ihr die Milch mit Cognac ruhig geben können. Ich war traurig, dass ich Oma diesen Wunsch nicht erfüllt hatte, und kam mir herzlos vor.

Die größte Freude war für mich, dass Oma bis zu ihrem letzten Tag nie alleine war und sie zu Hause sterben konnte. Tante Pepi ist bis zu ihrem letzten Atemzug an ihrem Bett gesessen.

Zum Abschluss dieser Erinnerungen an Oma möchte ich noch von einer Begebenheit erzählen, die mich sehr erschüttert hat. Oma hatte eine sehr alte Nachbarin, die so gebrechlich wurde, dass sie nicht mehr alleine in ihrer Wohnung bleiben konnte. Da sie keine Angehörigen hatte, wurde sie in das damalige Versorgungsheim Lainz* gebracht. Oma und ich haben sie dort besucht. Die alten Menschen waren in großen Sälen, mit einer Reihe Betten an jeder Wand, untergebracht. Neben jedem Bett standen ein Sessel und ein eiserner Nachtkasten, in dem ihre letzten, wenigen Habseligkeiten untergebracht waren. Ein trauriges Ende eines langen, harten und arbeitsreichen Lebens. Es wäre mir unerträglich gewesen, Oma in so einem Haus zu wissen.

Mutti

Meine Oma ist Anfang März gestorben und meine Mutter lag noch immer im Krankenhaus. Sie hatte eine Schilddrüsenüberfunktion und wog nur mehr 35 Kilo. Die Ärzte trauten sich nicht zu operieren, sie meinten, sie müsse erst wieder zunehmen. Eines Tages sagte eine junge Ärztin: „Warum riskieren wir die Operation nicht, sie springt uns auch so von der Schaufel." Meine Mutter hatte das gehört und stimmte der Operation sofort zu. Der Eingriff war erfolgreich.

In dieser Zeit habe ich das Lebensmittelgeschäft aufgelöst, denn Mutti war im Mai 60 Jahre alt geworden und seit 1. Juni in Pension. Als ich eines Tages, etwa zwei Wochen nach der Operation, nach Hause kam, saß Mutti in der Küche und schälte Kartoffeln. Sie wollte mich überraschen und hatte mir bei meinem Spitalsbesuch am Vortag nichts gesagt. Mutti hatte schon etwas zugenommen, war aber noch sehr schonungsbedürftig. Da das Geschäft nun geschlossen war und ich noch keine neue Arbeitsstelle hatte, konnte ich sie voll und ganz unterstützen.

Kurz darauf fuhr ich mit ihr nach Pabneukirchen im Mühlviertel, wo sie bei Tante Lisl, ihrer Freundin, fünf erholsame Wochen verbrachte. In dieser Zeit habe ich mich um eine Beschäftigung umgesehen und im August meinen Dienst bei der Wiener Gebietskrankenkasse angetreten. Ich hatte schon um 16:30 Uhr Dienstschluss und konnte mich um Mutti und den Haushalt kümmern. Sie war zwar von ihrer Krankheit geheilt, doch hatte sie Rheuma und starke Gelenkschmerzen. Sie konnte keine schweren Arbeiten verrichten und nicht schwer tragen.

1973 kam mein Sohn Richard auf die Welt, und nun hat Mutti mir geholfen. Ich konnte wieder ins Büro gehen, und sie passte auf Richard auf. Leider vertrug sie sich nicht mit meinem Mann Hans. Meine Schwester Eva und ich hatten ein altes Haus in Baden, und als eine Wohnung frei wurde, ließ ich diese renovieren. 1977 sind Hans, Richard und ich nach Baden übersiedelt. Mutti hat uns jedes Wochenende besucht. Ich hätte diese Besuche am liebsten verhindert, denn sie zettelte immer wieder einen Streit mit meinem Mann an. Ich brachte es aber nicht über mich, ihr das zu sagen, denn sie hatte ja nur uns.

Im Haus gab es noch eine freie Wohnung. Der Mann meiner Schwester hat diese Wohnung in seinem Urlaub für Mutti renoviert. Mein Mann konnte ihm nicht helfen, denn er war schwer krank und ist nach fünf schmerzhaften Jahren gestorben.

Mutti wohnte nun abwechselnd in Wien und in Baden. Da ihre Pension nicht sehr üppig war, hatte sie eine Nachmittagsbeschäftigung im Büro einer Bäckerei angenommen. Eines Tages lief sie einer Straßenbahn nach, stürzte und brach sich beide

Hände. Ich nahm sie sofort zu uns. Während ich im Büro war, hat Richard, der damals zwölf Jahre alt war, Mutti betreut. Er hat ihr das Mittagessen gewärmt, das Fleisch geschnitten und ist mit ihr zur Toilette gegangen. Als ich am ersten Abend nach Hause kam, sagte er: „Gelt, Mutti, wenn du zu Hause bist, gehst du mit Oma aufs Klo, damit du das auch lernst." Richard war schon immer sozial und hilfsbereit.

Wenn Mutti in Wien war, lieferte ihr die Firma Meinl die Lebensmittel. Der Zusteller war sehr nett und leistete ihr auch kleinere Hilfsdienste in der Wohnung. Mutti wurde immer seltsamer und eines Tages behauptete sie, dass ihr der Mann eine Brosche gestohlen hätte. Der Filialleiter von Meinl hat daraufhin die Hauszustellung sofort eingestellt. Nun fuhren Richard und ich jeden Samstag nach Wien, um für Mutti einzukaufen und ihr behilflich zu sein. Als ich später die Brosche auf einer Bluse im Kleiderschrank fand, war Muttis Kommentar: „Ein Dieb ist er trotzdem."

Dann wurde Mutti wieder krank und musste ins Spital. Der Arzt erklärte mir, dass Mutti bettlägerig sei und sich dieser Zustand nicht mehr ändern würde. Ich war inzwischen selbst in Pension und konnte ihre Pflege übernehmen. Obwohl es nicht leicht ist, einen bettlägerigen Menschen zu betreuen, war diese Zeit die schönste für mich. Mutti war friedlich und dankbar, und ich hörte kein böses Wort.

> **OBWOHL ES NICHT LEICHT IST, EINEN BETTLÄGERIGEN MENSCHEN ZU BETREUEN, WAR DIESE ZEIT DIE SCHÖNSTE FÜR MICH.**

Plötzlich, drei Monate später, stand sie wieder auf. Sie fuhr mit ihrem Rollator ins Badezimmer und wusch sich selbst, ging im Garten spazieren, und nach dem Essen legte sie das Essgeschirr in den Korb am Rollator und brachte es in die Küche.

Als Richard mit Eirena, seiner zukünftigen Frau, in eine eigene Wohnung zog, stellte ich sein Zimmer sofort Mutti zur Verfügung. Das Zimmer war groß, hell und hatte einen eigenen Ausgang in den Garten. [...]

Einmal besuchte ich eine Freundin, und als ich heimkam, war Mutti weg. Ich war ratlos. Ich rief Richard an und konnte ihn nur bitten, so bald als möglich zu kommen; dann war der Akku des Schnurlostelefons leer. Mutti hatte telefoniert und den roten Knopf nicht gedrückt. Als Richard kam, riefen wir im Krankenhaus und bei der Polizei an, doch nirgends eine Spur von Mutti. In der Wiener Wohnung meldete sie sich auch nicht. Meine letzte Hoffnung war die Familie W., das Wiener Hausbesorgerehepaar. Herr W. überschüttete mich dann mit Vorwürfen: Wie ich die alte, gebrechliche Frau mit dem Taxi nach Wien schicken konnte! [...]

Schwierig waren auch die Besuche bei unserer Hausärztin. Obwohl das Wartezimmer voll war, erklärte Mutti immer, dass sie nicht warten könne. Die Ärztin war einfühlsam und ging sehr sanft mit Mutti um, trotzdem schrie sie jedes Mal wie am Spieß.

Einmal unterhielt sie sich im Wartezimmer mit anderen Damen, die klagten, dass ihnen die Hausarbeit und das Einkaufen schon schwerfiele. Muttis Beitrag dazu: „Ich brauche überhaupt nichts mehr tun, das muss jetzt alles meine Tochter machen."

Eirena hatte inzwischen eine Stelle als Assistentin bei Frau Dr. S., einer praktischen Ärztin, angenommen. Sie hatte mit Frau Dr. S. gesprochen, und diese hatte sich bereit erklärt, zu Mutti ins Haus zu kommen. Mutti war das nicht recht, doch diesmal setzte ich mich durch.

Mutti wurde auch immer schwächer und verbrachte die meiste Zeit im Bett. Sie bekam eine Wunde am Rücken. Ich schmierte sie mehrmals am Tag mit einer guten Heilsalbe ein, legte ihr ein Spezialpflaster auf, und die Wunde heilte.

An einem Heiligen Abend, Mutti war in ihrem 90. Lebensjahr, bekam sie nach der Bescherung einen Schwächeanfall und Richard und ich brachten sie gemeinsam in ihr Bett. Von nun an war Mutti wieder bettlägerig.

Mutti aß gerne Zwetschken, bekam immer Bauchkrämpfe davon und verlangte ein Stamperl Schnaps. Da ich nicht denselben Fehler wie bei Oma machen wollte, bekam sie es auch. Beim Essen erfüllte ich ihr alle Wünsche, worin mich unsere Ärztin bestärkte.

Eines Tages hörte Mutti zu essen auf und verlangte nur ein Glas Milch. Frau Dr. S. erklärte mir, dass viele alte Menschen, wenn es dem Ende zugeht, nicht mehr schlucken können. Sie riet mir auch davon ab, sie künstlich ernähren zu lassen, denn sie würde den Spitalsaufenthalt nicht überleben.

Im Mai haben wir Muttis 90. Geburtstag gefeiert. Mutti bekam viel Besuch, sogar Tante Lisl ist mit dem Taxi aus Pabneukirchen gekommen.

Einmal schwebte eine Fliege über Muttis Bett und Justus, unser quirliger Hund, wollte sie fangen und fiel dabei auf Muttis Füße. Sie, die immer über Schmerzen klagte, hat das ohne ein Wort hingenommen.

Dann kam der Tag, an dem Mutti auch keine Milch mehr wollte, sie verlangte nur Wasser. Meine in Deutschland lebende Schwester Eva, die täglich mit uns telefonierte, hatte gerade bei ihrer Firma gekündigt und kam sofort, um mich zu unterstützen. Sie verbrachte fast den ganzen Tag an Muttis Bett und plauderte mit ihr. Mutti war nun mit ihren Gedanken in ihre Kindheit zurückgekehrt, und wir erfuhren vieles aus dieser Zeit, auch Trauriges.

> **ES WAR FÜR UNS ALLE EINE GROSSE BERUHIGUNG, DASS MUTTI IN IHRER LETZTEN STUNDE NICHT ALLEINE WAR UND ZU HAUSE STERBEN KONNTE.**

Eines Morgens meinte ich während der Körperpflege eine Starre in Muttis Augen zu sehen, die aber sofort wieder wegging. Meine Schwester blieb wie immer bei Mutti. Eine Stunde später rief sie mich. Mutti atmete nur mehr ganz schwach, dann seufzte sie und rührte sich nicht mehr. Eine Weile blieben wir bei ihr, doch dann mussten wir den Amtsarzt und die städtische Bestattung verständigen. Eirena und Richard, die erst um 5 Uhr früh aus dem Urlaub heimgekehrt waren, kamen sofort, um uns beizustehen. Es war für uns alle eine große Beruhigung, dass Mutti in ihrer letzten Stunde nicht alleine war und zu Hause sterben konnte. [...]

Marienheim

Von der Pfarr-Caritas unserer Pfarre St. Christoph wurde ein ehrenamtlicher Besuchsdienst gegründet. Ich habe mich dazu gemeldet. In St. Christoph wurden Kurse abgehalten, um uns auf unsere Tätigkeit vorzubereiten. Wir wurden über Validation, Palliative Care und Hospizkultur informiert. Auch die Direktorin des Marienheims lädt uns von Zeit zu Zeit zu Vorträgen ein. Diese Vorbereitungen waren für uns sehr wichtig, um alte und vor allem demente Menschen zu verstehen und richtig mit ihnen umgehen zu können.

Frau Mag. F. von der Verwaltung lädt uns als Dankeschön öfter zu einem Freiwilligenfrühstück ein, auch um Informationen zu erhalten und mit den anderen Freiwilligen Erfahrungen auszutauschen. Es gibt auch zwei Damen, die Senioren, die das wünschen, mit ihren Therapiehunden besuchen.

Am 14. November 2007 haben meine Freundin Barbara und ich das Marienheim das erste Mal besucht. Im Aufenthaltsraum saßen einige Damen an einem großen Tisch. Die meisten konnten fast nicht sprechen, haben uns aber angelächelt. Wir hatten den Eindruck, willkommen zu sein. Bei unserem nächsten Besuch im Dezember hat Barbara Weihnachtslieder gesungen, die den Damen gefallen haben. Einige haben mitgesungen. Beim Verlassen des Heimes sagte Barbara: „Jetzt waren wir erst das zweite Mal hier und ich habe diese Menschen bereits liebgewonnen." Mir ging es genauso.

Hinter dem alten Marienheim wurde ein neues, großes Gebäude errichtet, und am 16. Jänner 2008 sind die Damen und Herren in das neue Haus übersiedelt. Das alte Heim wurde abgerissen.

Bald hatten sich die Bewohner in ihrem neuen Domizil gut eingelebt. Bei unseren Besuchen hat Barbara gesungen und Geschichten vorgelesen. Ich habe Bildkalender und Bildbände mitgebracht. Einmal habe ich mit einer Dame, die nie gesprochen hat, einen Bildband angeschaut. Plötzlich lächelte sie und begann zu sprechen. Als sie das Foto vom Wiener Musikvereinssaal sah, erzählte sie, dass sie dort oft Konzerte besucht habe. Wir haben auch Mensch-ärgere-dich-nicht und Memory mit unseren Damen gespielt.

Im neuen Heim gibt es mehrere Wohngemeinschaften: Helenental, Doblhoffpark, Kurpark, Lindkogel und Weilburg. In jeder Wohngemeinschaft gibt es eine offene Küche, davor stehen die Esstische. Die Schwester, die die Speisen zubereitete, war keine gelernte Köchin. Als sie einmal Apfelstrudel backen musste, war sie ratlos. Frau S. ist ihr sofort beigestanden. Diese Dame hat auch Erdäpfel geschält und Zwiebeln und Knoblauch geschnitten. Auch hat sie Geschirrtücher und die weißen Hosen der Schwestern gebügelt.

Mit Frau S. habe ich besonders gerne geplaudert, denn sie hat viel Interessantes aus der Vergangenheit erzählt. Heute ist sie leider dement und hört nichts, da sie ihr Hörgerät nicht verwendet, aber sie begrüßt mich immer freudig, wenn ich komme. Als ich sie einmal zur Messe abholte, nahm ich ihr die Puppe, ihren „Buben", aus der Hand, damit sie aufstehen konnte. Sie nahm mir die Puppe weg und setzte sich wieder. Ich nahm wieder die Puppe, da sagte sie resigniert: „Aber du bringst mir den Buben wieder." Endlich gelang es mir, ihr klarzumachen, dass er mit uns beiden die Messe besuchen würde. Da begann sie zu strahlen: „Wir drei gehen gemeinsam? Das ist leiwand (großartig)!"

Barbara und ich waren von Anfang an vom liebe- und respektvollen Umgang des Pflegepersonals mit den alten Menschen beeindruckt.

Es gibt auch viel Abwechslung wie Malstunden, Sitzturnen mit Musik und Spielen, eine wöchentliche Bibelrunde, und es wird gebastelt. Es werden viele Feste veranstaltet wie Faschings-, Frühlings- und Herbstfest. Im Dezember kommt der Nikolo, vor Weihnachten werden Weihnachtslieder gesungen und die Weihnachtsfeiern sind sehr besinnlich. Auch die Heiligen Drei Könige kommen jedes Jahr. Einmal wussten die Senioren nichts davon, vielleicht hatten sie es auch nur vergessen, und hatten kein Geld dabei. Darüber waren sie traurig. Als ich das meinen Enkeln Elena und Sebastian erzählte, die auch als Sternsinger das Marienheim besucht hatten, meinte Sebastian: „Wir gehen nicht wegen des Geldes hin, sondern weil wir den alten Menschen eine Freude bereiten wollen." Im Sommer führen die Badener Pfadfinder die alten Menschen in den Doblhoffpark, wo sie im Restaurant am Teich auf ein Eis eingeladen werden.

Der älteste Teil des Marienheimes ist die Marienkapelle. Jeden Wochentag wird um 7 Uhr früh und am Sonntag um 8 Uhr eine heilige Messe gelesen. Für die Menschen, die sich nicht mehr selbst anziehen und selbständig in die Kapelle gehen können, ist das zu früh. Sie müssen vorher gepflegt und angezogen werden, müssen unbedingt frühstücken und ihre Medikamente einnehmen. Unser Pfarrer, Herr Monsignore K., hat deshalb beschlossen, jeden Mittwoch am Nachmittag eine Messe zu halten. Er hat unsere Gruppe gebeten, den Rollstuhldienst zu übernehmen, das heißt, vor der Messe die Senioren in die Kapelle zu bringen und nach der Messe wieder zurück in ihre Wohngemeinschaft. Grete, Burgi, Barbara und ich haben uns dazu bereit erklärt. Obwohl ich Rückenschmerzen und Knieprobleme habe, ist diese Tätigkeit leicht für mich, denn die Rollstühle wirken wie eine Stütze. Es macht mir Freude, mich noch nützlich machen zu können.

Drei Priester lesen abwechselnd die Messe. Sie sind zu den alten Menschen sehr liebevoll. Frau S. schimpft manchmal während der Messe laut mit ihrer Puppe. Wenn ihr der Herr Pfarrer die heilige Kommunion spendet, streichelt er immer die Puppe und zaubert damit ein Lächeln in ihr Gesicht. Eine andere Dame, die sehr dement ist, hat einmal die Hostie ausgespuckt. Pater A. hat sie aufgehoben, abgewischt und dann selbst eingenommen und so ihre Entweihung verhindert. Ich bin sicher, wenn Gott zulässt, dass Menschen dement werden, dann akzeptiert er auch ihr Verhalten. Eine andere Dame hat den Pfarrer während der Predigt unterbrochen und ihm eine Menge Fragen gestellt. Er hat ihr alle Fragen geduldig beantwortet und dann die Predigt fortgesetzt.

Die ehrenamtliche Orgelspielerin, auch eine ältere Dame, bereitet uns allen mit ihrer Musik viel Freude.

Frau H. hat früher immer die Messe besucht, ist aber inzwischen zu schwach dazu. Sie hat mich gefragt, ob ich nicht den Herrn Pfarrer bitten könnte, dass er zu ihr kommt, um ihr die Kommunion zu reichen. An diesem Tag las Pater A., der unserem Herrn Pfarrer viermal in der Woche hilft, die Messe. Er hat sie nach der Messe sofort besucht. Seitdem kommt er immer eine halbe Stunde früher, besucht Frau H., reicht ihr die Kommunion und plaudert lange mit ihr. Sie ist ihm sehr dankbar und hat ihn in ihr Herz geschlossen.

Herr M. ist ein Streithansl, aber wenn wir zu Besuch kommen, ist er freundlich zu uns und gut gelaunt. Einmal kam ich dazu, wie er eine Schwester beschimpfte. Nun darf man dementen Menschen nicht widersprechen oder sie belehren, aber in diesem Fall konnte ich mich nicht zurückhalten. Ich habe ihm erklärt, dass diese Schwester besonders liebevoll ist und mehr für ihre Schützlinge tut, als sie müsste. Ich war ganz erstaunt, dass Herr M. das akzeptierte und wieder friedlich wurde.

Eine andere demente Dame ist manchmal sehr aggressiv und hat sogar nach mir geschlagen, was mir natürlich nichts ausmachte. Anschließend sagte sie: „Sie kommen doch bald wieder zu mir?"

Wenn wir uns verabschieden, bitten uns alle, dass wir bald wiederkommen sollen, und winken uns nach. Auch hören wir, wie sie freundlich über uns sprechen.

Ich bin jetzt 75 Jahre alt und hoffe, diese Tätigkeit noch lange ausüben zu können. Ich kann nur immer wieder betonen, dass ich mehr zurückbekomme, als ich gebe.

Ich möchte noch hinzufügen, dass ich nicht nur versuche zu helfen, sondern dass ich mein ganzes Leben lang viel Hilfe erhalten habe, von der Familie, aber auch von fremden Menschen. Wenn ich heute in der Stadt unterwegs bin, bieten mir immer wieder Menschen ihre Hilfe an, wenn sie sehen, dass ich mir beim Gehen schwertue.

Die letzten Tage meines Vaters

EVA NOVOTNY

Eva Novotny wurde 1944 in Bad Hall, Oberösterreich, geboren und verbrachte ihre Jugendzeit vorwiegend in der Landeshauptstadt Linz, wo ihr Vater als Richter tätig war.

Sie studierte und unterrichtete in mehreren Schulen Kunst- und Werkerziehung, außerdem unterstützte sie ihren Mann beim Aufbau eines Statikbüros. Das Paar hat drei Töchter und einen Adoptivsohn und lebt in einem Eigenheim im Westen Wiens.

Soziales Engagement und künstlerische Interessen bestimmen den Alltag der Autorin ebenso wie die Betreuung der Enkelkinder, für die vieles aus der Familiengeschichte aufgeschrieben wird. So entstand auch der folgende Text, zusammen mit einem zweiten über den Abschied von der Mutter, auf Basis früherer Notizen bereits im Jahr 2010.

Mein Vater trug Mutters Tod sehr gefasst. Gebückt und wortkarg ging er, gestützt von meinem Mann und meinem Bruder, mit den wenigen Menschen zum Familiengrab in Stockerau, in dem meine Mutter und später er seine letzte Ruhe finden sollten.

Ich lud ihn danach ein, doch bei mir zu bleiben, aber er wollte nach Hause nach Linz in seine gewohnte Umgebung.

Dort hatten wir schon im Jahr 1993 bosnische Flüchtlinge ins Haus einquartiert, die sich ein bisschen um die Eltern kümmerten, und Ibrahim hatten wir als Altenpfleger angestellt. Mein Vater war mit seiner Betreuung zufrieden. Ich fuhr anfangs alle 14 Tage nach Linz, um Nachschau zu halten, später dann jedes Wochenende.

Ende Oktober 1996 hatte ich in der Schule besonders viel zu tun, da ich eine Ausstellung mit Schülerarbeiten herrichten musste. Alle Bilder hatten gerahmt und aufgehängt zu werden. Nach der Ausstellungseröffnung um halb 8 Uhr abends kam mein Mann in die Schule und teilte mir mit, dass die Ärztin angerufen habe, es gehe Papa recht schlecht. So fuhren wir sofort nach Linz. Nie zuvor kam mir die Strecke so lang vor.

Als wir bei meinem Vater zu Hause ankamen, ging es ihm wieder etwas besser. Er hatte einen Herzstillstand gehabt und atmete schwer. Ein beginnendes Lungenödem, meinte Tante Grete, die Ärztin, die seinem Wunsch nachkam, ihn bitte nur ja nicht ins Krankenhaus zu bringen. Mein Vater war in seinem 90-jährigen Leben kaum krank gewesen und im Spital war er nur drei Tage zu einer, wie sich später ergab, erfolglosen Staroperation. Er konnte in letzter Zeit keine Farben mehr sehen und auch nichts mehr lesen und hatte die meiste Zeit in seinem Lehnstuhl gedöst.

Wenn ich ihn besuchte und bat, er solle mir etwas von früher erzählen, dann wollte er nicht mehr. Alles strengte ihn zu sehr an, er schwieg und verstummte. Ich war traurig darüber, denn ich hätte noch viel wissen wollen, aber sein Lebensbuch war schon zugeschlagen.

Jahre vorher war er an Parkinson erkrankt und zitterte, wenn er die Hand zum Mund führte, sodass er sich schämte, wenn ihm jemand beim Essen zusah. Beim Gehen hatte er auch so seine Probleme, obwohl ihn Ibrahim einmal am Tag für eine Stunde in seinen geliebten Garten führte, wo er dann auf einer Bank sitzend dem Vogelgezwitscher lauschte. Mit mir ging er nicht gerne, weil er Angst hatte, ich könnte ihn nicht auffangen, wenn er stürzte. In letzter Zeit war er manchmal gestürzt, sodass er wie ein Käfer am Rücken lag, ganz steif wurde und ich ihn allein nicht mehr in die Höhe brachte.

An diesem 21. Oktober 1996 atmete er schwer und jammerte hin und wieder ganz leise vor sich hin. Er bekam eine Tramal-Tablette – die wirkte und über Nacht ging es ihm wieder besser. Mein Mann, mein Bruder und meine Schwägerin, die auch gekommen waren, fuhren nach Hause. Ich blieb.

Am 22. in der Früh fühlte er sich sehr schwach und wollte nichts essen und nichts trinken. Nach jedem Schluck begann er zu husten. Ich saß die meiste Zeit bei ihm und streichelte über sein liebes Gesicht und seine Hände. In der Nacht stand ich alle zwei Stunden auf, um zu sehen, wie es ihm geht.

Am Morgen des 23. war er sehr müde; er sagte, dass er nicht schlafen hatte können. Nachdem mir Ibrahim geholfen hatte, ihn zu waschen und umzubetten, sah ich, dass er zwei offene Wunden hatte und auch seine Ferse schon wundgelegen war. Ich schnitt also, wie ich es im Spital gelernt hatte, zwei Schaumgummiringe, die ich mit Stoffstreifen umwickelte, und schob sie unter seine Fersen. Zu Mittag machte ich ihm einen Sago-Auflauf mit Apfelkompott, von dem er ein wenig aß, und für abends wünschte er sich einen Pudding.

Seine Temperatur war leicht erhöht, stieg auf 37,5 Grad.

Auf jede Frage antwortete er mit ja oder nein und reagierte auf alles, was rund um ihn geschah. Ich saß bei ihm und sang ihm vor. Er hielt meine Hand und drückte sie ganz fest, so als wollte er sich bedanken. Plötzlich murmelte er „Ja, ja, ja". Ich fragte: „Hat dich Mutti etwas gefragt?", aber er gab keine Antwort.

Für das Abendessen setzte ich ihn mit Hilfe von Josef, einem Behinderten, der ihn manchmal herumgeführt hatte, auf, damit er besser trinken konnte, denn der Durst plagte ihn, da er schwer geatmet hatte. Bei jedem Atemzug hörte man eine Menge Flüssigkeit in seiner Luftröhre rascheln. Er konnte nicht aushusten. Zwischendurch stammelte er: „Au weh, au weh." Seine gelblich-fahle Wange lief plötzlich rot an, seine Hände waren heiß, die Fingernägel ganz weiß und die Nasenspitze ganz spitz. Auf einmal, um 18:45 Uhr, hob er seinen Kopf und blickte zur Decke. Ich fragte: „Was siehst du, wo schaust du hin?" Aber er reagierte nicht, auch seine Augen bewegten sich nicht mehr. Ich griff nach dem Puls, der noch recht kräftig war.

Während Papa in immer größeren Intervallen Luft holte und schließlich wie ein Fisch nach Luft schnappte, hörte das Herz plötzlich zu schlagen auf. Mein lieber Vater hatte es überstanden. Das Leiden war zu Ende. Sein Gesichtsausdruck war friedlich, entspannt. Ob ihn Mutti in die Arme genommen hat?

Ich küsste ihn, als ich ihm die Augen zudrückte und seine kalte Nasenspitze berührte, und in meinen Gedanken lief ein Film ab, der alle Szenen mit ihm wiedergab. Ich dankte ihm für alles Schöne und Gute, was ich von ihm gelernt hatte, und hoffte, Gott möge ihm seine Liebe vergelten.

Dann holte ich mir Papier und Bleistift und zeichnete und aquarellierte sein liebes Gesicht, das ich so oft gezeichnet hatte, zum letzten Mal. Ich versuchte es mir einzuprägen, denn ich wollte es nicht vergessen.

Wieder in meinem Zuhause, stellte ich neben der Statue einer Muttergottes ein Bild von den Eltern auf. Die Keramikmadonna hatte mir mein Vater geschenkt, er hatte sie vor dem Krieg bei einer Liezener Keramikerin in Auftrag gegeben. Lange noch, wenn ich an dem Foto vorbeiging, kamen mir die Tränen. Ich vermisste Mutti und Papi und hätte noch sooo viel von ihnen wissen wollen.

Vielleicht ist das der Grund, warum ich die Geschichte ihrer letzten Tage so genau beschreiben wollte?

Ein stiller Gast

KARIN BÖCK

Herr K. hat vor vielen Jahren seine Frau mit 44 Jahren verloren. Sie wurde vom Mobilen Hospizteam begleitet. Zwei Jahre vor ihrem Tod erlitt er einen schweren Schlaganfall, den er mit kognitiven Einschränkungen und einer schwer einstellbaren Epilepsie überlebte. Immer wieder wurde er krampfend am Boden liegend gefunden und musste ins Krankenhaus. Es war die große Sorge seiner Frau, wie er es alleine schaffen würde können. Aber durch einen sehr strukturierten Tagesablauf gelang es ihm, immer besser zurechtzukommen und wieder Freude am Leben zu gewinnen.

Täglich morgens um 7 Uhr rief er die Bereitschaftsnummer des Mobilen Hospizes an, um zu sagen, dass es ihm gut gehe. Wir konnten den Wecker nach ihm stellen und freuten uns nicht, wenn wir manchmal länger schlafen wollten. Aber es gab Konsens im Team, dass dieser Anruf zu unserer Arbeit dazugehören darf. Ihm gab es Sicherheit, auch weil er wusste, dass ich einen Schlüssel für seine Wohnung hatte.

Seit dem ersten Weihnachten nach dem Tod seiner Frau kam er am 24. Dezember zu mir, seiner Nachbarin. Wenn es finster wurde, rief ich an und lud ihn ein. Er kam und im Korb befanden sich immer Süßigkeiten für mich, eine Flasche Wein für meinen Mann und eine Packung Apfelsaft. Letzteres war ihm wichtig, weil er nicht wollte, dass ich den Saft für ihn einkaufen muss. Er bestaunte unseren Christbaum, sang die traditionellen Weihnachtslieder mit, freute sich an unserer Freude, unterhielt sich ein wenig mit meiner Schwiegermutter, und nach dem Essen verabschiedete er sich, um zu seinem Fernseher zu gehen. Es überraschte mich immer wieder, dass es ihm über die vielen Jahre hinweg wichtig war, jedes Jahr wieder zu kommen, da wir uns während des Jahres nie besuchten.

Es war schon dunkel im November 2012, als seine Bedienerin zu mir kam, weil er ihr nicht wie vereinbart die Tür geöffnet hatte. Da er schlecht hörte und auch untertags immer wieder schlief, wären wir nicht überrascht gewesen, ihn schlafend in seinem Liegesessel zu finden. Aber er lag am Boden und war tot.

Ab diesem Zeitpunkt übernahmen Polizei und fernstehende Verwandte die nächsten Schritte. Ich ging zurück in meine Wohnung und strich traurig über das kleine Geschenk für ihn, das ich dieses Mal schon ziemlich früh für Weihnachten eingekauft hatte. Jetzt legte ich es zurück in die Lade und verschob die Entscheidung, was ich damit nun anfangen sollte.

Der Heilige Abend kam und wir vermissten ihn mehr, als wir uns vorher vorstellen konnten. So entzündeten wir eine ganz besondere Kerze für ihn. Die Kerze hat den ganzen Abend gebrannt, ruhig und ohne Aufhebens – so wie er. Ab und zu blickte

Karin Böck
wurde 1957 in Linz geboren und wuchs mit fünf Geschwistern auf.

Nach der Reifeprüfung besuchte sie eine Krankenpflegeschule und erlangte das Pflegediplom am Rudolfinerhaus in Wien. Später erwarb sie einen Master of Advanced Studies in Palliative Care an der Fakultät für Interdisziplinäre Forschung und Fortbildung (IFF) in Wien.

Karin Böck ist seit vielen Jahren in der Hospizbewegung engagiert und war wesentlich am Aufbau des Mobilen Hospizes einer sozialen Hilfsorganisation in Niederösterreich beteiligt. Sie ist dreifache Mutter und lebt in Stockerau, Niederösterreich.

ich in ihren Lichtkreis und dachte an ihn. Während unserer Feier hat sie ganz besonders geflackert – im Rhythmus der Lieder?

Im Mobilen Hospiz vermissten wir die morgendlichen Anrufe noch lange! Wir haben Herrn K. eine Zeile in unserem Hospiz-Erinnerungsbuch gewidmet. Auch heuer zu Weihnachten wird er als stiller Gast mit einer Kerze wieder mit dabei sein. Vielleicht kaufe ich seine Apfelsaftmarke.

> „DER HEILIGE ABEND KAM UND WIR VERMISSTEN IHN MEHR, ALS WIR UNS VORHER VORSTELLEN KONNTEN.
>
> SO ENTZÜNDETEN WIR EINE GANZ BESONDERE KERZE FÜR IHN. DIE KERZE HAT DEN GANZEN ABEND GEBRANNT, RUHIG UND OHNE AUFHEBENS – SO WIE ER.

ERFAHRUNGEN BEI DER BETREUUNG UND PFLEGE VON ANGEHÖRIGEN MIT DEMENZ

„Solange ich etwas auf den Tisch bringe ..." RUPERT ERHARTER

Bin Jahrgang 1926, meine Frau 1929. Sie ist seit circa 18 Monaten dement. Über Schwindel klagte sie schon länger, verstärkt, wenn wir in Hochlagen kamen. „Der Schwindel wird ihr bleiben", äußerte sich der Arzt. Nach einiger Zeit begannen die Stürze, und bald konnte sie sich nicht mehr erheben. Zum Glück ist sie keine Riesin, ihr Gewicht betrug nur 50 Kilogramm. Jedoch ist es für einen (damals) 87-Jährigen nicht gerade ein Kinderspiel, 50 Kilo vom Boden aufzuheben.

Ihr geistiger Zustand verschlechterte sich rasch und sie wurde depressiv. Sie war zu nichts mehr zu bewegen und verweigerte jede Art von Arztbesuch. Schwindel und Schwäche ließen die Anzahl der Stürze steigen; insgesamt waren es 22 Stürze, darunter drei Stürze über Stiegen. Bei zwei Stiegenstürzen war ich zugegen. Nach ihrer Aussage gab es einen Dritten. Wenn es stimmt, dann dürfte sie nur auf das Gesäß gefallen sein. Alle Stürze sind so glücklich verlaufen, dass es mit Hämatomen abging. Bei einem Sturz zu einer Glastür hin, hielt das Glas stand.

Einmal stürzte sie bei einem Klobesuch vor dem Schlafengehen. Das Problem war: Wir kriegten die Tür fast nicht mehr auf. Wir, das sind mein Enkel (der mit Freundin im Erdgeschoß wohnt) und ich. Als wir die Tür einen Spalt aufbekommen hatten, sahen wir Blut am Boden, woraufhin die Freundin gleich die Rettung rief. Sie hatte stark aus der Nase geblutet. Da sie ein wenig mithelfen konnte, indem sie zurückwich, konnten wir rasch Hilfe leisten. Die Rettung kam und nahm sie mit – eine Woche Krankenhausaufenthalt.

Dadurch kam alles ins Rollen: Schließlich kam dann Pflegestufe 4. Nach wie vor kamen zweimal die Woche Pflegerinnen vom Sozialsprengel. Unsere Tochter arbeitet übrigens auch dort (kommt aber als Pflegerin nicht zu uns). Montag und Donnerstag ist Körperpflege angesagt. Dazu aber muss sie wollen, sonst geht gar nichts (außer Blutdruck messen). Sie ist auch wählerisch, wer etwas an ihr machen darf.

Noch einmal zu den Stürzen: Ihr letzter Sturz passierte am 4. Oktober 2014, beim Schuhanziehen. In jüngster Zeit, vor etwa sechs bis sieben Wochen, ist sie kurz hintereinander mehrmals vom Diwan gefallen. Da sie zehn Kilo zugenommen hatte, fürchtete ich, sie nicht mehr aufheben zu können, aber es ging. Der Grund für die Gewichtszunahme wird meine fantastische Küche sein – und die Tabletten habe ich schwer in Verdacht.

Sie klagt zwar immer über Schwindel, aber sie hat Kraft genug, sich auf den Beinen zu halten. So kann sie sich selbständig in der Wohnung bewegen. Öfters klagt sie auch über Bauchweh. Wenn ich die Rettung rufen will, lehnt sie ab. Ich will nicht alle Details aufzählen.

Rupert Erharter [1926–2019] wuchs als siebentes von elf Kindern einer Bergbauernfamilie in Hopfgarten-Kelchsau im Tiroler Unterland auf.

Im Anschluss an die Pflichtschule war er auf dem elterlichen Hof und bei Verwandten als Dienstbote beschäftigt und auch nach Kriegsdienst und Kriegsgefangenschaft bestritt er seine Existenz als Land- und Forstarbeiter; ab 1965 war er als Hausmeister und Schulwart in einer landwirtschaftlichen Fachschule beschäftigt. Er war zweimal verheiratet und Vater einer Tochter.

Die zweite Frau des Autors, von deren Pflege er in seinem Beitrag erzählt, verstarb im Frühjahr 2018; er selbst erlag ein Jahr darauf den Folgen eines Schlaganfalls.

Rupert Erharters Lebenserinnerungen wurden unter dem Titel „Leben ohne Plan. Wieviel Freude man erleben darf und wieviel Leid man zu tragen hat" 2016 im Berenkamp Verlag veröffentlicht.

Um 6 Uhr morgens geht es los. Ich verrichte die Hausarbeit, wasche und koche. Ab und zu backe ich Früchtebrot, das ist gefragt. Ihren Hintern hat sie nicht voll im Griff. Fast täglich ist eine verschmutzte Unterhose auszuwaschen, was gar nicht so auf eins, zwei, drei gelingt. Man kann sie nicht damit herumliegen lassen. Pflegerinnen ziehen ihr meistens eine Windelhose an. Davon bin ich auch nicht so begeistert – kosten Geld und man hat den Müll. Pflegerinnen müssen ohnehin schon Handschuhe tragen für den Umgang mit ihr. Pflegemittel kommen reichlich zum Einsatz. Sie sieht dann wohl fast ein bisschen wie „neu" aus. Der „Geist" aber kommt nicht zurück.

„Essen auf Rädern" will ich nicht. Solange ich etwas auf den Tisch bringe, können wir leicht darauf verzichten. Sie ist ohnehin keine Fleischesserin, und die Hauptspeisen sind ja mit Fleisch. Frühstück und Abendessen bleiben einem sowieso zu richten. Zweimal die Woche mache ich einen kurzen Einkaufstrip. Wenn etwas daheim ist, kann man mit ein wenig Fantasie schon etwas herstellen. Zaubern kann der beste Koch nicht. Wenn man selbst kocht, kann man die Essenszeiten besser gleiten lassen, und man kann Wünsche an den „Koch" stellen.

Hin und wieder gibt es auch Leute, die meinen, sie müssten uns etwas bringen, zum Beispiel Tochter und Stieftochter. Die Stieftochter wohnt in Innsbruck, die Tochter nur acht Gehminuten entfernt. Eine Nachbarin stellt sich ab und zu mit Kuchen ein.

> **WENN DER WILLE DA IST, GEHT ALLES, SONST GEHT GAR NICHTS.**

Man kann mit meiner Frau reden, aber einige Minuten später weiß sie nichts mehr. Demenzkranke sind unberechenbar, zum Beispiel: Vergangenen Dezember sagte ich zu ihr: „Ich gehe in die Garage das Autobahnpickerl* aufkleben." Als ich zurückkam, war sie beim Bügeln. Sicher ein Jahr lang hatte sie nicht mehr gebügelt. Plötzlich hat sie den schweren Bügeltisch vom Zimmer in die Küche getragen. Anscheinend geht alles vom Kopf aus. Wenn der Wille da ist, geht alles, sonst geht gar nichts.

Unlängst war ich auf dem Balkon beim Wäscheaufhängen, da läutet der Postler. Ich konnte es nicht hören (ich bin schwerhörig). Da ging sie allein die Stiege hinunter an die Haustür. Ein Restrisiko bei der Aufsicht und Pflege wird nicht zu vermeiden sein. Man kann ihr zehnmal täglich sagen, sie darf nicht allein die Stiege hinuntergehen, wenn sie es nach wenigen Minuten vergessen hat. Man weiß nie: Geht sie hinunter, wenn jemand läutet – und fällt? Das könnte schlimme Folgen haben. Der Besucher käme nicht herein, um Hilfe zu leisten, und würde sich womöglich ahnungslos zurückziehen.

Wir haben hier im ein Reha-Zentrum sowie ein Sozialzentrum mit Pflegeheim. Sie in ein Heim zu geben, kommt für mich nicht in Frage, solang ich in der Lage bin, sie zu pflegen. Sie möchte zwar immer vor mir „gehen", aber wenn sie nicht weitertut, könnte sie das Nachsehen haben.

Es ist Sonntag, 15:15 Uhr, gerade ist sie vom Mittagsschlaf aufgestanden, und sie will wissen, was ich schreibe. Ich sage ihr: „Ich schreibe mir" – sie gibt sich damit zufrieden.

> *Noch ein paar Zeilen: Ich pflege meine Frau nun schon das dritte Jahr.*
> *Es ändert sich kaum etwas, außer dem Gewicht – von unten nach oben.*
> *Mit 68 Kilo halten wir uns nun die Waage.*

Das Scheußlichste ist die Stuhlinkontinenz. Wenn ihr etwas besonders schmeckt und man übersieht das Maß, dann ist auch Erbrechen möglich. Vor etwa drei Wochen klagte sie, als wir zu Bett gegangen waren, ihr sei nicht gut. So stellte ich ihr einen 5-Liter-Eimer vor das Bett. Um viertel nach eins wache ich von ihrem Gejammer auf. Da hatte sie sich auf den Eimer gesetzt, und dieser hatte das Gewicht nicht ausgehalten. Ich konnte sie aufheben. Wie es weiterging, möchte ich gar nicht schildern. Nur gut, wenn man noch in der Lage ist, so etwas zu meistern. Freunden möchte ich es nicht zumuten.

Am Ende meiner Kräfte
ADOLF KATZENBEISSER

Schon seit Jahren klagte meine Frau über Rückenschmerzen. Ansonsten fehlte ihr nichts, sie hatte beste Befunde, nahm keine Medikamente, lebte gesund, ging regelmäßig Seniorenturnen. 1999 zeichnete sich eine Steifheit der Gelenke ab. Ein Orthopäde wusste nicht mehr weiter und überwies sie mit Verdacht auf Parkinson an einen Neurologen. Dieser konnte nichts feststellen, sagte, sie solle in zehn Jahren wiederkommen. Sie wechselte den Orthopäden, dieser schickte sie erneut zu einem Neurologen. Ich begleitete sie in die Ordination des Primararztes. Er ließ sie ein paar Schritte auf und abgehen, Kniebeugen machen, die Arme gerade vorstrecken, die Finger ausstrecken. Bei geschlossenen Augen war mit dem linken, dann mit dem rechten Zeigefinger die Nasenspitze anzuzielen. Er klopfte mit dem Hammer ihre Knie und Füße ab. „Sie nehmen überhaupt kein Medikament? Ab nun wird sich das drastisch ändern, Sie haben Morbus Parkinson!", sagte er ihr ins Gesicht. „Nächste Woche machen wir ein EEG." Sie saß ihm ungläubig gegenüber und meinte: „Das kann nicht sein, ich zittere ja kein bisschen." Er erklärte: „Nicht jeder Parkinson-Patient zittert."

Adolf Katzenbeisser wurde 1941 in Hörmanns nahe Litschau im nördlichen Niederösterreich geboren und lebt seit Antritt einer Maschinenschlosserlehre im Jahr 1956 in Wien.

Sein aktives Berufsleben verbrachte er als Lokomotivführer der Österreichischen Bundesbahnen. Er ist Vater eines Sohnes und seit 2014 verwitwet. In den 1980er Jahren schrieb Adolf Katzenbeisser seine Kindheits- und Jugenderinnerungen nieder und entdeckte dabei das Schreiben als Form der „Selbsttherapie, als seelischen Ausgleichssport". Seine Erinnerungen wurden in zwei Bänden der Buchreihe „Damit es nicht verlorengeht ..." im Böhlau Verlag veröffentlicht. Im Eigenverlag brachte er weitere biografische Werke und Sachbücher heraus, die er in kleiner Auflage zum Teil auch selbst herstellte.

Bis zur endgültigen Diagnose 2004 waren fünf Jahre vergangen. Ein Schock für sie, für mich und für unseren Sohn. Erblich bedingt? In ihrer Familie gab es einen Parkinson-Fall. Kann die Krankheit auf den Sohn übertragen werden? Allerseits wurden wir beruhigt, mit den heutigen Medikamenten sei die Krankheit gut in den Griff zu bekommen. Hoffnungen wurden uns gemacht, dass es bald eine Möglichkeit geben werde, welche zumindest das Absterben von Hirnzellen stoppe. Wir informierten uns gründlich über die Krankheit, suchten Kontakte zu Betroffenen und begannen damit, unser Leben darauf einzustellen. In unserem Bekanntenkreis gab es drei Parkinson-Fälle. Zwei kamen mit ihrer Krankheit gut zurecht, eine Nachbarin wurde innerhalb kurzer Zeit zu einem Pflegefall, kam nicht mehr aus dem Bett, konnte nicht mehr schlucken, starb in einem Pflegeheim. Ich wusste, wie Parkinson früher oder später endet. An den Ausgang wagte ich nicht zu denken, ich verdrängte ihn. Dennoch plagten mich Zukunftsängste.

Meine Schwiegermutter wollte die Diagnose nicht wahrhaben. „Du hast keinen Parkinson, das bildest du dir nur ein", sagte sie zu ihrer Tochter, auf deren Hilfe sie angewiesen war. Sie weigerte sich, fremde Dienste in Anspruch zu nehmen, verließ sich ganz auf ihre Tochter, die sich für sie aufopferte. Schwere Osteoporose erlaubte ihr nur leichte Tätigkeiten. Wir chauffierten sie zu Ärzten und zu Therapien, machten ihr die Einkäufe, hielten die Wohnung in Schwung, wuschen ihre Wäsche und sorgten im Winter für Brennstoff, damit sie einen warmen Ofen hatte. Sie kochte noch selber, Essen auf Rädern kam für sie nicht infrage. Einmal wöchentlich empfing sie einen Besuchsdienst. Die Frau kam zum Plaudern zu ihr, nur bei Bedarf machte sie ihr einen kleinen Einkauf.

Die ersten fünf Jahre ging es meiner Frau mit den verabreichten Medikamenten noch halbwegs gut, wir unternahmen Tagesausflüge, machten leichte Bergwanderungen, hatten noch viele Pläne, dachten nicht daran, dass die Erkrankung einen so schnellen Verlauf nehmen würde. Ihre Schwächen ließ sie sich nicht anmerken. Die Stärke der Medikamente wurde ständig erhöht, die Intervalle der Einnahmen verkürzten sich. Sie beklagte ihren Zustand nicht, nahm Müdigkeit und Einschränkungen geduldig hin, versuchte die Defizite vor Freunden und Bekannten zu verbergen, was ihr bald nicht mehr gelang. Man merkte den schlurfenden Gang mit kleinen Schritten, ein typisches Anzeichen für Parkinson.

Der Neurologe bemerkte ihre seelische Niedergeschlagenheit. Ich war dabei, als er meinte, sie sei so traurig, er werde ihr etwas verschreiben, das sie aufmuntere. Er redete seine Patienten mit Du an. Sie bekam ein Psychopharmakon verordnet, das sie schlecht vertrug und ihren Zustand nur verschlimmerte, was sich in Wahnvorstellungen, Halluzinationen, Angstzuständen, Selbstmordgedanken und sinnlosen Handlungen äußerte. Er verschrieb ihr ein anderes Medikament, es hatte ähnliche Nebenwirkungen. Ich traute mich nicht mehr, sie allein zu lassen. Sie fühlte sich alles andere als wohl, schließlich setzte sie das Mittel einfach ab.

Nach vom Arzt empfohlenen speziellen Übungen für Parkinson-Kranke auf einer DVD machte meine Frau täglich vor dem Bildschirm sitzend oder auf einer Matte liegend Bewegungsübungen, anfangs mit Freude, später schon mit Widerwillen. Jeden Tag zwang ich sie auf den Hometrainer, damit sie einigermaßen gelenkig blieb. Darüber führte ich Aufzeichnungen. Schaffte sie anfangs bei leichter, langsamer Bewegung noch 15 Minuten, war es nach einem Jahr endgültig aus damit, allein schon, weil sie vom Gerät herunterzufallen drohte. Wegen Stolpergefahr entfernte ich alle Teppiche. Eine Einstieghilfe für die Badewanne musste angeschafft werden. Einmal wöchentlich kam eine Therapeutin ins Haus und bewegte ihre Gelenke durch. Ihr wurde zugeredet, die Parkinson-Selbsthilfegruppe zu besuchen, wo es Beratung gebe. Sie war dazu nicht zu bewegen. Die Schwiegermutter hatte inzwischen akzeptiert, dass ihre Tochter die Krankheit nicht simulierte. Die Helferin brauchte jetzt selbst Hilfe, sie konnte für ihre Mutter nicht mehr da sein. Ihre Rolle fiel mir zu.

Meine zweite Hüftoperation kam dazwischen. Eine junge Frau, die sich schon um eine kranke Person in unserer Wohnhausanlage kümmerte, konnte für uns gewonnen werden. Wir benötigten ihre Hilfe nicht nur in der Zeit meines Spitalsaufenthaltes, auch noch wochenlang danach. Auf eine Reha in einem Heim musste ich verzichten, zweimal wöchentlich suchte ich eine Physiotherapeutin auf.

Die Krankheit meiner Frau verschlimmerte sich zusehends. Im Tagesablauf gab es von einer Medikamenteneinnahme zur anderen ein ständiges Schwanken zwischen

Gliedersteifheit und Unbeweglichkeit bis zur Überbeweglichkeit, ein sogenanntes On-Off, begleitet von heftigem Schwitzen und von Depressionen. Sie wurde auf ein Pflaster umgestellt, das den Wirkstoff gleichmäßig abgibt. Wegen Hautunverträglichkeit musste wieder auf Tabletten zugegriffen werden.

In der kalten Jahreszeit kam sie kaum aus der Wohnung. Gegen die Winterdepression besorgte ich ihr eine Lichttherapielampe. Stürze nahmen zu, sie bewältigte gerade noch ihre Körperpflege. Ihre Schrift war ein Gekritzel, unleserlich. Die Muskelkraft ließ nach, an Möbeln und Wänden tastend bewegte sie sich in den Räumen fort. Vorsichtshalber brachte ich an Möbeln einen Kantenschutz an. Damit sie sich sicher fortbewegen konnte, schafften wir einen Rollator an. Sie suchte sich das Gerät im Geschäft selbst aus. Haushaltsarbeiten, das Kochen und Einkaufen musste ich übernehmen. Beim Ankleiden und Anziehen der Schuhe brauchte sie Hilfe. Noch schaffte ich das alles, nur meine eigenen Bedürfnisse und Freizeitbeschäftigungen musste ich streichen.

Abends sortierte ich die Medikamente für den nächsten Tag, es waren schon acht verschiedene Tabletten und Kapseln. Selber kam sie mit der Aufteilung und mit der Einnahme nicht mehr zurecht. Damit ich die Verabreichung in Abständen von zwei bis drei Stunden (tagsüber) nicht verpasste, stellte ich mehrere elektronische Wecker auf. Die Nahrungsaufnahme sollte zwischen der Einnahme der Medikamente erfolgen, damit der Dopamin-Ersatz vom Körper aufgenommen werden konnte. Nahrungsmittel mit viel Eiweiß mussten vom Speiseplan gestrichen werden. Kochen wurde zu einer komplizierten Angelegenheit.

> **DER ABBAU DER HIRNSUBSTANZ WAR NICHT ZU STOPPEN, JEDEN TAG STARB EIN BISSCHEN MEHR VON IHR WEG.**

Sie war geistig immer sehr rege gewesen, betreute ehrenamtlich eine Leihbücherei, las viel, arbeitete am PC, ging in ihrer Mineraliensammlung voll auf, pflegte den Kontakt mit Freundinnen. Mit dem Fortschreiten der Krankheit verlor sie daran jegliches Interesse. Bei Besuchen nahm sie keinen oder wenig Anteil an Gesprächen, ihre Freundinnen wollte sie nicht mehr sehen. Wenn unser Sohn auf Besuch kam, forderte sie ihn bald auf zu gehen. Sie verschwand immer mehr in ihrer eigenen Welt. Der Abbau der Hirnsubstanz war nicht zu stoppen, jeden Tag starb ein bisschen mehr von ihr weg. Mit starrem Blick saß sie vor dem Fernseher. Ich besorgte ihr Serien von DVDs ihrer Lieblingssendungen, die sie immer wieder von vorne anschaute.

Die Anschaffung eines Rollstuhls wurde nötig. Ein schweres Leihgerät kam nicht infrage, da ich selbst Gelenksprobleme habe. So bestellte ich übers Internet aus Deutschland ein Gerät aus Leichtmetall, das bei uns schwer erhältlich war. Damit konnte ich mit ihr im nahen Park herumfahren und sie zum Auto bringen. Zum Glück gab es im Haus und beim Zugang keine Hürden wie Stufen. In den Aufzug passte der Rollstuhl nur nach Abnahme der Fußstützen. In den Park wollte sie nicht gerne, zu viele Leute saßen dort auf den Bänken und starrten sie an. Als ihr eine alte Bekannte das schreckliche Ende eines Parkinson-Falls in allen Details schilderte, begann sie zu weinen und wollte sofort heimgefahren werden. So etwas sagt man einer Kranken nicht ins Gesicht. Nie wieder durfte ich sie in die Parkanlage bringen, ich fuhr mit ihr in den Gassen herum.

Nach einem Ansuchen um Pflegegeld kam ein Arzt ins Haus und beurteilte die Bedürftigkeit meiner Frau. Sie bekam die Pflegestufe 2. Ich hatte eine höhere Einstufung erwartet. Der Neurologe hatte seine Ordination am anderen Ende der Stadt und im Stock, nur über eine Wendeltreppe erreichbar. Zu den regelmäßigen Kontrollbesuchen und Infusionsserien musste ich sie die Stiege raufschleppen. Einen Fahrtendienst mit Tragsessel wollten wir wegen der langen Wartezeiten nicht in Anspruch nehmen. Wir wechselten in die Parkinson-Ambulanz im Krankenhaus Am Rosenhügel. Damit ich dort parken durfte, bemühte ich mich für sie um einen Behindertenausweis. Zweimal wurde sie zur Einstellung der Medikation stationär aufgenommen. Ein paar Tage Freizeit für mich, wo ich etwas unternehmen konnte – wenn ich sie nicht gerade besuchte.

Die neuen Medikamente brachten keine Besserung, im Gegenteil. Ich hoffte, dass die Umstellung erst nach einiger Zeit Wirkung zeigen werde – ein Trugschluss. Eine unangenehme Nebenwirkung der vielen Medikamente war starkes Schwitzen. Dazu kam die außergewöhnliche Sommerhitze. Ich musste sie dazu zwingen, mehr zu trinken. Ständig hatte sie irgendwelche Wünsche, sie rief nach mir oder drückte die Taste für den Funk-Gong. Gegenstände fielen ihr runter, andere mussten ihr gereicht werden. Häufig musste sie aufs Klo, oft ging etwas „daneben", das Bettzeug war schnell zu wechseln. Regelmäßig erinnerte ein Wecker an die Tabletteneinnahme. Ein Getränk war verschüttet worden. Ihr war heiß, Fenster auf. Ihr war kalt, Fenster zu, Socken anziehen. Sie wünschte einen zweiten Kopfpolster. Die Schwiegermutter rief an, brauchte Hilfe. Sie wohnte im Nachbarbezirk, nicht immer war es mir möglich, sofort loszufahren, wenn sie etwas benötigte. Ich erledigte ihr die Einkäufe, machte die Wohnung sauber und nahm die Schmutzwäsche mit. Häufig baute sie Kurzschlüsse, wenn sie Durchlauferhitzer und Heizstrahler gleichzeitig einschaltete. Und wieder musste ich losfahren und die Gangsicherung wechseln. Nachbarn hatte sie keine mehr, im Altbau aus der Gründerzeit war sie die einzige „Überlebende". Der Hausbesitzer vergab leer gewordene Wohnungen nicht mehr oder nur kurzfristig an Ausländer, um den Bau sanieren und die Wohnungen verkaufen zu können. Nach einem Zusammenbruch und Spitalsaufenthalt blieb für sie nur noch ein Pflegeheim. Sie war dort sehr unglücklich und starb nach kurzer Zeit.

Die kranke Frau betreuen, kochen, die Wohnung sauber halten. Die Bettwäsche war häufig zu wechseln, täglich lief die Waschmaschine. Wenn mehrere Dinge aufeinandertrafen, war ich überfordert, ich war am Ende meiner Kräfte und Belastbarkeit. Allein schaffte ich es nicht mehr, ich suchte um eine Heimhilfe an, die sofort bewilligt wurde. Täglich kam jetzt eine Person, welche mich in erster Linie bei ihrer Körperpflege unterstützte. Zu zweit brachten wir sie ins Badezimmer und nach dem Duschen wieder ins Bett. In der übrigen Zeit konnte ich Einkäufe und sonstige Wege erledigen. Anfangs gefiel es ihr gar nicht, wenn eine fremde Person ihr an den Leib rückte. Obwohl ausgemacht, kamen die Leute nicht immer morgens zwischen acht und neun, oft wurde es Mittag, was meine Pläne durcheinanderbrachte. Und die Heimhilfen wechselten ständig; in den eineinhalb Jahren zählte ich deren 66, die sich abwechselten oder auch nur einmal erschienen. Die Hauptbetreuerin war nur teilzeitbeschäftigt und fiel deshalb oft aus. Großteils handelte es sich um Leute aus ehemaligen Oststaaten. Verständigungsschwierigkeiten gab es nicht, alle sprachen halbwegs gutes Deutsch. Bis auf wenige waren alle perfekt ausgebildet. Nur wenn jemand erstmals kam, bedurfte es einiger Erklärungen, wie unser Haushalt funktionierte.

Es kamen auch Männer, ein Filipino, ein Tunesier, ein Afghane, einer aus Kamerun und einer aus dem Kongo. Gegenüber Frauen waren die meisten bei gewissen Arbeiten und Handgriffen ungeschickter, besonders beim Bettenmachen und Staubsaugen. Beim ersten Mal kostete es meiner Frau Überwindung, sich von einem fremden Mann pflegen zu lassen. Der Filipino war 30mal zu uns eingeteilt, und sie war mit ihm und mit seiner Hilfeleistung sehr zufrieden. Noch mehr schätzte sie ihre Hauptbetreuerin, eine fröhliche und stets gut gelaunte Frau um die fünfzig, die sich nach getaner Arbeit und dem niedergeschriebenen Pflegebericht zu ihr ans Bett setzte und sie mit lustigen Erzählungen ein wenig aufmunterte. Mir gelang es nicht mehr, sie zum Lachen zu bringen.

Einmal im Monat kam eine Friseurin ins Haus und kürzte meiner Frau die Haare. Ich ließ sie mir auch gleich schneiden. Selbständiges Essen war ihr noch möglich, sofern ich ihr die Speisen zerkleinerte. Später fiel es ihr immer schwerer, die Speisen fielen ihr von der Gabel oder vom Löffel, und ich musste sie füttern. Nicht dass sie gezittert hätte, ihre Hände waren steif und kraftlos. Sie aß mit den Augen, Geschmacks- und Geruchssinn waren ihr verloren gegangen.

Erste Demenzerscheinungen zeichneten sich ab. Der Überblick ging ihr verloren, sie verlor den Bezug zur Gegenwart, Neuerungen erzeugten Orientierungsprobleme. Automatisches, unbewusstes Handeln funktionierte noch einigermaßen. Sprachschwierigkeiten und Wortfindungsstörungen stellten sich ein. Manchmal verhielt sie sich wie ein Kind, dann war sie wieder störrisch und grob zu mir und zu den Heimhilfen. Sie weinte oft, klagte, dass sie nicht mehr lange zu leben habe und sterben möchte. Ihre Gefühle blieben. Das Herz wird nicht dement.

Eines Abends bat sie mich, dass ich mich zu ihr hinsetze. Ich war schon sehr müde und lehnte ab. Sie brach in Tränen aus. Als ich mich dann doch ihr widmen wollte, schickte sie mich brüsk weg. Heute sehe ich noch immer ihr trauriges Gesicht vor mir, und es tut mir leid, dass ich damals so ablehnend reagierte.

Die Anforderungen an mich waren groß. Verwandte und Freunde rieten mir, meine Frau in ein Pflegeheim zu geben. Auf Dauer würde ich selbst zu einem Pflegefall werden. Ich gab ihnen zu verstehen, dass ich ihr versprochen habe, sie nicht in ein Heim zu stecken; solange es gehe, werde ich mich um sie kümmern.

Der Weg aufs Klo war ihr nicht mehr möglich, ein Zimmerklo musste her, das neben dem Bett aufgestellt wurde. Nach weiterer Verschlechterung – sie kam trotz Hilfe nicht mehr aus dem Bett – wurde sie auf Anordnung des Arztes mit der Rettung in Krankenhaus gebracht, wieder auf die Neurologie Am Rosenhügel. Ich besuchte sie täglich stundenlang, nahm dem Pflegepersonal Arbeit ab. Wenn sie nicht im Bett war, saß sie eingezwängt in einem speziellen Krankensessel, aus dem sie nicht herausfallen konnte. Der Spitalbetrieb löste bei ihr Unruhe und Angst aus, sie wollte nach Hause. Sie bekam wieder ein Antidepressivum. Nach Infusionen und einer Neueinstellung wurde sie nach drei Wochen heimgebracht, mit Katheter, den sie sich bald herausriss. Aufstehen konnte sie nicht mehr. Sie versuchte es einige Male und fiel dabei aus dem Bett. Zum Glück blieb es bei blauen Flecken. Trotz ihrer nur mehr 45 Kilo Körpergewicht tat ich mir schwer, sie hochzubringen. Mit großer Anstrengung konnte ich sie aufs Zimmerklo setzen. Ansonsten blieben nur Windeln. Der Pflegeaufwand erhöhte sich, zusätzlich zur Heimhilfe musste eine Pflegehelferin kommen. Für die Nacht wurde ihr vom Arzt ein Schlafmittel verordnet. So konnte ich mich ausruhen und wieder zu Kräften kommen.

An einem Wochenende bekam sie hohes Fieber. Ursache war eine Harnwegsinfektion. Der Notarzt schickte sie ins Spital. Im neurologischen Krankenhaus bekam sie ein Bett. Der Oberarzt bat mich zu einem Gespräch. Er fragte, wie es daheim mit der Betreuung stehe, empfahl eine 24-Stunden-Pflege. Dafür muss für die pflegende Person ein eigener Raum zur Verfügung stehen. Der war nicht vorhanden, wir hatten 2003 unsere 106 Quadratmeter große Wohnung gegen eine um die Hälfte kleinere im selben Haus und im selben Stock eingetauscht. Der Arzt redete mir zu, meine Frau in ein Pflegeheim zu geben, daheim wäre eine Betreuung der schwer Kranken und Dementen mit Infusionen, Katheter und Windeln nicht mehr möglich. Außerdem würde ich mit der Zeit „draufgehen", meinte er. Die Entlassungsmanagerin bemühte sich um einen Platz, fand einen in einem privaten Heim mit Kostenübernahme vom „Fonds Soziales Wien"*. Einen angemessenen Anteil hatte ich zu leisten.

Sie bekam es gar nicht mit, dass sie nicht mehr im Krankenhaus, sondern in einem Pflegeheim lag. Mit einer 90-jährigen schwerhörigen Frau teilte sie sich das Zimmer. Das spielte keine Rolle, denn meine Frau konnte nicht mehr sprechen. Mittags wurde sie in einem Krankensessel zum Tisch gesetzt, wo ich sie fütterte. Schon nach wenigen Tagen konnte sie nicht mehr schlucken, auch nicht mehr trinken. Sie war schon stark dehydriert, als man sie endlich über die Vene ernährte. Da dies kein Dauerzustand war, wurde eine Magensonde empfohlen. Dafür hätte sie die Einwilligung geben müssen, wozu sie nicht mehr imstande war. Aus neurologischer Sicht war sie weder einsichts- noch urteilsfähig. Die Zeit drängte. Ich bemühte mich um eine Vertretungsbefugnis, ausgestellt von einem Notar. Dazu brauchte ich den Befundbericht eines Neurologen.

Die Heimleitung stellte den Antrag für die zweithöchste Pflegestufe. Nur elf Tage war sie in diesem Heim, dann kam sie ins Spital, von wo sie nicht mehr zurückkommen sollte. Durch die Bauchdecke wurde ihr eine PEG-Sonde eingepflanzt. Die Operation in Vollnarkose überstand sie gut, die Ernährung über den Schlauch funktionierte ausgezeichnet. Sie schlief fast ständig. Dann bekam sie hohes Fieber, und ihr Zustand verschlechterte sich von Tag zu Tag, sie röchelte, Schleim musste ihr abgesaugt werden. Sie hatte sich einen multiresistenten Erreger, auch Spitalkeim genannt, geholt. Drei Medikamente blieben wirkungslos. Ein letzter Versuch mit einem vierten. Einen kurzen Augenblick gab es Hoffnung. Auch das wirkte nicht mehr. Die Zwillingsschwester reiste aus den USA an, um sich von ihr zu verabschieden.

Als ich sie ein paar Stunden vor ihrem Tod besuchte, war sie noch einmal kurz hellwach, ihre Augen bewegten sich auffallend ganz schnell, wie noch nie. Sie wollte mir etwas mitteilen, brachte aber kein Wort mehr heraus. Dann schlief sie ein – für immer.

Viele leben mit dieser Krankheit mit Einschränkungen jahrzehntelang, bei ihrer aggressiven Form waren von der Diagnose bis zum Tod gerade zehn Jahre vergangen.

Meine Lebensumstände änderten sich. Ich brauchte für sie nicht mehr zu sorgen, das Nicht-Gebrauchtwerden löste in mir ein Gefühl der inneren Leere aus.

„Als ihre Zerstreutheit immer ärger wurde ..." GÜNTER ANTONY

Meine Mutter Eleonore (Elli) Antony wurde 1915 geboren und starb 2002. Im Alter von ungefähr 80 Jahren bemerkten wir bei ihr die ersten Anzeichen von Vergesslichkeit. Sie wusste nach einigen Minuten nicht mehr, was sie im Haushalt machen wollte oder sollte. Als sie nicht mehr kochen konnte, war das kein Problem, denn in Waidhofen/Thaya gibt es „Essen auf Rädern", und mein Vater holte über längere Zeit selbst das Essen von der Spitalsküche ab, um es zu verteilen.

Vermehrt Schwierigkeiten gab es, als sie zu einer „Laufenden" wurde. Unser Haustor war immer versperrt, aber der Schlüssel hing an einer bestimmten Stelle. Wenn sie von uns unbemerkt das Haus verließ, fand sie nach kurzer Zeit nicht mehr zurück. In unserer Umgebung war das aber bald bekannt, und so wurde mein Vater öfter angerufen, er möge sie von einer bestimmten Stelle oder einem Geschäft abholen. Es ist auch vorgekommen, dass sie als Beifahrerin das Auto verließ, wenn mein Vater eine kurze Besorgung machte. Einmal hat er sie in einem nahen Geschäft gefunden. Sie hielt das Pappschild mit der Aufschrift „Essen auf Rädern" in der Hand.

Der Torschlüssel musste so verwahrt werden, dass sie ihn nicht gefunden hat. Sie konnte sich dann nur mehr im Hof und im Garten aufhalten. Da ist es auch vorgekommen, dass sie nicht das Unkraut, sondern verschiedene Blumen aus- oder abgerissen hat. Es war auch bald sinnlos ihr anzuschaffen, für die Suppe den Schnittlauch zu holen, denn im Garten angekommen, hatte sie den Auftrag schon vergessen. Einmal sah sie einige abgefallene Äpfel im nassen Gras liegen. Sie hat diese dann mit Kluppen an den Stängeln an einer Wäscheleine aufgehängt.

Sie hat auch öfters nach ihrer Mutter gefragt. Als sie dann die Antwort „Aber die ist ja draußen am Friedhof" bekam, hat sie fast immer gemeint: „Wie kann sie auf den Friedhof gehen, ohne mir etwas zu sagen." Sie konnte einfach nicht mehr begreifen, dass ihre Mutter schon seit über 40 Jahren tot war.

Meine Eltern wohnten im Erdgeschoß des Hauses. Sie kam auch manchmal in meine Wohnung im ersten Stock und behauptete sehr energisch, dass hier ihr Bett sei. Sie sagte dann, dass sich im Erdgeschoß ein fremder Mann aufhalte, obwohl das ihr eigener Gatte war. Da ist vielleicht eine ganz alte Erinnerung durchgekommen, denn von 1939 bis 1950 wohnten meine Eltern und ich im Obergeschoß. Zu ebener Erde waren damals meine Großeltern zu Hause.

Unserem Hauskater war ihr Zustand ziemlich egal. Er sprang gerne auf ihren Schoß und ließ sich streicheln. Meine Mutter war gelernte Schneiderin. Um sie zu beschäftigen, legte mein Vater öfters ein Stück Stoff auf den Tisch, und sie musste davon

Günter Antony
wurde 1942 als einziges Kind eines Friseurmeisters und einer Schneiderin in Waidhofen an der Thaya, Niederösterreich, geboren. Später übernahm er den Friseursalon von seinem Vater und führte ihn mit seiner Ehefrau weiter.

Günter Antony ist seit Jahrzehnten ehrenamtlich im Tourismus- und im Museumsverein seiner Heimatstadt tätig und veröffentlichte mehrere Bücher mit Erinnerungen seines Vaters sowie eigenen Aufzeichnungen zur Geschichte der Stadt und ihrer Umgebung.

schmale Streifen herunterschneiden. Einmal ist sie im Garten gestürzt und hat dadurch einen Beinbruch erlitten. Sie wurde in die Unfallabteilung des Krankenhauses Horn eingeliefert. Dort hat sie aber das Essen, das ihr von den Schwestern gereicht wurde, verweigert. Mein Vater musste zwei Wochen lang mit seinem PKW die 36 Kilometer hin und zurück fahren, um sie zu füttern. Als ihre Zerstreutheit immer ärger wurde, hat sie in einem unbeaufsichtigten Moment verschiedene Speisen zusammengemischt, die dann ungenießbar waren. Wenn ihr einmal etwas nicht geschmeckt hat, dann wurde der Teller oder die Schale heimlich unter einen Schrank oder unter das Bett geschoben.

Als sie die fünf Stufen in unserem Haus nicht mehr bewältigen konnte, wollte sie mein Vater bei schönem Wetter trotzdem in den Hof bringen. Das war mit Hilfe eines einfachen Traggestells leicht möglich. Zwischen zwei stärkeren Stangen war ein Stück Zeltplane befestigt. Auf dieser sitzend konnte sie ohne Mühen von zwei Personen transportiert werden. Dass im Laufe der Jahre eine Heimhilfe immer öfter ins Haus kommen musste, ergab sich von selbst.

Das letzte halbe Jahr ist Mutter dann nicht mehr aus dem Bett gekommen und wurde von meinem Vater mit dem Löffel gefüttert. Es war für ihn auch selbstverständlich, sie in der Nacht mehrfach umzudrehen, denn das konnte sie selbst nicht mehr machen. Zum Glück war mein Vater auch im Alter noch sehr rüstig, sodass er sie zu Hause pflegen konnte und ihr der Aufenthalt in einem Heim erspart blieb. Er blieb zum Glück von dieser teuflischen Krankheit verschont und starb 2009 im Alter von 97 Jahren.

Für mich ergibt sich sie Frage, ob mir meine Mutter die Demenz vererbt hat oder nicht, denn bei ihrem Vater hat es mit 80 Jahren begonnen. Das wird sich erst in einigen Jahren herausstellen.

> „UNSEREM HAUSKATER WAR IHR ZUSTAND ZIEMLICH EGAL. ER SPRANG GERNE AUF IHREN SCHOSS UND LIESS SICH STREICHELN.

Die Sache mit Mama. Wie alles begann ...   WILMA BRAUNEIS

Mama war in letzter Zeit schon ein wenig vergesslich geworden, das nahm ich nicht weiter ernst, das durfte sie im Alter von 85 Jahren. Aber neulich passierte etwas, das mir zu denken gab.

Mama ist in ihrem Wiener Wohnhaus, auf der Treppe gestürzt, seither wirkt sie richtig verwirrt, was mir bis dato nicht aufgefallen war. Der Schock muss das ausgelöst oder verstärkt haben. Ich notierte damals in meinem Tagebuch:

SAMSTAG, 18.06.1994
Mama glaubt, dass sie zu mir fahren wird. Als ich sie anrufe, sagt sie: „Wilma holt mich gleich ab". (Aber ich bin Wilma, ihre Tochter, und verbringe den Sommer in einem kleinen Häuschen im Burgenland, das ich gemietet habe.) Ich rufe Heinz, meinen Ehemann, an, der in Wien geblieben ist. Er telefoniert mit ihr, sie erzählt ihm dass die Hausmeisterin ihr ein Zimmer zuweisen wird. Sie scheint jetzt zu glauben, sie sei in Bad Sauerbrunn, wo sie schon öfters Sommerurlaube verbracht hat.

MITTWOCH, 22.06.1994
Mama geht es etwas besser. Sie ist zwar blau am ganzen Körper und es tut ihr alles weh, aber sie redet etwas vernünftiger. Nur ihre Katze sucht sie, die seit Jahren tot ist.

FREITAG, 24.06.1994
Tag der Unterzeichnung des EU-Vertrages auf Korfu!

Mama rief mich schon um halb 8 Uhr früh an, sagte, es gehe ihr sehr schlecht, sie könne sich kaum bewegen. Ich schicke Heinz zu ihr und den Arzt, Dr. Weiss. Beide sagen, es sei bedeutend besser als vorgestern. Der Arzt meint, da könne er nicht viel machen, es wäre aber gut, wenn sie zu mir käme.

DIENSTAG, 28.06.1994
Mama vergisst, mich täglich anzurufen, wie wir vereinbart haben, also rufe ich sie jeden Morgen an. Damit sie ihre Tabletteneinnahme nicht vergisst und um zu erfahren, wie es ihr geht. Auch meine Tochter Monika ruft sie am Nachmittag an, sobald sie von ihrer Arbeit zurück ist. Ihr erzählt Mama, dass sie mit mir schon sehr lange nicht telefoniert hätte. Sie hat offenbar kein Zeitgefühl.

Wilma Brauneis wurde 1936 in Moskau geboren, ab 1938 lebte sie mit ihrer Mutter in beengten materiellen Verhältnissen in Wien, später in Niederösterreich; heute bewohnt sie ein Eigenheim im mittleren Burgenland.

Nach der Pflichtschule absolvierte sie eine Fachschule für Damenschneiderei, danach arbeitete sie als Sekretärin und Model in einer Damenkonfektionsfirma.

Wilma Brauneis ist verheiratet, Mutter von drei Kindern und engagiert sich vielseitig künstlerisch, sozial und journalistisch.

Durch unseren Schreibaufruf angeregt, erstellte die Autorin einen Auszug aus ihren Tagebuchaufzeichnungen aus der Zeit der Betreuung ihrer Mutter und versah diesen mit nachträglichen Reflexionen. Hier können aus Platzgründen nur die ersten zehn von insgesamt 45 Seiten ihres Beitrags wiedergegeben werden.

Ich ahne, dass uns schwere Zeiten bevorstehen, besorge mir vom ORF eine Broschüre über Alzheimer-Patienten, nachdem ich eine Sendung darüber gehört habe. Es deprimiert mich.

DIENSTAG, 05.07.1994

Aus der Bruthitze in Wien habe ich Mama am Sonntag zu mir aufs Land geholt. Es gab viel Gejammer und Verwirrung über diese Reise von eineinhalb Stunden. Jetzt fragt sie ständig, wie sie denn hierhergekommen sei und dass sie nicht lange bleiben könne. Obwohl sie zugibt, dass es hier sehr schön ist.

Sie kann in den Garten gehen und sich erholen. Sie kann allerdings nur im Wohnzimmer schlafen und fühlt sich offensichtlich nicht besonders wohl, weil ihr alles fremd ist. Ich habe kein Gästezimmer, das müsste erst gebaut werden.

DONNERSTAG, 07.07.1994

Mit Mama habe ich Fini, eine alte Freundin, besucht. Bisher geht es uns ganz gut, Mama ist friedlich, will aber ständig „etwas tun". Ich versuche, ihr leichte Arbeiten zu geben, die wir abbrechen, sobald sie müde wird – bis sie alsbald wieder Arbeit verlangt ... Sie sieht nur einen Sinn darin, hier zu sein, wenn sie mir „helfen" kann. Ansonsten will sie sofort nach Hause.

So verbringen wir die Tage. Ich nehme sie im Auto mit zum Einkaufen in die nächste Stadt. Da wird sie aber sehr ungeduldig und fragt, wie sie denn endlich heimkommen könnte. Herumzufahren behagt ihr gar nicht, das scheint ihr alles sinnlos. Immer wieder versteckt sie ihr Geld und ihr Täschchen an einem anderen Ort, und vergisst, wo. Ich kann es dann suchen.

Mamas Arzt hat gesagt, dass vier Wochen für eine Eingewöhnung nötig wären. Als es heute früh regnete, schimpfte sie laut über solch ein „Urlaubswetter".

FREITAG, 08.07.1994

Mama braucht ständig Beschäftigung. Was tue ich? Ich stelle mit ihrer emsigen Hilfe die Schlafzimmermöbel um. Natürlich übernehme ich die Schwerarbeit. Am Ende bin ich fix und fertig, muss aber noch kochen, und sie fragt mich, was sie tun kann. Sie ist nicht müde.

> **OH, WIE BIN ICH MÜDE!**

Wir kochen Pfirsichkompott, sie schneidet und entkernt die Früchte. Ich lasse sie kurz damit alleine, das geht aber nicht.

Sie vergisst sofort, was sie tun soll und geht ratlos im Garten umher. Ich muss hinter ihr her sein, damit sie nicht wegläuft. Ihre Wäsche fand ich im Koffer, sie hält sich ständig bereit zur Abreise.

Am Abend krieche ich zu ihr ins Bett, wir sehen fern. Sie scheint das zu mögen. Aber die Handlung der Filme bekommt sie nicht mit. Sie schläft zwischendurch ein, mit offenen Augen! Oh, wie bin ich müde!

SAMSTAG, 09.07.1994

Beim Frühstück fragte mich Mama, wo meine Kinder seien. Ob ich zwei hätte, ob sie in der Schule wären. Dasselbe hat sie mich schon vor einigen Tagen gefragt. Ich sagte ihr, dass es drei wären: Monika, Katja und Peter. Da sagte sie: „Die kenne ich nicht", und ich muss denken: Wann wird sie mich nicht mehr kennen?

Man kann es ihr nicht übelnehmen, das ist eben die Krankheit, ich muss lernen damit umzugehen. Vorläufig ist es noch relativ einfach, die erste Schulstufe für mich sozusagen. Sie kann sich zum Beispiel nicht merken, welches Handtuch im Bad das ihre ist. Also lasse ich nur dieses dort und bringe meines außer Sichtweite.

Sofort nach dem Frühstück will sie wieder arbeiten. Ich lasse sie das Geschirr waschen, das dauert ca. eine viertel Stunde, dann gebe ich ihr einen Besen und bitte sie, die Spinnweben vom Plafond und aus den Mauerecken zu entfernen. Spinnen sind fleißige Tiere, morgen wird alles wieder da sein. Welch ein „Segen"! Mama macht alles gewissenhaft. Sie ist wieder eine halbe Stunde beschäftigt. Was dann? Ich komme in Zugzwang. Wir räumen zum wiederholten Male einen Kasten aus, ordnen alles neu, geben Überflüssiges in einen Karton, wischen Staub aus dem Kasten, sie staubt auch alle anderen Möbel ab. Sehr gut, höchstens eine Stunde ist sie damit beschäftigt, was dann? Ihre innere Unruhe treibt sie ständig herum. Damit sie zeitweise sitzen bleibt, suche ich alte Wollreste zusammen, sie hat immer gerne gestrickt.

Ich denke, dass sich wohl niemand so viele Gedanken machen würde, wäre sie irgendwo anders. Deshalb ist es gut, dass sie bei mir ist. Ich empfinde eine große Liebe für sie, die mich mühsam genug großgezogen hat. Ich will sie jetzt in Liebe einhüllen und alles für sie tun, was sie braucht. Dabei darf sie nicht den Eindruck bekommen, bevormundet zu werden. Ich nehme mir vor, sobald sie nicht mehr hier zu halten sein würde, zu einer List zu greifen und einfach krank zu spielen. Das würde sie motivieren, mich zu „betreuen". Ach, ich muss einfach für sie entscheiden, ohne dass sie es merkt. Sie schläft sehr gut hier, geistert auch nicht herum; das ist für mich wichtig, weil ich den Schlaf dringend brauche.

Die Luft und die Bewegung draußen tun ihr sichtlich gut. Da es heute schön ist, wollen wir das Reisig kleinhacken, das wird im Winter zum Feuermachen gebraucht. Natürlich passe ich auf, dass ihr nichts passiert. Sie kann das sehr gut. Solche Arbeiten war sie früher gewöhnt.

Gegen Mittag will ich noch einige Kleinigkeiten einkaufen fahren und anschließend mit ihr essen gehen. Wieder für etwa zwei Stunden Beschäftigung gesorgt.

MONTAG, 11.07.1994

Der Sonntag war anstrengend! Wieder Staub wischen, Geschirr waschen, aufräumen, damit beginnt jeder Tag. Mama hat begonnen, das Reisig kleinzuhacken, nach einer Stunde fing es an zu regnen - was jetzt?

Wir besuchten Bärbel, eine Freundin. Dann war es Abend und ich begann, obwohl todmüde, noch eine Strickerei für Mama, damit sie morgen zu tun hat. Sie weiß nicht mehr, wie das Anschlagen der Maschen geht. Sie strickt Socken; erstaunlich ist, dass sie sogar die Ferse noch kann. Aber den Abschluss muss ich wieder machen. Sobald sie sitzt, bedauert sie, überhaupt weggefahren zu sein. Ich bin erschöpft, was soll ich mir für sie noch ausdenken?

DIENSTAG, 12.07.1994

Heute war ich sogar schwimmen! Mama kam mit ins Schwimmbad, wartete auf der Bank mit der Badefrau plaudernd auf mich. Trotz Wärme wollte sie eine Weste anziehen und ein Kopftuch aufsetzen.

> **ICH DARF DIE GEDULD NICHT VERLIEREN!**

Ich darf die Geduld nicht verlieren! 30- bis 50mal dieselben Fragen beantworten. Abends wird es schlimmer, da will sie nach Hause gehen. Sie weiß ja nicht, dass es 120 Kilometer sind. „Wo bin ich daheim?" ist eine oft wiederholte Frage von ihr an mich.

Wie schrecklich arm und hilflos sie doch ist. Wer, wenn nicht ich, kann sie verstehen? Nur ich kenne ihre Vergangenheit und ihre Herkunft, kann abschätzen, wann ihre Rede Sinn hat, wann nicht. Sie verliert buchstäblich Gedanken und Worte, sie fallen aus ihr heraus und sind weg.

DONNERSTAG, 14.07.1994

Wir haben einen gewissen Rhythmus gefunden: Morgens um sieben oder halb acht stehen wir auf, ich mache das Frühstück, während sie sich anzieht. Dann essen wir gemeinsam, danach wäscht sie das Geschirr und ich ziehe mich an. Sie macht das Bett und räumt ein bisschen auf: Staub wischen, Spinnweben abkehren, eventuell sogar staubsaugen. Anschließend gebe ich ihr etwas zu tun, wobei sie sitzen kann, Nüsse knacken oder stricken. Oder wir fahren einkaufen. Dann koche ich das Mittagessen, wir essen, ich ruhe mich etwas aus, während sie wieder strickt oder auch ruht. Später, bei gutem Wetter draußen im Garten gießen, Auto waschen, Heu machen, oder Holz bündeln; bei Schlechtwetter Näharbeiten, bügeln, Apfelstrudel backen, Kompotte kochen, Gemüse putzen etc. Einen Besuch machen oder Tee trinken.

Danach gibt es wieder Geschirr, und bis alles eingeräumt ist, kann man schon das Abendessen vorbereiten; danach ein bisschen fernsehen und ins Bett gehen. Ich habe mich von einer „Solistin" zu einem Duo im Haushalt umgewöhnen müssen.

FREITAG, 15.07.1994

Heute haben wir lange geschlafen, Mama sogar noch länger als ich, sie erwachte erst um halb neun. Das kam sicher, weil wir gestern bis 22 Uhr ferngesehen haben. Gut so. Aber schon beim Frühstück geht das Palaver wieder los. Sie will heim. „Ich kann ja nicht so lange bei dir bleiben, ich falle dir zur Last", sagt sie immer wieder. Ich glaube, es ist bald so weit, dass ich sie wieder nach Wien bringen muss. Sie hat sich in den zwei Wochen leider nicht eingewöhnt. Solange sie nicht wirklich körperlich krank ist, wird sie so weiterwursteln in ihrer eigenen Wohnung. Sie bekommt eine Heimhilfe und Essen auf Rädern und ich rufe sie täglich mehrmals an.

Bei jedem Essen jammert sie, dass es zu viel ist, isst aber immer alles auf. Ich weiß nicht, woran ich bin, ist es ihre Bescheidenheit, oder fühlt sie sich wirklich überfüttert. Ich denke an ihre Reaktionen von früher, wo sie ihre Sauerbrunner Sommerurlaube zwar liebte, aber immer darunter litt, dass man sie dort nötigte, mehr zu essen, als ihr lieb war. Mache ich nun denselben Fehler? Mein Gott, sie hat ja nur 46 Kilo. Es schadet ihr bestimmt nicht, ein oder zwei Kilo zuzunehmen. Sie will mir nur sparen helfen, denke ich. Aber ich nehme mir vor, ihr kleinere Portionen anzubieten und sie nicht zu bedrängen. Aber übrig lassen kann sie nichts, das würde ja weggeworfen, ein schrecklicher Gedanke.

SONNTAG, 17.07.1994

Abendspaziergang mit Mama, im Wald hinter dem Haus. Sie wundert sich immer, wenn wir zurückkommen: „War ich da schon einmal?" Und dann fragt sie, wo sie schlafen wird, wo das WC ist, immer wieder, jeden Tag. Heute sagte sie, dass sie schon Heimweh hätte. Als ich sagte, sie würde ja bald nach Wien fahren, meinte sie, dort wäre sie ja nicht daheim. Auf meine Frage „Wo denn?" kam „Vöcklamarkt", ihr Geburtsort.

Ich umarme Mama sooft es nur geht, sie soll spüren, dass ich sie lieb habe. Es tut mir leid, dass ich ihr das nicht früher schon so zeigen konnte. Nachmittags haben wir im Garten ein kühles Fußbad genommen, ich habe danach Mamas Fußnägel geschnitten; sie hat leichten Nagelpilz, den ich mit Auxillium* bepinselt habe. Müsste öfter behandelt werden. Auch ihre Kapseln gab ich ihr zum Einnehmen. Sie wird das sicher vergessen, wenn sie wieder alleine ist.

Wenn es ihr nicht gut geht, hole ich sie sofort wieder.
Ich bin ständig dem Weinen nahe. Völlig fertig mit den Nerven!

DIENSTAG, 19.07.1994
Heute putzt mir Mama noch das Haus, sie kann ja nicht anders, immer muss sie etwas tun. Aber ich habe schon ganz gut gelernt, sie so einzusetzen, dass es nützlich ist und ihr nicht zu viel wird, dass sie abwechselnd Bewegung macht und dann wieder sitzt. So was von aufgeräumt war bei mir schon lange nicht. Und ich kam sogar noch eine Weile zu meiner eigenen Arbeit.

MITTWOCH, 20.07.1994
Heinz und meine Tochter Katja sind gekommen, um die Oma abzuholen. Also muss ich diese Tour nicht auf mich nehmen. Ich kochte Mittagessen. Kurz bevor ich fertig war, fiel Mama im Wohnzimmer der Länge nach hin. Sie war vom Sessel aufgestanden, um zu mir in die Küche zu kommen. Offenbar ein verzögerter Schritt und schon lag sie da. Jetzt wurde ich unsicher, soll ich sie nicht doch hierbehalten? Der Koffer war schon gepackt – sie wollte heim.

Erst kurz vor der Abfahrt begann sie verwirrt zu werden, fragte, ob sie auch heimfinden würde, etc.

Um 7 Uhr fuhren sie alle ab – jetzt ist da ein großes Loch!
Ich bin endlich wieder alleine, und doch schwebt eine gewisse
Tristesse im Raum.

Nach diesen zwei Wochen brachten mein Mann und meine Tochter Mama wieder in ihre Wohnung nach Wien und sie schien ganz gut zurechtzukommen. Ich organisierte Besuchsdienste und ich konnte diesen Sommer noch auf dem Land verbringen. Natürlich blieb ich telefonisch mit Mama in Verbindung und schaute auch zwischendurch nach dem Rechten bei ihr. Im Herbst übersiedelte ich wieder nach Wien, wie jedes Jahr, und so ging es weiter:

MITTWOCH, 27.07.1994
Habe Mama angerufen, es scheint ihr gut zu gehen, sie war spazieren.

SAMSTAG, 27.08.1994
Ich wollte mit Mama eine entfernte Verwandte, meine Cousine Grete, besuchen, die Brustkrebs hatte und derzeit eine Chemotherapie machen muss. Wir sollten am Vormittag kommen. Als ich bei Mama klopfte, war sie nicht zu Hause – sie hatte alles vergessen. Ich fuhr nach Hause, rief Grete an, die hatte inzwischen umdisponiert und erwartete uns um 14 Uhr.

Mama war wieder nicht da, ich ging in den kleinen Park vor ihrem Wohnhaus, da saß sie mit zwei Damen ihrer Bekanntschaft auf einer Bank. Es kostete einige Überredung, sie mitzunehmen. Bei Grete bekamen wir Tee und Kuchen, aber sie selbst wirkte hektisch und aufgedreht. Es ging ihr sichtlich nicht gut. Trotzdem ließ ich mich überreden, Mama bei ihr zu lassen, sie wollte sie am nächsten Morgen heimbringen. Vielleicht ist damit beiden geholfen, dachte ich. Fuhr aber trotzdem sehr beunruhigt ab. Traurig und müde kam ich heim.

MONTAG, 29.08.1994
Um 5 Uhr früh konnte ich nicht mehr schlafen, ich stand auf und begann meine Gedanken, die um Grete kreisten, in einem Brief an sie zusammenzufassen. Sie hatte Mama noch am Samstagabend nach Rohrau zu einer anderen Verwandten geschleppt, wo sie bis 1 Uhr nachts waren. Am Sonntag früh aber brachte sie sie nicht nach Hause, sondern nahm sie mit nach Ottenstein ins Waldviertel, wo sie ihren Sohn besuchte. Mama bei 30 Grad im Auto, stundenlang! Ich war entsetzt, machte mir die größten Sorgen. Grete ist wirklich unverantwortlich, leichtsinnig und offenbar unzurechnungsfähig. Ich machte mir in einem Brief an sie Luft.

Erst Sonntag um 21 Uhr kam Mama nach Hause, war völlig verwirrt und glaubte zwei Wochen weg gewesen zu sein; sie konnte sich an nichts erinnern.

Mein schlechtes Gefühl hatte mich doch gewarnt. Warum habe ich sie nicht selbst heimgebracht? Eigentlich bin ich schuld! Grete ahnte ja die Gefahr nicht und sie ist ein Nachtmensch. Na hoffentlich ist es noch einmal gut gegangen und hat keine Folgen.

DONNERSTAG, 01.09.1994
Heute früh bei Mama. Sie lag im Bett, war aber angezogen, fühlt sich schwach, sagte sie. Der Mistkübel stank, er war überfüllt, ich leerte ihn, nahm alles mit. Sie hatte nur noch 100 Schilling, ich gab ihr 200. Heinz sagte ich, er solle ihr morgen noch 800 bringen, damit kommt sie dann ein Weilchen durch.

MITTWOCH, 19.10.1994
Ich muss für Mama Strümpfe kaufen, sie läuft in Halbschuhen herum und friert. Als ich ihre warmen Strümpfe aus dem Kasten suchte und sie diese anzog, stellte sich heraus, dass sie abgeschnitten und deshalb zu kurz waren.

Vormittags war ich in der Selbsthilfegruppe für Angehörige von Alzheimer-Patienten. Ich muss etwas unternehmen. Mama braucht einige „Schutzengel". Die Möglichkeit, zweimal pro Woche in das Tagesheim zu kommen, wäre gut für sie, sie wird nicht wollen, aber ich werde es versuchen.

FREITAG, 21.10.1994
Zu Mittag besuchte ich Mama, wie jeden zweiten Tag in dieser Woche. Sie wusste nichts von meinem Kommen, obwohl ich mich eine Stunde zuvor angekündigt hatte. Aber sie wusste, dass gestern der Installateur da war und 300 Schilling kassiert hatte. Ich probierte, ob die defekte Gasflamme jetzt brannte – sie tat es nicht. „Er hat den Zimmerofen repariert", sagte Mama. Ich staunte, denn dieser Gaskonvektor war von derselben Firma erst vor drei Wochen gereinigt und gewartet worden und hatte vorgestern noch gut funktioniert. Also rief ich die Installateurfirma an, der Monteur solle befragt werden, wieso der Ofen und nicht der Gasherd repariert worden war.

Dann machte ich mich ans Kochen, die übrigen Flammen funktionierten. Mama hatte Grammeln* geknabbert, als ich kam. Ich hielt das für unzureichend und wollte ihr Gemüse und Fisch zubereiten. Das Gemüse kochte bereits, als es an der Tür klingelte. Die Nachbarin kam, um Mama restliche Buttercreme für eine Tortenfüllung zu bringen. Ich dankte und schob sie schnell wieder aus der Tür, weil sie oft lange zu bleiben pflegte. Nachdem ich eine Pfanne mit Fett auf den Herd gestellt hatte, läuteten gleichzeitig das Telefon und die Türglocke. Ich ging ans Telefon, es war der Installateur. Mama ließ inzwischen die Nachbarin herein, die ihr noch ein Stück Marmorgugelhupf brachte. Laut redend erklärte sie uns das Rezept – ich winkte ab, sah sie denn nicht, dass ich telefonierte? Der Monteur beteuerte, er hätte zwar den Auftrag gehabt, den Gasherd zu untersuchen, war jedoch von Mama daran gehindert worden, die ihm versicherte, der sei ganz in Ordnung, hingegen könne sie den

Zimmerofen nicht in Gang bringen. Er probierte und stellte fest, dass tatsächlich kein Zündfunke kam, also reinigte er die Düse, kassierte und ging. Ich bestellte ihn noch einmal für Montag, wo ich dann dabei sein würde. Wer den Ofen abgeschaltet hatte, blieb ungeklärt. Wahrscheinlich doch Mama.

Inzwischen war das Fett in der Pfanne total überhitzt, die Küche raucherfüllt und die Nachbarin zum dritten Mal an der Tür. Jetzt wollte sie vor „Zigeunern" warnen, die angeblich umhergehen, Mama sollte keinesfalls die Türe öffnen. Ich hätte sie am liebsten erschossen.

Nachdem ich Türen und Fenster geöffnet hatte und der Rauch abgezogen war, begann ich von neuem den Fisch zu braten. Das Gemüse war inzwischen fertig. Wir aßen, obwohl Mama nichts mehr wollte. Sie hatte inzwischen bereits den Gugelhupf und die Grammeln aufgegessen und das Geschirr der Nachbarin mit der Buttercreme geleert und fein säuberlich ausgeleckt. Ich stellte ihr ein kleines Tellerchen mit Gemüse und Fisch hin, und sie aß es anstandslos auch noch. Jetzt musste ich Wasser heiß machen, um das Geschirr waschen zu können. Telefon: Eine Frau aus einem Nachbarhaus rief an, ob sie Mama zum Spaziergang abholen könne. Sie wäre schon zwei Tage nicht mehr mitgegangen. Ich stimmte zu, denn ich dachte, dass es Mama nicht schaden könne, ein bisschen hinauszugehen. Sie ging dann zwar, schimpfte aber über die Zudringlichkeit der Frau. Diese ist blind und hat gerne jemanden dabei. Sie kennt sich im Bezirk aber sehr gut aus, wohingegen Mama sich schon einmal verlaufen hat. Die Blinde führt also die Verwirrte.

Ich briet noch einige Maroni, was wieder Rauch verursachte. Die Nachbarin kam schon wieder an das geöffnete Gangfenster, um sich über die Skandale im englischen Königshaus zu empören. Ich gab ihr das gewaschene Gefäß von der Buttercreme gleich mit. Es läutete an der Haustür, die Dame zum Spaziergang war da, wir mussten gehen.

SONNTAG, 23.10.1994
Gestern und heute bei Mama – nichts Neues.

Morgen will ich sie versuchsweise in eine Tagesheimstätte bringen, wo sie zweimal pro Woche vormittags einige Stunden verbringen könnte.

MONTAG, 24.10.1994
Habe Mama ins Tagesheim gebracht, sie wollte erst nicht, dann zog sie ein „schönes" Kleid an und fror leider dort damit. Sie spielte „Mensch ärgere dich nicht", trank Tee,

aß Kuchen, machte Scherze, sagte auf Befragung, es habe ihr gefallen. Zu mir war sie schroff, lehnte jede Wiederholung ab. Zu Hause noch war ihr kalt. Ich machte ihr schnell Essen und Tee. Bereitete ein warmes Fußbad, stellte den Ofen auf Stufe 7 (später zurück auf Stufe 4). Dann war sie froh, wieder zu Hause zu sein; sie hatte den Eindruck einer langen Abwesenheit, wusste aber nicht, wo sie gewesen war.

Ach, wenn ich nur wüsste, wie ich es richtig mache!

MONTAG, 31.10.1994
Ich möchte Mama nochmals in das Tagesheim der Selbsthilfegruppe für Alzheimer-Patienten bringen. Die Frage ist nur, wie fange ich es diesmal an? Direkt geht nicht, da lehnt sie ja alles ab. Also auf Umwegen: Wir machen einen Ausflug, gehen spazieren und „besuchen dann die Leute". Ich will sie auch zum Mittagessen zu mir nach Hause mitnehmen und sie dann erst heimbringen.

ABENDS
Guter Tag! Alles gelungen!

Zuerst mit Mama Spaziergang im Augarten, herrlich warmes Wetter, dann ins Tagesheim, ich weg, eingekauft, heim, Essen gekocht, dann sie abgeholt. Mittagessen bei mir. Alles wie geplant.

Ich besorge mir Literatur zum Thema Alzheimer. Es gibt noch wenig, aber immerhin doch. Die Betreuerin vom Tagesheim konnte mir was empfehlen: „Ein langer Abschied" von Ursula Dette war das Erste, dann „Leben mit Alzheimer" von Lili Feldmann, das Fallbeispiele und Kommentare dazu bringt. Es erscheint mir alles sehr hilfreich.

MITTWOCH, 02.11.1994
Ich musste mit Mama ins Krankenhaus fahren, sie hat eine schmerzhafte Geschwulst an der rechten Hand. Gottlob ist nichts gebrochen, vermutlich handelt es sich um eine arthritische Gelenksentzündung. Jedenfalls braucht sie noch mehr meine Hilfe.

MITTWOCH, 09.11.1994
Mit Mama geht es ganz gut, ich besuche sie, koche bei ihr, wir essen, waschen ab, gehen eventuell spazieren, dann lasse ich sie wieder alleine. Ihr ist das sehr recht so, sie betont immer wieder, wie gerne sie alleine ist. Das war schon immer so.

Ich will versuchen, das Kabinett in ihrer Wohnung für mich bewohnbar zu machen, für den Fall, dass ich dort einmal oder gar öfter übernachten müsste.

FREITAG, 11.11.1994
Mama besucht, gekocht, abgewaschen, zu Dr. Weiss um ein Rezept, in die Apotheke und wieder nach Hause gefahren.

SAMSTAG, 12.11.1994
Ich versuche Mamas Kabinett aufzuräumen und zu entrümpeln. Das alte Bett, das darinnen steht, hat einen furchtbar schweren, schwingenden Eisen-Draht-Einsatz, der muss weg – wie und wohin, ist mir noch unklar. Mein Roll-Lattenrost, den ich mitbrachte, ist um zwei Zentimeter zu breit. Also nehme ich ihn wieder mit, er ist schwer.

Das zerlegte Bett ließ ich vorläufig stehen, heute und morgen kann ich nichts machen. Montag will ich passende Bretter besorgen. Ich wischte Staub, den Boden feucht, fand Mengen an Zucker, Rum, Öl, Reis, Erbsen und Bohnen in Dosen. Eine Dose mit Pflaumen war durchgerostet, weg damit! Mama hatte sich offenbar für Notzeiten eingedeckt.

Papier- und Plastiksäcke habe ich auch entfernt, es war zu viel davon da. Altes Brot zum Abtransport in einen Sack gegeben. Die Küche aufgewischt, das reicht für heute.

Mama legte sich hin, ihr war schwindlig. Habe ich zu viel getan? In ihren Intimbereich zu sehr eingegriffen? Ich weiß nicht, wie ich es richtig mache! Bin nur noch müde.

MONTAG, 14.11.1994
Aufbruch halb zehn, Mama abgeholt, sie widerstrebte; Stau, viel Verkehr, halb elf Ankunft in ihrem „Club", wie wir jetzt das Tagesheim nennen. Letzte Parklücke erwischt, schnell zum Markt, einkaufen, zurück zum Auto. Da prangt ein Strafzettel in der Windschutzscheibe. Ich gehe zum Kommissariat, ist ja gleich um die Ecke, „flehe um Gnade", schildere meine Situation, erreiche sogar eine Stornierung, atme auf. Hole Mama ab, heim, Mittagessen, später ein Vollbad für sie. Sie hat kein Bad in ihrer Wohnung. Am Nachmittag bringe ich sie heim.

Den Holzlattenrost habe ich abschneiden lassen, jetzt passt er. Ich baue das Bett wieder zusammen.

FREITAG, 18.11.1994
Ich räumte gestern weiter im Kabinett von Mama. Sie war nicht zu Hause, als ich kam. Ich begann zu kochen. Sie hat auch so viele Teigwaren gehortet, also Schinkenfleckerl. Aber fast jedes Paket zeigte Spuren von Mehlmotten. Wieder musste ich einiges entsorgen. Gut, dass sie das nicht mitbekommen hatte, sie kam nach Hause und schimpfte wie ein Rohrspatz über „diese Leute", die sich so anklammern, sobald man nur was mit ihnen anfängt. Sie war mit einer Bekannten spazieren gewesen und hatte nur ihr dünnes Ballonmanterl angezogen, das war leider unzureichend gewesen, weil es sehr windig war. Ich machte ihr warmen Tee, setzte sie zum Ofen, kochte fertig. Wir aßen, dann begann ich abzuwaschen, weil ich um 13 Uhr den Installateur erwartete. Er sollte auch einen kleinen Elektroboiler montieren, damit man das Wasser nicht extra am Herd zu wärmen braucht. Noch war ich nicht fertig, als es Sturm läutete. Es war aber nicht der Installateur, sondern die blinde Frau, die Mama schon wieder zum Spaziergang abholen wollte. Sie ging zu meiner Überraschung mit.

Um 14 Uhr kam der Installateur und montierte das Gerät; er ging wieder, ich machte sauber – keine Mama. Sie wollten doch nur einen kleinen Rundgang machen. Ich musste noch zur Bank, bevor diese schloss, der Dauerauftrag für Mamas Miete musste geändert werden. Ich hob auch Geld ab, bezahlte den Installateur, sah noch einmal nach – Mama war noch nicht da.

Ich fuhr heim, trank einen Tee und telefonierte. Jetzt war sie da, es war halb fünf.

MITTWOCH, 23.11.1994
Ich habe einen Vortrag über die Alzheimer-Krankheit angehört, bin ziemlich deprimiert nach Hause gekommen.

Was wartet da noch auf mich? Jetzt will ich eine Diagnose, auch für mich!

Ich laufe ja jetzt schon im Kreis, habe kaum noch Zeit für meine eigenen Angelegenheiten, geschweige denn für eine eigene Arbeit.

SONNTAG, 27.11.1994
Bei Mama Spaghetti gekocht, die Teigwaren müssen weg. Sie hatte Probleme mit dem Essen, weil sie Spaghetti nie gegessen und das Drehen über der Gabel nie gelernt hat.

Der Wasserhahn musste ausgewechselt werden, ich fand einen Ersatz im Keller und schraubte diesen ein, es klappte. Wir brauchten keinen Installateur dazu.

So vergehen jetzt meine Tage – aber was soll's? Ich kann Mama ja nicht einfach sich selbst überlassen.

Ein kleiner Spaziergang noch um drei Häuserblocks, dann kann ich nicht; mehr wäre gut, wenn sie mit ihren zwei anhänglichen Damen ginge, das wäre eine Entlastung für mich. Vielleicht legt sich ihre Abneigung gegen diese Damen wieder.

Wenn ich weggehe, fragt sie ganz erstaunt, wohin. Sie scheint zu glauben, dass ich schon bei ihr wohne.

Ich muss Hausschuhe für sie besorgen, die ihrigen zerfallen schon. Dabei hat sie mehrere Paare im Kasten, die zieht sie nicht an.

DIENSTAG, 29.11.1994

Heute habe ich Mama zu mir geholt. Ich fuhr wie schon täglich vormittags zu ihr, kochte, wir aßen; nach dem Abwasch überredete ich sie zu einem Spaziergang. Das Wetter war sehr sonnig, aber auch windig und daher kühl. Wir fuhren in meine Wohngegend, gingen ein bisschen am Donaukanal entlang, fütterten die Möwen, das gefiel ihr. Dann in meine Wohnung, sie ruhte sich aus, meine Katze Mimi kam auf ihren Schoß, was sie auch sehr genoss. Später machte ich wieder ein Bad für sie zurecht. Inzwischen hatte ich Wäsche gewaschen. Frische Leibwäsche für sie hatte ich aus ihrem Kasten mitgenommen. Ich wollte sie über Nacht bei mir behalten und hatte ihr auch schon ein Bett überzogen. Sie lehnte das alles ab. Nach dem Bad um 17 Uhr ging sie aber sofort ins Bett. Sie fragte mich, wo sie denn wohne, wie sie von hier wieder dorthin käme, ob das „mit Wilma verabredet wäre", wo ihr Geld sei und so weiter. Ich versuchte ihr alles zu erklären, aber wir redeten im Kreis, sie fing sofort wieder mit denselben Fragen von vorne an, bis ich sie ablenkte.

18:00 Uhr. Jetzt scheint sie zu schlafen. Morgen gehen wir zur Untersuchung, deshalb behielt ich sie da; es erspart uns das viele Hin- und Herfahren. Auch ins Tagesheim will ich sie morgen noch einmal bringen.

18:30 Uhr. Jetzt begann sie herumzuwandern und fragt mir beinahe die Seele aus dem Leib. Sie ist sehr verwirrt.

MITTWOCH, 30.11.1994
Im Ganzen gesehen war die Nacht aber dann doch ruhig.

Mama schlief vielleicht nicht durch – rührte sich aber nicht viel. Ich hörte nur einmal gegen Morgen etwas.

Heute bin ich aber sehr müde und angespannt. Was wird die Untersuchung beim Alzheimer-Spezialisten Dr. Rainer ergeben?

ABENDS UM 22:30 UHR

Ich kann nicht einschlafen!

Wir waren beim Arzt, Mama löcherte mich unterwegs mit ihren immergleichen Fragen. Ich vergaß deshalb das Gutachten und ihr Medikament dort und merkte erst, als ich wieder zu Hause war, dass ich meinen Pullover verkehrt herum anhatte. Wer ist nun der Patient?

Mama war beim Arzt ganz gut, sie konnte einiges, was sie sonst kaum schafft, wusste ihre Geburtsdaten, konnte schreiben, lesen, sich kurz drei Worte merken. Einen Satz richtig nachsprechen etc.

Er nahm die Anamnese auf, bestellte uns in die Station auf der Baumgartner Höhe, kassierte 1000 Schilling und wir gingen wieder.

MITTWOCH, 07.12.1994
Mit Mama beim CT am Rosenhügel!

MITTWOCH, 14.12.1994
Mamas Nachbarin ist plötzlich gestorben; soll ich ihre Wohnung übernehmen?

Ich bin sehr gespannt, was die Befunde der Untersuchungen bringen werden. Ich habe ihr ein Armband mit ihrer Adresse angelegt, das hat sie leider wieder entfernt, indem sie es einfach durchgeschnitten hat. Auch die Adresskarte nimmt sie immer wieder aus ihrem Täschchen heraus.

DONNERSTAG, 15.12.1994
Es ist Demenz vom Alzheimer-Typ! Laut CT und Dr. Rainer.

Ich habe mit der Hausverwaltung gesprochen, ob ich die Nachbarwohnung haben könnte. Aber dazu ist es jetzt noch zu früh, sie wird nach Abschluss der Verlassenschaft erst saniert und dann vermietet.

Mama hat mich heute plötzlich angelächelt und umarmt – das tat sie sonst nur sehr selten, außer bei der Begrüßung. Offenbar freut sie sich über meine Fürsorge und Betreuung.

FREITAG, 16.12.1994
War mit Mama bei Dr. Rainer wegen Therapiebesprechung und Test, 2. Teil. Er verschrieb Nivalin (ein AChE-Blocker), das soll sie unbedingt regelmäßig, zweimal täglich einnehmen.

Wie ich das bewerkstellige, ist mir noch ein Rätsel.

MONTAG, 19.12.1994
Mama hat sich gestern verlaufen und musste von der Polizei heimgebracht werden. Heute war eine Ärztin der Pensionsversicherungsanstalt bei ihr – sie war erstaunlich „bewusst". Ob wir mehr Pflegegeld bekommen werden, ist fraglich. Ich weiß nicht, was ich noch tun kann. Wir haben heute Kekse gebacken.

DIENSTAG, 20.12.1994
Ich gab ihr das Nivalin ein, das nächste muss sie nehmen, sobald ich sie anrufe. Es ist schwer, ihr das klar zu machen.

Sie hat schon wieder den Boiler abgeschaltet, ich stand mit kaltem Wasser da, als ich abwaschen wollte. Ich ärgere mich, wenn sie mich so gar nicht versteht, obwohl ich weiß, dass sie nichts dafür kann.

DONNERSTAG, 22.12.1994
Mama ganz schlecht! Ist das die Reaktion auf das Nivalin?

SAMSTAG, 24.12.1994 HEILIGER ABEND
Gestern ging es Mama wieder recht gut. Ich war mit Heinz bei ihr, wir haben gekocht. Sie sprühte förmlich vor Witz und guter Laune, unwahrscheinlich! War das, weil mein Mann dabei war? Es gab Fisch mit Reis, Kartoffel- und Vogerlsalat. Allerdings die Packung Reis, die bei ihr im Kasten stand, musste ich wegwerfen, die war voller Mehlmotten. Auch eine ganz volle 1-Liter-Dose Öl, die geöffnet im Kabinett stand, war schon ranzig. Schade, es tut mir leid darum.

Die Pilleneinnahme scheint zu klappen, ich rufe täglich um 7 Uhr früh an und erinnere Mama.

So haben wir also Weihnachten gefeiert.

Diese Tagebucheintragungen sind natürlich nur eine Sequenz, soweit sie Mama betreffen, und wenn man das so getrennt vom übrigen Geschehen liest, scheint alles relativ einfach oder zumindest erträglich zu laufen. Es gibt trotz großer Schwierigkeiten, Verzweiflung und Unsicherheit doch auch Erfolgserlebnisse und schöne Momente. Aber man muss wissen, dass ich zu der Zeit außer diesen Neuerungen in meinem Leben noch viele andere Probleme zu bewältigen hatte.

Ich war selbst nicht gesund, hatte immer wieder Schmerzen verschiedenster Art. Dazu kamen schwere Partnerschaftsprobleme und Differenzen. Ich lebte damals schon von meinem Mann getrennt und versuchte mich freiberuflich bildnerisch zu betätigen. Hatte mich um Ausstellungen zu kümmern und diese zu gestalten. Und vieles mehr. Die Ehe war ohnehin nicht mehr zu retten. Und diese neue Aufgabe, der ich mich zu stellen gedachte, war für mich beinahe unlösbar. Ich versuchte ein Zusammenziehen mit der Mutter noch so lange wie möglich hinauszuschieben, um Kräfte zu sammeln. Es ging noch eine Weile erstaunlich gut weiter. [...]

„… also kümmerst du dich eben"
Die Demenzerkrankung meines Bruders STEFANIE OHRNER

Ich bin in unserer Familie die Erstgeborene, ein Jahr nach mir kam mein Bruder Hansi zur Welt. Für meinen Vater war immer der Stammhalter wichtig, aus dem sollte etwas werden. Ich als Mädchen sollte Haushaltsführung lernen, weil „die heiratet ja sowieso und hat einen Mann, der sie erhält". So war eben die Einstellung eines Mannes, der 1902 geboren wurde. […] Nach der Hauptschule, drei Tage nach meinem 14. Geburtstag, begann ich eine Lehre als Einzelhandelskaufmann in einem Papierfachgeschäft, mein Bruder Hansi ein Jahr später eine Lehre als Feinmechaniker bei der Firma Görtz. […] Wir erhielten beide eine gute Ausbildung, fanden gute Positionen und unsere Mutter konnte im Alter erleben, dass aus ihren Kindern „etwas Anständiges" geworden war. Dies war eine ihrer großen Sorgen als alleinerziehende Witwe mit zwei heranwachsenden Jugendlichen.

Beide Kinder heirateten, ich bekam zwei Söhne, mein Bruder und seine Frau einen Sohn. Das Leben war schön, wir hatten unsere Familien, unseren Beruf und alles war in Ordnung. Wir hatten Familienfeste und machten gemeinsam Radtouren in der Nähe des Safariparks Gänserndorf; mein Mann und ich hatten dort einen Garten. Ansonsten waren wir kein sich innig zugetanes Geschwisterpaar. Dies ist für die folgende Geschichte noch von Bedeutung.

Mein Bruder Johann und ich hatten einige Jahre, wegen einer Meinungsverschiedenheit, keinen Kontakt. Zu meinem 60. Geburtstag veranstaltete ich ein Fest. Bei dieser Gelegenheit sahen wir uns wieder, und ich bemerkte Veränderungen an ihm. Die Frage, ob er sich nicht wohlfühle oder krank sei, verneinte er. Meine Freundin meinte: „Er ist halt nicht so eine Plaudertasche wie du, er war immer schon ruhiger und spricht halt nicht so viel wie du." Das sollte vorerst für mich genug Erklärung für das etwas veränderte Verhalten sein.

Wir hatten dann wieder regelmäßiger, aber nicht sehr häufig Kontakt. Nach einiger Zeit schenkte mir meine Schwägerin Gabi „reinen Wein" ein. Hansi hatte mehrere kleine Schlaganfälle gehabt. Die Folgen der ersten konnte er offenbar gut verbergen, dann hatte er eine Gehirnblutung und als Folge Sprachstörungen. Er war aber immer noch sportlich mit dem Fahrrad oder zu Fuß unterwegs. Hansi war schon in Pension, seine Frau Gabi, einige Jahre jünger als er, war noch voll berufstätig und daher sehr viele Stunden von zu Hause weg.

Eines Tages erlitt mein Bruder einen Zusammenbruch in der Badewanne, Gabi zog ihn unter Einsatz all ihrer Körperkräfte aus der Badewanne, rief die Rettung und leistete Erste Hilfe. In der Folge hatte er eine schwere Lungenentzündung. Er sprach

Stefanie Ohrner wurde 1948 in Wien geboren und wuchs als älteres von zwei Kindern in bescheidenen Verhältnissen auf. Ihr Vater war Kriegsinvalide, die Mutter Hausmeisterin und Bedienerin.

Stefanie Ohrner besuchte Volks- und Hauptschule, schloss eine kaufmännische Lehre ab und arbeitete bis zur Pensionierung als Buchhalterin. Die Autorin ist geschieden und Mutter von zwei Kindern. Die Berufsreifeprüfung ermöglichte ihr im fortgeschrittenen Alter ein Studium der Theologie; außerdem leistet sie ehrenamtlich Besuchsdienst in zwei Pflegeheimen.

immer weniger, auf Fragen antwortete er sehr oft mit einem „Nein", obwohl eigentlich ein „Ja" als Antwort passend gewesen wäre. Einige Zeit später wurde Morbus Pick, eine seltene Demenzerkrankung, deren Ursache noch unzureichend erforscht ist, diagnostiziert. Er fuhr noch immer mit dem Rad in der Gegend herum und hatte eines Tages einen Sturz auf einer Landstraße. Zum Glück kannte ihn die örtliche Polizei, er kam in ein Spital in Niederösterreich, das Fahrrad wurde auf die Wache mitgenommen. Meine Schwägerin wurde sowohl vom Spital als auch von der Polizei im Büro angerufen und konnte beide noch am selben Tag abholen. Seinen Namen konnte er nicht mehr sagen, und so hätte man ihn wahrscheinlich auf die Psychiatrie gebracht. Das ist ihm erspart geblieben. Nach der Diagnose „Morbus Pick" war er trotzdem eine Zeit im Otto-Wagner-Spital auf der Baumgartner Höhe. Es begann ein unheimlicher Bewegungsdrang und eine Unruhe und es stand fest: Er kann nicht mehr den ganzen Tag allein zu Hause bleiben. Meine Schwägerin organisierte eine Tagesbetreuung in einem nahegelegenen Pflegeheim in Niederösterreich und auch ihre Mutter half tageweise bei der Betreuung mit.

Bis zu diesem Zeitpunkt war ich noch immer nicht über die ganze Wahrheit betreffend Hansis Krankheit informiert. Ich hatte mich auch noch nie mit Morbus Pick oder Alzheimer etc. beschäftigt, das war für mich noch kein Thema. Eines Tages rief mich Gabi an und fragte, ob ich zum Neurologen mitgehen würde, Hans und sie hätten dort einen Termin. Wenn sie allein über die Diagnose mit dem Arzt sprach, sollte Hansi nicht allein im Warteraum sitzen, da er dazu neigte, einfach irgendwohin zu gehen. Ich sagte selbstverständlich zu und fuhr in die Ordination. Anschließend gingen wir in ein nahegelegenes Restaurant essen. Ich bemerkte, dass mein Bruder nicht mehr in der Lage war, beim Kellner eine Bestellung aufzugeben, und kaum sprach.

> „WARUM KANN MAN DA NICHT HELFEN? ES GIBT DOCH HEUTZUTAGE FÜR ALLES MEDIKAMENTE.

Gabi und ich verabredeten uns an einem der nächsten Tage zu einem Gespräch über die Situation. Jetzt erfuhr ich die ganze Krankengeschichte und war natürlich geschockt. Das passiert meinem intelligenten, immer tüchtigen Bruder! Und er ist noch dazu jünger als ich, das ist doch nicht zu fassen! Warum kann man da nicht helfen? Es gibt doch heutzutage für alles Medikamente. Man ist verzweifelt, fängt im Internet zu googeln an, liest die diversen Erklärungen zu der Krankheit, liest Prognosen über den Verlauf der Krankheit und über die Lebenserwartung. Keine Hilfe möglich! Man beginnt sich den Tatsachen zu stellen und mit der Situation abzufinden.

Kurz darauf hatte meine Schwägerin einen kleinen Unfall bei der Gartenarbeit und konnte nur auf Krücken humpeln. Sie rief mich verzweifelt an und wusste nicht weiter. „Was soll ich machen, wenn es Hansi schlecht geht? Wenn er wieder zusammenbricht, kann ich ihm doch mit den Krücken nicht helfen!" Also beschloss ich für die nächsten Wochen nach Niederösterreich in das Haus der beiden zu ziehen und die Betreuung zu übernehmen.

Das war das Schwerste, das ich in meinem Leben bis dahin zu leisten hatte.

Mein Bruder war inkontinent und ich musste ihn wickeln. Er hatte einen unheimlichen Bewegungsdrang und lief immer um das Haus und durch den Garten. Immer im Kreis. Es machte einen verrückt! Auch zum Essen blieb er nicht sitzen, also entschied ich mich, an einem Platz mit dem Teller sitzen zu bleiben und jedes Mal, wenn er vorbeikam, animierte ich ihn, einen Happen zu sich zu nehmen. Einmal kam er mit einer blutenden Wunde an der Stirn um die Ecke, er hatte sich an den Heckenrosen verletzt und es nicht bemerkt. Ich musste ihn, neben ihm hergehend, verarzten, er war nicht zu bewegen, stehen zu bleiben. Wenn er nach rückwärts in den Garten zum Pool ging, blieb mir immer das Herz stehen, weil ich Angst hatte, er taumelt und stürzt, fällt vielleicht in den Pool. Was mache ich dann? Er ist zu schwer und zu groß für mich, ich hätte ihn nicht herausholen können.

Einmal im Badezimmer, als ich ihn abtrocknen wollte, drehte ich mich nach dem Badetuch um, Hansi war weg! Wo ist er? Ich laufe rufend durch das Haus. Die Haustür steht offen, er geht auf der Straße spazieren. Nackt! Gott sei Dank war es Sommer und es war warm, also keine Gefahr für eine neuerliche Lungenentzündung. Er hatte auch nachts die Tendenz hinauszugehen, also hatte Gabi eine größere Anzahl Glöckchen mit einer Schnur verbunden und an die Hauseingangstür und Terrassentür gehängt, damit wir hörten, wenn er sie öffnete. Das bewährte sich auch einmal nachts, als wir tief schliefen. Wir hörten die Glöckchen, liefen ihm nach und holten ihn wieder herein. Die Idee, die Türen abzusperren und die Schlüssel zu verräumen, verwarfen wir wieder. Was ist, wenn irgendetwas mit uns passiert und er kann nicht aus dem Haus. Das geht auch nicht.

Eines Tages, bei einem Spaziergang durch den Wald, fing ich an zu singen, Kinderlieder, und plötzlich sang Hansi einige Worte mit. Das war eine Überraschung, er hatte ja schon längere Zeit nichts gesprochen. Ich versuchte es mit englischen Liedern: „My Bonny is over the Ocean", hallo, es gehen auch die englischen Wörter. Ich versuchte es mit Witzen, ja, auch da gab es einige, wo er sogar lachte, auch das hatte er schon lange nicht mehr getan. Leider war diese Zeit nach wenigen Monaten vorbei. Wenn wir nicht einen Spaziergang durch die Siedlung machten, ging mein Bruder stundenlang um das Haus, durch den Garten, durch den Carport auf die Straße, bei der Gartentür wieder herein und um das Haus herum. Das machte mich wahnsinnig. Also entschied ich mich, auf der Terrasse sitzen zu bleiben und ging nur nachschauen, wenn er nicht regelmäßig bei mir vorbeikam. Dann legte er sich vor dem Fernsehapparat auf die Bank und sah fern. Ich bemerkte, dass es ziemlich egal war, welches Programm lief. Er realisierte also nicht mehr, was für eine Sendung das war. Getestet habe ich, indem ich vom Sportprogramm – das interessierte ihn früher immer – auf ein Programm umschaltete, das er sich als gesunder Mensch niemals angesehen hätte. Wenn ich mit der Fernsteuerung durch die Programme zappte, keine Reaktion, kein Protest.

In so einer Situation ist man ziemlich allein, die Gedanken drehen sich im Kreis, und man hat auch nicht wirklich konkrete Hilfe, weil man anfangs auch nicht weiß, wohin man sich um Hilfe oder Information wenden soll. Sehr oft habe ich darüber nachgedacht: „Warum tust du das?" Hansi und ich waren uns ja gar nicht so geschwisterlich nahe gewesen, hatten jahrelang nichts voneinander gehört. „Na ja, er ist dein Bruder, sonst haben wir kaum Verwandte, also kümmerst du dich eben." Das waren so meine Gedanken.

> **„NA JA, ER IST DEIN BRUDER, SONST HABEN WIR KAUM VERWANDTE, ALSO KÜMMERST DU DICH EBEN.**

Meine Schwägerin und ich hatten abends viele Gespräche über die Situation und wie es weitergehen kann oder soll. Gabi war ziemlich verzweifelt, sie wusste, dass sie noch einige Jahre berufstätig sein würde, bevor sie in Pension gehen konnte. Sie arbeitete in Wien, das Haus stand in Niederösterreich, sie war viele Stunden von zu Hause fort. Eine 24-Stunden-Pflege erschien ihr aufgrund der eher abgeschiedenen Lage des Hauses – was ist, wenn dem oder der PflegerIn etwas zustößt – und des sich anbahnenden Krankheitsverlaufs nicht sinnvoll. Über kurz oder lang wären größere Umbaumaßnahmen unumgänglich gewesen, um eine der Krankheit angepasste Pflege zu gewährleisten. Dafür war nicht genug Geld da.

Wir reichten dann um Pflegeunterstützung ein und bestellten bei der Caritas eine Hilfe für die Körperpflege. Es kamen immer zwei Damen, wir erkannten relativ bald, dass eine Person für die Pflege zu wenig war. Auch ich war in den Stunden, die ich allein mit Hansi verbrachte, ziemlich geschafft. Vor allem, wenn er seine Wanderungen begann und man nie wusste, ob er nicht vielleicht doch auf der Straße irgendwohin verschwand und man es eventuell zu spät bemerkte. Also schaute man immer bei einem Fenster raus, ob man ihn sah oder wo er gerade umherging. Einmal gab es ein schweres Sommergewitter, und er erschien panisch am Fenster des Zimmers, wo er gerade ferngesehen hatte, und stieß angstvoll undefinierbare Laute aus. Ich erkannte, er fürchtete sich. So zog ich meinem Bruder den Pyjama an, brachte ihn zu Bett und legte mich neben ihn, hielt ihn wie ein Baby im Arm und summte Kinderlieder. Das beruhigte ihn und er schlief ein. Nach einiger Zeit versuchte ich aufzustehen, das bemerkte er und reagierte sofort wieder mit Unruhe. Also wieder Lieder gesummt und zart gestreichelt.

Ziemlich bald war mir klar, dass ich das nicht mehr lange aushalten und schaffen würde, er muss ins Pflegeheim. Vor allem war jetzt Sommer, was machen wir im Winter? Seine Wanderungen rund ums Haus sind dann ja nicht möglich und im Haus eingesperrt zu sein, da werden wir alle verrückt. Wir waren bei der Pflegedienstleiterin des Heimes, für das wir ihn angemeldet hatten. Diese war sehr verständnisvoll und versicherte, sich zu melden, sobald ein Platz frei würde.

Gabi kam eines Abends vollkommen geschafft und fertig vom Büro nach Hause. Sie hat eine verantwortungsvolle Position, viel Stress, und im Büro kann niemand auf die private Situation einer Mitarbeiterin Rücksicht nehmen. Sie weinte und erzählte von ihrem Plan, sich mit ihrem Mann in das Auto zu setzen und auf der Landstraße mit hoher Geschwindigkeit gegen einen Baum zu fahren. „Dann ist hoffentlich das ganze Leid vorbei und wir sind erlöst", waren ihre Worte. Zuerst weinten wir beide gemeinsam, dann sagte ich: „Wenn du das tust, sind die Chancen, mit schweren Verletzungen, querschnittgelähmt oder sonst was im Spital zu landen, viel größer, als dass ihr beide tot seid. Dann kannst mich aber vergessen! Ich komme weder dich noch Hansi im Spital zu besuchen. Ich packe meine Sachen und fahre heim!" Es war damals für mich ganz klar, dass man auf solche Suizidgedanken nicht mit Mitleid oder Verständnis reagieren darf. Mitleid hilft sowieso niemandem.

Am nächsten Tag rief ich die verantwortliche Dame des Pflegeheimes an, erklärte ihr die Situation, und schon am darauffolgenden Tag erhielt ich einen Rückruf; sie bot einen Platz im Pflegeheim an. Das nenne ich rasche und effektive Hilfe. War natürlich auch ein Zufall, dass gerade ein Platz frei geworden war. Meine Schwägerin war einverstanden und stimmte der Übersiedlung ins Pflegeheim zu. Ich war erleichtert, weil ich mir nicht sicher war, ob sie es tut, und wenn nein, wie reagiere ich auf die Situation? Natürlich kämpft man in einer solchen Situation mit dem schlechten Gewissen. „Darf ich meinen Ehemann, Bruder ins Pflegeheim ‚abschieben', wollen wir uns nur von einer Last befreien oder ist die Unterbringung auch für ihn gut?" Alle diese Fragen stellt man sich selbst und einander. Aber es gab keinen anderen Ausweg.

Die Übersiedlung erfolgte, Hansi erhielt einen Platz in einem Zweibettzimmer. Das Pflegepersonal war nett und freundlich, sehr hilfsbereit. Die BewohnerInnen wurden respektvoll und korrekt mit Frau XY oder Herr XY angesprochen, niemand sagte „Oma, du kommst jetzt mit mir" oder irgendetwas in dieser Art. Ich besuchte ihn einmal pro Woche, manchmal auch zweimal, seine Frau, die nicht zuletzt auch aus finanziellen Gründen inzwischen in eine Wohnung nach Wien übersiedelt war, kam am Wochenende. Durch seinen Bewegungsdrang hatte er am Anfang die Tendenz, wegzulaufen. Eigentlich wollte er nicht weglaufen, nur außen rundherum gehen, wie er es zu Hause auch gemacht hatte, deshalb erhielt er einen Sensor am Handgelenk. Geht der Heimbewohner mit so einem Sensor durch die Tür auf die Straße, ertönt auf der Pflegestation ein Signal, und das Pflegepersonal muss denjenigen zurückholen. Die Schwestern haben mir anfangs erzählt: „Herr R. hält uns ganz schön auf Trab. Der ist die zwei Stockwerke so schnell runter, wir haben mit ihm das reinste Fitnessprogramm." Das wurde aber nicht unmutig, sondern eigentlich lustig erzählt. Somit habe ich ein Bewegungsprogramm im Haus begonnen. Es gab einen großen überdachten Innenhof, und ein Gang auf dem Stockwerk, wo sein Zimmer war, ging rund um diesen Innenhof. Wir gingen dann gemeinsam um diesen Innenhof herum, bis ich meinen Bruder wieder bewegen konnte, sich niederzusetzen oder sich vor den Fernseher zu legen, einfach, weil für mich das Herumrennen im Kreis schon zu viel war.

Nach etwa einem Jahr konnte mein Bruder nur mehr breiige Speisen zu sich nehmen, und man musste ihm bei der Nahrungsaufnahme helfen, alleine konnte er den Löffel nicht mehr zum Mund führen. Er war aber nicht aggressiv oder unwillig, aß, bis man merkte, er ist satt. Ich konnte feststellen, dass er nicht mehr merkte, ob eine Speise warm oder kalt war, ich überprüfte das auch einige Male, indem ich ihm eine für mich viel zu heiße Speise gab und er keine Miene verzog. Was im Fernsehen gebracht wurde, registrierte er nicht mehr. Er sah halt auf die sich bewegenden Bilder, aber nicht mehr. Auch wurde sein Bewegungsdrang geringer, er stürzte unvermutet, und bald konnte er nicht mehr gehen und verbrachte die Tage im Rollstuhl bzw. halb liegend in einem Pflegesessel. Bei schönem Wetter fuhren wir in eine nahegelegene Parkanlage, manchmal fuhr ich mit ihm beim Kinderspielplatz vorbei. Ich dachte, er kann dort die Kinder beim Spielen beobachten. Ich hatte aber bald den Eindruck, er nimmt nicht wirklich wahr, was da passiert.

> **ICH HATTE ABER BALD DEN EINDRUCK, ER NIMMT NICHT WIRKLICH WAHR, WAS DA PASSIERT.**

Meine Schwägerin und ich sprachen oft darüber, ob wir lebenserhaltende oder lebensverlängernde Maßnahmen wollen, billigen wollen, zulassen sollen. Ziemlich bald waren wir uns einig, dass diese nur eine Verlängerung der Qual für einen Menschen darstellen würden, den wir lieben. Jemand zu lieben heißt auch, loslassen zu können und nicht unnötig zu quälen. Es war keine Besserung mehr möglich, es gab keine Therapien und Medikamente, die helfen konnten. Wir sprachen mit dem behandelnden Arzt, und er sagte uns Unterstützung zu für den Fall, dass er keine Nahrung mehr aufnehmen könnte. Auch diese Entscheidung war mit viel Nachdenken und

Selbstzweifel verbunden. Der gesunde Angehörige steht mit dem Finden der richtigen Entscheidung fast immer ziemlich alleine da. Man getraut sich auch sehr selten, seine Gedanken mit anderen Personen zu besprechen. Man hat Angst, falsch verstanden zu werden. Gabi und ich hatten in dieser Hinsicht eine sehr offene Art, und ich denke, das hat uns beiden geholfen.

Mitte des Sommers 2015 konnte mein Bruder keine Nahrung mehr zu sich nehmen. Gabi besprach nochmals mit dem behandelnden Arzt unseren Standpunkt und bekräftigte die Entscheidung, die wir gemeinsam getroffen hatten, keine lebensverlängernden Maßnahmen zu setzen. Der Arzt war einverstanden. Hansi erhielt Sauerstoff, Flüssigkeit und Schmerzmittel. Nach einigen Tagen schlief Hansi ruhig in seinem Bett ein. Todesursache war ein Multiorganversagen. Er war knapp zwei Jahre im Pflegeheim.

Gabi und ich hatten uns für eine Feuerbestattung entschieden. Bei der Abschiedsfeier wurden die Worte seiner Ehefrau, meine und die seines Sohnes vom Trauerredner vorgelesen und es war ein sehr berührender und persönlicher Abschied. Die Urne wurde an der Wurzel eines Baumes in einem Waldfriedhof beigesetzt, und wir werden Hansi immer in unserem Herzen und in unserer Erinnerung behalten.

Wir bedankten uns bei der Pflegedienstleitung und beim Pflegepersonal für die gute Betreuung meines Bruders und auch für die Begleitung, die wir als Angehörige erfuhren. Diese Menschen leisten Großartiges, und es wird leider sehr oft unterschätzt, wie anstrengend es ist, wenn Pfleglinge zum Beispiel aggressiv sind oder schimpfen. Mein Bruder war ein leicht zu pflegender Bewohner, er war nie aggressiv oder wehrte sich irgendwie gegen pflegerische Maßnahmen. Auch das ist nicht selbstverständlich.

Zwei Jahre nach dem Tod meines Bruders begann ich in einem Pflegeheim der Caritas als ehrenamtliche Mitarbeiterin. Ich besuche eine Dame, die im Rollstuhl sitzt, aber nicht dement ist, und begleite sie auf Ausgänge, Museumsbesuche etc. Das ist für mich eine Möglichkeit, etwas Hilfestellung zu geben und mich zu bedanken, dass es mir geistig und gesundheitlich gut geht.

ERFAHRUNGEN MIT INSTITUTIONELLER BETREUUNG UND PFLEGE

„Meine persönlichen Gefühle habe ich rasch abgelegt ..." ERIKA PAZDERA

In den letzten Jahren hatte ich vielfach Gelegenheit, Freunde und Bekannte in einem Pensionistenwohnhaus der Gemeinde Wien zu besuchen. Fast alle sind sie freiwillig dort eingezogen, einige wurden durch private Umstände genötigt. Mit ihrer persönlichen Habe, allein in ihrem zugewiesenen Zimmer, konnten sie sich in eine Gemeinschaft integrieren, waren nicht allein und konnten mit Hilfe rechnen, wenn nötig. Nicht alle haben die vorhandenen Angebote angenommen. Aber alle lobten die Einrichtung, da sie nicht mehr allein waren und Freundschaften schließen konnten.

Ich lernte auch die „Bettenstation" kennen. Eine Tante verbrachte dort die letzten Monate ihres Lebens. Eine gute Freundin von mir lebte vier Jahre lang pflegebedürftig, von medizinischer Betreuung abhängig, ebenfalls im Heim. Meine Schwiegermutter wurde für kurze Zeit – bis zu ihrem Tode – im „Haus der Barmherzigkeit" gut betreut. Überall habe ich festgestellt, dass der Umgang mit alten Menschen humaner geworden ist gegenüber früher. Es hat sich die Einstellung bei der Betreuung und Pflege von alten Menschen seit Kriegsende stark geändert. Möge es so bleiben!

Als Schülerin, nach Kriegsende, wollte ich Hebamme werden. Nur waren die Zeiten in den Jahren nach 1945 sehr schwierig, für mich war es unmöglich, zu dieser Ausbildung zu gelangen, da ich keinen Protegé hatte. So besuchte ich die dreijährige „Knödelakademie"* und meldete mich in der Pflegeschule im Wilhelminenspital an. Wäre auch aufgenommen worden, aber drei Jahre im Internat, nicht extern – das kam für mich nicht in Frage. Meine Mutter war damals sehr krank und hinfällig durch ihr Karzinom, mein Vater und ich wechselten uns bei der Betreuung ab. Nach einiger Zeit als Fabrikarbeiterin erfuhr ich, dass im Versorgungheim Lainz Personal aufgenommen würde. Das war 1952. Ich hatte Glück und bekam die Stelle als Hilfspflegerin.

Nach der Einkleidung und diversen Ermahnungen wurde ich in die Aufnahme geschickt. Meine Tätigkeit am ersten Tag war, mit einer Kollegin 70 Betten herzurichten: benutzte Wäsche abziehen, Eisengestell waschen, frisch überziehen. Dann wurde ich in das „Fünferradl" integriert (je zwölf Stunden): erster Tag Hauptdienst, zweiter Tag Beidienst, dritter Tag Nachtdienst, dann ein Schlaftag und ein Tag frei – und dann wieder von vorne. Immer zu zweit.

Im Beidienst wurden die aufgenommenen Pfleglinge in das Bad befördert, wo man ihnen alles wegnahm und in ein Depot sperrte. Sie wurden ausnahmslos in die Badewanne gesteckt, ihre Haare gewaschen, Nägel geschnitten. Alles auch manchmal unter Protest. Es war nicht immer einfach, verwahrloste Menschen sauber zu bekommen. Oft mussten die Haare abgeschnitten werden, da mit dem Kamm nicht durchzukommen war. Oder die Nägel, so krumm wie bei Greifvögeln. Und die

Erika Pazdera
wurde 1932 geboren und wuchs als einziges Kind einer Arbeiterfamilie, teilweise bei den Großeltern, in Wien-Hernals auf.

Nach der Pflichtschule und einer Fachschule für Haus- und Ernährungswirtschaft entschied sie sich 1952 als Alternative zur Fabrikarbeit für eine Anstellung als Hilfspflegerin im damaligen Versorgungsheim Lainz. Später machte Erika Pazdera eine Ausbildung als Röntgenassistentin.

Sie fand eine Stelle bei einem Dentisten, der 1964 auch ihr Ehemann wurde, und bekam mit ihm zwei Kinder. Seit ihrer Scheidung pflegt die Schreiberin verstärkt ihre historischen und kulturellen Interessen, unter anderem durch ehrenamtliche Mitarbeit in verschiedenen Einrichtungen.

Menschen wehrten sich heftig gegen diese Behandlung, sodass wir manchmal Hilfe holen mussten. Dann bekamen sie das übliche Spitalshemd und wurden ins Bett gesteckt. Waren sie gehfähig, gab es noch einen Spitalsmantel und Pantoffeln für sie.

Sie kamen nach Geschlechtern getrennt in Zimmer, darin waren jeweils sechs, zehn oder zwölf Leidensgenossen. Besuche waren hier nicht erlaubt. In diesem Zimmer, in einem Bett mit einem Nachtkästchen – sonst nichts – warteten sie so lange, bis auf einer Station ein Platz frei wurde, wo sie dann ihre letzten Tage verbringen konnten und auch ihre Habe wiederbekamen.

Wenige Menschen kamen freiwillig. Manche wurden vom Spital gebracht, andere von ihren Angehörigen – wie ein Paket abgegeben. Im Herbst kamen die „Strotter" von der Polizei. Diese waren beim Personal schon bekannt, da sie sich jedes Jahr von der Polizei gefangen nehmen ließen und bis zum Frühjahr die Monate im Warmen verbrachten – dann gingen sie wieder auf Wanderschaft bis zum Herbst. Es waren sehr dankbare, humorvolle „Herren".

Der Dienst war ausgefüllt mit Bettenmachen, Arztbegleiten bei Visite, Medikamente- und Essenausteilen, Sauberhalten der bettlägerigen Patienten.

Im Nachtdienst waren wir nebenbei beschäftigt mit Gazetupferlegen für das Spital, Bindenaufwickeln und Salbenrühren. Damals war man froh, von den Besatzern Lebertran und Perubalsam oder gar Rizinusöl zugeteilt zu bekommen, das für die Pflege bei Wundliegen benötigt wurde. In dieser Zeit kam das erste Penicillin nach Österreich, und zwar in kristalliner Form in Ampullen, und war entsprechend selten und teuer.

> **ICH WAR EMPÖRT, WIE UNPERSÖNLICH DIE KOLLEGINNEN MIT DIESEN ALTEN, HILFLOSEN MENSCHEN UMGINGEN.**

Je nachdem wie viele bettlägerige Patienten es gab, begann die Morgenarbeit gegen 3 Uhr. Jeder Patient wurde gesäubert bzw. gewaschen, wenn nötig, das Bett teilweise frisch bezogen, denn um 7 Uhr wurde die Station dem Tagdienst übergeben. Im Rapportbuch wurde schriftlich festgehalten, was sich ereignet hat.

Meine persönlichen Gefühle habe ich rasch abgelegt, da mir bewusst wurde, dass ich einen gewissen Abstand brauchte, um nicht in das „Mitleiden" hinabgezogen zu werden. Es wurde eine Gratwanderung, meine Emotionen neutral zu halten. Ich war empört, wie unpersönlich die Kolleginnen mit diesen alten, hilflosen Menschen umgingen. Dass man sie nur mit „Mutterl" und „Vaterl" ansprach, sie wegschickte, wenn sie eine Frage, eine Bitte hatten – alles so herzlos. Ebenso in der Pflege –

manche waren direkt grob im Umgang mit ihnen. Aber sagen konnte ich nichts – sonst hätte ich die Kündigung erhalten.

Das System kannte keine Gnade, auch wenn Ehepaare, welche 50, 60 Jahre mitsammen verbracht hatten, plötzlich getrennt wurden. Dieser Schock! Das konnten sie nicht begreifen. Da gab es viele Tränen und psychische Probleme, um die sich niemand kümmerte. Es gab auch einige, welche nicht Deutsch konnten. Wie ihnen alles erklären? Sie waren eben in der „Versorgung"!

Nach circa zwei Jahren wurde ich in einen anderen Pavillon versetzt. Es war eine Männerstation und ich die jüngste der Schwestern. Die „Herren" waren für mich durchwegs leicht zu behandeln. Sie sagten mir auch, dass es sie freute, von mir mit Namen angesprochen zu werden, was ich selbstverständlich fand. Dann kam ich auf eine Frauenstation – da war es genauso.

Der Dienstplan änderte sich wenig. Nur war man im „Radl" nicht zu zweit wie in der Aufnahme, sondern allein. Auch im Nachtdienst. Auf der Station waren jeweils 60 Patienten. Auch hier Zimmer mit sechs, einige mit drei oder vier Betten. Unpersönlich. Es gab keine Zeitung, kein Buch, kein Bild, kein Radio. Besuche, wenn überhaupt, am Sonntagnachmittag. Jede und jeder hatte ein Bett mit Nachtkästchen. Das war alles. Kasten gab es keinen. Die Eisenbetten waren noch aus der k. u. k.-Zeit, ebenso die Nachtkästchen, aus Holz mit Marmorplatte. Diese wurden auch wöchentlich geschrubbt. Die Abteilungen des Pavillons waren nach Geschlechtern getrennt durch einen Aufenthaltsraum mit Terrasse.

Auf Sauberkeit wurde großer Wert gelegt. Gehfähige durften einmal in der Woche baden. Betten wurden täglich gemacht, bei liegenden Patienten oft zweimal täglich. Es gab ja keine Windelhosen für Erwachsene wie heute. Wenn im Nachtdienst jemand verstarb, war man auch allein und musste damit zurechtkommen: waschen, ins Leintuch wickeln und auf eine spezielle Bahre legen, die schriftlichen Formalitäten erledigen, die Leichenträger verständigen.

Ich wurde wieder in eine andere Abteilung geschickt. Da ich es als Schikane empfand, dauernd den Arbeitsplatz zu wechseln, bewarb ich mich übers Arbeitsamt um eine Stelle im Ausland. Das war dann ein gutes Jahr Zürich. Eine private Psychiatrie, wo der Umgang mit den Patienten so human war, wie er immer sein sollte. Ich war gerne dort, da ich mich mit den fast gleichaltrigen Kolleginnen gut verstand.

Die Betreuung und Pflege meiner Mutter zu Hause war für meinen Vater und mich so selbstverständlich – nie hätten wir sie weggegeben. Hilfe gab es keine in den Jahren 1946 bis 1952, bis meine Mutter verstarb. Von wo auch? Ich habe das als gegeben genommen, dass die Familie beisammenbleibt. Wer hätte auch den Aufenthalt in einem Sanatorium zahlen können? Oder eine Pflegerin? Die gab es nur privat, wenn überhaupt. Mein Vater war ein kleiner Gemeindebediensteter. Wir kamen grad über die Runden, wie man so sagt. Solche Einrichtungen wie sie später geschaffen wurden, gab es noch nicht.

Sollte ich heute in meinem Alltag nicht mehr zurechtkommen und Hilfe benötigen, kann ich mich über meinen Arzt an eine dieser Stellen wenden, die diese anbieten. Das ist irgendwie beruhigend für mich – in der Hoffnung, dies nie in Anspruch nehmen zu müssen.

> „DIE BETREUUNG UND PFLEGE MEINER MUTTER ZU HAUSE WAR FÜR MEINEN VATER UND MICH SO SELBSTVERSTÄNDLICH – NIE HÄTTEN WIR SIE WEGGEGEBEN.

Wenn's zum Himmel stinkt.
Erlebnisbericht aus dem Jahr 2010
ROSEMARIE PHILOMENA SEBEK

Das Telefon, manchmal ein „postillon de la catastrophe". Zumal zur Nachtzeit oder am frühen Morgen. Davon kann wohl jeder ein Lied singen, dessen betagte Eltern ihren Lebensabend in einem Seniorenheim verbringen. In diesem Sinn wurde am 16. Jänner des Jahres 2010 ein Katastrophenjahr für mich eingeläutet. In der Früh, zu stockfinsterer Zeit, riss es mich aus dem Schlaf.

Meine Mutter sei gestürzt und mit einem Rettungswagen ins Spital gebracht worden, wurde mir von einem Pfleger des Seniorenwohnhauses mitgeteilt. Acht Jahre zuvor waren meine Eltern in ein hübsches Appartement dieses Hauses gezogen, was sich auch gut anließ. Die Einrichtung hatte den Ruf, seinen Pensionärinnen und Pensionären ein sinnerfülltes und selbständiges Leben im Alter zu ermöglichen. Das war bei meinen Eltern der Fall, solange sie nur der Unterstützung bei täglich anfallenden Notwendigkeiten, jedoch keiner Pflege bedurften.

Als mein Vater starb, veränderte sich das Verhalten meiner Mutter. Verständlich, wenn nach nahezu 60 Ehejahren der Partner auf einmal nicht mehr da ist. Ihr Herz war angegriffen, sie zeigte vermehrt Rückzugstendenzen und litt an fortgeschrittener Makuladegeneration, weshalb sie Schwierigkeiten hatte, sich in fremdem Terrain zu orientieren. Und jetzt die Hiobsbotschaft, es bestünde Verdacht auf einen Oberschenkelhalsbruch. Wenngleich ... so genau könne man das nicht sagen. Zur Abklärung bedürfe es der Untersuchung im Spital. Diese Nachricht versetzte nicht nur mich, sondern die ganze Familie in Aufruhr.

Abwechselnd, manchmal mehrere Familienmitglieder gemeinsam, fuhren wir ins Krankenhaus, um meine Mutter zu besuchen. Natürlich wollten wir mit einem Arzt sprechen, was sich jedoch als vergebliche Liebesmüh erwies. Ärzte waren stets irgendwo, zumeist – wie man uns am Checkpoint mitteilte – unabkömmlich, somit für unsereins nicht zu sprechen. Unsichtbare Götter in Weiß. Unerreichbar für Angehörige von Patienten. Ein wundersames Phänomen, das, wie ich feststellen musste, mehr und mehr um sich greift. Doch lernte ich im Laufe der Zeit, die im Pflegebereich vorhandenen Informationsbarrikaden zu überwinden. Zumindest einigermaßen. Dazu bedarf es der Beharrlichkeit, Kreativität und einer guten Portion Unverfrorenheit, was nicht jedermanns Sache ist.

Zum Glück musste meine Mutter nicht operiert werden, da es sich bei ihrer Verletzung „nur" um eine unverschobene Schenkelhalsfraktur handelte. Nach einer Woche wurde sie aus dem Spital entlassen und auf die Remobilisationsstation eines Hauses überstellt, das der gleichen Organisation wie das Seniorenheim angehörte. Am Stadt-

---

Rosemarie Philomena Sebek wurde 1939 in Wien geboren, studierte nach der Reifeprüfung an der damaligen Hochschule für Welthandel und bestritt ihre Existenz anfangs als Werbeassistentin, später als Redakteurin in einem Wirtschaftsverlag und zuletzt als stellvertretende Chefredakteurin einer technisch-wissenschaftlichen Fachzeitschrift.

Dazwischen, in den 1960er und 1970er Jahren, bewegte sie sich in der Wiener Kunstszene, war mit dem Maler und Free-Jazz-Musiker Claus Barabbas Mayrhofer verheiratet und zog drei Töchter aus dieser Ehe weitgehend allein groß.

Für Details ihres eigenen künstlerischen Schaffens sowie Publikationen siehe:
http:// rosemariesebek.blogspot.com/p/uber-mich.html

rand gelegen, hochmodern und mit allen Schikanen ausgestattet. Bestens geeignet, betagte Pensionäre und Pensionärinnen nach Hüftoperationen oder Schlaganfällen bei der Wiederaufnahme eines selbstbestimmten Lebens zu unterstützen, hieß es. Von den überragenden Fähigkeiten des Arztes, der nicht nur diesem Haus, sondern – wie mir schien – als oberste medizinische Instanz allen Häusern dieser Organisation vorstand, wurde vom Pflegepersonal mit dem Ausdruck größter Hochachtung nur im Flüsterton gesprochen. Anlässlich meiner täglichen Besuche bekam ich ihn nie zu sehen. Meine wiederholten Bitten um eine Vorsprache blieben unerhört. Eine Kapazität seines Ranges sei gefordert, oft überfordert, bekam ich zu hören. Nach einigen Tagen ließ er mir dann doch durch die Oberschwester ausrichten, wie es seiner Meinung nach um meine Mutter bestellt sei. Es bestünde kein Grund zur Sorge. Alles Notwendige zu ihrer Wiederherstellung werde getan.

Als ich Gelegenheit hatte, die Therapieübungen, die meine Mutter täglich zu absolvieren hatte, hautnah mitzuerleben, fragte ich mich, ob das für die betagte Frau nicht zu anstrengend sei. Womöglich sogar gefährlich. Was, wenn …? Lieber nicht ausdenken. Drei Tage später kam es zu diesem Lieber-nicht-Auszudenkenden. Es muss ein Sturz gewesen sein. Von Seiten des Pflegepersonals war nichts in Erfahrung zu bringen. Auf jeden Fall litt meine Mutter unter starken Schmerzen. Wenngleich sich diese bis zur Unerträglichkeit steigerten, wurde zwei Tage abgewartet. Erst dann entschloss man sich zu ihrer Einlieferung ins Krankenhaus. Dort lautete die Diagnose: Schenkelhalsfraktur rechts und Schambeinastfraktur. Operation unerlässlich.

> „VON SEITEN DES PFLEGEPERSONALS WAR NICHTS IN ERFAHRUNG ZU BRINGEN.

Was konnten wir tun? Wir mussten die Situation akzeptieren und hofften, dass die behandelnden Ärzte wenigstens halbwegs wieder in Ordnung brachten, was zuvor übersehen, womöglich durch mangelnde Achtsamkeit vermurkst worden war. Wir hatten nichts in der Hand. Schon gar keine Beweise betreffs Fahrlässigkeit. Nun ja, wie heißt es so sinnig gleichwie unsinnig: Es gilt die Unschuldsvermutung. Punktum.

Die Operation verlief den Umständen entsprechend zufriedenstellend. Zwei Wochen danach wurde meine Mutter aus dem Spital entlassen. Seit ihrem Sturz am 16. Jänner war es üblich, dass Arztbriefe und Entlassungsberichte von Spitälern der Pflegestation des Seniorenhauses übermittelt wurden. Ich als Angehörige bekam nur dann eine Kopie ausgehändigt, wenn ich mich ausdrücklich darum bemühte, was zumeist in einen schweißtreibenden Hürdenlauf ausartete.

Leider fühlen sich Familienangehörige pflegebedürftiger Menschen allzu oft als Bittsteller und befürchten negative Folgen für ihre Angehörigen, sowie sie nicht auf alles mit Ja und Amen reagieren, was ihnen von Pflegebeauftragten aufgetischt oder nicht aufgetischt wird. Freundlich lächeln, selbst wenn einem das Lächeln längst vergangen ist, lautet die Parole. Wer kennt das nicht. Doch darf man sich von diesen Ängsten nicht unterkriegen lassen. Das fiel auch mir schwer. Schließlich hatte ich mich in Erfahrungsneuland zurechtzufinden und kam mir über weite Strecken vor wie eine, die auszog, das Fürchten zu lernen. Und gerade dieser Art des Fürchtens galt es, nicht nachzugeben.

Nach der Operation bedurfte meine Mutter weiterhin intensiver Pflege. Daher sollte sie bis zu einem erneuten Aufenthalt in einem Remobilisationszentrum in der Betreuungsstation des Seniorenwohnhauses verbleiben. So war es geplant. Die Station war jedoch voll belegt. Daher kam sie vorübergehend, wie man uns versicherte, auf die Betreuungsstation eines Schwesternhauses. Ein ausgesprochenes „Casa Infernale". Schlimm, was ich dort zu sehen und zu riechen bekam. Nach einem Besuch bei meiner Mutter musste ich auf dem Weg zum Ausgang den Aufenthaltsraum dieser Einrichtung durchqueren. Es war Jausenzeit. Alte Menschen saßen an Tischen, einen Becher Tee und einen Teller mit einem Stück Brot oder Striezel vor sich. Zumeist saßen sie allein, stumm, kauend, manchmal unverständliche Selbstgespräche führend. Verschüttete Jausengetränke auf Tischen. Eine Pfütze unter dem Sessel einer Frau. Urin. Vergebens hielt ich Ausschau nach Pflegern und Reinigungspersonal. Scheuten sie den üblen Geruch, der in diesem Ambiente herrschte? Niemand zu sehen, der die Tische oder den Boden säuberte und sich der durchnässten Frau annahm. Das schien hier gängige Praxis zu sein. Wenn ich heute daran denke, frage ich mich, wie ich nur mit Schweigen auf diese Missstände reagieren konnte. Doch Fassungslosigkeit hatte mir die Rede verschlagen.

Heute weiß ich: Wenn's zum Himmel stinkt, ist etwas faul im Staate Dänemark. Ein frei nach Shakespeare zitierter Merksatz für jede Frau und jeden Mann, die ihre betagten Angehörigen in einem Geriatriezentrum oder in der Betreuungsstation eines Seniorenheims besuchen. Für die Qualitätsprüfung derartiger Einrichtungen bedarf es keiner langwierigen Untersuchungen. Untrüglich, was in der Luft liegt. Als Geruch oder Gestank. Wir sollten uns nicht von Lobeshymnen in Stadtnachrichten, Prospekten und Vorträgen täuschen lassen. Hier ist einzig auf ein gut funktionierendes Geruchsorgan Verlass. Würden Stadträte für Gesundheit und Soziales, die ja für die ordentliche Führung dieser Stätten verantwortlich sind, unangekündigt und womöglich inkognito ihren Riecher in diese Räumlichkeiten stecken, könnte man sie kaum mit geschönten Erfolgsberichten an der Nase herumführen. Oder wissen sie ohnedies, was los ist, und schweigen? Die Bürokratie großer Verwaltungsapparate ist für Außenstehende zumeist – eigentlich fast immer – undurchschaubar.

Einige Tage später kam meine Mutter abermals in ein Remobilisationszentrum. Diesmal hatten wir Glück. Es war ein ausgezeichnet geführtes Haus. Einigermaßen bei

Kräften, doch noch immer nicht in der Lage, ein selbstbestimmtes Leben zu führen, kehrte sie im späten Frühjahr auf die Betreuungsstation ins Seniorenheim zurück. Dort wurde ihr ein Bett in einem düsteren Raum zugewiesen. Und zwar gleich neben dem Eingang, im finstersten Eck eines Zimmers, wo auf etwa 18 Quadratmetern zwei weitere bettlägerige Menschen untergebracht waren, die rund um die Uhr der Pflege bedurften. Wir richteten es ein, dass meine Mutter jeden Tag Besuch bekam. Unter der Woche von mir, an den Wochenenden von meinen Töchtern und Enkelkindern. Meinem Enkelsohn war es allerdings unmöglich, sich auch nur kurzfristig in der Betreuungsstation aufzuhalten, da ihm der Geruch – besser gesagt Gestank –, der dort herrschte, Brechreiz verursachte. Mag sein, dass diese Unterkunft als vorübergehendes Notquartier gerade noch zu verkraften gewesen wäre, doch meine Mutter kam nicht mehr so recht auf die Beine. Wochenlang kurvten wir sie im Rollstuhl durch das Haus, um ihr ein wenig Abwechslung zu verschaffen.

Was wir auch unternahmen, ihr Geist zog sich mehr und mehr zurück. Manchmal war sie voll präsent, hellwach und ansprechbar wie früher, dann wieder wusste sie nicht, wo sie sich befand, war verwirrt, litt unter spontan auftretenden Schwächeanfällen. Möglich, dass diese Schwankungen auf die lange Narkose während ihrer letzten Operation zurückzuführen waren. Oder gab es noch andere Ursachen? Das hohe Alter? Beginnende Demenz? Konnte es sein, dass sie vor den misslich gewordenen Lebensumständen in geistige Absenz flüchtete? Letzteres hätte mich nicht gewundert. Vielleicht kommt das bei alten Menschen öfter vor. Viel öfter als Angehörige, Mediziner und Psychologen annehmen. Eine Art Schutz-Demenz.

> **WAS WIR AUCH UNTERNAHMEN, IHR GEIST ZOG SICH MEHR UND MEHR ZURÜCK.**

Eines Nachmittags lag meine Mutter apathisch in ihrem Bett. Besorgniserregend. Man konnte sie doch nicht einfach so liegen lassen. Niemand in Sicht, der sich um sie kümmerte. Ich schlug Alarm. Eine herbeigeeilte Krankenschwester stellte fest, dass der Blutdruck zu hoch war. Als ich die Bettdecke zurückschlug, sah ich einige blaue Flecken auf den Beinen meiner Mutter. Nun wusste ich, dass oft ein leichter Stoß genügte, um bei ihr einen Bluterguss zu verursachen. Trotzdem fragte ich sie, ob jemand grob zu ihr gewesen sei, was sie verneinte. Die Angelegenheit gefiel mir ebenso wenig wie der Krankenschwester, die verunsichert war und meinte, nicht verantworten zu können, meine Mutter ohne ärztliche Untersuchung auf der Betreuungsstation zu belassen. Da die diensthabende Ärztin bereits außer Haus war, wurde meine Mutter zur Abklärung ihres Zustands in ein Spital eingewiesen. Bereits zwei Tage später war klar, dass es sich nur um einen vorübergehenden Schwächeanfall gehandelt hatte. Gott sei Dank, nichts Aufregendes, dachte ich. Falsch gedacht. Denn tags darauf folgte Aufregendes vom Schlimmsten.

Es war die Leiterin der zentralen Stabsstelle für den Pflegedienst, die anrief. Da die Frau wusste, dass derartige Anrufe bei Angehörigen zunächst einmal Ängste auslösten, beruhigte sie mich einleitend, indem sie beteuerte, mit meiner Mutter sei soweit alles in Ordnung. Es folgte eine längere Pause, nach der ich über den tatsächlichen Grund des Anrufs aufgeklärt wurde. Die Häufigkeit der bei meiner Mutter aufgetretenen Hämatome sei Anlass für eine Anzeige bei der Staatsanwaltschaft gewesen, die möglicherweise mit mir Kontakt aufnehmen werde. Es bestünde Verdacht auf Fahrlässigkeit durch Pfleger.

Das war freilich ein starkes Stück. Mir platzte der Kragen. Schluss mit höflichen Floskeln. Vehement artikulierte es sich aus mir heraus. Endlich war es so weit, dass ich an zuständiger Stelle meine Klagen vorbringen konnte. Ohne die geringste Hemmung schilderte ich die auf der Betreuungsstation herrschenden Missstände. Akuter Pflegenotstand. Das Pflegepersonal sei unterbesetzt, daher völlig überfordert. Und dann die entsetzliche Unterbringung meiner Mutter. In einer düsteren Kammer mit drei hineingepferchten Betten. Kein Platz für Besucher. Ein desolates Nachtkästchen. Wohin mit der Kleidung? Der dafür vorgesehene Spind sei mit Pflegematerial und Windeln vollgestopft. Letztere seien aus Platznot nirgendwo anders unterzubringen. Die Inhalte der in der Eingangshalle angebrachten Informationstafel über die Vorzüge der Bettenstation entsprächen nicht der Wahrheit. Das sei schlichtweg Lug und Trug.

Zudem sei der Wäscheschwund beachtlich. Unauffindbar einige Lieblingskleidungsstücke meiner Mutter. Herrschende Missstände nährten den Verdacht, Besuche von Familienmitgliedern oder Freunden seien aus Angst vor möglichen Beschwerden nicht willkommen. Es seien nur wenige, die sich von der tristen Atmosphäre nicht abhalten ließen, ihre betreuungsbedürftigen Angehörigen regelmäßig zu besuchen. Schließlich würde nicht jeder den ekelerregenden Geruch aushalten, der die Luft dieser Räumlichkeiten verpestete.

Abschließend, gewissermaßen als Finale furioso, ließ ich meiner Empörung, wie mit durchnässten Alten umgegangen werde, freien Lauf. Diese Missstände würden nicht nur im „Casa Infernale", sondern auch im hiesigen Haus herrschen. Der spezielle Vorfall habe sich zur Jausenzeit im Gemeinschaftsraum ereignet. Eine Urinlache unter dem Sessel einer Frau. Der von mir herbeigerufene Pfleger habe sich zu der Frau begeben, mit ihr ein kurzes Gespräch geführt und sich danach achselzuckend entfernen wollen, woran ich ihn gehindert hätte. Auf meine Frage, was nun geschähe, hätte ich ein lakonisches „Nichts" zu hören bekommen. So leicht sei mir der Pfleger denn doch nicht davongekommen. Folglich habe er mich aufgeklärt, dass Willensäußerungen Demenzerkrankter zu respektieren seien. Und die durchnässte Frau habe ihm zu verstehen gegeben, sie wolle nicht gesäubert werden. Also werde nichts geschehen. Weder mit der Frau noch mit der Urinlache. Schnell sei er weg gewesen, der Pfleger. Und alle im Gemeinschaftsraum Anwesenden hätten weiterhin den Mief ertragen müssen.

Ich hätte wiederholt um ein Gespräch mit der Direktorin des Hauses gebeten – eine Bitte, die bislang nur bis zur Sekretärin vorgedrungen sei. Was blieb besagter Leiterin der zentralen Stabsstelle für den Pflegedienst anderes übrig, als sich mein zweifellos begründetes Lamento anzuhören? Vertuschungsmanöver hin, Vertuschungsmanöver her. Das System war undicht geworden, durchlässig für Gerüche, die alles andere als fein waren. Und ich konnte mich der Schlussbemerkung nicht enthalten, wonach ein Fisch immer am Kopf zu stinken beginne. Das dürfte gesessen haben, denn es wurde mir ein Gespräch mit der Direktorin in allernächster Zeit zugesichert.

Natürlich besuchte ich an diesem Tag meine Mutter. Es war ein schöner Augusttag. Wir hielten uns im Garten auf. Meine Mutter saß im Rollstuhl. Ich führte sie die Wege entlang, zeigte ihr, was momentan blühte, wir unterhielten uns oder schwiegen einfach. Egal ob wir verbal oder wortlos miteinander Zwiesprache hielten, zumeist herrschte Übereinstimmung. Gleichklang in der Stille. Das tat meiner Mutter genauso gut wie mir.

> **GLEICHKLANG IN DER STILLE. DAS TAT MEINER MUTTER GENAUSO GUT WIE MIR.**

Als ich am späten Nachmittag zur Bushaltestelle ging, begegnete mir eine Pflegerin aus dem Seniorenheim, die den Eindruck erweckte, als würde sie jeden Augenblick in Tränen ausbrechen. Da sie ebenso wie ich auf den Bus wartete, kamen wir ins Gespräch. Wes' das Herz voll ist, des' geht der Mund über, heißt es im Volksmund. So kam es, dass ich Näheres über ihren Kummer erfuhr, was wieder bei mir Betroffenheit auslöste. Denn die Anzeige bei der Staatsanwaltschaft, von der ich einige Stunden zuvor erfahren hatte, war die Ursache für das Unglück dieser Frau. Sie, eine gebürtige Polin, und neun weitere Personen des Pflegepersonals seien in die zentrale Verwaltungsstelle zitiert worden, wo man ihnen eröffnet habe, man werde sie kündigen, sie könnten freiwillig ihren Dienst quittieren oder bekämen eine Verwarnung. Man habe sie allesamt wie Verbrecher behandelt, klagte die Frau. Ihr hätte man vorgehalten, sie sei grob, laut, spräche oft in ihrer Muttersprache, was niemand verstünde, und so weiter und so fort.

Das Ende vom Lied war, dass auf einen Schlag zehn Personen des Pflegepersonals entlassen wurden. Wie konnte man sich das leisten? Zehn eingearbeitete Mitarbeiter waren sicherlich nicht auf die Schnelle zu ersetzen. Außerdem war durch diese Aktion noch immer nicht geklärt, wer tatsächlich der Grobian gewesen war, dem meine Mutter die Hämatome zu verdanken hatte. Eine Seltsamkeit mehr, die mich nachdenklich stimmte. Schweigend hatte ich der Pflegerin zugehört. Schweigend fuhr ich nach Hause.

Trotz Zusage aus der zentralen Stabsstelle erhielt ich keinen Gesprächstermin mit der Direktorin der Einrichtung. Es schien, als führte ich einen aussichtslosen Kampf gegen Windmühlen. Nur dass ich es nicht wie Don Quichote mit eingebildeten Riesen zu tun hatte, sondern mit einer sehr realen, allerdings groß aufgeblähten Gegnerschaft. Was konnte ich – als einzelne Privatperson – gegen eine Behörde, die noch dazu im Rahmen gesetzlicher Regeln agierte, ausrichten? Ungeachtet eines Gefühls von Ohnmacht, das mich zuweilen beschlich, beschloss ich, die Flinte nicht vorschnell ins Korn zu werfen. Aufgeben? Nein, das kam nicht in Frage. [...]

Anmerkung der HerausgerInnen:
Aufgrund günstiger Rahmenbedingungen – ein gerade erfolgter Wechsel in der Leitung der Heimorganisation sowie eine zeitgleich startende Artikelserie über angebliche Missstände in Seniorenheimen in einer großen österreichischen Tageszeitung – und nicht zuletzt dank eigener journalistischer Praxiserfahrung gelang es der Verfasserin, eine zufriedenstellende Unterbringung ihrer Mutter zu erwirken und in weiterer Folge Verbesserungen für sämtliche HeimbewohnerInnen zu initiieren.

Was tut sich in solchen Heimen? JUDITH SCHACHENHOFER

Ich habe das mit meinem Mann hautnah miterlebt. Die ständige ärztliche Bereitschaft gibt uns beiden erste Beruhigung. Die Patienten werden in verschiedenen Etagen untergebracht, zu jeder gehört ein bestimmtes Team von Schwestern, Pflegerinnen, Aufräumerinnen. Ob der Patient in ein Einbettzimmer oder Mehrbettzimmer kommt, hängt von den Finanzen ab; ob die Kranken charakterlich, gesundheitlich usw. zusammenpassen, ist eine „Schicksalsfrage".

Vom Anfang an sind die Patienten miteinander per du, merken sich oft lange ihre Namen nicht. Schon bei der Aufnahme erkundigt sich die Leiterin über gravierende Krankheiten, Essgewohnheiten, Unverträglichkeiten usw. und die erforderlichen Therapien.

An Schlaf- und Sesselplatz muss sich jeder gewöhnen. Haupthilfe ist ein sogenannter roter Knopf für den Hilferuf. Für Geh- und Demenzbehinderte wird es mitunter drastisch, dafür stehen jederzeit Rettungen zur Verfügung.

Es dauert unterschiedlich lang, bis sich Patienten untereinander kennenlernen. Im Allgemeinen, finde ich, wird viel getratscht, wiederholt - mit Schwestern, Besuchern aller Art - wie bei einem „Morgenblatt". Es gibt geduldige und ungeduldige Patienten. Sie zu beruhigen oder zu ermahnen ist Aufgabe der Schwestern.

Ein zu häufiger Schwesternwechsel irritiert manchmal die Patienten, weil sie dadurch unbefriedigende Antworten bekommen: „Da müssen Sie die andere fragen ..." - „Ich bin morgen nicht da." - „Sagen Sie das der Schwester N." - „Ich kann nicht überall sein ..." - „Da müssen Sie warten, bis ..." - „... die ist auf Urlaub ..." - „Ich komme gleich!"

Dass sich nicht nur der Kranke an eine neue Lebenssituation gewöhnen muss, wurde mir so nach und nach bewusst. Kaum glaube ich, ein Stück vorangekommen zu sein, muss ich wieder von vorne beginnen. Wie mache ich es richtig oder falsch? Fast glaube ich manchmal, mein Hirn halbieren zu müssen. Solche Phasen ändern sich unwillkürlich, weil es immer wieder gilt, Vergleiche mit anderen Betreuerinnen anzustellen.

Abwechslung tut den meisten gut - es entstehen neue Bekanntschaften, bei mir und bei ihm. Kurz: ein Umdenken, was tut einem Patienten gut (oder nicht). Lustiges ist selten verkehrt. Das wusste mein Mann, lange bevor er selber pflegebedürftig wurde. Jahrelang haben wir (trotz 80 Kilometer Entfernung) meinen Vater zum Teil unterstützt und vor seinem nahen Ende „aufgeheitert", wie man auf beigelegtem Foto sehen kann [siehe S. 116, die HerausgeberInnen]. Ein großes Rhabarberblatt

---

Judith Schachenhofer wurde 1933 als zweites von vier Geschwistern in Annaberg im niederösterreichischen Alpenvorland geboren.

Ihr Vater war Oberlehrer in der örtlichen Schule, die Mutter Hausfrau. Die Verfasserin absolvierte die Reifeprüfung an einer Lehrerbildungsanstalt und war, bevor sie 1957 den Lehrberuf ergriff, einige Jahre als Erzieherin tätig. Dieser Lebensabschnitt ist in ihrem Buch „Auf den Spuren der Nachkommen von Kaiserin Elisabeth. Erinnerungen der ehemaligen Erzieherin im Schloss Persenbeug" dokumentiert.

Judith Schachenhofer ist Mutter von zwei Kindern und seit Februar 2019 Witwe.

Eindrücke von ihren Besuchen während des Aufenthalts ihres Mannes in einem niederösterreichischen Pflegeheim hielt sie in mehreren Textbeiträgen fest.

als Kopfbedeckung ließ ihn, den Alten, schmunzeln. Dann und wann gelingt meinem Mann im Heim auch noch etwas Komisches. Leider immer seltener. Kleine Besucher (Kinder) haben mehr Talent dazu, kommt mir vor.

> *Es ist ja auch ein Hauptthema der Schwestern, ein bisschen Abwechslung in den Alltag einzubringen. Viele Freiwillige, karitative Menschen, unterstützen Festlichkeiten im Heim durch Mithilfe, Besorgungen u. a.*

Fast möchte ich bei so viel Guttun vergessen, dass es unter so unterschiedlichen Menschen Eifersüchteleien, Reibereien, Streitigkeiten gibt. Auch ein verschlechterter Krankheitszustand macht Patienten oft angriffslustig, brutal, gemein – auch seinen Liebsten gegenüber, was ich einer Freundin lange nicht glauben wollte. Meinem Mann war es nicht möglich, beruhigend einzuwirken.

Sobald ich merkte, dass mein Mann immer unleserlicher zu schreiben begann, hab' ich ihn gebeten, mir täglich ein paar Gedanken von früher oder von seinem Tagesablauf aufzuschreiben. Für mich wurden die Botschaften zu meinen Abendgebeten – und siehe da, er macht es jetzt sogar ganz gerne (wenn auch fehlerhaft) und kann sich damit auf seinen Lieblingsplatz zurückziehen, um anderem „Tratsch" auszuweichen. Schließlich dauert so ein Tag in einem Heim lange, während ich täglich eine zwei mal fünf Kilometer lange Radtour zu ihm auf mich nehme, da ich nicht anders mobil bin. So ist das ein kleines Dankeschön.

Gemeinsame „Unterrichtsstunden" (Therapien, Gedächtnistraining, heilige Messen, Kochübungen etc.) lenken etwas ab. Vorträge, Arztbesuche, Friseure, Pedikeure sind andere freiwillige Angebote. Die geistige Verfassung der Bewohner ist sehr unterschiedlich. Manche erzählen gern von früher, andere wollen nicht gerne „ausgefratschelt"* werden. Ich erzähle ihnen gerne Selbstgedichtetes von unseren Katzen oder mache ein paar leichte Hand- und Fußübungen mit ihnen. Mittlerweile sind schon einige Leute aus unserer Nachbarschaft im Heim und interessieren sich (zum Teil) für Neuigkeiten hier und da. Der Fernseher läuft oft nur der Geräusche wegen.

Mitunter geht es auch „lustiger" zu. Es gab einmal einen Grillabend mit Musik, bei dem ich mich von meinem Mann entfernte und (ohne Anmeldung) das Zimmer einer Frau aufsuchte, die ich von meiner Erziehertätigkeit im Schloss Persenbeug her kannte, aber seit Jahrzehnten aus den Augen verloren hatte. Sie war inzwischen über 100 Jahre alt. Ich hatte gemischte Gefühle, denn die Arme hatte starke Demenz.

Aber kaum trat ich in die Nähe ihres Bettes und stellte mich vor – „Ich bin das Fräulein vom Schloss ..." –, da breitete sie ihre Arme aus, sah mich mit warmem Blick an und sagte mit ihrer unverkennbaren weichen Stimme, die ich noch gut im Ohr habe: „Wie ich mich freue ..." Sie zog mich an sich und wir umarmten uns. Sie hörte nicht auf, ihrer Freude Ausdruck zu verleihen und begann von früher zu erzählen.

Ich traute meinen Augen und Ohren nicht. Zum Glück befand sich ihre Tochter im Zimmerhintergrund und war Zeugin dieses friedvollen Augenblicks. Ich konnte es nicht fassen, dass ein so dementer Mensch mit 102 Jahren noch solche Erinnerungen haben kann. Ob sie auch realisierte, dass mein Mann im selben Heim lag wie sie, kann ich nicht sagen. [...] Ich war mir nicht sicher, wer von uns Alten die größere Freude beim Wiedersehen empfunden hat.

Tauchen zeitweilig so positive Überraschungsmomente bei Patienten auf, kommt es mir wie ein Wetterleuchten am Horizont vor. Mit der Umarmung eines liebgewordenen Stofftieres oder Ähnlichem wandern manche „noch Lebende" (Entschuldigung, bitte!) in eine andere Traum-Welt. Wenn ein „Raum der Stille" beleuchtet ist, bedeutet es: Jemand ist „angekommen". Für den betroffenen Patienten vielleicht doch eine Erlösung.

© Judith Schachenhofer
Das Foto wurde im Frühjahr 1998 aufgenommen.

> **Was tut einem Patienten gut (oder nicht)?**
> Lustiges ist selten verkehrt. Das wusste mein Mann, lange bevor er selber pflegebedürftig wurde.

„Mein Wunsch an das Pflegepersonal wäre ..." MARGARETE SPRINZ

2011 hatte meine verwitwete Mutter mit 85 Jahren einen Oberschenkelhalsbruch und ist seither pflegebedürftig (der Krankenhausaufenthalt hat eine Demenz ausgelöst). Mit ihr habe ich so alle Facetten der professionellen Pflege erlebt. Sie war bis 2013 in einem Pflegeheim. Ende 2013 habe ich sie herausgenommen, nachdem sie mit Durstfieber ins Krankenhaus eingeliefert wurde und bis dahin schon drei Stürze hinter sich hatte.

Um meine Mutter gemeinsam mit meiner Schwester zu pflegen, habe ich mich vorzeitig pensionieren lassen. Nach zwei Jahren war bei meiner Schwester die Luft bzw. Kraft aus, und für mich alleine war es nicht möglich, da ich ja meinen Sohn zu Hause habe.

Somit ist meine Mutter seit dem letzten Jahr wieder in einem Pflegeheim und ich fahre zwei- bis viermal pro Woche dorthin, um für meine Mutter „da zu sein", denn sie spricht nicht mehr, hört nur mehr wenig zu, ist ganz in ihrer Demenz und Bewegungsunfähigkeit gefangen. Schon zweimal wurde ich in dieser Zeit ins Pflegeheim gerufen, weil Ärzte den bevorstehenden Tod angekündigt hatten (Todeszeichen seien sichtbar). Totgesagte leben länger ...

Was befremdet mich im Umgang mit den Bewohnern? Die wenigen Besitztümer der Bewohner wie Kleidung oder Hörapparat sind absolut nichts wert. Wir waschen die Wäsche unserer Mutter selber, um ihr eventuell einen gewohnten Geruch zu vermitteln. In diesem knappen Jahr sind unzählige Kleidungsstücke einfach verschwunden. Die Antworten der Pflegehelfer: „vielleicht falsch in die Wäsche gegeben", „vertauscht vielleicht", „war nicht da, keine Ahnung" ... Die Pflegedienstleitung kann schon gar keinen Kommentar dazu abgeben. Und der Hörapparat wurde in den letzten zehn Monaten viermal zur Reparatur gegeben, obwohl meine Mutter diesen nie angegriffen hatte.

In sechs Monaten wurden laut der von mir bezahlten Apothekenrechnungen 1600 Stück Tabletten verabreicht (ohne Nahrungsergänzungsmittel wie Kalzium, Vitamin A, D, ... und ohne Abführmittel). Diesbezüglich habe ich mich mit dem Hausarzt in Verbindung gesetzt und den Verbrauch reduziert.

Ich vermisse den Einsatz für das Wohl der Bewohner/Patienten/Klienten bei vielen professionellen Pflegerinnen und Pflegern. Die pflegebedürftigen Personen sind angewiesen auf Professionisten und sind ihnen ausgeliefert. Der Pflege ist durch die Dokumentation die Seele abhandengekommen – so zumindest mein Erleben im Alltag. Mein Wunsch an das Pflegepersonal wäre: Aufmerksamkeit.

Margarete Sprinz wurde 1957 Graz geboren und wuchs mit drei Schwestern in einer Arbeiterfamilie im Umland der Stadt auf.

Sie besuchte eine Allgemeinbildende Höhere Schule in Graz und absolvierte eine Ausbildung als Dietologin. Als solche arbeitete sie anfangs im Spitalsbereich, später in der Ausbildung von BerufskollegInnen. Seit 1991, als ihr Sohn bei der Geburt einen Sauerstoffmangel erlitt und deshalb ständige Betreuung braucht, reduzierte sie ihre berufliche Tätigkeit; als auch ihre Mutter pflegebedürftig wurde, ging sie in Frühpension.

Margarete Sprinz lebt mit ihrem Sohn und ihrem zweiten Mann in Graz; ihre Mutter ist 2017 verstorben.

Was macht eine Betreuungssituation befriedigend? Für mich, dass die zu betreuende Person akzeptiert und wahrgenommen wird, dass sie Freude empfinden kann, dass sie Vertrauen haben kann, dass sie Sicherheit empfinden kann, dass sie sich wohl fühlen kann (wie immer die Umstände sind). Dass sie sich angenommen fühlt, wie jeder von uns es sich wünscht.

Als belastend empfinde ich die Tatsache, dass in unserer Gesellschaft immer weniger Sensibilität, weniger Toleranz und weniger Respekt gelebt wird. Dass in der Ausbildung vermittelte Inhalte nicht umgesetzt werden. Dass es immer mehr privat – das heißt gewinnorientiert – geführte Pflegeheime gibt.

Der für eigentlich alle Weltreligionen geltende Grundsatz wäre auch für die Pflegeethik ganz fein: Behandle dein Gegenüber und begegne ihm so, wie du es wünscht, dass es mit dir geschieht.

Ich für mich bin jeden Tag dankbar für meine Ressourcen und für meine Resilienz. Mein tägliches Ziel ist es, etwas von meinen Herzensqualitäten weiterzugeben, etwas von meiner Freude zu vermitteln.

> „ICH VERMISSE DEN EINSATZ FÜR DAS WOHL DER BEWOHNER, PATIENTEN, KLIENTEN BEI VIELEN PROFESSIONELLEN PFLEGERINNEN UND PFLEGERN.

„Tagtäglich notiere ich in Stichworten den Krankheitsverlauf"

SUSANNE PETERSEIL

Sommer 2003. Mein Mann und ich, wir verleben zwei wundervolle Schwimmwochen am Millstätter See. Das neunzehnte Mal am selben Platz und immer wieder schön. Der See – glasklares Wasser und schmeichelweich. Schon um 7 Uhr früh – der See so glatt – schwimmen wir, ich vorneweg. Mein Partner ruft: „Zurück!" Nachher schimpft er: „Du bist kein junges Mädchen mehr und schwimmst so weit hinaus!" Er hat natürlich recht, ich bin 76 Jahre alt.

Wieder daheim, Alltag und Freuen auf das nächste Jahr.

Nur wenige Wochen später sehe ich morgens besorgt in das geliebte Gesicht. Die Wangen fallen ein, sind fast grau, sein Blick ungewöhnlich ernst. „Tut dir was weh?" – „Nein, wieso fragst du?" – „Du schaust so ernst."

Die nächsten Tage lächelt er bemüht beim Frühstück. Eine Woche später frage ich ihn: „Ist alles in Ordnung?" – „Ja, möchtest du, dass ich krank bin?" Ich erschrecke. „Gott behüte!"

Weihnachten mit den Kindern. Die jüngere Tochter lebt in Salzburg, arbeitet an der dortigen Uni. Anfang Feber: Atemnot beim Stiegensteigen. „Ich begleite dich zur Ärztin." Ich weiß, wie ungern er einen Arzt aufsucht. Diesmal: „Danke, ich geh allein."

Er kommt von der Ärztin. „Ich soll sofort, auf der Stelle, ins Krankenhaus." Mit dem Taxi ins Spital. Es ist später Abend. Der Arzt kommt mit Walter auf den Gang, wo ich warte. „Ich bleibe auf keinen Fall hier!" Der Arzt sieht mich beschwörend an. Wir, Walter und ich, gehen zur Seite, ich rede ihm gut zu und er bleibt. Taxi nach Hause, ich packe alles Nötige ein, Taxi zurück.

Tags darauf, wie ausgemacht komme ich um 11 Uhr ins Spital. Walter erwartet mich beim Aufzug. Er sieht um Jahre älter aus, eingefallen, der große Mann plötzlich viel kleiner. Es bricht aus ihm heraus: „Ich habe Lungenkrebs." Ich kann ihn nur stumm umarmen. Wir gehen zum Facharzt, er zeigt den dunklen Fleck am linken Lungenflügel. Ich frage: „Kann man operieren?" Er verneint viel zu rasch. Ein Stein fällt auf mein Herz.

Am 3. März 2004 die erste Chemotherapie. Tagtäglich notiere ich in Stichworten den Krankheitsverlauf. Nach der ersten Chemo, noch geht es Walter gut. Er möchte im Fremdenzimmer schlafen, um mich nachts nicht zu stören. Ich weine beim Bettmachen. Fast 56 Jahre sind wir beisammen, es fällt mir so schwer.

Susanne Peterseil wurde 1927 in Gablonz (Jablonec nad Nisou) in Nordböhmen als zweites Kind einer Kaufmannsfamilie geboren und absolvierte eine Handelsschule in Prag.

Nach der Vertreibung der deutschen Bevölkerung im Anschluss an den Zweiten Weltkrieg, verbrachte sie mehrere Jahre in behelfsmäßigen Quartieren in Deutschland und Österreich, bevor sie durch ihre Heirat im Jahr 1950 die österreichische Staatsbürgerschaft erlangen und sich 1960 in Wien ansiedeln konnte.

Susanne Peterseil ist Mutter von zwei Töchtern und war über mehrere Jahrzehnte als Ikebana-Lehrerin tätig.

Meine jüngere Tochter – ich habe zwei – sagt mir, ich dürfe vor dem Papa nicht weinen. So halte ich die Tränen zurück für die Nächte.

08.03.
Durchfall, Husten, Schnupfen, Schluckbeschwerden

09.03.
große Müdigkeit

10. UND 11.03.
Appetitlosigkeit

12.03.
Ärztin; Tabletten gegen Durchfall, schlaflos

13.03.
müde; Schlaf den ganzen Tag

14.03.
starker Husten

15.03.
Blutabnahme, Halsuntersuchung

16., 17., 18., 19., 20., 21.03.
Husten!

22.03.
endlich weniger Husten

24.03.
zweite Chemo im Spital

25.03.
wieder zu Hause

26.03.
Husten, kaum Schlaf

BIS 02.04.
Müdigkeit, auch nachts Husten, Husten!

03.04.
kein Appetit

04.04.
leichter Ausschlag im Gesicht

06.04.
Blutuntersuchung im Spital

BIS 12.04.
nach wie vor ständiger Husten

13.04.
Blutuntersuchung

14.04.
dritte Chemo; abends heim

15.04.
Husten

16.04.
sehr müde, appetitlos

17. UND 18.04.
stark verschleimt, wenig Essen

19.04.
Einschlafschwierigkeiten

22.04.
erneuter Gesichtsausschlag

23. BIS 27.04.
alle Tage sehr müde, abgeschlagen, ständiger Husten

28.04.
Blutuntersuchung; Antidepressiva;
alle anderen Medikamentehabe ich nur teilweise notiert

29.04.
Brechreiz

30.04.
Fingernägel verfärben sich schwarz

01. BIS 03.05.
müde, verklebte Augen

04.05.
Blutuntersuchung; gerötete Augen

05.05.
vierte Chemo, Spital

06.05.
Untersuchungen: Lungenröntgen, Computertomografie; abends heim

> **HIER MÖCHTE ICH DIE DATENFOLGE UNTERBRECHEN, ES LIEST SICH SO HERZLOS.**

Hier möchte ich die Datenfolge unterbrechen, es liest sich so herzlos.

Dabei war bis dahin noch ein leises Hoffen, dem Krebs beizukommen; wenigstens hoffte es Walter.

Bei dieser vierten Chemo sagte ein junger Arzt leise zu mir: „Das war viel zu viel!" – Den Eindruck hatte ich schon lange. Die größten Flaschen von früh bis spät; ohne Unterbrechung wurde das Gift in seine Venen getropft. Anfangs habe ich mich gefragt: Wie wird er es seelisch überstehen? Er war zu bewundern: Bis zu seinem letzten Tag hat er den Krebs still ertragen. Ja, zu still, er wollte auch gar nicht darüber reden.

Nach der vierten Chemo ging es ihm so schlecht. Mit Tochter Regina holten wir ein Zimmerklo, den Rollator hatte ich schon vor Wochen gekauft, ein Spitalsbett habe ich angemietet. Mir wurde im Spital nahegelegt, eine Stundenhilfe zu nehmen, doch das wollte ich nur, wenn es nicht mehr allein zu schaffen wäre.

10.05.
wieder Spital, wie ganz am Anfang; Wasser in der Lunge,
es wird eine Brustkorbdrainage gelegt

11.05.
Spital, starke Schmerzen, kaum Nahrung, bis 16. 05.

16.05.
gar kein Essen, trotzdem ständiges Erbrechen; Fieber;
Sturz im Bad, Kopfwunde wurde genäht; Röntgen

17.05.
Drainage wird endlich entfernt, Medikamente!

BIS 25.05.
viele Schmerzen; entlassen

25.05.
zu Hause, bis 01.06. wenig Schlaf, sehr wenig Essen, kein Stuhl!;
geschwollene Füße; total verstopft

01.06.
Die Hausärztin weist ihn ins Spital ein; aufgeblähter Bauch,
kein Stuhl, geschwollene Füße

02.06.
Urinal, bis vier Liter Urin; Kotstau

03.06.
Sturz aus dem Rollstuhl, Nase und Lippe verletzt; endlich Stuhl

BIS 07.06.
Katheter

08.06.
Füße abgeschwollen; Katheter

09.06.
ohne Katheter

Es wird mir von Arzt und Oberschwester empfohlen, meinen Mann beim Hospiz anzumelden. Regina und ich sehen uns das Hospiz an. Einige Todeskandidaten am Gang, auf der Terrasse. Nein, ich melde Walter nicht an.

Eine Ärztin besucht ihn später zu Hause, erklärt mir, dass ich das nicht aushalten werde. Bei Bedarf kommt eine Pflege (stundenweise) vom Hospiz.

10.06.
neuer Katheter; Blutabnahme

11. UND 14.06.
Röntgen; Blutabnahme

15.06.
Blutabnahme; Verlegung in die Urologie

16.06.
Angst vor der Operation

17.06.
Prostataoperation

18.06.
immer noch Katheter

20.06.
klagt über Seitenstechen; hat erstmals uriniert

22.06.
Oberarzt bittet mich zum Gespräch.
Erst jetzt erfahre ich: Bauchspeicheldrüsenkrebs. Ich weiß, was das heißt, bin entsetzt, dass bei dieser Diagnose vier schwere Chemos gemacht wurden, die für diesen Krebs keine Wirkung haben.

23. UND 24.06
endlich sitzen

25.06.
Sturz aus dem Rollstuhl, Cut auf der Stirne, wird genäht;
um 24 Uhr(!): Computertomografie

26.06.
seit Tagen flüssiger Durchfall

27.06.
ein Sonntag; Besuch von Conni, Regina und Emil

01.07.
wieder zu Hause; wenig Trinken, cremiger Stuhl

02.07.
nachts ständiger Husten; erstmals eine Pflegerin für eine Stunde, hat mir das Bett überzogen; Walter wurde oberflächlich gewaschen

Die nächsten Tage ist Walter sehr müde, niedriger Blutdruck.

08.07.
Die Pflegerin hilft beim Bettüberziehen, Waschen nur teilweise; ich mache beides genauer allein. Durchfall, bin mit der Schüssel Tag und Nacht unterwegs; auf das Zimmerklo kann ich ihn nicht heben. Ich salbe viel – nur kein Dekubitus!

10.07.
Urin sehr dunkel. Er verliert Fußnägel.
Die nächsten Tage sehr müde, niedriger Blutdruck

13.07.
Eine Tunesierin kommt zur Hilfe. Sie ist die erste gelernte – perfekt!

15.07.
Walter weiß nichts vom Bauchspeicheldrüsenkrebs. Ich glaube, er hofft wieder gesund zu werden. Außer einer Grippe war er immer gesund.

Bis Ende Juli vergehen die Tage mit Durchfall oder Verstopfung, mit ständiger Müdigkeit, mit ganz wenig Essen und Trinken. Er ist schwach geworden, dieser große, kräftige Mann!

Einmal noch kommt die Pflegerin aus Tunesien. Leider ist ihr Sohn erkrankt; sie war nur zwei Mal bei mir. Die Woche darauf kommt eine neue. Sie riecht nach Alkohol und Zigaretten, hat weder Kittel noch Hausschuhe, ist verwundert, dass sie sich die Hände waschen soll. Ich schicke sie weg, rufe die Pflegeorganisation an, verzichte auf die 50 Minuten in der Woche.

AUGUST 2004
Die Tage vergehen mit Stuhlschwierigkeiten; er möchte kaum essen, trinken. Sehr niedriger Blutdruck. Auf die Schüssel geht gar nicht mehr, Walter kann das Becken nicht mehr heben. Windeln! Er spricht kaum, schläft viel, ist unruhig.

15.08.
Seine Augen sind vereitert. Jeden Tag notiere ich die Fragmin-Spritze (wozu?), den ständig flüssigen Stuhl.

24.08.
1 Uhr nachts, das ganze Bett ist nass; Sprachschwierigkeit; um 19 Uhr schrecklicher Krampf! Er schreit, sitzt plötzlich, wo er schon so lange nicht mehr sitzen kann, zeigt auf die Tür, redet unverständlich, wie in einer fremden Sprache. Ich bin wie erstarrt. Schaum vor dem Mund sinkt er zurück. Ich rufe die Rettung, erkläre dem Arzt die Situation. Er schreit nahezu: „Das sind die Metastasen!", wiederholt es noch zweimal.

Danach Einweisung ins Spital. Es ist Nacht. Die Schwester bittet mich, bei ihm zu bleiben, im Notfall zu rufen. Ein Nasenabstrich – MRSA, also multi-resistent Staphylokokken aureus.

Am Morgen ist Walter erstaunt, im Krankenhaus zu sein. Bei der Visite bittet er den Oberarzt allein um eine Unterredung. Auch ich gehe aus dem Zimmer. Nach geraumer Zeit kommt der Oberarzt heraus, sagt zu mir: „Jetzt weiß er, wie es um ihn steht."

Ich finde ihn in Tränen aufgelöst, jetzt kann ich die meinen nicht mehr zurückhalten. Plötzlich sagt er: „Wie war es möglich, dass wir beide am gleichen Tag, zur selben Stunde einander begegneten?" Diese Begegnung, unser Kennenlernen, ist eine Geschichte für sich.

Walter liegt isoliert. Jeder betritt das Zimmer mit Wegwerfkittel, Mundschutz. Mir ist egal, ob ich mich anstecke. Walter hängt am Tropf.

31.08.
Der Primarius spricht mit mir am Gang. Walters Zimmer hat er die Tage nie betreten. Ich soll ihn jetzt nach Hause nehmen, er soll daheim sterben.

AM 02.09.
wieder zu Hause

Walter schläft viel, spricht nicht mehr. Am 07.09. ist unser Hochzeitstag. Ich weiß nicht, ob er mich hört, versteht, wenn ich mit ihm spreche.

AM 08.09.
kommt ein Herr vom Hospiz. Die Oberschwester hatte das Hospiz verständigt. Endlich eine kompetente Pflege!

Walter kann kaum schlucken; die Augen verschleiert.

AM 13.09.
schreibe ich auf: Die Nacht bei ihm gesessen; Halluzination; verklebte Augen, Husten.

VON 14. BIS 15.09.
die ganze Nacht bei ihm gesessen.

16.09.
Schwester Helga vom Hospiz hilft. Sie kommt auch am 17.09. Befeuchten der Lippen mit einem Schwämmchen, etwas Butter gegen die Trockenheit. Mehr kann ich nicht tun.

18.09.
4 Uhr: zeitweise Atemstillstand, Pfeifen; 5 Uhr: Eintritt des Todes.

Ich öffne das Fenster.

ERFAHRUNGEN MIT BETREUUNG UND PFLEGE IM GESAMTGESELLSCHAFTLICHEN KONTEXT

„All diese menschenunfreundlichen Veränderungen ..."
GERTRUD MAURER

Die Alten- und Krankenpflege war immer schon ein Problem (und wird es wohl auch immer bleiben), vor allem für die Besitzlosen, das heißt, für die „Inleute", die Menschen ohne eigenes Haus, die womöglich ihr ganzes Leben lang der Arbeit nachzogen – daher die Bürgerspitäler und Altersheime früherer Zeiten. So wie bei den Bauern waren auch im Kreise der Handwerksmeister und Gewerbetreibenden die Alten im „Ausgedinge" aufgehoben (und werkelten mit, solange es ging), und gewöhnlich gab es auch unverheiratete weibliche Verwandte, die sozusagen als unbezahlter Dienstbot' zur Hilfe herangezogen wurden und mit im Haushalt lebten.

Die Generation meiner Mutter war die letzte der „Nur-Hausfrauen", zumindest in der sogenannten Mittelschicht. Nicht, dass sie nichts gearbeitet hätten – Mitarbeit im Beruf des Gatten, Haushalt, Kindererziehung, Alten- und Krankenpflege, oft ein Nebenverdienst durch Handarbeiten, Musikunterricht oder, wie im Fall meiner Mutter, durch Stundengeben. Sie wäre gern Lehrerin geworden, wurde aber durch das sogenannte Lehrerzölibat daran gehindert. Jetzt scheint auch in unseren Kreisen eine adäquate Altenversorgung nicht mehr möglich zu sein.

Ich hatte nur drei Großelternteile: die im Haus lebende Oma („der Oma ihr Mann" war schon gestorben, als mein Vater noch ein kleiner Bub war) und Großmutter und Großvater, die Eltern meiner Mutter. Die Zeit ihrer Berufstätigkeit lag so weit zurück (noch in der Zeit der Monarchie), dass sie alle drei keinerlei Rente bezogen.

Großvater war Landschaftsgärtner, hatte es aber infolge der schlechten Zeiten nach dem Krieg nicht geschafft, seinen Betrieb über Wasser zu halten. 1931 hatte er Gärtnerei und Haus verkaufen und in eine kleine Mietwohnung ziehen müssen. Die Söhne wechselten sich ab, monatlich die Miete zu zahlen und Großmutter ein Wirtschaftsgeld zu geben; Großvater konnte sich durch Gelegenheitsarbeiten und später einen Pachtgarten ein Taschengeld verdienen. Die Töchter, alle drei im selben Ort verheiratet, schauten auf die Mutter, gingen für sie einkaufen usw. Als sie, Geburtsjahrgang 1872, 1952 krank und bettlägerig wurde, übernahmen sie reihum die Nachtwache – meine etwas ältere Kusine und ich, eben 22 Jahre alt geworden, wurden als „zu jung" davon ausgeschlossen. Meine Mutter und Schwestern übernahmen vormittags den Haushalt und kochten das Mittagessen, dessen Reste meine Kusine (Tippmamsell in Wien, sodass sie erst nach Büroschluss Zeit hatte) abends aufwärmte, während für den Nachmittag ich zuständig war. An den drei Nachmittagen, an denen ich Nachmittagsunterricht hatte – ich war bereits AHS-Lehrerin, und der besatzungsbedingte Wechselunterricht blieb uns noch jahrelang erhalten –, sprang eine von den Tanten

---

Gertrud Maurer
wurde 1929 als erstes von zwei Kindern einer Lehrerfamilie in Baden bei Wien geboren, wo sie auch heute noch lebt.

Nach einem mit dem Doktorat abgeschlossenen Sprachstudium an der Universität Wien unterrichtete sie Latein, Englisch und Französisch an einer Allgemeinbildenden Höheren Schule.

Sie war mit einem Berufskollegen verheiratet und zog mit ihm sieben Kinder groß; den Lehrberuf übte sie dennoch bis zur Pensionierung im Jahr 1984 aus.

für mich ein, und ich entlastete abends die Kusine. Nach ungefähr zwei Wochen schlief Großmutter friedlich ein.

Großvater hat sie um fast 14 Jahre überlebt. Die eine Tante, die durch den Krieg alles verloren hatte, wirkte in diesen Jahren als geprüfte Geigenlehrerin; die andere, die in der ersten Nachkriegszeit das Familienschiff durch Strickarbeiten über Wasser gehalten hatte, war nicht mehr gezwungen, etwas hinzuzuverdienen, und ging einmal in der Woche zu Großvater aufräumen und besorgte seine Wäsche. Meine Mutter war nach dem Krieg gleichfalls gezwungen gewesen, das Familienschiff (durch Stundengeben) über Wasser zu halten – mein Vater hatte als Staatsangestellter damals „zur Unterbindung des Schleichhandels" nur 150 Schilling im Monat, und ein Kilo Brot auf dem Schwarzmarkt kostete 100 Schilling! Ohne Mamas Verdienst wären wir allesamt verhungert. Sie war aber so gefragt als Sprachlehrerin, dass sie nach der ersten Notzeit das Stundengeben beibehalten hatte. So kochte sie jetzt nur einmal in der Woche drei komplette Mahlzeiten für Großvater, die ich ihm mit dem Rad brachte, sodass er sich das Essen nur aufzuwärmen brauchte. Dreimal in der Woche kochte er selbst, am Sonntag kam er reihum zu den Töchtern mittagessen. (Und wenn er gerade keine Lust zum Kochen hatte, kam er nach meiner – zum Glück nur kurzen – Wanderzeit als Junglehrerin zu mir essen. Ich hatte inzwischen eine eigene Familie, und in einer großen Familie kann jederzeit noch jemand mitessen.)

> **INZWISCHEN WAR MEINE OMA, GEBURTSJAHRGANG 1866, SCHON RECHT ALT UND GEBRECHLICH GEWORDEN.**

Ein, zwei Mal im Jahr war Großvater, sozusagen als Urlaub, auf 10 bis 14 Tage bei den Söhnen in Wien eingeladen – sie hatten jeder ein eigenes Haus mit Garten. Er fuhr zwar gerne hin, hielt es aber nie länger als drei bis vier Tage aus, dann verlangte es ihn nach den eigenen vier Wänden und seinem gewohnten Tagesrhythmus, und er riss aus.

Inzwischen war meine Oma, Geburtsjahrgang 1866, schon recht alt und gebrechlich geworden. Sie verließ das Haus nicht mehr, versah aber immer noch ihren Haushalt, kochte mittags für ihre Tochter, eine unverheiratete Volksschullehrerin in Pension, von der sie finanziell abhängig war, am Abend aber auch für meinen Vater und meine Schwester. Die Tante besorgte den Einkauf und brachte die Wäsche zu einer Wäscherin – Waschmaschinen gab es noch nicht, und Wäscherinnen, die noch ins Haus kamen, waren rar geworden.

Oma klagte über Steifheit der Glieder, einen schmerzenden Rücken, und ließ sich zwei- bis dreimal täglich den Rücken von mir einreiben; auf jeden Fall am Morgen, bevor ich in die Schule ging, und am Abend – zu Mittag nur, wenn es arg war, denn nach dem Vormittagsunterricht musste ich ja für meine Familie kochen. (Für die Kinder musste ich natürlich, bis sie schulpflichtig waren, eine Kinderfrau haben, weil Oma, sobald das zweite zu laufen begann, nicht mehr „nachikam"*.)

Im Frühjahr 1961 zog sich Oma eine starke Verkühlung zu, die sie ans Bett fesselte. Die Verkühlung überstand sie zwar, war aber so geschwächt, dass auch die vom Arzt empfohlenen Nährklistiere nichts halfen, und so schlief sie nach rund 14 Tagen friedlich ein.

Für sie und die Tante Mittagessen gekocht hatte in dieser Zeit Mama, die Nachtwachen hatte Papa übernommen, für frische Bettwäsche, Klistier und dergleichen war ich zuständig gewesen. Nach Omas Tod musste die Tante, selbst schon über 70, für sich selbst kochen, war aber so ungeübt, dass ihr Papa praktisch täglich helfen oder gleich für sie kochen musste. Durch Omas Tod ihres Nährbodens beraubt, hat sie sie nicht lange überlebt. Sie begann aus dem Bett zu fallen und starb wenige Tage nach ihrer Einlieferung ins Spital, ohne wieder zu Bewusstsein gekommen zu sein. Wir hatten sie nicht zu Hause behalten können, weil ich gerade mit dem siebenten Kind hochschwanger war und meine Mutter inzwischen an Krebs erkrankt war, sodass wir sie weder ins Bett zurückheben noch ihr auf dem Fußboden ein Lager bereiten konnten.

Großvater, Geburtsjahrgang 1875, starb im Jänner 1966. Er war bis zuletzt geistig voll auf der Höhe, schrieb immer noch familiengeschichtliche und gartentechnische Artikel, interessierte sich für Tagesgeschehen und Politik … Wenn er nach dem Essen zu uns „auf einen Schwarzen" kam und mein Mann mir aus *Le Monde* etwas extra Interessantes vorlas, war ich jedes Mal dankbar für Großvaters Anwesenheit, brauchte ich doch dann nichts Gescheites zu antworten, weil Großvater sofort das Wort ergriff. Was für lange Diskussionen haben sie da oft abgeführt! Mir war Politik von jeher verhasst.

Körperlich aber war Großvater schon steif und unbeweglich geworden, zeppelte mit Altmännerschritten und hatte Gleichgewichtsstörungen, die sich in einem leichten Linksdrall manifestierten, und sah sehr schlecht. Immer noch ging er jeden Tag in die Stadt ins Kaffeehaus, und saisonal, je nachdem, was gerade Blütezeit hatte, in den Kurpark oder auf den Badener Berg. Die Tanten schrien, er dürfe nicht mehr aus dem Haus gehen, sonst werde er überfahren. (Nur meine Mutter sagte: „Der Vater ist eine stehende Figur im Straßenverkehr, den sieht jeder Autofahrer schon von weitem, dem geschieht nichts.") Dann passierte es ihm, dass er mit den auf der Schreibmaschine verpatzten Blättern seine zufällig auf dem Tisch liegende Taschenuhr mit erwischte und einheizte! Die Tante, die bei ihm aufräumte, zeterte, er könne nicht mehr allein bleiben, sonst würde noch das ganze Haus abbrennen, und steckte die andere Tante und die Brüder an. Mama und ich hatten jede eine viel zu kleine Wohnung, als dass wir Großvater hätten zu uns nehmen können. So fanden die Onkel für ihn einen Heimplatz in Wien „bis zum Ende der Heizperiode". Großvater wehrte sich mit Händen und Füßen, aber was vermag schon so ein armer alter Mann? Es blieb ihm nur übrig, sich hinzulegen und zu sterben; am neunten Tag im Heim war er tot.

Meine Mutter war, wie gesagt, inzwischen an Krebs erkrankt und hatte bereits 1958 ihre erste Krebsoperation gehabt. Natürlich hätte sie nachher einen Krankenkassen-Erholungsurlaub haben können (heute sagt man „Rehab"), aber sie weigerte sich, einen solchen anzutreten: „Wie soll man unter lauter kranken Menschen, die von nichts reden als von ihren Krankheiten, gesund werden können?!" So zahlte ihr die Krankenkasse einen Zuschuss zu einem vierwöchigen Erholungsurlaub auf dem Land, in Schwarzenau. Die ersten zwei Wochen – es war zum Glück in den Ferien – fuhr ich mit, die anderen zwei Wochen kam mich meine Schwester ablösen, und danach waren ihr noch neun schöne Jahre gegönnt.

Bald nach Großvaters Tod aber meldete sich der Krebs nun wieder, und neuneinhalb Jahre nach der ersten Operation wurde die zweite fällig, von der sie sich praktisch nicht mehr erholen sollte. Durch den Tod von Papas Schwester kurz davor war Platz geworden im Haus, und so gaben wir ihr und Papa unsere zwei ältesten Buben, gerade 10 bzw. 13 Jahre alt geworden, damit immer jemand da war, den Papa um Hilfe schicken konnte, zum Arzt oder zu mir. Er war zwar selbst schon in Pension, aber wenn sie eine Schmerzattacke erlitt und so schrie, dass mitunter Leute von der Straße heraufkamen fragen, was passiert sei, konnte er sie auch nicht allein lassen. Auf Morphium sprach sie überhaupt nicht an, nur auf ganz gewöhnliche schmerzstillende Injektionen. So oft konnte der Arzt auch nicht kommen, also musste ich lernen, Injektionen zu geben. Mehr als vier im Tag hätte sie nicht haben sollen, aber wer kann sich darum kümmern, wenn sie schreit vor Schmerz? Ab Jänner 1968 war sie bettlägerig, Papa und ich schliefen oft nur noch vier Stunden pro Nacht, aber wir haben es durchgestanden bis zu ihrem Tod im Mai.

> **SO OFT KONNTE DER ARZT AUCH NICHT KOMMEN, ALSO MUSSTE ICH LERNEN, INJEKTIONEN ZU GEBEN.**

In dieser Zeit kamen Mamas Schwestern in vorbildlicher Weise helfen. Die eine kam täglich, um Papa beim Mittagessenrichten flink und umsichtig zur Hand zu gehen, die andere kam im Laufe des Vormittags, damit Papa schnell einkaufen gehen konnte, und zwei- oder dreimal am Nachmittag: um Mama ein „Guterl"* zu bringen, um ihren Appetit anzuregen – sie war eine fabelhafte Köchin – und um ihre Windeln zu wechseln. Das Wäsche- und Windelnwaschen blieb mir, meine Schwester war damals schon in Oberösterreich verheiratet und berufstätig.

Nach Mamas Tod war jetzt Papa allein. Ich übernahm seine Wäsche – jetzt gab es ja schon Waschmaschinen –, und er nahm sich zur Gesellschaft meine älteste Tochter ins Haus, welche während der letzten Jahre meiner Mutter schon jeden Sonntag in der Küche assistiert hatte. Am Sonntag führten sie gemeinsam Kochorgien auf, unter der Woche kochte er für sich allein und sie kam selbstverständlich zu uns nach Hause essen. Das ging so, bis sie in die Schwesternschule ins Internat kam, danach kam er allsonntäglich zu uns mittagessen. Sein Garten auf dem Badener Berg war sein Gesundbrunnen, und alle Enkel gingen mit Leidenschaft mit ihm hinauf.

Aber als mein Vater 1945 mit seiner Schule nach Kärnten evakuiert war, hatte er dort einen Magendurchbruch erlitten, laborierte seither mit dem Magen, und 1976 wurde durch die Entfernung eines Blasentumors der Magen wieder rebellisch; das Blut rann durch ein Schläuchl ebenso schnell wieder aus ihm hinaus, wie die Blutspende durch ein anderes in ihn hineinrann. Der Primar musste blind operieren, um ihm das Leben zu retten, das heißt, ohne zu wissen, wo sich die Perforation befand. Das war zur Zeit der Matura, und aus Rücksicht auf mich wollte der Primar ihn, als er ihn auf seiner Abteilung nicht mehr behalten konnte, „zur Durchuntersuchung" durch diverse andere Abteilungen schicken. Mir aber war völlig klar, dass er im Spital die bereits eingetretene Apathie nie mehr loswerden könnte, und ich bestand darauf, dass er sofort nach Hause kam. Waren nicht genug Enkel da, die für ihn zur Verfügung standen?! Von Tag zu Tag ging es aufwärts mit ihm, und bald war er wieder der Alte.

Diesen Sommer musste mein Mann mit den Kindern allein für die großen Ferien in die Steiermark fahren, wo er ein winziges Häuschen, eine ehemalige italienische Arbeiterbaracke, geerbt hatte – ich zog für den Sommer zu meinem Vater. Danach war ihm noch ein schönes Jahr gegönnt, dann erlag er einem Herzinfarkt.

Mein Mann verließ mich nur sieben Jahre später – Aortenriss –, und so bin ich jetzt allein. Im Laufe des letzten Winters bin ich immer steifer geworden und habe immer mehr Kreuzschmerzen, sodass ich am liebsten gar nicht mehr aus dem Haus gehen möchte. Nicht einmal die wenigen zig Meter des morgendlichen Gangs zum Bäcker „derhatsch"* ich mehr, muss mit dem Rad fahren, kann aber kaum mehr auf das Rad hinauf – was tu ich, wenn es gar nicht mehr geht?

Ich bin Geburtsjahrgang 1929, Maturajahrgang 1947. Acht von uns ehemaligen Maturantinnen sind in und um Baden zu Hause, und wir treffen uns mehrmals jährlich. Schon vor zehn oder mehr Jahren sagte aus gegebenem Anlass eine von uns,

Witwe eines evangelischen Pfarrers: „Wir haben unsere Großeltern und Eltern noch pflegen können – wer wird einmal auf uns schauen?" Sie als evangelische Pfarrfrau hatte natürlich auch alleinstehende ältere oder kranke Gemeindemitglieder zu betreuen gehabt und daher die Zeichen der Zeit früher verstanden als ich. Jetzt hat sie kürzlich einen Schlaganfall erlitten (und ist auf fremde Hilfe angewiesen – Kinder und Enkel im Beruf bis abends ...), und dies ist, was mich zu diesem Bericht bewogen hat – als Gedankenanstoß.

> **WIR HABEN UNSERE GROSSELTERN UND ELTERN NOCH PFLEGEN KÖNNEN – WER WIRD EINMAL AUF UNS SCHAUEN?**

Drei von uns acht bedürfen bereits einer slowakischen 24-Stunden-Pflegerin. (Ich habe keine Ahnung, was das finanziell bedeutet oder wie man das leisten kann – ich weiß nur, dass eine 96-jährige Tante meines Schwiegersohnes es ein Vierteljahr lang versucht hat, dann aber verzichten musste, weil ihre Ersparnisse fast aufgebraucht waren.) Eine vierte kann nur mit Krücken gehen und sich außerhalb des Hauses nur per Taxi fortbewegen. Hatschen* tun wir alle.

Heutzutage müssen ja auch die Frauen arbeiten gehen, und die Kinder kommen mit zweieinhalb Jahren in den Kindergarten und haben keine Chance mehr, soziale Tugenden als selbstverständlich zu erlernen – und wenn sie nur der Oma eine Nadel einfädeln, weil sie schon schlecht sieht! Wir haben auch alle einen Beruf gehabt, nach dem Krieg war es notwendig für den Wiederaufbau, aber wir konnten unseren Beruf noch ausüben ohne Hektik und mit 60 – oder als Frau sogar mit 55 – in Pension gehen, während jetzt durch höhere Beanspruchung – überbordender Papierkram und „Projekte" und Seminare – sowie durch die drastische Höhersetzung des Pensionsalters nicht nur die Betroffenen selbst völlig ausgelaugt, sondern auch die Alten der naturgegebenen Hilfe des *contrat social** beraubt werden. Immer noch sind wir für die anderen da, wenn sie erschöpft heimkommen, damit sie sich wenigstens nicht um das Essen kümmern müssen – ich zum Beispiel koche immer noch täglich für drei bis sieben Personen, Söhne und Enkel, je nachdem, wer beruflich oder studienhalber verhindert ist, zum Essen heimzukommen.

Wenn ich denke – wenn das Pensionsalter nicht hinaufgesetzt worden wäre, könnte ich bereits fünf Kinder in Pension haben, fünf! Dann hätte ich ausgesorgt, hätte immer jemand, der für mich einkaufen geht – oder mir zum Wäscheaufhängen den Korb auf den Dachboden trägt, den ich von Stufe zu Stufe hinaufstemmen muss. Aber man kann ganz einfach nicht von jemand, der beruflich erschöpft ist, verlangen, dass er einem hilft. Sogar die Jüngste der genannten fünf, unverheiratet, Volksschullehrerin von Beruf – alles ist ja heute wichtiger als das Unterrichten selbst –, ist mittags so erschöpft, dass sie sich gewöhnlich erst eine Stunde schlafen legen muss, bevor sie sich ein Mittagessen richtet! Meine Enkel sind auch schon alle im Beruf oder eben noch im Studium, und die Urenkel wohnen nicht in Baden, sodass man sagen könnte, sie könnten nachmittags nach der Schule die eine oder andere kleine Besorgung übernehmen. Auch ist es nicht mehr so wie früher, dass man nur schnell über die Straße lief, wenn man etwas brauchte, und wenn es nur ein Zecherl* Knoblauch war, sondern die Distanzen werden immer größer. Gegen all diese menschenunfreundlichen Veränderungen nützt kein noch so ausgeklügeltes Organisieren, es kostet nur – oft nicht vorhandenes – Geld und Nerven, und kann ein tragfähiges Familiengeflecht keineswegs ersetzen.

Lassen Sie sich niemals pflegen! SUSANNE SAYICI

„Wie man am Beispiel meiner Familie erkennen kann ..."

Susanne Sayici wurde 1952 in Wien geboren und wuchs in einem erweiterten Familienzusammenhang mit Verwandten in einem Gartenhaus am Stadtrand auf.

Nach einer wechselvollen Schullaufbahn absolvierte sie eine Buchhändlerlehre, arbeitete in einer Verlagsauslieferung und machte eine Krankenschwesternausbildung. Die im folgenden Beitrag geschilderten Erfahrungen aus dem Pflegeheim Lainz datieren aus der ersten Hälfte der 1980er Jahre.

Danach heiratete die Autorin, bekam vier Kinder und war in der Folge nicht mehr erwerbstätig.

Früher war alles anders. Die Gesellschaft, die Umwelt, die Einstellung zum Leben und zum Tod – all das hat sich verändert. Ob zum Guten oder zum Schlechten, das wird erst die Zukunft weisen. Was gleich geblieben ist, das sind die diversen Schwierigkeiten und Probleme der Menschen. Ihre Ängste, Hoffnungen, Qualen begleiten auch uns Heutige, genauso wie dereinst unsere Vorfahren. Die Medizin hat scheinbar Fortschritte gemacht. Bei näherem Hinsehen bemerkt man jedoch, wie klein diese tatsächlich sind.

Meine Urgroßeltern wurden nicht alle im Alter gepflegt. Sie starben fast alle, bevor sie bettlägerig wurden. Der Großvater meines Vaters starb 1934 im Krankenhaus an Syphilis in relativ jungen Jahren. Zu seiner Zeit eine häufige Erkrankung. Wie seine Pflege aussah, weiß ich nicht. Es muss sie jedoch gegeben haben, wenigstens über kurze Zeit. Seine Frau kam bei einem Bombenangriff ums Leben. Sie hatte umsonst Schutz in einem Keller gesucht. Meine tschechische Urgroßmutter wurde von den Ärzten zu Tode gebracht, als sie ein Kind gebar. Auch das war damals eine sehr häufige Todesursache. Auch sie starb jung. Bewusstsein für Hygiene gab es damals noch nicht, und so infizierten die Mediziner häufig ihre entbindenden Patientinnen mit tödlichen Keimen. Die Großmutter meiner Mutter verstarb ganz plötzlich, während sie schlief. Ihre Enkelin, die mit ihr das Bett teilte, spielte frühmorgens fröhlich neben der Leiche, was den Rest der Familie zutiefst schockierte. Doch woher hätte das Kind wissen können, was der Tod ist?

Dann bleiben noch zwei Urgroßväter zur näheren Betrachtung über. Während der eine auch plötzlich das Zeitliche segnete, just während er sich zur Sommerfrische in dem Haus aufhielt, in welchem ich jetzt wohne, ereilte das Schicksal den anderen ebenfalls in diesem Haus, jedoch zu einem viel späteren Zeitpunkt. Obwohl bereits beinahe 90 Jahre alt, war er noch rüstig und ging jeden Tag zu Fuß vom 13. Bezirk nach Brunn am Gebirge und wieder zurück. Auch er wollte sich anscheinend nicht pflegen lassen. Warum alle seine Söhne trotz guter Gene und trotz medizinischem Fortschritt im Alter dement wurden und somit pflegebedürftig, wissen nur die Götter. Wie man am Beispiel meiner Familie leicht erkennen kann, war die Pflege alter Menschen zu früheren Zeiten kein so vorrangiges Thema, wie es heute der Fall ist. Die meisten Menschen wurden nicht alt genug, um pflegebedürftig zu werden.

Ich kannte die tschechische Verwandtschaft nur von zeitweiligen Besuchen. Damals war ich noch ein Kind. Bei einem dieser Familientreffen wurde ich erstmalig mit dem Phänomen der Hilflosigkeit alter Menschen konfrontiert. Um wen genau es sich handelte, habe ich damals nicht verstanden. Jedenfalls war es ein sehr alter Mann, der von seiner Frau betreut werden musste. Sie erzählte mir, er würde ständig glauben, vor ihm befände sich ein Abgrund. Diese Angst zwang ihn dazu, immer nur ganz kleine Schritte zu machen.

Wenige Jahre später traf es dann meinen Großvater. Nachdem meine Großmutter, seine Frau, an Diabetes recht schnell verstorben war, verfiel er zusehends. Damals wohnten in seinem kleinen Haus auch noch mein Onkel mit seiner Frau sowie meine Eltern und ich. Was man heute unter Pflege versteht, gab es damals nicht. Niemand wusste, wie man mit dementen Personen richtig umgeht. Er hatte Halluzinationen und sah immer wieder ein kleines Mädchen im Haus umhergehen. Seinen Sohn erkannte er nicht mehr. Er hielt ihn für einen Fremden. „Was macht denn der den ganzen Tag hier? Geht er nicht mehr nach Hause?", fragte er deshalb oft meine Mutter. Sie war ihm vertraut. Aber mehr als Kochen und Aufräumen konnte sie nicht für ihn tun. Der alte Mann saß den ganzen Tag alleine in seiner Wohnung im Parterre und rauchte eine Zigarette nach der anderen. Weil er immer wieder vergaß, dass er sich schon eine angezündet hatte, legte er jede neu entzündete beiseite, aufs Fensterbrett. Säuberlich aufgereiht lag eine rauchende Zigarette neben der anderen.

Mit der Zeit wurde das gefährlich. Auch heizte er noch selbst den Koksofen an, wobei er einmal beinahe das Haus anzündete, weil er mit dieser Tätigkeit überfordert war. Seine Pension verteilte er auf der Straße an Passanten. Als ihn die Familie einmal mit dem Kopf im Schnee steckend fand – er fiel oft hin, seiner Meinung nach waren die Schuhe schlecht – schob man ihn ins Pflegeheim ab, denn so konnte es nicht weitergehen. Alle gingen arbeiten, die Pflege war mühsam, auch wenn sie nur minimal war. Pflegeheime waren gerade modern, und so wurde eine schwerwiegende Entscheidung getroffen. Er musste ins Heim übersiedeln. Bald nach seiner Einlieferung starb er. Vielleicht war es so besser für ihn, vielleicht wäre er auch zu Hause bald gestorben. Eine Frage, die man nicht beantworten konnte. Das Heim hatte vermutlich sein Dahinscheiden zumindest beschleunigt.

Es gab damals nur wenig Personal und dieses war auch kaum ausgebildet. In den riesigen Sälen stand ein Bett neben dem anderen. Ein Nachtkästchen bot den wichtigsten persönlichen Gegenständen wenig Platz. Der Großvater war die Freiheit gewohnt und deshalb wollte er dort nicht bleiben. Nachdem er auszureißen versucht hatte, sperrte man ihn kurzerhand in ein Gitterbett und kümmerte sich weiter nicht viel um ihn. Damals war es manchen Patienten nicht einmal möglich, um ein Glas Wasser zu bitten. Obwohl es noch vor allem Klosterschwestern waren, die in Lainz* arbeiteten, munkelte man, das Personal würde nur für bares Geld die einfachsten Dienstleistungen erbringen.

Eine seiner Schwestern wurde ebenfalls bald dement. Obwohl eine weitere Schwester, sie hieß Theresia, gesehen hatte, wie sehr man bei uns zu Hause mit der Pflege dementer Personen überfordert war, wollte sie in der nun frei gewordenen Wohnung ihre Schwester Maria unterbringen. Weil das Ansinnen abgelehnt wurde, kam sie auf die Idee, gemeinsam mit Tante Maria in ein Pflegeheim zu übersiedeln. Ihre alte Wohnung, in welche sie die demente Schwester aufgenommen hatte, war zu klein. Die steile Treppe schien zu gefährlich und auch zu mühsam für die verwirrte Frau. Zudem war Theresia mit ihren beinahe 80 Jahren auch mit der Pflege überfordert.

Vor der Übersiedlung gab es noch ein Problem zu lösen. Die Gepflegte war krank und musste dringend operiert werden. Tante Resi hatte sowieso zeitlebens Probleme mit ihrer Galle und beschloss aus Sorge um die Schwester, sich ebenfalls operieren zu lassen, damit diese sich im Krankenhaus nicht allein gelassen fühlen möge. Die beiden lagen gemeinsam in einem Zimmer, ihre Betten standen nebeneinander. Tante Maria verließ gesund das Spital, Tante Resi überlebte die Operation nicht. Niemand aus der ehemals großen Familie war bereit, die verwirrte Frau zu betreuen. Sie musste daher nun doch alleine ins Pflegeheim übersiedeln, wo auch sie bald verstarb.

Bald darauf landete eine weitere Tante meiner Mutter bei uns. Auch sie litt unter fortgeschrittener Demenz, was niemand bemerkt haben wollte, obwohl sie jeden Sonntag bei uns zu Besuch war. Sie blieb nur kurz, bis zum Freiwerden eines Pflegeplatzes im Heim. Alle waren erleichtert, als die von jeher nicht sonderlich beliebte Dame aus unserem Leben verschwand. Danach folgte die Mutter des Stiefvaters, die über kurze Zeit abwechselnd bei uns und bei ihrer Tochter wohnte. Schon bald wurde auch sie zur Last und das bedeutete: Abschiebung ins Pflegeheim. Man wollte sich etwas leisten können, auf Urlaub fahren. Die emanzipierten Frauen dachten nicht daran, auf ihre finanzielle Unabhängigkeit zu verzichten. Für die Männer war das sowieso kein Thema.

> **MIR ERSCHIEN ES KALTHERZIG, HILFSBEDÜRFTIGE MENSCHEN ZU ZEITEN IHRER GRÖSSTEN NOT EINFACH ABZU-SCHIEBEN.**

Von all dem bekam ich nicht viel mit. Beschäftigt mit meinen eigenen Problemen, merkte ich am Rande mehr durch Erzählungen als durch eigenes Sehen von den menschlichen Tragödien in meinem unmittelbaren Umfeld. Trotzdem bildete ich mir eine feste Meinung in Bezug auf das Verhalten der damals sich in den besten Jahren befindlichen Erwachsenen. Mir erschien es kaltherzig, hilfsbedürftige Menschen zu Zeiten ihrer größten Not einfach abzuschieben. Diese jedoch empfanden ihr Verhalten als ganz normal und natürlich. Sie mussten ja alle zur Arbeit gehen, um sich dieses gewisse Maß an Wohlstand zu schaffen. Die mickrigen Pensionen der Pflegebedürftigen waren keinesfalls Anreiz genug, zu Hause zu bleiben und die anstrengende Pflege zu übernehmen. Aufbewahrungsstätten für schwierige Personen hatten keinen Schrecken für diejenigen, welche sich ihrer bedienten, um andere darin versorgen zu lassen. Kindergarten für die Kinder, Altersheim für die Eltern – so wurde einem das Leben erleichtert.

Viele Jahre später geriet ich selbst in so ein Heim für alte Leute ...

... nein, nicht als Insassin, sondern als Krankenschwester. Die Stadt Wien suchte phasenweise verzweifelt nach Personal, um den ständig steigenden Bedarf an Pflegekräften zu decken. Im Pflegeheim wollte kaum jemand arbeiten. Das betraf ganz besonders das gut ausgebildete Krankenhauspersonal. Diplomierte Krankenschwestern waren Mangelware. Man tat sich schon schwer damit, wenigstens eine Stationsschwester pro Abteilung aufzutreiben, die ein Diplom hatte. Der Rest der Belegschaft begann seine Arbeit ohne jegliche Ausbildung. Den „auf der Straße Zusammengefangenen", wie sie genannt wurden, erklärte man kurz, worin die Tätigkeit einer Krankenschwester besteht, führte sie herum, ließ sie eine Woche lang mit jemandem „mitlaufen", um sie für die nächstfolgende Woche als fertige Kraft ohne Ausbildung zum „Radldienst"* einzuteilen. Das betraf dann alle Tätigkeiten, bis hin zum Spritzen geben. Die richtige, theoretische Ausbildung sollte später folgen. Anfangs genügten noch zwei Wochen Theorie, um von sich sagen zu können, man sei ausgebildete Stationsgehilfin. Je anspruchsvoller die Gesellschaft wurde und je leichter man neues Personal rekrutieren konnte, desto länger wurden die verpflichtenden Kurse, welche zu dieser schweren Arbeit berechtigten. Als ich dort zu arbeiten begann, musste man mehrere Monate neben der Praxis lernen. Weil man entdeckt hatte, dass es im Ausland genug Menschen gab, die sich gerne als Popo-Auswischer – viel mehr war das Ganze damals eigentlich nicht – betätigen wollten, importierte man auch diplomierte Krankenschwestern. Sie kamen vor allem aus Indien und den Philippinen, sprachen zwar nur mangelhaft Deutsch, fielen jedoch nicht besonders auf. Das Pflegeheim mutierte, was das Personal betraf, zu einer internationalen Gesellschaft und – man höre und staune: Es gab auch männliche Schwestern, also Pfleger. Was nicht jede Schwester zu Freudenstürmen veranlasste. Eine meiner Kolleginnen munterte immer wieder die Patientinnen auf: „Ruft doch Bruder! Nicht immer Schwester!" Aber ihre Aufforderung verpuffte ungehört. Die alten Damen wollten sich nicht von Männern saubermachen lassen. Sie schämten sich.

Wir waren eine Partie junger Frauen mit Idealen. Körperlich klein und zart (klein bin ich noch immer), schufteten wir wie Schwerarbeiter. Bringen sie einmal eine 100-Kilo-Frau aus dem Bett und wieder hinein. So einfach geht das nicht. Unser Chef war beim Bundesheer Reserveoffizier und als solcher ein strikter Gegner von Zivildienern. Damals hatte man diese gerade erfunden. Eine äußerst praktische Erfindung, wie sich immer deutlicher abzeichnete. Wo es an Personal mangelte, konnte man sich ihrer bedienen. Im Pflegebereich waren sie beliebt, obwohl sie meistens wenig Entlastung brachten. Zumindest konnte man ihnen die schweren Arbeiten überlassen.

Bei uns gab es keinen einzigen Wehrdienstverweigerer. Dafür sorgte schon der Primar. Er verachtete Zivildiener. Die wenigen Pfleger auf der Station waren mit besonderem Fleiß auch nicht gerade gesegnet, und so blieb es den Kleinsten und Schwächsten in unserer Gruppe überlassen, die Patientinnen zu aktivieren. Manchmal lohnte sich die Mühe auch. Eine Frau lag, halb sitzend, mit angezogenen Beinen im Bett. Sie konnte sich nicht mehr ausstrecken. Dabei war sie intelligent, zeigte keine Spur von Demenz, war freundlich und gesprächig. Ein Fall übelster Vernachlässigung. Jeden Tag, an dem wir Dienst hatten, zerrten wir die Frau halb aus dem Bett und setzten sie quer. Es dauerte Monate, bis wir sie auf einen Stuhl setzen konnten, und nochmals viele Monate, bis es uns gelang, sie auf ein kleines Wägelchen zu setzen.

> **ES GAB KEINE ZEUGEN, UND DIE BETROFFENE SCHWIEG, WEIL SIE DEMENT WAR UND NICHT SPRECHEN KONNTE.**

Ab diesem Zeitpunkt begann ihr neues Leben. Gehen lernte sie nicht mehr, aber sie schaffte es mit der Zeit, sich mit Hilfe des Wagens fortzubewegen. Nun konnte sie den Gang hinauf- und hinunterfahren. Sie war frei. Davon profitierten auch wir, denn wir konnten uns mit ihr über ihre neu gewonnene Lebensqualität freuen. Es gab Patientinnen, die total verwirrt waren, als sie auf unsere Station kamen und nach einigen Tagen wieder normal und ansprechbar wurden. Einige wenige durften sogar wieder nach Hause, nachdem sie wiederhergestellt worden waren. Die Arbeit gefiel mir immer besser. Die großen Säle wurden zu kleineren Zimmern umgebaut, in denen die Menschen auch das Gefühl der Geborgenheit entwickeln konnten. Unpraktisch zwar für die Pflegenden, weil der Platz dadurch knapper wurde, aber eine Erleichterung für die Patientinnen.

Manchmal wurde es auch lustig. Eines Nachts hörten wir lautes Klopfen unten an der Hintertüre. Geisterstunde. Die alten Pavillons, im Grünen gelegen, waren an sich etwas unheimlich. Totenstille herrschte rundum, was das Hämmern gegen die Tür noch lauter machte. Wir versammelten uns alle beim Aufzug. Diesmal hatte kein einziger Mann Dienst. Keine wagte sich hinunter, um nachzusehen, was los war. Wieder einmal blieb es mir überlassen, mit gutem Beispiel voranzugehen. Eine Mutige schloss sich mir an. Wir fuhren hinab, fragten zaghaft: „Wer ist da?" – „Ein Kranker!", tönte es leidend zurück. Alle lachten erleichtert. Wir ließen den alten Mann ein, der vor Kälte und Aufregung zitterte. Er war niemandem abgegangen.

Doch es gab auch eine dunkle Seite, was ich eher zufällig erkannte. Gerade machte ich gemeinsam mit einem Pfleger die Betten in einem der neuen, kleinen Zimmer. Eine total verwirrte Person ging auf ihn zu, brabbelte Unverständliches. Da hob er die Hand, schlug sie hart ins Gesicht. Die Frau taumelte, starrte ihn an – und schon war der Spuk vorbei. Ich war schockiert, er blieb völlig ungerührt, als sei es das Natürlichste der Welt, was er gerade getan hatte. Das war sicher kein einmaliger Ausrutscher, sondern Normalität. Was hätte ich tun sollen? Es gab keine Zeugen, und die Betroffene schwieg, weil sie dement war und nicht sprechen konnte. Noch dazu war er ein guter Freund der Oberschwester. In Lainz funktionierte vieles über Beziehungen, gegen die man nicht ankommen konnte. Denn ich hatte keine. Derselbe Mann meinte einmal ganz erstaunt, als er sah, wie ich eine Patientin instinktiv hoch lagerte, um ihr das Atmen zu erleichtern: „Das kennst du auch schon?" – Nein, ich kannte es nicht. Er erklärte es mir: „Wenn man will, dass die Leute schneller sterben, legt man sie tief. Möchte man aber nicht mehr die Schweinerei während der Dienstzeit haben, legt man sie hoch, weil sie dann länger durchhalten."

Eine ähnliche Geschichte erlebte ich, als ich nach der Babypause wieder zurück auf die Station kam. Eine Patientin, die früher noch hatte gehen können, war mittlerweile bettlägerig geworden. Sie freute sich unheimlich, als sie mich sah. Unter Tränen erklärte sie mir, das derzeitige Personal würde sie unmenschlich behandeln. Die Dienstvorschrift besagte, man müsse sich immer an die nächsthöhere Vorgesetzte wenden. Das tat ich, aber dass ich damit etwas bewirken könne, bezweifelte ich auch diesmal. Die alte Frau wurde allerdings wenigstens in ein anderes Zimmer verlegt, direkt bei der Türe, sodass man von außen her sehen konnte, was drinnen geschieht. Sie starb an einem Abend, gerade als ich meinen Dienst begann. Im Mund hatte sie noch einen Bissen Brot vom Abendmahl. War es Zufall, oder Rache? Einen solch plötzlichen Tod hatte ich noch nie miterlebt. Das war schon verdächtig.

Man sollte sich nicht an unsinnige Vorschriften halten. Will man etwas bewegen, muss man anonym an die Öffentlichkeit gehen. Das tat jemand und sorgte damit für ungeheure Aufregung. Der Primar, so hieß es in einem anonymen Schreiben, würde das Essen der Patienten konsumieren. Es war allgemein üblich, übrig gebliebenes Essen nicht in die Tonne zu werfen. Das wusste jeder. Was für Bedienerinnen und Schwestern durchging, durfte das Führungspersonal natürlich nicht machen. Ob die Anschuldigung nun stimmte oder nicht, darauf möchte ich hier nicht näher eingehen. Jedenfalls war der Teufel los. Der Primar galt als seltsam, weil er trotz seines fortgeschrittenen Alters noch bei der Mutter wohnte, aber er war nett. Manchmal besuchte er mich, wenn ich Nachtdienst hatte und plauderte mit mir. Ab dieser Anzeige zog er sich zurück, wurde grantig und mochte anscheinend niemanden mehr. Er fühlte sich verraten.

> **OB SICH DIE PFLEGE TATSÄCHLICH VERÄNDERT HAT?**

Unsere Patientinnen litten selbstverständlich nicht an Hunger. Es blieb immer etwas übrig, obwohl eine Zeit lang ein Koch bei uns werkte, der beim Sacher gelernt hatte und erstklassig kochen konnte. Was in einem Pflegeheim nicht selbstverständlich ist. Viele Patienten und Patientinnen – heute nennt man sie Klienten – waren krank und konnten nur wenig essen. Die Portionen waren aber für Gesunde berechnet.

Was ich während meiner Zeit als Krankenschwester unter anderem gelernt habe, ist, dass es sehr stark vom behandelnden Arzt, aber auch vom Pflegepersonal abhängt, wie der Zustand der Pfleglinge ist. In so einem Alten-Ghetto sind die Menschen total ausgeliefert. Wir hatten das Glück, einen extrem guten Stationsarzt zu haben. Wie gut er war, merkte ich erst, als ich einige Zeit auf einer anderen Station arbeiten musste. Fast alle unsere Damen konnten aufstehen und selbständig essen, alleine die Toilette aufsuchen, und sie waren nachts sauber. Viele lebten noch Jahre, pflegten Freundschaften untereinander. Auf der Station gegenüber lagen fast alle Patientinnen Tag und Nacht im Bett. Sie siechten dahin, starben wie die Fliegen. An irgendwelchen Erdstrahlen kann dieser unterschiedliche Zustand wohl nicht gelegen haben.

„Alles, nur kein Pflegeheim ..."

Das alles ist schon viele Jahre her. Die Achtzigerjahre waren eine Zeit des Umbruchs in Bezug auf das Pflegeangebot. Die Ausbildung wurde immer mehr verbessert. Die Unterbringung wurde exklusiver, beinahe schon größenwahnsinnig, denn die Pensionen konnten mit dieser Entwicklung nicht Schritt halten. Ob sich die Pflege tatsächlich verändert hat? Es wird getan, als ob, aber manchmal blitzen die dunklen Seiten noch immer auf, wie man von Zeit zu Zeit in den Zeitungen lesen kann, auch wenn man sich noch so sehr abmüht, diese zu verstecken, so gut es eben geht. Solange sich jemand wehren kann, halten sich die dunklen Seelen zurück. Dann zeigen sie ihre sonnige, freundliche Seite. Doch wehe, man ist wehrlos geworden und hat niemanden, der einen beschützen kann. Solche Leute haben ein feines Gespür dafür, was sie tun können und was nicht.

Die Leute in unserer Familie, die damals im besten Alter waren, sind in der Zwischenzeit selbst alt und pflegebedürftig geworden. Sie hatten und haben panische Angst davor, abgeschoben zu werden, so wie sie ihre Verwandtschaft ehemals abgeschoben haben. Alles, nur kein Pflegeheim – auch dann nicht, wenn es heute „Seniorenresidenz" genannt wird, lautet heute die Devise.

Im Betreuungsmodus

BRIGITTE LACHNER

Obwohl ich keine Ausbildung für einen Betreuungs- oder Pflegeberuf habe, war ich in meinem Leben immer wieder im Sozial- und Pflegebereich tätig. Es begann Anfang der Achtzigerjahre im Alter von 21 mit einem Freiwilligen Sozialen Jahr in der Wohngemeinschaft für Behinderte und Nichtbehinderte in Linz, in der ich als WG-Mitbewohnerin dann noch ein weiteres Jahr blieb. Von 1989 bis 2001 war ich ehrenamtlicher Buddy – das bedeutet so viel wie Kumpel – bei der Aids-Hilfe. 1993 bis 2006 arbeitete ich hauptberuflich, jedoch in Teilzeit als Behindertenbetreuerin in einer Wohngruppe der Lebenshilfe und gegenwärtig helfe ich sporadisch am Linzer Hauptbahnhof bei der Caritas-Flüchtlingsbetreuung mit.

Die verschiedenen Betreuungssituationen waren vor allem geprägt durch die teils intensiven Beziehungen zu den „Betreuten", den Klienten. Gerade im Behindertenbereich, in der Arbeit mit geistig behinderten Menschen, gibt es ausgeprägte Persönlichkeiten, die einem lange im Gedächtnis bleiben.

Eine der intensivsten Betreuungen erlebte ich jedoch im Buddy-Projekt der Aids-Hilfe Linz. Walter, einen an Aids erkrankten Mann, etwa gleich alt wie ich, betreute ich sechs Jahre lang bis zu seinem Tod. Als ich ihn das erste Mal sah, lag er in ziemlich schwachem Zustand im Spital. Das wird keine lange Betreuung, dachte ich damals. Aber Walter erwies sich als wahres Stehaufmännchen. Es war ein ständiges, manchmal extremes Auf und Ab. Einmal nach einer schlechteren Phase erstaunte – um nicht zu sagen erschreckte – er mich mit der Mitteilung, er habe sich ein altes Moped gekauft, er wolle nun wieder Moped fahren. Freilich setzte ein – zum Glück leichter – Sturz dieser Unternehmung bald ein Ende. Solche Aktionen waren typisch für ihn. Als er schließlich starb, war ich fast überrascht, so sehr hatte ich mich daran gewöhnt, dass es immer irgendwie weiterging.

Da Walter im Drogenersatzprogramm war, bestand eine meiner Hauptaufgaben darin, meist zweimal in der Woche das Methadon von der Apotheke zu holen und ihm nach Hause zu bringen. Weiters ging ich oft für ihn Lebensmittel einkaufen und während längerer Krankenhausaufenthalte besuchte ich ihn dort. Wenn er nicht zu müde war, erzählte er mir aktuelle Dinge oder Erlebnisse aus der Vergangenheit. Dabei erhielt ich Einblicke in eine fremde Welt.

Walter stammte aus der Drogen- und Rotlichtszene und hatte deswegen auch einige Zeit eingesessen. Trotzdem hatte ich nie das Gefühl, bei einem Verbrecher zu Besuch zu sein. Er machte auf mich höchstens den Eindruck eines „gerechten Schurken". Zu mir war er freundlich und suchte nach Möglichkeiten, umgekehrt auch für mich etwas tun zu können. Ihm dazu wenig Gelegenheit gegeben zu haben, ist das Einzige,

Brigitte Lachner
wurde 1960 in Wien geboren und wuchs mit einer älteren Schwester auf; ihre Eltern betrieben eine Gastwirtschaft in Wien-Fünfhaus.

Nach einer unabgeschlossenen Mittelschullaufbahn absolvierte sie eine grafische Ausbildung, unter anderem an der damaligen Hochschule für künstlerische und industrielle Gestaltung in Linz, wo sie seither ihren Lebensmittelpunkt hat. Nach einer freiberuflichen Tätigkeit als Schriftgrafikerin und Kalligrafin war sie lange Zeit im Sozialbereich beschäftigt, wie sie selbst in ihrem Beitrag resümiert.

was ich heute noch bereue. Ich habe erst im Nachhinein erkannt, wie wichtig dies für ihn war bzw. gewesen wäre. Ich hatte uns zu sehr in den zugewiesenen Rollen einzementiert, mich ausschließlich als „Helfende" und ihn als „Hilfsbedürftigen", gesehen.

Einmal sagte eine Freundin zu mir, dass sie das nicht könnte, einen ehemals Kriminellen zu betreuen. Ich horchte auf. Die Frage, ob jemand meine Hilfe verdiente, hatte ich mir nie gestellt. Das wäre mir gar nicht in den Sinn gekommen, und es ist auch heute kein Kriterium für mich.

Wie anstrengend eine Betreuungstätigkeit ist, hängt meiner Erfahrung nach gar nicht so sehr vom Klientel ab, so schwierig der eine oder andere manchmal auch sein mag. Das ist eben Beruf oder Aufgabe. Schlimm wird es erst dann, wenn die Rahmenbedingungen nicht stimmen: Spannungen im Team, Auseinandersetzungen mit der Einrichtungsleitung, Zeitmangel wegen Verbürokratisierung, zu wenig Personal, keine oder unzureichende Supervision ... - alles Umstände, die auch mir sehr zu schaffen gemacht haben. Das geht wirklich an die Substanz.

Zum Teil sind sie Resultate politischer Entwicklungen, denn leider sind Sparmaßnahmen im Sozialbereich schon längere Zeit traurige Realität. Als Folge davon verschlechtern sich die Arbeitsbedingungen laufend und damit auch die Lebensbedingungen der Klienten und Klientinnen. Die wiederholte Teilnahme an Demos gegen Sozialabbau hat einen fixen Platz in meinem Leben. Gegenwärtig sehe ich jedoch keinerlei Anzeichen für eine Trendumkehr.

> „SCHLIMM WIRD ES ERST DANN, WENN DIE RAHMENBEDINGUNGEN NICHT STIMMEN ...

„... gelogen und selbstbetrogen wird halt viel" ELFRIEDE WOLF

Als mein Vater mit 43 Jahren an Magenkrebs starb, war es ganz „normal", dass meine Mutter neben ihren zwei Töchtern (10 und 14 Jahre alt) und ihrem sehr aufwendigen Hausbesorgerposten im Gemeindebau* auch für meinen sterbenden Vater zwei Jahre lang (!) – zu Hause – bis zu seinem Tod gesorgt hat. Vorher kümmerte sie sich (wenn auch nicht durchgehend) um ihre in Oberösterreich lebende Mutter, die zeitweise auch bei uns wohnte. Dass man auch Verwandte und Nachbarn in die „Care" mit einbezog, war selbstverständlich. Während der Ungarn-Krise 1956 wohnte auch ein Flüchtlingsehepaar kurze Zeit in unserer 60-Quadratmeter-Wohnung, was wir Kinder sehr lustig fanden.

Soweit die Vergangenheit.

Als meine Mutter dann ins „Care-Alter" kam – sie ist mit 82 Jahren verstorben – hatten wir nicht viel Zeit für sie, da wir beide, meine Schwester und ich, selbst Familie mit jeweils zwei Kindern (nebst care-bedürftigen Schwiegermüttern) hatten und auch noch berufstätig waren – nicht wegen der Karrieren, sondern wegen des Geldes für den Familienunterhalt. So kam unsere Mutter mit achtzig ins Pensionistenheim, wo sie sicher nicht glücklich war, sich aber fügte, wie sie es ja gewohnt war. Zwei Jahre später ist sie gestorben.

Heute habe ich zwei erwachsene Töchter – 47 und 41 Jahre alt –, die sich mit dem „Sorgen" ein bisschen schwertun. Sie sind beide geschieden, die Enkelsöhne sind teilweise bei den Vätern aufgewachsen, sie sind berufstätig und sorgen sich am meisten um sich selbst. Ich weiß, das ist jetzt sehr untypisch – alle Mütter sagen, sie haben tolle Kinder. Aber gelogen und selbstbetrogen wird halt viel. Ich persönlich finde die heutige „Sorgekultur" in einem sehr, sehr schlechten Zustand, vor allem innerhalb der „Familien", die es ja so gar nicht mehr gibt. Ich mache mir auch ernsthafte Sorgen um die „Care" der heutigen Kinder, was ich am Beispiel meiner Enkelsöhne oft erlebe. Die sind ziemlich allein gelassen und müssen mit 14 oft schon „erwachsener" sein als ihre getrennt, geschieden, wiederverheiratet, in Patchwork lebenden, alleinerziehenden, berufstätigen, überforderten, burnout-gefährdeten Eltern. Zum Glück hatte meine Mutter kein – zumindest kein diagnostiziertes – Burnout, sonst hätten wir nicht überlebt (zynisch, ich weiß ...).

Also, für mich persönlich erwarte ich mir nicht allzu viel Care. Solange ich kann, werde ich für meinen Mann, meine Kinder und Enkelkinder sorgen. Das beinhaltet auch finanzielle Unterstützung, obwohl ich selbst nicht „reich" bin, aber die nächste Generation hat es ja viel schwerer ... – wird ihnen und uns ständig vorgesagt (warum eigentlich?).

Elfriede Wolf wurde 1948 als jüngeres von zwei Kindern einer Arbeiterfamilie in Wien geboren, wo sie auch heute lebt.

Nach Abschluss der Pflichtschule absolvierte sie eine industriekaufmännische Lehre und war 40 Jahre in diesem Bereich beruflich tätig, zuletzt als Sekretärin des Vertriebsleiters eines Großbetriebs.

Elfriede Wolf ist seit mehr als 50 Jahren verheiratet und hat zwei Kinder und zwei Enkelkinder.

So, jetzt zu meinem Engagement (zusätzlich zur Familie):

Da ich nach vierzigjähriger Berufstätigkeit (nebst Familie mit zwei Kindern) auch noch sehr gerne bei der Sorge für meine zwei sehr geliebten Enkelsöhne mithalf, habe ich mich, als diese zehn Jahre alt waren, entschlossen, zusätzlich eine ehrenamtliche Tätigkeit anzunehmen.

Einer meiner Neffen, der beruflich in diesem Bereich tätig ist, brachte mich auf die Idee, eine Tätigkeit in einem Pensionistenwohnhaus anzunehmen.

Jetzt bin ich bereits seit fünf Jahren in einem solchen Wohnhaus tätig und besuche eine Dame, die 91 Jahre alt ist, deren einzige Tochter im Ausland lebt und sie nicht besuchen kann. Ich gehe mit ihr einkaufen, auswärts essen, auf die Bank, zum Arzt usw. und wir haben mittlerweile ein sehr vertrautes, schönes „Verhältnis", von dem wir beide profitieren und das ich nicht mehr missen möchte. Sie hat so viel Interessantes aus ihrem langen Leben zu erzählen, was für mich eine große Bereicherung ist. Vielleicht kann ich sie dazu bewegen, diesen Wissensschatz einmal niederzuschreiben oder anderweitig weiterzugeben, damit er nicht verlorengeht.

Am Anfang war es nicht leicht für mich, ich hatte viele Ängste vor Krankheit und Tod (auch durch das als Kind hautnah miterlebte Sterben meines Vaters). Aber nach dem Motto „Alles was dir Angst macht, musst du durchleben!" habe ich mich voll „hineingeworfen" und kann das nur jedem empfehlen. Leider sind im ersten Jahr meiner Tätigkeit gleich zwei Personen, die von mir besucht wurden, verstorben, aber ich habe gelernt damit umzugehen und mittlerweile auch keine Angst mehr. Anfangs wollte ich nur Bewohner im Appartement betreuen und keine Besuche auf der Pflegestation machen, was aber unvermeidbar war, da alte Menschen ja oft dorthin kommen. Heute möchte ich die - durchwegs positiven und berührenden - Erfahrungen auf keinen Fall mehr missen. Natürlich mache ich keine pflegerischen Arbeiten (was ich, ehrlich gesagt, auch nicht könnte), aber ich kann Zuneigung und Zuhören anbieten und manchmal auch nur eine Hand halten, wozu das Pflegepersonal ja wirklich wenig Zeit hat. Ich bekomme so viel Liebe und Dankbarkeit zurück (was in der Familie leider nicht immer der Fall ist - zu viel ist selbstverständlich) und werde von der Teamleitung und den Zusammenkünften der ehrenamtlichen Mitarbeiter sehr unterstützt. Vielleicht kann ich so einiges gutmachen, was ich bei meiner lieben Mutter, für die ich nicht so viel Zeit der Zuwendung und Fürsorge hatte, versäumt habe.

> **ICH BEKOMME SO VIEL LIEBE UND DANKBARKEIT ZURÜCK...**

Fazit

Ich glaube, dass die Kultur der Fürsorge in den zwischenmenschlichen Beziehungen in jeder Richtung ziemlich im Argen liegt (meine Single-Töchter haben niemanden, der ihnen Tee kocht, wenn sie krank sind – außer immer noch mich ;-)). Zeitgleich sind die öffentlichen Einrichtungen um vieles besser geworden, es gibt wirklich tolle Ärzte, Pflegepersonal, Sozialarbeiter, Animatoren usw., die sich sehr bemühen und die ich in meiner ehrenamtlichen Tätigkeit auch kennenlernen durfte.

Die Geborgenheit und Pflege daheim wird es für die Alten – und auch für die ganz Jungen – nicht mehr geben, das delegiert man an Altersheime und Kinderbetreuungsstellen, später Schulen. Klingt ziemlich pessimistisch. Vielleicht ist es im ländlichen Raum noch anders (besser?).

Fünf Minuten Streicheln

MARIANNE OBERMEIER

Ein wirkliches Glück ist es, noch jung zu sein, wenn plötzlich ein Mensch im Bett liegt, gefüttert, gewickelt und Tag und Nacht bewacht werden muss, weil er sich nicht mehr auskennt und todkrank ist.

Marianne Obermeier wurde 1947 als jüngeres von zwei Kindern geboren und wuchs naturverbunden in einem von der Arbeit in der Land- und Forstwirtschaft geprägten Elternhaus im niederösterreichischen Alpenvorland auf.

Sie absolvierte eine Handelsschule und arbeitete als Bürokraft und im Marketing, später auch selbständig in einem Dienstleistungsgewerbe.

Sie ist geschieden und Mutter von zwei Kindern.

Auf Wunsch der Verfasserin erscheint der Beitrag unter einem Pseudonym.

Ich war gerade 30 Jahre alt geworden, in guter Konstitution und körperlich stark, als meine Schwiegermutter – sie war damals 77 – ganz plötzlich mit der Diagnose „Schlaganfall" ins Krankenhaus kam. Anschließend eine Brustamputation mit entsprechender Nachbehandlung, und dann kam sie nach Hause. Ich hatte ein zweijähriges Kind, einen despotischen und anspruchsvollen Mann und ein neues Haus zu versorgen. Die kranke Schwiegermutter, auch herrisch, war vom ersten Tag an nur mein Problem. Es gab nicht die kleinste Hilfe von irgendwo, niemand ging einmal mit dem Kind spazieren, niemand ging mir einkaufen, niemand nahm mir eine Nachtwache ab. Es gab damals (1977 bis 1980) keine Heimhilfe, und man sah es als selbstverständlich an; ich wurde nie gefragt, ob ich das machen kann oder will. Erst in der Rückschau im Alter sehe ich die Leistung. Ich dachte damals genauso wie alle anderen, dass es eben Frauensache sei – und was zu tun ist, muss geschehen. Ich brachte alles auf die Reihe und bekam das Prädikat „professionell" als einzige Belohnung.

Den Leuten, die selber nie gepflegt haben, muss man erklären: Die wirkliche, die echte Belastung ist nicht der höllisch scharf stinkende Urin, nicht der Kot, den sie an die Wand schmierte, wenn ich nicht schnell genug den Zellstoff wechselte. Auch nicht das permanente Desinfizieren, denn man will ja das Kind nicht ganz wegsperren. Vielleicht nicht einmal die schrecklichen Anfälle, in denen sie schrie und schrie – der Körper bog sich nach oben, es sah aus, als würde sie sterben. Das wirklich bleibend Belastende ist die Verantwortung, das Mittragen und Mitfühlen der Angst – Todesangst – und letztendlich, wenn sie nach Jahren stirbt, der unausgesprochene Vorwurf ihres einzigen Sohnes, der nie die kleinste Hilfeleistung bot: Sie würde noch leben, wenn sie liebevoller betreut worden wäre.

Und dennoch: Was manche erzählen, dieses Den-Tod-als-Erlösung-Wünschen, das hatte ich nie. Denn ich war jung und stark genug und geprägt von Elternhaus, Gesellschaft und christlicher Denkart; durch die bäuerliche Herkunft meiner Eltern war ich eben gewohnt zu tun, was notwendig ist.

Auch dass es keinen Dank dafür gibt, keine Bezahlung, Belohnung oder Anerkennung, habe ich damals zwar vermisst, aber als üblich und schichtspezifisch gesehen.

Bitterkeit und Frust sind erst später gekommen, als der „Ehemann" nach dem Tod seiner Mutter zum brutalen Tyrannen und permanenten Fremdgänger wurde. Der Tod dieser Frau war der Kipppunkt, die Umkehrung aller Werte.

Das ist das Eine.

Jetzt in der Rückschau, wo sich das Trübe setzt und vieles sich klärt und die Bitternote von Milde abgelöst wird, sehe ich es differenzierter.

Es war, wie es war. Es war schwer, aber aus meiner Biografie löschen möchte ich nichts, denn gerade diese Zeit des Pflegens (ein paar Jahre später auch meiner Mutter) hat mir entscheidende Einsichten und Erfahrungen gebracht.

Ein wesentlicher Aspekt war damals: Das Glück und die Dankbarkeit für mein kleines Mädchen war so groß, dass ich mich verpflichtet fühlte, dafür etwas in der Familie zu tun. Das Glück dieser kleinen Familie war es mir wert, die Schwiegermutter zu pflegen. Ich hatte das Gefühl, es wäre zum Segen für uns, und die Frau wird es uns irgendwie danken.

Aus heutiger Sicht würde ich es noch einmal so machen. Bis an die Grenzen der Kraft. Denn es bringt persönlichen Gewinn.

Mit Mitte fünfzig war ich dann selber „pflegebedürftig",
aber es war niemand da.

Nach einem schweren Burnout – ich konnte nicht mehr gehen, nicht zusammenhängend reden, Gedächtnisverlust, schwer traumatisiert – vegetierte ich viele Jahre dahin und brachte mich mit konsequentem Gedächtnistraining wieder auf ein gängiges geistiges Niveau. In diesem Zustand auf dem Land zu wohnen, wo jeder jeden kennt, ist tödlich. Ganz plötzlich bist du nicht mehr der angesehene und beliebte Mensch, du bist stigmatisiert als Tachinierer*, verachtet, belächelt, ausgeschlossen. Du bist plötzlich nichts. Ich kann heute verstehen, dass Leute in solchen Situationen zur Schlaftablette greifen, um nicht mehr aufzuwachen, wenn sie nicht mit beiden Füßen in der Erde verwachsen sind.

Das Mörderische in dieser Gesellschaft, das Lauernde hinter der höflichen Fassade, das ist mir vorher nicht aufgefallen. Das Schlimmste dran sind die Ärzte. Ein HNO-Arzt sagte, nachdem er mir die Ohren ausgespült hatte: „So, jetzt können S' nächste Woche wieder in Ihre Firma gehen."

Niemand will einen so sehen.

*Man spürt, dass man schon weggehört. Man lebt zum Trotz,
gegen den Willen aller.*

Das ist das größte Handicap fürs Gesundwerden und eine Wiedereingliederung bzw. Auferstehung – wenn man sich überflüssig, ungewollt, ausgesetzt weiß. Belastend.

Dieses Belastende überträgt sich, bis man sich endlich selber nur als Belastung sieht. Als Hülle. Ohne Inhalt. Ohne Zukunft. Ohne Kraft.

Man getraut sich nicht mehr essen, weil man ist ja der Schmarotzer.

Letztendlich braucht man nichts mehr zu essen, zu trinken – hat keinen Hunger, keinen Durst, keinen Schlaf. Du liegst und die Schmerzen – alles macht Angst: jedes Geräusch, jeder Mensch, die Erinnerungen – immer wieder aufschrecken und schreien, wie im Krieg. Aber ich bin nach Kriegsende geboren.

Und es ist niemand da.

Natürlich: Gesprächstherapie, Neurologe, Psychopharmaka und so.

*Ich bin froh, dass ich das verschriebene Zeug nicht genommen hab',
und die verschriebene Gesprächstherapie hat mir den Rest gegeben.
Das ist künstlich, aufgesetzt.*

Eine alte Frau aus dem Dorf hatte den Durchblick. Zweimal pro Woche hat sie mich zum „Plaudern" verpflichtet. Wir haben uns die schrecklichsten Sachen erzählt, die grauslichsten Gerüchte und die eigenen Kriege. Sie hat mir die „Nägel aus meinen Rippen" gezogen und ich habe geschrien vor Schmerz. Nach zwei Jahren war es besser. Die Schmerzen, die Erinnerung, die Verdauung ...

Das Wesentliche dran war: Die Frau hat sich ausgekannt im Leben, sie war die Erste, die mir gesagt hat, dass mir großes Unrecht geschehen ist, dass ich früher reden hätte müssen und dass mein Zustand und mein Schmerz logische Folgen und auch gerechtfertigt sind. Sie hat mir gesagt, dass ich „ganz deppert" war, das alles hinzunehmen und auszuhalten.

Gehätscherlt und bedauert hat sie mich nie, eher getreten, aber durch sie hatte ich das Gefühl, mich wehren zu dürfen und zu müssen, um nicht die Depperte zu bleiben.

In diesen schrecklichen Jahren sind zwei meiner besten Bekannten gestorben, mit Mitte fünfzig, beide waren in unglücklichen Ehen (hinter den Kulissen), nach außen angesehene und wichtige Geschäftsfrauen. Es war schrecklich. Das Klammern, das Ums-Leben-Wimmern und Flehen und das vorangegangene Leid.

In diesem Alter ist es ein ganz anderes Sterben als mit achtzig.

Im Vorjahr ist eine entfernte Bekannte gestorben – Alkoholikerin, um die siebzig, aber geistig fit. Sie war verwahrlost, ist manchmal auf der Straße zusammengefallen. Ihre Verwandten haben zwar geerbt, aber sonst nichts. Sie war eine sympathische und intelligente Frau, und ich hätte mich sehr gern um sie gekümmert, die verwahrloste Wohnung in Ordnung gebracht, ihr zugehört, sie gewaschen etc.

Es ist diese Barriere. Die Verwandten werden sagen, ich dränge mich auf und will etwas. Ich will absolut nichts, als nur ein bisschen Erleichterung und Hilfe geben. Am Land ist nichts unkompliziert.

Auch mein viel älterer einziger Bruder ist mit über 80 Jahren nach langem Kranksein vor einiger Zeit verstorben. Es war ein großes Geschenk für mich, ein paar Mal bei ihm sitzen zu dürfen, nur um seine Hand zu halten. Immer wieder hat er aufgestöhnt und ist weggedämmert, dann hat er mich angeschaut und einen kurzen Satz …

Es war dieses Einvernehmen zwischen Geschwistern, die aufgrund der gemeinsamen Familienstruktur verschiedene Facetten, verschiedene Seelengrundierungen kennen und mehr erspüren, als man in Worte fassen kann. Ich spürte den Menschen in seinen Sehnsüchten, seinem Leiden, seiner Hoffnung, seinem Stolz und seiner Freude und Enttäuschung, spürte ihn als Kind voller Erwartung und auch voll vergeblicher Erwartung. Nie waren wir uns so nahe. Es war, als wäre durch mich die ganze Familie um ihn herum, um zu trösten, zu helfen, zu halten. Ich spürte den Großvater, die Großmutter, den Papa und die Mama, die ihr Kind liebten. Es war ein Gefühl, als sei er mit ihnen in einen großen Frieden gegangen.

Wenn wir schon beim Sterben sind:

Sie erinnern sich an die Wiener Ärztin? – Ich glaube, sie hieß Marina Marcovich. Sie machte immer wieder Schlagzeilen und war mit ihren Frühchen zu sehen, die sie nicht wie üblich dem Inkubator überlassen wollte. Sie vertrat die Meinung und untermauerte sie mit Erfolgen, dass der menschliche Kontakt entscheidend sei für das Überleben der Frühgeborenen. Konkret: Fünf Minuten Streicheln wirkt besser als drei Stunden künstliche Beatmung.

Genau das gilt auch für die Alten. Nicht nur. Aber auch. Eben die Schwachen, Pflegebedürftigen. Die perfekte Ausbildung oder ein Diplom im Pflegebereich machen es nicht aus. Aus Erfahrung weiß ich, wie gut und notwendig ein Im-Arm-Halten ist. Eine Bekannte sagt: „Ohne die rumänische Pflegehelferin würde ich nicht mehr leben." Ich habe diese Rumänin erlebt, selten habe ich in Österreich jemanden so engagiert und menschlich, so gefühlsbetont betreuen gesehen.

Ganz uneigennützig schreibe ich nicht für Sie. Ihre Studien werden ja hoffentlich auch den Gesetzgeber bzw. die Sozialpartner interessieren, deshalb schließe ich mit einem Anliegen ab.

> *Für ein gelungenes, gesundes Leben (mit wenig Pflegebedarf)*
> *ist vieles entscheidend.*
> *Zum Beispiel: Anerkennung und Respekt vor jeder Art von Arbeit. Die*
> *Diskriminierung der Frauen fängt nicht beim Popo-Grapschen an,*
> *sondern bei der Ignoranz gegenüber der unentgeltlichen Arbeit, die*
> *sie leisten. Es ist hoch an der Zeit, den Frauen, die im Haushalt arbei-*
> *ten, für diese Jahre Pensionsbeiträge zu bezahlen; gleich ob sie vom*
> *Einkommen des Partners einbehalten werden oder vom Staat finanziert.*

Die Leute sind ausgepowert durch den Stil am Arbeitsmarkt. Man will keine Menschen mehr. Und dann sollen sie auch noch die Alten pflegen, damit die 100 Jahre alt werden? – Paradox.

Man will in Ruhe und Frieden leben, ohne Faust im Nacken.

> **„ES WAR SCHWER, ABER AUS MEINER BIOGRAFIE LÖSCHEN MÖCHTE ICH NICHTS, DENN GERADE DIESE ZEIT DES PFLEGENS […] HAT MIR ENTSCHEIDENDE EINSICHTEN UND ERFAHRUNGEN GEBRACHT.**

Glossar

Aida
Name einer österreichischen Konditoreikette

ausgefratschelt
ausgefragt

Autobahnpickerl
Autobahnvignette

Auxillium
eine hochkonzentrierte Flüssigkeit zur Behandlung von Nagelpilz

contrat social
Gesellschaftsvertrag; Bezugnahme auf das 1762 erschienene Hauptwerk des Philosophen Jean-Jacques Rousseau, „Du contrat social ou Principes du droit politique", in dem dieser das aufklärerische Konzept eines idealen Gemeinwesens entwirft

derhatschen
eine Strecke (gerade noch) bewältigen können

Fonds Soziales Wien (FSW)
seit dem Jahr 2000 bestehende, privatwirtschaftlich organisierte zentrale Einrichtung der Stadt Wien für soziale Angelegenheiten wie Pflege- und Betreuungsbedarf, Behinderung, Schuldenproblematik, obdach- oder wohnungslose Menschen und Flüchtlinge.

Gemeindebau
Bezeichnung für kommunale Wohnbauten in Wien, die beginnend mit einer offensiven sozialdemokratisch orientierten Wohnbaupolitik in der Ersten Republik (1919 bis 1933) in großer Zahl errichtet wurden und nach sozialen Kriterien vergeben bzw. vermietet werden

Grammeln
Grieben

Guterl
etwas Gutes, ein kleines, wohlschmeckendes Mitbringsel, vor allem für Kinder

hatschen
    schwerfällig gehen

Klistier; Nährklistier
    Einlauf; Nähreinlauf, Zufuhr von Nährlösungen durch den Darm

Knödelakademie
    umgangssprachliche Bezeichnung für Fachschulen für Haus- und Ernährungswirtschaft

Krätzn
    Schimpfwort für eine lästige, hinterhältige Person

Lainz
    die 1904 im gleichnamigen Stadtteil am südwestlichen Stadtrand von Wien als „Versorgungsheim" im Pavillon-System errichtete Anlage mit insgesamt mehreren 1000 Betten in großen Sälen prägte über mehr als ein Jahrhundert das Bild der kommunalen Alten- und Pflegeversorgung Wiens. Die Einrichtung wurde mehrfach modernisiert, neu strukturiert und umbenannt (z. B. 1964 in „Pflegeheim Lainz", 1994 in „Geriatriezentrum Wienerwald") und im Jahr 2015 geschlossen.

nachikam
    mundartlich für: nachkam; den Anforderungen nicht gewachsen sein

Radldienst
    Wechselschichtdienst

schiach
    hässlich, unansehnlich

Tachinierer
    Nichtstuer, Faulenzer

Wimmerl
    Pickel, Pustel

Zecherl
    mundartlich für: kleine Zehe, hier: Knoblauchzehe

Zugehfrau
    gelegentliche Haushaltshilfe

Schreiben, Erzählen und Zuhören. Elemente einer Sorgekultur

GERT DRESSEL

Sichtbarmachungen

„Wenn du einmal eine gewisse Anzahl von Kleinkindern, alten Menschen und Haustieren betreut hast, kann dich eigentlich nichts mehr erschüttern. Du hast immer aufmunternde Worte, einen warmen Andrückbusen, eine dicke Küchenrolle und eine leichte Mahlzeit zur Hand. Wie es dir dabei geht, interessiert keine Sau. […] Gute Ratschläge prasseln von allen Seiten auf dich ein. Ist ja so einfach: Du musst ja nur … Du könntest doch … Du solltest einmal … Du darfst eben nicht … […] Und jetzt: alt, gebrechlich, behindert. Andere sorgen für dich. Du musst sorgfältig überlegen, ob du es ihnen nicht doch heimzahlen willst. Wie es ihnen dabei ginge, interessiert vermutlich keine Sau."

Traude Veran, 1934 geboren, lässt in ihrem Beitrag für den Schreibaufruf zum Thema Sorgen, Betreuen und Pflegen gewissermaßen die Sau raus, ihren Frust, ihren Ärger – weniger aufgrund ihres lebenslangen Betreuungs- und Sorgeengagements, sondern vor allem angesichts der von ihr erfahrenen Ignoranz ihres sozialen Umfeldes: Dass Traude Veran tut, was sie ein Leben lang getan hat, ist normal, selbstverständlich, keiner weiteren Erwähnung oder gar Anerkennung durch andere Personen wert, doch: Zuweilen gibt es *„gute Ratschläge"*.

In den vergangenen Jahren ist eine Reihe von Konzepten entwickelt worden, die eine neue Sorgekultur, eine „Caring" oder „Compassionate Community" (Wegleitner, Heimerl, Kellehear 2015), eine „Caring Society" (Klie 2014) oder „Caring Institutions" (Heimerl, Wegleitner, Reitinger 2015) in den Blick nehmen. All diesen Zugängen ist unter anderem gemeinsam (siehe auch das Interview mit Monika Gugerell in diesem Band), dass Sorge stets mehr als nur eine Ver-Sorgung von bedürftigen Personen meint. Sorge ist zunächst einmal eine bestimmte Haltung und Praxis bzw. eine Beziehung zwischen Sorgenden und jenen, die Sorge erhalten, die von Achtsamkeit, Vertrauen, Empathie und Präsenz geprägt ist und die das individuell und sozial Noch-Mögliche und damit die Autonomie jener, die sorgebedürftig sind, unterstützen. Sorge im Sinne einer neuen Sorgekultur meint zudem, dass sorgende Beziehungen und damit Sorgearbeit nicht nur einigen Wenigen oder ganz bestimmten Gruppen (zum Beispiel Angehörigen und Frauen, unter anderem Frauen mit Migrationserfahrung) (Reitinger, Traunsteiner 2018) auferlegt werden. Sorge findet vielmehr im Rahmen von Sorgenetzen bzw. Sorgearrangements statt, in denen ein Zusammenspiel und eine geteilte Verantwortung (Klie 2014) von familiären, nachbarschaftlichen bzw. informellen AkteurInnen, von Männern wie Frauen, von hauptamtlich und ehrenamtlich Engagierten existiert. Das geht weit über eine Organisation von zum Beispiel Pflege hinaus und versteht sich als eine umfassende „Lebenssorge" (Klinger 2013) in einer sorgenden Gesellschaft. „Wie wollen und können wir miteinander gut leben bis zuletzt?", fragt die Care-Ethikerin und Politikwissenschaftlerin Joan Tronto (2013) – und sieht eine wesentliche Voraussetzung einer sorgenden Gesellschaft in wechselseitigem Vertrauen und Verantwortungsübernahme in überschaubaren lokalen Lebenszusammenhängen, etwa Nachbarschaften oder Stadtquartieren einerseits. Andererseits betont gerade sie die grundlegende Bedeutung von „Care" im Zusammenhang mit Partizipation und Demokratisierung einer Gesellschaft.

Doch bis dahin ist es trotz aller Pionierprojekte (vgl. Schuchter 2016) noch ein weiter Weg – angesichts politischer, ökonomischer, organisationaler und diskursiver Strukturen, die ja immer auch Machtstrukturen bzw. solche der Ungleichheit sind. Auch angesichts eines Paradigmas, mit dem alle gesellschaftlichen Lebensbereiche und eben auch die Sorgearbeit zunehmend vermessen und gemessen, effizient geplant, verplant, verfügbar gemacht werden – bei gleichzeitiger Optimierung des Selbst (Rosa 2018; Bröckling 2007).

Der Text und die Erfahrungen von Traude Veran stehen geradezu exemplarisch nicht nur für viele andere, die sich am Schreibaufruf beteiligt haben, sondern für eine real existierende Sorgepraxis in Österreich, Deutschland und anderswo. Sorgearbeit ist nicht nur ungleich zwischen Frauen und Männern verteilt, sondern findet oft im Verborgenen bzw. in einem (privaten) Bereich statt (Lutz 2010), was von der Gesellschaft nicht wahrgenommen, schon gar nicht wertgeschätzt werden will. Und die einführende Polemik Traude Verans soll auch darauf hinweisen, dass eine aktuelle Sorgepraxis oft noch weit weg ist von dem, was eine „neue Sorgekultur" neben all den vorher angeführten Punkten ebenso mitdenkt, nämlich Sorge zu tragen auch für jene, die mehr als andere Sorgearbeiten übernehmen.

Angesichts hartnäckiger machtvoller Strukturen stellt sich aber stets die Frage: Wo beginnen, um Bedingungen für eine neue Sorgekultur zu schaffen, „Handlungskorridore" zu ermöglichen (Riegraf 2000: 150), also Ermöglichungsräume für jede und jeden von uns? Den autobiografischen Schreibaufruf, in dem wir nach Sorge-, Betreuungs- und Pflegeerfahrungen fragten, kann man als einen kleinen Schritt in diese Richtung verstehen. Mit diesem Schreibaufruf wollten wir – unter anderem – diese Erfahrungen sichtbar machen. Damit möchten wir würdigen, was an Sorgekultur schon da ist (Wegleitner, Schuchter 2018: 90), bzw. jene sichtbar machen, die diese leisten, wie beispielsweise Traude Veran. Freilich besteht die Gefahr, dass genau mit einer solchen Würdigung die bestehende Ungleichheit in der gesellschaftlichen Verteilung von Sorgeverantwortung und Sorgearbeit geradezu noch einmal reproduziert wird, nämlich dann, wenn nicht gleichzeitig die Ungleichheit, die das unsichtbare und unbedankte Sorgen mit produziert, ebenfalls sichtbar gemacht und benannt wird (wie es die Beiträge von Pichler, Reitinger sowie von Lehner, Reitinger in diesem Band darlegen).

Erzählungen und Geschichten Gehör geben

„Vielen Dank für Ihren Schreibaufruf, über den ich mich sehr gefreut, aber auch gewundert habe. […] Das Thema entspricht meinem Leben. Wie wenn Sie es für mich ausgesucht hätten. Da kann ich einiges berichten."

Wilhelmine Hinner (1923-2019), schrieb seit den 1990er Jahren – aus eigener Initiative wie auch nach Schreibaufrufen – unzählige Geschichten aus ihrem Leben auf, war jahrelang Mitglied einer selbstorganisierten Runde von AutorInnen und nahm an einem lebensgeschichtlichen Erzählkreis in einem Wiener Museum teil. Inzwischen selbst betreuungsbedürftig geworden, schrieb sie im Anschluss an die oben zitierte Einleitungssequenz auch über ihre aktuellen Erfahrungen als Person, die Unterstützung in ihrem Alltag benötigt. Als Hochaltrige am sozialen Leben teilzuhaben, war ihr mittlerweile aufgrund körperlicher Einschränkungen nicht mehr möglich. Über fast drei Lebensjahrzehnte hinweg hatte sie lebensgeschichtliche Erinnerungen zu Papier gebracht und an die Dokumentation lebensgeschichtlicher Aufzeichnungen an der Universität Wien gesendet. Ein nicht unwesentlicher Antrieb dafür war und ist das Wissen, dass ihre Texte gelesen werden und dass sie eine Antwort bekommen würde. Darüber erfuhr sie trotz aller Einschränkungen weiterhin soziale Teilhabe.

„Es hat mich sehr gefreut, dass ich etwas schreiben durfte",

schreibt sie zum Abschluss eines ihrer Texte, mit denen sie zum Schreibaufruf über Sorge-, Betreuungs- und Pflegeerfahrungen beigetragen hat.

Mit den eigenen Erfahrungen und Erzählungen sichtbar zu werden, gesehen und gehört zu werden, funktioniert nicht als Einbahnstraße, sondern braucht Beziehung, braucht ein Gegenüber, dem man vertraut, von dem man Aufmerksamkeit erfährt und eine Antwort auf das Erzählte erhält – wodurch Resonanz entsteht, wie Hartmut Rosa das nennt (2016).

Erzählen, ob in schriftlicher oder mündlicher Form, ist also voraussetzungsvoll, nichts Selbstverständliches, obwohl es uns als altvertraute Form erscheinen mag. Doch in unserem dominanten alltäglichen Kommunikationsverhalten neigen wir zu Rede und Gegenrede, letztlich zu einer Diskussion, manchmal zu Ignoranz und zum Weghören. Um Menschen ins Erzählen über sich selbst zu bringen, braucht es eine Haltung des Zuhörens. Dabei ist gerade das Zuhören, wie Byung-Chul Han schreibt, „kein passiver Akt [...]. Ich muss zunächst den Anderen willkommen heißen, das heißt den Anderen in seiner Andersheit bejahen. Dann schenke ich ihm Gehör. Zuhören ist ein Schenken, ein Geben, eine Gabe. Es verhilft dem Anderen erst zum Sprechen" (Han 2016: 93).

Das gilt für Menschen, die betreuungsbedürftig sind wie Wilhelmine Hinner ebenso wie für jene, die Sorge tragen, etwa Traude Veran, aber letztlich für uns alle. Denn Menschen sind „Geschichtenerzähler". Das haben schon die beiden französischen Strukturalisten Roland Barthes und Claude Lévi-Strauss – der eine Philosoph, der andere Ethnologe – gemeint (Viehöver 2001: 178). Und in der Spätmoderne oder Postmoderne sind Menschen vor allem zu ErzählerInnen über ihr je eigenes Leben (Alheit 1993) geworden bzw. zu ErzählerInnen über jene Erfahrungen des eigenen Lebens, die im Hier und Jetzt des Erinnerns, Schreibens und Erzählens als besonders bedeutend wahrgenommen werden; zum Beispiel, weil durch einen Schreibaufruf nach bestimmten Aspekten gefragt wird (Müller 2009).

Es gibt zahlreiche Motivationen, das eigene Leben oder bestimmte Aspekte der eigenen Lebensgeschichte zu erinnern, mündlich oder schriftlich zu erzählen. Über sich selbst zu erzählen kann dabei unterstützen, das eigene Leben, das immer ein widersprüchliches ist, zu ordnen und in eine kohärente „Story" zu integrieren bzw. sich noch einmal eines guten Lebens zu vergewissern und das eigene Leben zu bilanzieren – insbesondere in einer Lebensphase, in der die eigene Zukunft eine absehbare ist (Dausien 2004; Dressel 2017a, 2010). Zu den am häufigsten genannten Motiven gehört, persönliche Erfahrungen an andere weiterzugeben: innerhalb der eigenen Familie, aber auch darüber hinaus (Müller 2006a); das eine wie das andere benötigt das Zuhören eines Gegenübers.

Praktiken des Erzählens und Zuhörens

„Ihr Schreibaufruf kam bei mir gerade zur richtigen Zeit an, da ich meinen Mann bis vor einigen Monaten pflegte. [...] Ich danke Ihnen allen für die Gelegenheit, über meine Erfahrungen sprechen zu dürfen. Ja, bitte, Sie können meine Erzählung auch öffentlich verwenden, wie immer Sie wollen."

Das schreibt Frances Nunnally in dem Begleitbrief zu ihrem Textbeitrag zum Schreibaufruf.

Frances Nunnally, 1921 in Wien geboren, konnte nach dem „Anschluss" Österreichs an das nationalsozialistische Deutschland zunächst nach Großbritannien flüchten und lebt seit 1950 in den USA. Sie ist quasi die „Jahrgangsälteste" unter den Schreibaufruf-BeiträgerInnen.

Eine Gesellschaft oder Kultur, die sich als sorgend versteht, kann nicht alleine darauf vertrauen, dass die Individuen schon von sich aus stets sorgend und damit auch zuhörend in wechselseitiger Aufmerksamkeit und Achtsamkeit sich begegnen. Es braucht immer auch Angebote, die solche Praktiken möglich machen. Autobiografisch orientierte Schreibaufrufe sind ein solches Angebot. Die Dokumentation lebensgeschichtlicher Aufzeichnungen hat in ihrer mehr als dreißigjährigen Geschichte zahlreiche Schreibaufrufe zu unterschiedlichsten Themen und lebensgeschichtlichen Aspekten (Müller 2006b) an erinnerungs- und schreibfreudige Menschen, meist SeniorInnen, adressiert. Die Motivation, Schreibaufrufe zu lancieren, war und ist es immer auch, Texte zu generieren, die dann als Quellen und Datenmaterial vor allem für historisch-kulturwissenschaftliche Forschungen sowie für Bildungszwecke zur Verfügung stehen. In einer Einrichtung, die am Institut für Wirtschafts- und Sozialgeschichte der Universität Wien angesiedelt ist, ist dies durchaus naheliegend. Darüber hinaus unterstreichen ja auch die anderen „Lesarten" in diesem Band, dass es sinnvoll ist, solcherart generierte Quellen und Daten als Basis für wissenschaftliche Reflexionen verschiedener Art oder auch als didaktisches Material zu verwenden.

Freilich: Das eine schließt das andere nicht aus, wissenschaftliche und sozial-kommunikative Anliegen können ineinanderlaufen. Auf die konkrete soziale Praxis eines Schreibaufrufs kommt es an (Müller 2009). Das meint, die beteiligten SchreiberInnen trotz aller wissenschaftlichen und pädagogischen Ambitionen nicht zu DatenlieferantInnen und Forschungsobjekten zu reduzieren, sondern mit ihnen in eine Beziehung zu treten, die dem gerecht wird, was zuvor beschrieben wurde. Es geht um eine Wissenschaftspraxis, die sich einer Sorgekultur verpflichtet fühlt, die immer ein aufmerksames Zuhören impliziert, eine Wissenschaft also, die sich über die eigenen theoretischen Interessen hinaus stets auch an den praktischen Interessen der jeweils Betroffenen orientiert. Man könnte auch von einer achtsamen Wissenschaft bzw. Forschung sprechen, die die eigene Praxis nicht nur nach den Regeln des Wissenschaftsbetriebs ausrichtet, sondern die sich ebenso an den Maßstäben einer „neuen Sorgekultur" oder sorgenden Gesellschaft orientiert.

Im konkreten Fall bedeutete dies, den Beteiligten weitere Orte zur Verfügung zu stellen, in denen die persönlichen Erfahrungen Raum für Darstellung und Austausch bekommen, etwa in Form eines öffentlichen Lesenachmittags. Annähernd hundert Personen hatten im Rahmen des Schreibaufrufs ihre Erfahrungen niedergeschrieben: in wenigen Fällen aus der Perspektive von selbst Pflegebedürftigen, meist aus der Perspektive als Angehörige, als hauptamtlich Tätige oder als ehrenamtlich Sorgende. So manche – vor allem weibliche – TeilnehmerInnen, waren in bestimmten Phasen ihres Lebens vieles gleichzeitig gewesen. Nachdem wir alle eingegangenen Geschichten gelesen hatten, organisierten wir in einem Wiener Museum eine öffentliche Lesung, bei der AutorInnen, die dies auch wollten, einige Passagen aus ihren Texten vor Publikum vortrugen. Damit wurde nicht nur die oftmals versteckte Sorgearbeit sichtbar und gewürdigt, sondern es wurde an einem öffentlichen Ort auch deutlich, welches Erfahrungswissen und, ja, wie viel Lebensweisheit diesen Menschen innewohnt, die niemals institutionelle EntscheidungsträgerInnen in Sachen „Pflege und Sorgen" gewesen waren. Schließlich wurden auch die ZuhörerInnen ins Geschehen eingebunden, indem auch deren persönliche Eindrücke und Sorgeerfahrungen in Form von mündlichen Erzählungen Raum und Resonanz bekamen.

Übrigens: Traude Veran war eine der Vorlesenden. Andere, wie Wilhelmine Hinner und Frances Nunnally, konnten zwar nicht an dem Lesenachmittag teilnehmen. Aber sie sind in diesem Buch mit ihren Erfahrungen vertreten – auch dies eine Praxis des Erzählens, dem (hoffentlich) die entsprechende Aufmerksamkeit geschenkt wird.

Es zählt, was erzählt werden kann

Im Rahmen des Projekts „Who cares?" findet in einem Wiener Gymnasium an dem Abend eines Januartages ein Erzählcafé statt. Es moderieren zwei Schülerinnen, die kurz vor der Matura bzw. dem Abitur stehen. TeilnehmerInnen an diesem Erzählcafé sind unter anderem SchülerInnen des Gymnasiums, angehende Fachsozialbetreuerinnen, Lehrerinnen, Eltern von SchülerInnen, professionell Sorgende, ForscherInnen wie auch Personen, die an dem Schreibaufruf teilgenommen haben. Thema des Abends sind: Sorgeerfahrungen. Obwohl Schule eine Institution ist, die systemimmanent ein Bewertungsort ist, was vertrauensvolles Kommunizieren zumindest erschwert, entwickelt sich der Abend zu einem intensiven und dialogischen Austausch im Erzähl- und Zuhörmodus – ohne Diskussion. Die Beteiligten setzen sich mehr und mehr miteinander in Beziehung und erzählen dabei auch über herausfordernde persönliche Erfahrungen, etwa über schwierige Entscheidungssituationen, in denen es kein klares Richtig oder Falsch gegeben hat. Am Ende des Abends hat man eine Idee davon bekommen können, welche Elemente es bräuchte, damit sich eine Schule (oder andere Organisationen) als eine „Caring Institution" verstehen könnte.

Seit den 1980er Jahren haben sich im deutschsprachigen Raum (vgl. für die Schweiz die Website des Netzwerks Erzählcafé: https://www.netzwerk-erzählcafé.ch) zahlreiche Angebote und Orte etabliert, an denen vor allem lebensgeschichtlich und vorwiegend in mündlicher Form erzählt und zugehört wird, an denen auch das Teilen von existenziellen Erfahrungen ermöglicht wird: lebensgeschichtliche Gesprächskreise, Erzählcafés, Biografiegruppen, Erinnerungsnachmittage und weitere Settings von Biografiearbeit, zum Beispiel in Seniorenwohnhäusern, Pfarren, Nachbarschaftszentren oder Museen und manchmal auch in Schulen. Hier liegt der Fokus vorwiegend auf den mündlichen Erzählungen der Teilnehmenden. Die Einrichtung solcher Orte und Angebote geht wiederum auf verschiedene professionelle Traditionen oder Diskurse zurück: Mal sind sie vorwiegend alltags-, sozial- oder zeithistorisch motiviert (siehe etwa Blaumeiser et al 1988; Meyer 2007; Dressel, Novy 1996), ein anderes Mal geschehen sie in pädagogischer Absicht (Dausien 2014). Oft sind sie Interventionen oder Maßnahmen von Sozialer Arbeit (Kohn, Caduff 2010), SeniorInnenarbeit (Osborn et al 2013; Blimlinger et al 1996) oder auch von Gemeinwesen- bzw. Quartiersarbeit (Lilischkies et al 2006). Zuweilen werden sie auch als eine alltagsnahe „Philosophische Praxis" (Schuchter 2016) verstanden oder als ein Element von Public Health, Gesundheitsförderung und Caring Communites (Wegleitner, Schuchter 2018).

So unterschiedlich die professionellen Hintergründe, „Zielgruppen" und Intentionen zuweilen auch sein mögen, die konkrete soziale Praxis an diesen Orten ähnelt sich: Der oder die ModeratorIn ermöglicht einen kommunikativen-dialogischen Rahmen, in dem sich Erzählen und Zuhören zwischen allen Beteiligten wechselseitig bedingen. „Es zählt, was erzählt werden kann", also das, was am jeweiligen Ort, in der jeweiligen Gruppe aus der Sicht der Erzählenden gut aufgehoben ist (Dressel 2017). Es geht nicht um das Erzielen von einer Vollständigkeit oder einer „Wahrheit" durch Diskussion und Argumente, sondern darum, verschiedenen Erfahrungen unterschiedlicher Menschen Gehör zu schenken und damit auch einer entsprechenden Wertschätzung Raum zu geben. Das kann Beziehung, Vertrauen und Akzeptanz zwischen den Beteiligten schaffen, quasi eine soziale Erfahrung von Teilhabe und Zugehörigkeit - einer Zugehörigkeit, die nicht angewiesen ist auf eine Abgrenzung und Ausgrenzung von anderen.

Als Ausgangsthemen für dialogische, biografisch orientierte Erzählrunden oder Erzählcafés bieten sich übrigens vor allem solche an, die alle Menschen erfahren, dies aber je nach Alter, Herkunft, Geschlechtszugehörigkeit, Lebenswelten und anderen Diversitätskriterien unterschiedlich: Kindheit zum Beispiel oder auch Altsein, Geburt sowie Sterben und Tod, aber ebenso Lernen, Essen und Trinken oder eben Care, also das „Sich-Sorgen" bzw. „Sorge-Tragen" (Reitinger et al 2016). So ungleich Sorgearbeit und Sorgeaufgaben im alltäglichen Leben auch verteilt sind - wir kennen das alle: Sorgen haben und Sorge tragen.

Nun können wir Sorge für andere tragen, indem wir als Sorgende anderen bei ihren Geschichten und Erzählungen zuhören. Aber auch „uns Sorgetragenden" kann ein Erzählen (ob in mündlicher oder schriftlicher Form) guttun. Auch „uns" – als Angehörigen von Menschen mit erhöhtem Pflegebedarf beispielsweise oder als Haupt- oder Ehrenamtlichen, die sich um andere Menschen tagtäglich kümmern – darf zugehört werden. Auch „wir" können uns wechselseitig erzählen und zuhören: über Erfahrungen und Situationen des Sorgens, die wir als besonders positiv in Erinnerung haben, aber auch über solche, die uns überfordert haben, über (ethische) Entscheidungen, die wir in Situationen treffen mussten, in denen es kein klares Richtig oder Falsch gibt (Reitinger et al 2007), die uns womöglich auch noch bis heute „nachhängen". Diese dialogischen Orte der Selbstsorge sind – anders als fall- und lösungsorientierte Supervisionen und andere (meist systemisch orientierte) Beratungsformate – nicht unmittelbar lösungsorientiert. Vielmehr geht es darum, Erfahrungen und Zustände der Unsicherheit oder auch der Angst zu ent-individualisieren, sie miteinander überhaupt erst einmal erzähl- und wahrnehmbar zu machen. Das kann entlasten. Es wird erlebt, dass auch andere dieselben Unsicherheiten und Ängste kennen. Das „Problem" bin nicht ich; bzw. nicht allein ich erlebe solche Konflikte und Dilemmata. So paradox es klingen mag: Sicherheit wird geschaffen „durch geteilte Unsicherheit" (Heller, Schuchter 2013: 10), durch das Erleben von Akzeptanz, Zugewandtheit und Vertrauen zwischen den Beteiligten, was wiederum eine nicht zu unterschätzende Basis für zukünftiges Tun ist.

Auch das mag paradox klingen: Zuweilen ist es effizienter, wenn man nicht permanent das eigene Handeln und das Handeln anderer nach den Maßstäben der Effizienz ausrichtet und bewertet. Das wissen inzwischen auch so manche EntscheidungsträgerInnen von Organisationen des Sorgens, die Praktiken der (Selbst-)Sorge nicht nur ermöglichen können, sondern dies auch tun (Pichler et al 2019) – als ein wichtiges Element einer neuen Sorgekultur, einer Caring Community oder Caring Society. Von einer möglichen „besseren Welt" spricht der Soziologe Hartmut Rosa, deren „zentraler Maßstab nicht mehr das Beherrschen und Verfügen ist, sondern das Hören und Antworten" – und das schriftliche wie mündliche Erzählen.

Literatur

Alheit Peter (1993). Transitorische Bildungsprozesse. Das „biographische Paradigma" in der Weiterbildung. In: Mader Wilhelm (Hg.). Weiterbildung und Gesellschaft. Theoretische Modelle und politische Perspektiven. 2. Aufl. Bremen: Universität Bremen. 343-416

Blaumeiser Heinz, Blimlinger Eva, Hornung, Ela, Sturm Margit, Wappelshammer Elisabeth (1988). Ottakringer Lesebuch. Was hab' ich denn schon zu erzählen ... Lebensgeschichten. Wien et al: Böhlau

Blimlinger Eva, Ertl Angelika, Koch-Straube Ursula, Elisabeth Wappelshammer (1996). Lebensgeschichten. Biographiearbeit mit alten Menschen. Hannover: Vincentz

Bröckling Ulrich (2007). Das unternehmerische Selbst. Soziologie einer Subjektvierungsform. Frankfurt am Main: Suhrkamp

Dausien Bettina (2004). Geschlecht und Biografie. Anmerkungen zu einem vielschichtigen theoretischen Zusammenhang. In: Miethe Ingrid, Kajatin Claudia, Pohl Jana (Hg). Geschlechterkonstruktionen in Ost und West. Biografische Perspektiven. Münster: Lit-Verlag. Münster. 19-44

Dausien, Bettina (2014). Interview über Pädagogische Biographiearbeit. In: erwachsenenbildung.at. https://erwachsenenbildung.at/aktuell/nachrichten_details.php?nid=7511

Dressel Gert (2010). Es zählt, was erzählt werden kann. Biografiearbeit als narrative Grundhaltung. In: Praxis Palliative Care. Es zählt, was erzählt werden kann. Heft 6. 4-6

Dressel Gert (2017a). Gehört werden. Aus dem eigenen Leben erzählen, ein Gesicht bekommen und Leben bilanzieren. In: die hospizzeitschrift palliative care. Nr. 75. Jg. 19. 20-26.

Dressel Gert (2017b). Über den voraussetzungsvollen Dialog - zum Beispiel zwischen den Wissenschaften und den Künsten. In: Ingrisch Doris, Mangelsdorf Marion, Dressel Gert (Hg.). Wissenskulturen im Dialog. Experimentalräume zwischen Wissenschaft und Kunst. Bielefeld: transcript. 85-96

Dressel Gert, Novy Katharina (1996). 5 x Wien. Lebensgeschichten 1918-1945. Wien: Verband Wiener Volksbildung

Han Byung-Chul (2016). Die Austreibung des Anderen. Gesellschaft, Wahrnehmung und Kommunikation heute. Frankfurt am Main: S. Fischer

Heimerl Katharina, Wegleitner Klaus, Reitinger Elisabeth (2015). Organisationsethik in Palliative Care. Von Caring Institutions und Compassionate Communities. In: Forum Supervision. 63-73

Heller Andreas, Schuchter Patrick (2013). Sicherheit durch geteilte Unsicherheit am Lebensende. Sorgen im Alltag teilen - Gemeinsam Vorsorge besprechen. In: Das Jahresheft/Praxis Palliative Care/demenz/Praxis Pflegen. 10-11

Klie Thomas (2014). Wen kümmern die Alten? Auf dem Weg in eine sorgende Gesellschaft. München: Pattloch

Klinger Cornelia (2013). Krise war immer ... Lebenssorge und geschlechtliche Arbeitsteilungen in sozialphilosophischer und kapitalismuskritischer Perspektive. In: Appelt Erna, Aulenbacher Brigitte, Wetterer Angelika (Hg.). Gesellschaft. Feministische Krisendiagnosen. Münster: Westfälisches Dampfboot. 82-104

Kohn Johanna, Caduff Ursula (2010). Erzählcafés leiten. Biografiearbeit mit alten Menschen. In: Bernhard Haupert et al (Hg.). Biografiearbeit und Biografieforschung in der Sozialen Arbeit. Beiträge zu einer rekonstruktiven Perspektive sozialer Professionen. Bern et al: Peter Lang. 193-216

Lilischkies Jürgen, Depireux Renate, Stelter Hartmut, Reinecke Bettina (2006). Partizipative Altersplanung. Entwicklung von Strukturen und Angeboten für heute und morgen. Teil I: Lebenslagen und gesellschaftliche Teilhabe. Beiträge zur Partizipativen Altersplanung. Frankfurt am Main: Dezernent für Soziales und Jugend. https://www.frankfurt.de/sixcms/media.php/738/Teilbericht%20I%20Kundenversion.pdf

Lutz Helma (2010). Unsichtbar und unproduktiv? Haushaltsarbeit und Care Work - die Rückseite der Arbeitsgesellschaft. In: Österreichische Zeitschrift für Soziologie 35. Heft 2. 23-37

Meyer Regina (2007). Göttinger Erzählcafé Am Goldgraben. Ort des öffentlichen Erinnerns und Generationengespräche. In: Außerschulische Bildung. Zeitschrift der politischen Jugend- und Erwachsenenbildung. Heft 2. 224-228

Müller Günter (2006a). „Vielleicht interessiert sich mal jemand ..." Lebensgeschichtliches Schrei-

ben als Medium familiärer und gesellschaftlicher Überlieferung. In: Eigner Peter, Hämmerle Christa, Müller Günter (Hg.). Briefe - Tagebücher - Autobiographien. Studien und Quellen für den Unterricht. Innsbruck et al: StudienVerlag. 76-94

Müller Günter (2006b). Dokumentation lebensgeschichtlicher Aufzeichnungen. In: Eigner Peter, Hämmerle Christa, Müller Günter (Hg.). Briefe - Tagebücher - Autobiographien. Studien und Quellen für den Unterricht. Innsbruck et al: StudienVerlag. 140-146

Müller Günter (2009). „Meine lieben Schriftensammler!" Über interaktive Sammelpraktiken der Dokumentation lebensgeschichtlicher Aufzeichnungen in Wien. In: Seifert Manfred, Friedreich Sönke (Hg.): Alltagsleben biografisch erfassen. Zur Konzeption lebensgeschichtlicher Forschung. Dresden: Thelem. 93-108

Osborn Caroline, Schweitzer Pam, Trilling Angelika (2013). Erinnern. Eine Anleitung zur Biografiearbeit mit älteren Menschen. 2. Aufl. Freiburg im Breisgau: Lambertus

Pichler Barbara, Dressel Gert, Reitinger Elisabeth, Jöstl Gregor, Zepke Georg (2019). „Das kann man ja nicht planen, das kommt ja irgendwie". Möglichkeiten, Grenzen und Unterstützung bei der Gestaltung der letzten Lebensphasen in alternativen Wohnformen. In: Fasching Helga (Hg.). Beziehungen in pädagogischen Arbeitsfeldern und ihren Transitionen über die Lebensalter. Bad Heilbrunn: Verlag Julius Klinkhardt. 277-296

Reitinger Elisabeth, Wegleitner Klaus, Heimerl Katharina (2007). Geschichten, die uns betroffen machen. Lernen aus ethischen Herausforderungen in der Altenbetreuung. Kursbuch palliative care 12/2007. Wien: Institut für Palliative Care und OrganisationsEthik der Alpen Adria Universität Klagenfurt, Wien, Graz

Reitinger Elisabeth, Dressel Gert, Pichler Barbara (2016). Who cares? Wen kümmert's? Szenen und Kulturen des Sorgens. Kursbuch palliative care 13/2016. Wien: Institut für Palliative Care und OrganisationsEthik der Alpen Adria Universität Klagenfurt, Wien, Graz

Reitinger Elisabeth, Traunsteiner Bärbel (2018). Lebenslagen und Geschlechterordnungen im Alter. Soziale Beziehungen und Einsamkeitsrisiko aus sozialwissenschaftlicher Perspektive. In: Reitinger Elisabeth, Vedder Ulrike, Chiangong Pepetual Mforbe (Hg.). Alter und Geschlecht. Soziale Verhältnisse und kulturelle Repräsentationen. Wiesbaden: VS Springer. 79-94

Riegraf Birgit (2000). Organisationswandel, Organisationslernen und das Geschlechterverhältnis. In: Lenz Lise, Nickel Hildegard Maria, Riegraf Birgit (Hg.). Geschlecht - Arbeit - Zukunft. Münster: Westfälisches Dampfboot. 159-170

Rosa Hartmut (2016). Resonanz: Eine Soziologie der Weltbeziehung. Frankfurt am Main: Suhrkamp

Rosa Hartmut (2018). Unverfügbarkeit. Salzburg: Residenz

Schuchter Patrick (2016). Lebensklugheit in der Sorge. Ermahnungen an mich selbst. Unter Mitarbeit von Klaus Wegleitner und Sonja Prieth. Innsbruck et al: StudienVerlag

Tronto Joan C. (2013). Caring Democracy. Markets, Equality, and Justice. New York, London: University Press

Viehöver Willy (2001). Diskurse als Narrationen. In: Keller Reiner, Hirseland Andreas, Schneider Werner, Viehöver Willy (Hg.). Handbuch Sozialwissenschaftliche Diskursanalyse. Bd 1. Theorien und Methoden. Opladen: Leske + Budrich. 177-206

Wegleitner Klaus, Heimerl Katharina, Kellehear Allan (eds.) (2015). Compassionate Communities. Case studies from Britain and Europe. London: Routledge

Wegleitner Klaus, Schuchter Patrick (2018). Caring communities as collective learning process: findings and lessons learned from a participatory research project in Austria. In: Annals of Palliative Medicine 7. 84-98

„Trotzdem möchte ich die Zeit nicht missen, ich habe viel gelernt ..."
Sorgen und Pflegen als biografische Lernerfahrung?   DANIELA ROTHE

Das titelgebende Zitat entstammt dem Erfahrungsbericht einer etwa vierzigjährigen Frau, die im biografischen Rückblick die Betreuung und Pflege alternder Menschen als selbstverständlichen und frühzeitig erwarteten Teil ihres Familienalltags beschreibt. Am Ende ihres Erfahrungsberichts und im Rückblick auf die mehrere Jahre andauernde Sorgearbeit resümiert sie diese als eine Zeit, die sie „nicht missen" möchte und in der sie „viel gelernt" habe. Die Entschiedenheit, mit der familiale Sorgearbeit hier als subjektiv bedeutsame Lernerfahrung gedeutet wird, ist nicht unbedingt überraschend, wirft aber aus erziehungswissenschaftlicher Perspektive einige Fragen auf.

Versteht man Lernen als Erfahrungsprozesse, die im Erwachsenenalter wesentlich in lebensweltlichen Kontexten stattfinden und oft von den Anforderungen des Alltags angestoßen werden, erscheint die Übernahme von Betreuungs- und Pflegeaufgaben durch Angehörige als Anlass intensiver Lernprozesse unmittelbar einleuchtend. Insbesondere die Biografieforschung arbeitet seit den 1980er Jahren daran, in der alltäglichen Lebenswelt verankerte biografische Lernprozesse besser zu verstehen. Sorgearbeit scheint dafür ein unmittelbar geeignetes und – angesichts des demografischen Wandels – zudem gesellschaftlich relevantes Untersuchungsfeld zu sein. Im Nachdenken und bei der genaueren Lektüre der zum Schreibaufruf eingegangenen Texte hat sich bei mir jedoch auch ein gewisses Unbehagen gegenüber dem Impuls entwickelt, Sorgearbeit als Lernprozess zu untersuchen. Das hat vor allem mit den beiden folgenden Punkten zu tun:

| Die Aussage „*ich habe viel gelernt*" steht im Resümee eines Erfahrungsberichts und könnte so oder in ähnlicher Form vermutlich auch unter anderen Erfahrungsberichten über Sorge- und Pflegearbeit stehen. Worin diese Lernerfahrung besteht, geht aus dem Text selbst nicht unmittelbar hervor, sodass die Aussage eher eine Bewertung der Pflegeerfahrung darstellt, weniger eine Beschreibung. Denn anders als der pädagogische Alltagsverstand nahelegt, sind Lernprozesse der Beobachtung nicht oder nur schwer zugänglich (Schmidt 2003), worauf insbesondere die phänomenologische Lernforschung immer wieder hinweist (Meyer-Drawe 2008). Das gilt auch für die Selbstbeobachtung. Wir können kaum selbst sagen, was und wie wir etwas gelernt haben – insbesondere dann, wenn es sich um komplexe Lernprozesse handelt. Der Zustand vor dem Lernprozess ist dem lernen-

den Subjekt nicht mehr zugänglich und der Lernprozess selbst scheint im Lernergebnis zu verschwinden. Trotzdem möchte ich der Bewertung der Autorin nachgehen und versuchen, die im Rahmen von Sorgearbeit stattfindenden Lernprozesse auf der Basis von Erfahrungsberichten kleinteilig herauszuarbeiten und zu verstehen. Diese liegen nicht offen zu Tage, sondern bedürfen der lerntheoretisch sensibilisierten Rekonstruktion, was durchaus anspruchsvoll und im Rahmen dieses Beitrags allenfalls skizzenhaft möglich ist.

| Leidvolle Erfahrungen als Lernprozesse zu bezeichnen ist ein gesellschaftlich verankertes alltagskulturelles Muster, ja, fast schon ein Klischee. Eine solche Deutung ermöglicht nachträglich die Akzeptanz, die Aufwertung und die Anerkennbarkeit von negativen oder einfach nur unfreiwilligen Erfahrungen. Zugleich entsteht ihre biografische Sinnhaftigkeit daraus, dass ihnen eine Bedeutung als Lernerfahrung und damit eine zumindest potenziell positive Relevanz für die eigene Zukunft zugeschrieben wird. Insofern kann man eine solche Selbstaussage auch als Teil eines biografischen Verarbeitungsprozesses verstehen. Die Ambivalenz dieses Musters besteht nun darin, dass es in einem gesellschaftlichen Kontext auftaucht, in dem Lernen nahezu uneingeschränkt positiv bewertet und immer wieder als lebenslang notwendig bzw. wichtig erachtet wird. Erfahrungen als Lernen zu bezeichnen ermöglicht es auch, leidvolle Erfahrungen aufzuwerten und zu legitimieren. Dabei tritt in den Hintergrund, dass es sich möglicherweise um vermeidbares Leiden handelt, das keineswegs zwingend für den Lernprozess ist, sondern diesen gleichermaßen beschränken, belasten oder auch gefährden kann.

Diese etwas diffuse und ambivalente Sachlage lädt dazu ein, sich wissenschaftlich-analytisch und empirisch mit Sorgearbeit und den damit möglicherweise verbundenen Lernprozessen zu beschäftigen und dabei zugleich aufmerksam für die Verschleierung und Individualisierung struktureller Problemlagen zu bleiben, die mit Sorgearbeit in unserer Gesellschaft verbunden sind.

Ich werde in folgenden Schritten vorgehen: Zunächst beschreibe ich aus einer methodischen Perspektive die Textsorte Erfahrungsbericht etwas genauer. Im Mittelpunkt stehen dabei zunächst die Textform sowie die analytischen Fragen, die daran gestellt werden können. Anschließend werde ich zwei Beispiele vorstellen. In der Analyse des Textmaterials und in der Vorstellung der Beispiele kommt es mir einerseits auf die besonderen Bedingungen an, unter denen Sorgearbeit erlernt und ausgeführt wird. Anderseits geht es mir um die Erfahrungen, die wegen der der Binnenperspektive inhärenten Begrenzungen durch die AutorInnen selbst nicht formuliert bzw. expliziert werden können. Als an Lernprozessen interessierte Erziehungswissenschaftlerin frage ich, was rekonstruiert werden kann, wenn man solche Erfahrungstexte unter der Perspektive des Lernens (erneut) liest? Abschließend werde ich meine Erkenntnisse kurz resümieren und zeigen, inwiefern die lerntheoretisch gelesenen Erfahrungsberichte übliche Vorstellungen über Lernen in lebensweltlichen Kontexten herausfordern. Das führt auch zu der Frage, welche Formen der Unterstützung von pflegenden Angehörigen wünschenswert bzw. notwendig sind.

Das für die Analyse der Erfahrungsberichte gewählte methodische Vorgehen hat Konsequenzen für die Art und Weise, wie dieser Beitrag geschrieben ist. In Anlehnung an den Sprachgebrauch in der qualitativen Sozialforschung benutze ich häufiger die Begriffe Textmaterial, Material oder Datenmaterial, wenn ich mich auf den textanalytischen Umgang mit den Erfahrungsberichten beziehe. Diese technischen Begriffe machen Texte und die darin beschriebenen Phänomene zum Objekt der Analyse – nicht jedoch die AutorInnen, die diese Texte verfasst haben. Dieser methodische Zugang ermöglicht mir auch, zu den in den Texten beschriebenen Erlebnissen und Erfahrungen in Distanz zu treten – mit der Absicht, diese genauer, umfassender, aber auch nochmal anders zu verstehen als das beim ersten Lesen möglich ist, bei dem es darum geht, nachzuvollziehen und nachzuempfinden, was die AutorInnen in den Texten beschrieben haben und mitteilen. Das beruht auf der Annahme, dass unterschiedliche Lesehaltungen zu den Schreibaufrufbeiträgen möglich und legitim sind, und dem (Selbst-)Anspruch, dass Distanznahme genauso Ausdruck des Respekts vor erlebter und berichteter Erfahrung ist, wie Anteilnahme.

Schreibaufrufe als methodischer Zugang in der Biografieforschung

Die Analyse von Textsorten (vgl. Rosenthal 2015) ist in der Biografieforschung Teil des etablierten methodischen Vorgehens, mit dem man Textmaterial strukturiert und zugleich genauer zu bestimmen sucht, welche Erkenntnismöglichkeiten und -grenzen mit dem Material verbunden sind. Die folgenden Überlegungen sind davon getragen, dass die Unterscheidung der Textsorten Erzählung, Beschreibung, Argumentation auch für die Analyse der Antworten auf den Schreibaufruf relevant ist. Letztlich lässt sich die Frage nach den Erkenntnismöglichkeiten und -grenzen des Materials nur beantworten, wenn es gelingt, auf seiner Grundlage eine konkrete inhaltliche Fragestellung zu bearbeiten. Das versuche ich hier mit der Frage, inwiefern sich Sorgearbeit innerhalb der Familie als Lernprozess rekonstruieren lässt.

Der Erfahrungsbericht als Antwort auf den Schreibaufruf

Die Biografieforschung hat immer schon mit unterschiedlichen Datenmaterialien gearbeitet, darunter neben dem besonders prominenten biografisch-narrativen Interview auch mit schriftlichen Quellen: Tagebücher, Briefe, Memoiren und andere autobiografische Texte (Dausien 2006). Gleichwohl bestehen auswertungsrelevante Unterschiede zwischen Texten, die in mündlichen autobiografischen Stegreiferzählungen produziert werden, und schriftlichem Material, das den Autorinnen und Autoren eine sorgfältige Konstruktion des Textes über ihre Erlebnisse und Erfahrungen und den gezielten Einsatz von Schreibtechniken und literarischen Stilmitteln ermöglicht. Das gilt insbesondere dann, wenn es sich um geübte oder auch ambitionierte Schreiberinnen und Schreiber handelt. Bedenkt man allerdings, dass auch das mündliche Erzählen an Erzähltraditionen anknüpft und darin verankerte Stilmittel benutzt, wird deutlich, dass es sich allenfalls um eine graduelle, nicht aber eine prinzipielle Differenz zwischen beiden Materialsorten handelt. Einen Unterschied erachte ich allerdings als wesentlich. Während das narrative Interview strategisch versucht, zum Ausufern der Erzählung zu verführen, fordert die Schriftlichkeit dazu auf, sich zu konzentrieren, zu verdichten bzw. auf den berühmten Punkt zu kommen.

Der Schreibaufruf, der gewissermaßen an die Stelle des in der Biografieforschung üblichen Vorgesprächs und der Erzählaufforderung tritt, ähnelt stärker einer in pädagogischen Kontexten üblichen Aufgabenstellung. Bei aller Offenheit für die Bearbeitung der Aufgabe erzeugt diese einen Rahmen, in dem die Darstellung spezifischer Erfahrungen überhaupt erst möglich wird. Neben der thematischen Vorgabe, Geschichten übers Sorgen, Pflegen und Betreuen zu schreiben, erläutert der Aufruf[1] den Projektkontext, die Verwendung der eingesandten Texte sowie das Forschungsinteresse und benennt die damit verbundenen Fragen. In der Ansprache der potenziellen Schreiberinnen und Schreiber stehen die Formate Geschichte und Erzählung im Vordergrund, wobei angeboten wird, eine besonders einschneidende Erfahrung, ein besonders bewegendes Erlebnis darzustellen oder auch eine ganze Betreuungsgeschichte zu erzählen, die sich über einen längeren Zeitraum erstreckt.

Ein weiteres Format, das ins Spiel gebracht wird, ist der Erfahrungsbericht. Die eingesendeten Texte greifen die Anregungen des Schreibaufrufs in unterschiedlicher Weise auf. Das Format Erfahrungsbericht erweist sich dabei aus meiner Sicht als besonders interessant, weil darin längere biografische Phasen in den Blick genommen werden. Die AutorInnen fokussieren nicht nur einzelne erlebte Erfahrungen, sondern verknüpfen diese auch miteinander. Gleichzeitig machen erzählerische Elemente und Sequenzen die geschilderten Erfahrungen anschaulich. Die

---

[1] Vgl. den Schreibaufruf auf den Seiten 268-269. Aus Gründen der Lesbarkeit habe ich darauf verzichtet, direkt aus ihm zu zitieren.

Konzentriertheit, die ein schriftlicher Bericht erfordert, setzt voraus oder – noch zutreffender – ermöglicht es, zur Erlebensebene in Distanz zu treten. Damit eröffnet diese Textform auch einen Zugang zu Prozessen und Strategien der Erfahrungsverarbeitung. Um eine Metapher aus der Biografieforschung aufzugreifen: Statt erzählend in den Erinnerungsstrom einzutauchen und sich von einem Erlebnis zum nächsten treiben zu lassen, tauchen die berichtenden ErzählerInnen immer wieder aus dem Erinnerungsstrom auf, um dann – vermutlich sehr bewusst – den nächsten Punkt anzusteuern. Folgt man diesen Überlegungen, kann man das Schreiben eines Erfahrungsberichts selbst als eine Form der Erfahrungsverarbeitung verstehen.[2] Der Erfahrungsbericht eröffnet deshalb nicht nur einen Zugang zu den Erfahrungen mit der Sorgearbeit, sondern auch zu den Strategien, die in diesem Kontext gemachten Erfahrungen festzuhalten, aber auch wegzulassen, sie auf eine bestimmte Art anzuordnen und einzuordnen, zu befragen, zu verknüpfen, zu bewerten etc.

Der Erfahrungsbericht ist eine verdichtete Form der Erzählung.[3] Er folgt einer klaren temporalen Struktur, in der die Ereignisse nacheinander angeordnet und verkettet sind. Das berichtende Ich schreibt mit zeitlichem Abstand zumeist aus einer Perspektive der distanzierten Beobachtung und richtet den Blick sehr gezielt auf bestimmte Aspekte der Situation bzw. der Ereignisse, auf andere Personen, insbesondere die zu pflegende Person, und auf sich selbst. Berichte enthalten zuweilen szenenhafte Beschreibungen konkreter Situationen, wie zum Beispiel eines bestimmten Arzt- oder Krankenhausbesuchs, eines bestimmten Sturzes oder Vorfalls, aber auch viele Beschreibungen, in denen wiederkehrende Prozesse und Abläufe in verdichteter und situationsübergreifender Form dargestellt sind. Das hat nicht zuletzt mit der Spezifik des Themas zu tun. Sorgearbeit ist geprägt von der alltäglichen Wiederkehr derselben Verrichtungen. Die Etablierung von Routinen ist ein Anzeichen für die Stabilisierung nicht zuletzt der gesundheitlichen Situation der zu pflegenden Person. Solche Routinen sind wünschenswert und notwendig, weil sie den Sorgenden eine gewisse Entlastung angesichts permanenter Herausforderungen bei begrenzten und nachlassenden Kräften ermöglichen. Die Veränderung von Routinen tritt häufig dann ein, wenn sich der Gesundheitszustand der gepflegten Person verschlechtert und die Entwicklung neuer Handlungsstrategien erforderlich macht.

Aus den vorliegenden Texten habe ich zwei Erfahrungsberichte ausgewählt, welche die eben erläuterten Merkmale besonders deutlich aufweisen. Geschrieben sind sie

2   *In der Schreibforschung und -didaktik gibt es schon sehr lange Ansätze, die das Schreiben als Form der Erfahrungsverarbeitung methodisch einsetzen (vgl. beispielhaft Schreiber 2018).*

3   *Die Formulierung und die Offenheit des Schreibaufrufs ermöglicht unterschiedliche Antworten – auch auf der Ebene der Textformen. Ich würde nicht alle Texte als Erfahrungsberichte im hier erläuterten Sinne beschreiben. Eine systematische Analyse und Bezeichnung der eingelangten Textformen konnte ich jedoch nicht vornehmen.*

von einer Frau, die über mehrere Jahre ihren Schwiegervater und dessen Schwester, die im selben Haus leben, unterstützt und später gepflegt hat, und von einem Mann, der seine Frau ebenfalls zu Hause gepflegt und versorgt hat. In beiden Fällen hat sich der Pflegeprozess über mehrere Jahre erstreckt, bis die zu pflegenden Angehörigen verstorben sind. Als Erfahrungsberichte sind beide Darstellungen in einem sachlichen, manchmal geradezu nüchternen Ton verfasst. Das gilt weitgehend auch für die dramatischen Phasen des Pflegeprozesses wie beispielsweise rapide Verschlechterungen des Gesundheitszustands und den Tod der gepflegten Person. Gleichwohl erzeugen die Genauigkeit der Beschreibungen und gelegentliche narrative Elemente eine anschauliche Vorstellung von der alltäglichen Sorgearbeit und den damit verbundenen Herausforderungen.

In der methodischen Textanalyse habe ich zunächst den Text in Sequenzen unterteilt und mich dabei an den inhaltlichen Schwerpunkten und den gestalterischen Mitteln orientiert, die von den AutorInnen eingesetzt werden. Auf diese Weise wird auch die „Dramaturgie" der Texte erkennbar. Von besonderem Interesse waren für mich kommentierende Textpassagen, die über eine Beschreibung hinausgehen und sich (selbst-)reflexiv auf die dargestellten Erlebnisse und Ereignisse beziehen.

Lernprozesse in der Sorgearbeit: analytische Fragen

Meinem Interesse für die Lernprozesse, die mit der Übernahme von Sorgearbeit verbunden sind, bin ich in zwei Schritten nachgegangen: In einem ersten textnahen Schritt habe ich mir die Erfahrungen angeschaut, die in der Textstruktur besonders herausgehoben sind, das heißt den Titel, die Präambel und das Resümee, weil ich davon ausgehe, dass diese den AutorInnen besonders wichtig sind. Anschließend habe ich rekonstruiert, was der Text in den berichtenden Textteilen beschreibt und was das jeweils allgemeinere Thema ist, worüber im (Be-)Schreiben nachgedacht wird. Damit folge ich einer lerntheoretischen Idee von John Dewey (1916), der davon ausgeht, dass Erfahrungsprozesse dann mit Lernen einhergehen, wenn das in einer konkreten Situation Erlebte zum Gegenstand des Nachdenkens wird. Eine Erfahrung zu durchdenken bedeutet, Zusammenhänge zwischen den einzelnen Elementen der Erfahrung herzustellen, vor allem zwischen dem, was wir im Handeln bewirken (aktive Seite), und dem, was auf uns zurückwirkt (passive Seite).

Das in der durchdachten Erfahrung erzeugte neue Wissen ermöglicht in der Folge verändertes Handeln.[4] Da es sich bei pflegenden Angehörigen meist nicht um ausge-

---

4 *Es handelt sich dabei um einen komplexen Prozess, der nur eingeschränkt mit dem übereinstimmt, was oft als „learning by doing" bezeichnet wird. Diese Verkürzung wird sowohl für Lernen nach Versuch und Irrtum verwendet als auch für Üben im Sinne von Routinisierung von Handlungsabläufen. Gerade das für Dewey zentrale Element des Denkens oder der Reflexion ist im „learning by doing" nicht oder nur rudimentär enthalten.*

bildete Pflegekräfte handelt, eignen sie sich große Teile ihrer pflegerischen Kompetenz auf diese Weise an. Sie entwickeln einen sehr genauen Blick auf die zu pflegende Person und die Pflegesituation, stellen Zusammenhänge her und verändern entsprechend ihre Handlungsstrategien.

Aber die von den AutorInnen beschriebenen Erfahrungen sind nicht die einzigen Lernprozesse, die im Zug der Sorgearbeit stattgefunden und in den Texten ihre Spuren hinterlassen haben. In Anlehnung an ein relationales Verständnis von Lernprozessen (Künkler 2009), das Lernen nicht als etwas versteht, das im Subjekt stattfindet, sondern vielmehr im Verhältnis des Subjekts zu sich selbst, zu Anderen und zur Welt, eröffnen sich drei weitere Fragenkomplexe, die mich in der analytischen Lektüre der Erfahrungsberichte besonders interessieren.

Selbst-Verhältnis: In beiden hier ausgewählten Beispielen geht es – wie wahrscheinlich meistens bei der Übernahme von Sorgearbeit – nicht nur um eine kurze Episode, sondern um eine längere biografische Phase, in der sich der Alltag und das Leben der sorgenden Personen grundlegend verändern. Weil diese Phase von unbestimmter Dauer ist, müssen sich die Pflegenden darin einrichten. Wenn man davon ausgeht, dass das alltägliche Tun, Denken und Da-Sein (für andere) relevant ist für Selbstbild und Selbstverständnis, dann ergibt sich daraus für mich die Frage, wie und was sich im Laufe der Sorgearbeit im Verhältnis der Person zu sich selbst verändert.

Anderen-Verhältnisse: Familiale Sorgearbeit findet in Beziehungen statt. Mein Hauptaugenmerk richtet sich auf die Veränderung des Verhältnisses zwischen der zu pflegenden Person und der Person, die den Hauptanteil der Sorgearbeit übernommen und den Erfahrungsbericht verfasst hat. Die Erfahrungsberichte machen deutlich, dass noch weitere Andere in diesen Prozess involviert sind: Ehepartner, Kinder und weitere Familienangehörige, Freunde und Bekannte – und im Fortschreiten des Pflegeprozesses Haushaltshilfen und professionelles Pflegepersonal. Obwohl sie in den Berichten zumeist Nebenrollen spielen, lässt sich erkennen, dass sie alle von elementarer Bedeutung für die Aufrechterhaltung des Pflegearrangements sind und sich auch die Beziehungen zu diesen Personen verändern.

Weltverhältnis: Pflegearbeit durch Angehörige findet für gewöhnlich zu Hause statt und ist in einen materiellen[5], lebensweltlichen und gesellschaftlichen Kontext eingebettet. Die Berichte geben Einblick in die Alltagswelt derer, die Sorgearbeit leisten. Welche Facetten dieser Welt werden erkennbar, wie beziehen sich die Schreibenden

---

5 *Materiell meint hier sowohl den konkreten Raum, die Wohnung, das Haus als auch die ökonomischen Ressourcen, die dem Haushalt zur Verfügung stehen.*

auf die sie umgebende Welt und wie verändert sich im Laufe des Pflegeprozesses ihr Verhältnis zu dieser Welt?

Diese drei Perspektiven und die damit verbundenen Fragen habe ich unterschiedlich intensiv an die Erfahrungsberichte herangetragen. Sie dienen als Orientierung für die Darstellung der ausgewählten Beispiele. Der begrenzte Raum erfordert es, die Darstellung knapp zu halten, sodass nur ausgewählte Aspekte thematisiert werden können. Gleichzeitig habe ich versucht, die in den Texten enthaltene Gesamtgestalt der Pflegeerfahrung in verdichteter Form zu erhalten.

Lernprozesse im Pflegealltag – zwei Beispiele für Erfahrungsberichte

Wie die Sorgearbeit für Angehörige scheinbar absehbar und unvermeidlich in den Mittelpunkt des Alltagslebens rückt und zu einer ambivalenten und gleichzeitig bedeutsamen biografischen Phase wird, zeigen zwei Erfahrungsberichte besonders deutlich. Sabine Lenk und Adolf Katzenbeisser, eine Frau und ein Mann in unterschiedlichem Alter und in verschiedenen Lebensphasen blicken auf eine jeweils mehrjährige von Sorgearbeit dominierte Lebensphase zurück und schreiben über ihre Erfahrungen: ausführlich und dennoch pointiert, nüchtern und zugleich engagiert, im Wechsel zwischen distanzierter Beschreibung und genauem Blick auf die Anderen und sich selbst. Gemeinsam ist ihnen die Selbstverständlichkeit, mit der sie sich den Anforderungen der Sorgearbeit stellen. Durchaus verschieden ist die Beziehung, die sie mit den zu pflegenden Angehörigen verbindet, und was das für die Sorgearbeit bedeutet.

BEISPIEL 1: „MEIN LEBEN MIT DER BETREUUNG VON ALTEN MENSCHEN"

Bereits als junge Frau mit Anfang zwanzig erwartet Sabine Lenk, dass sie früher oder später mit familialer Sorgearbeit beschäftigt sein wird, und betrachtet das als selbstverständlichen Teil ihres Lebens. Sie richtet dabei den Blick vor allem auf die Familie, in die sie einheiratet und stellt gleichzeitig eine biografische Kontinuität zu den Betreuungs- und Unterstützungsaufgaben her, die sie schon in ihrer Herkunftsfamilie übernommen hat. Sie begleitet zunächst die Tante ihres Mannes zum Arzt und später auch ins Krankenhaus.

Sorgearbeit zwischen Alltagsunterstützung und dauerhafter Gebundenheit

Besteht zu Beginn der Ehe noch ein Verhältnis wechselseitiger Unterstützung zwischen den Generationen – Tante und Schwiegervater unterstützen die junge Familie auf unterschiedliche Weise beim Hausbau –, verschiebt sich dieses Verhältnis im weiteren Verlauf. Der Unterstützung bei punktuellen Gesundheitsproblemen (zum Beispiel die Versorgung von

Verletzungen infolge von Stürzen) und der Entlastung bei der Hausarbeit folgen die Kontrolle der Medikamenteneinnahme und die Übernahme der Körperpflege. Mit der wachsenden körperlichen und geistigen Einschränkung der beiden alten Menschen steigert sich nicht nur der Umfang der notwendigen Sorgearbeit, sondern auch die damit verbundene Belastung und Anspannung. Gleichwohl handelt es sich um einen diskontinuierlichen, mehrjährigen Prozess, in dem sich Krisen, die Entwicklung neuer Routinen, vorübergehende Stabilisierung und sukzessive Verschlechterungen abwechseln.

Mit der Zeit wird die Sorgearbeit für Schwiegervater und Tante selbstverständlicher und nimmt einen wachsenden Teil des Lebens der Protagonistin ein. Während der Bericht primär von den immer wieder eintretenden Verschlechterungen des Gesundheitszustands und den dann jeweils entwickelten Umgangsstrategien vorangetrieben wird, gibt es immer wieder auch kurze Textabschnitte, die zeigen, welche Auswirkungen die Sorgearbeit für den Lebensrhythmus und den Familienalltag der Protagonistin hat. Sie muss sich auf den Schlafrhythmus der Tante einstellen und länger aufbleiben. Ausgehen und Urlaubsreisen werden schrittweise aufgegeben. Zeiten mit ihrem Mann und den Kindern reduzieren sich und man gibt sich zunehmend die Klinke in die Hand. Irgendwann muss sie ihre Erwerbstätigkeit aufgeben, was eine signifikante Veränderung ihres Lebens darstellt: Unbezahlte Sorgearbeit tritt an die Stelle bezahlter Erwerbsarbeit.[6] Das Aufgeben der außerhäuslichen Erwerbsarbeit zieht das Risiko der vollen Vereinnahmung durch familiale Ansprüche nach sich. Hat sich die Protagonistin bisher regelmäßig und selbstverständlich in einer nicht-familialen „Außenwelt" bewegt, die auch einen legitimen Rückzug von den Ansprüchen der familialen Anderen ermöglicht, verschwindet nun dieser Teil ihrer Lebenswelt. Man könnte auch sagen, die Welt, in der sie sich bewegt, schrumpft und ihre Bewegungsfreiheit schränkt sich ein, weil sie nun permanent zu Hause verfügbar sein muss.

Ihre Familie trägt den Pflegeprozess mit – durch Verzicht, Verständnis und aktive Beteiligung. Erst zu einem sehr späten Zeitpunkt, kurz vor dem Tod des (Schwieger-)Vaters - als die Familie am Ende ihrer Kräfte ist - kommt externe Unterstützung durch eine österreichische Wohlfahrtsorganisation ins Spiel. Das ermöglicht der Protagonistin ein wenig Entlastung – *„damit ich etwas aus dem Haus kam".* Sie kann die familiale Sorgewelt kurzzeitig verlassen und ist zumindest temporär von den Anforderungen der Sorgearbeit befreit. Das ermöglicht ihr ein

---

6 Vgl. die Beiträge *„Wenn Frauen und Männer betreuen und pflegen: Gender im Care-Alltag" (von Erich Lehner & Elisabeth Reitinger) und „,Demenzkranke sind unberechenbar' - Reflexion von Männlichkeit(en) in der Pflege von Demenz betroffener Ehefrauen" (von Barbara Pichler & Elisabeth Reitinger)* in diesem Band.

Minimum an Ausruhen und Regeneration, aber wohl kaum, eigenen Interessen und subjektiv bedeutsamen Tätigkeiten nachzugehen, die ein substanzielles Gegengewicht zur Sorgearbeit darstellen könnten.

Die Pflegearbeit endet etwa ein halbes Jahr später mit dem Tod der Tante. Obwohl die Tante nicht nur erwartet hat zu sterben, sondern sterben wollte, erlebt Frau Lenk den Tod als Zusammenbruch ihrer Welt. Eine Rückkehr in ihr eigenes Leben ist nicht ohne weiteres möglich, weil zentrale Pfeiler eines Alltags jenseits von Sorgearbeit nicht mehr vorhanden sind: Erwerbsarbeit und Einkommen als Handlungsfelder und Grundlage von Selbstbestimmung fehlen genauso wie ein Handlungsplan, eine Vorstellung für die nähere und weitere Zukunft oder sogar noch basaler: das Wissen um eigene Wünsche und Bedürfnisse. Die Verausgabung der eigenen Kräfte in der Sorgearbeit, die absehbar, aber dennoch abrupt mit dem Tod der zu pflegenden Person endet, erzeugt nicht nur einen Bedarf für physische und psychische Regeneration, sondern auch die Notwendigkeit einer biografischen Verarbeitung und Neuorientierung, in der die Selbstbestimmung über das eigene Leben sich nicht einfach von selbst einstellt, sondern aktiv angeeignet werden muss.

Sorgearbeit als Transformationsprozess und Selbstverlust

Obwohl im dargestellten Fall die Übernahme der Pflegeaufgabe erwartet wurde und eine biografisch eingebettete Lebensphase war, ist die am Ende des Textes formulierte Erfahrung eine des Selbstverlustes nach einem mehrjährigen Prozess des Eingenommen-Werdens durch die Sorgearbeit. Der damit verbundene Transformationsprozess – und das ist aus lerntheoretischer Perspektive bedeutsam – findet gleichzeitig auf mehreren Ebenen statt: die Verengung der Lebenswelt durch den Verlust des außerfamilialen Handlungsbereichs, die Ein- und Unterordnung von Familienaktivitäten und -beziehungen in den Alltag der Sorgearbeit und der Verlust des Selbstbezugs angesichts der umfangreichen Beanspruchung durch die Sorgearbeit. Die Autorin kommentiert ihre Erfahrung abschließend so:

> *„Das Schwierigste in den vielen Jahren war für mich immer das Gebundensein an jemand anderen. Nicht so entscheiden zu können, wie ich wollte, da immer die beiden im Vordergrund waren."*

Auch wenn die Protagonistin unter diesen Veränderungen ihres Lebens und der immer größeren Einschränkung ihrer Selbstbestimmung gelitten hat, stellt sie die

Notwendigkeit und die Angemessenheit der Übernahme der Pflegeaufgaben an keiner Stelle in Frage. Diese war und ist in ihren Augen alternativlos. Auch ganz am Schluss des Textes kann sie sich eine andere Form nicht vorstellen und bekräftigt ihre Haltung:

> *„Trotzdem möchte ich die Zeit nicht missen, ich habe viel gelernt, und wer weiß, was gewesen wäre, wenn wir sie nicht gepflegt hätten. Der Gedanke ‚Es wird schon zu was gut sein' hat mir dabei immer sehr geholfen."*

In der formelhaften (Selbst-)Beschwichtigung wird nicht zuletzt eine Strategie erkennbar, die es ermöglicht, die als belastend empfundene Situation durchzuhalten: Die Bewertung der hauptsächlich von Sorgearbeit bestimmten Lebensphase wird vom eigenen Erleben – insbesondere dem Leiden an der Situation – abgekoppelt, in die noch unbestimmte Zukunft verschoben („es wird"). Ihm wird eine Funktionalität („zu was") und Qualität („gut") zugeschrieben, auch wenn diese (noch) nicht erkennbar oder benennbar ist.

Der Text endet in der Gegenwart mit Blick auf eine Zukunft, in der das eigene Leben bzw. das Familienleben erst noch zurückgewonnen werden muss. Die abschließende Textunterschrift *„Die Zukunft liegt in unseren Händen"* artikuliert dabei einen neuen Anspruch auf Selbstbestimmung, der – und das verweist darauf, wie selbstverständlich sich die Verfasserin als Teil der Familie betrachtet – nicht in erster Linie ein individueller ist, sondern der einer sozialen Gemeinschaft.

Im lerntheoretisch interessierten Blick auf den Pflegeprozess zeigt sich, dass die Protagonistin in der sukzessiven Übernahme von Pflegetätigkeiten wie Wundversorgung, Körperpflege oder Medikamentengabe zumindest teilweise auf bereits vorhandene Erfahrungen zurückgreifen kann und diese ausbaut, sobald sich neue Herausforderungen stellen. Dabei entwickelt sie nicht nur praktische Fähigkeiten, sondern auch einen spezifischen Blick auf die räumlich-materiellen Bedingungen, auf die Pflegesituation, den Krankheitsverlauf, die Behandlungsstrategien der beteiligten Ärzte, deren Erfolg und Misserfolg. Dieser Blick ist darauf gerichtet, Zeichen zu deuten (beispielsweise Vorboten gesundheitlicher Verschlechterungen), Gefahren und Risiken rechtzeitig zu erkennen und abzuwenden (zum Beispiel den Holzofen entfernen), Möbel und Ausstattung der Pflegesituation anzupassen (eine Nachtflasche besorgen, um nächtliche Gänge und damit verbundene Sturzrisiken zu verhindern) und das Essen und die Essenszubereitung zu verändern. Die Protagonistin arrangiert sich mit dem scheinbar Unvermeidlichen. Dazu zählt nicht nur die Erwartung, dass sich alte Menschen verirren und sich ihre Möglichkeiten zur Einsicht in notwendige Vorkehrungen verringern, sondern auch, dass sie selbst als Betreuende diejenige ist, die ihr Leben den Anforderungen der Pflegesituation entsprechend anpassen muss.

Die Pflegearbeit trägt hier sichtlich Merkmale eines Transformationsprozesses. Der Blick der Protagonistin auf sich selbst, die Welt und die Anderen verändert sich deutlich. Vor dem Hintergrund dieser Analyse wird ihre am Ende des Erfahrungsberichtes formulierte Einschätzung, dass sie *„viel gelernt"* habe und diese Erfahrungen *„nicht missen"* möchte, auf differenziertere Weise verstehbar als zu Beginn dieses Beitrags angedeutet. Neben dem Zugewinn an Handlungsmöglichkeiten in der Pflegearbeit verläuft jedoch ein paralleler Prozess des Verlustes an Handlungsmöglichkeiten außerhalb der Sorgearbeit. Das trägt dazu bei, dass sie den Tod der jahrelang gepflegten Angehörigen nicht nur als schmerzlichen Verlust, sondern als Zusammenbruch ihrer Welt erlebt, der mit dem (temporären) Verlust von Handlungsperspektiven verbunden ist. Hier zeigt sich deutlich die Ambivalenz der Lernprozesse im Kontext der Übernahme von Sorgearbeit. Sie sind sowohl mit der Erweiterung als auch der Verengung von Handlungsmöglichkeiten verbunden. Solange die Sorgearbeit andauert, ist dieser Prozess funktional und trägt wesentlich dazu bei, dass das häusliche Sorgearrangement aufrechterhalten werden kann. Am Ende der Sorgearbeit ergibt sich daraus aber eine Situation, in der nicht nur eine physische und psychische Regeneration notwendig ist, sondern auch eine biografische Neuorientierung ansteht.

BEISPIEL 2: „AM ENDE MEINER KRÄFTE"
Rückenschmerzen und Steifheit in den Gelenken erweisen sich im Rückblick als ungute Vorboten in einem bisher aktiv gestalteten Alter des Ehepaares Katzenbeisser. In nur wenigen Zeilen erzählt der Verfasser dieses Erfahrungsberichtes, wie nach mehrmaligen gemeinsamen Arztbesuchen ein Neurologe bei seiner Frau Parkinson diagnostiziert und eine drastische Veränderung ihres bisherigen Lebens ankündigt.

Sorgearbeit als Lebensphase zwischen Gestaltung, Verausgabung und Rückzug
Das Ehepaar reagiert auf die Diagnose mit einer Mischung aus Unglauben, Besorgnis und Zukunftsangst, beginnt aber zugleich damit, sich zu informieren und darauf einzustellen, gemeinsam aktiv mit dem Verlauf der Erkrankung umzugehen – medikamentös, sportlich, diszipliniert und mit der Anpassung der eigenen Lebensweise und Pläne an die nun eingeschränkten Bewegungsmöglichkeiten. So vergehen fünf Jahre nach der Diagnose noch mit gemeinsamen kleineren Unternehmungen und Ausflügen.

Als nach einem letztlich erfolglosen Einsatz von Psychopharmaka gegen die krankheitsbedingte Niedergeschlagenheit eine neue Phase des Krankheitsverlaufs beginnt, in der der Verfasser nicht nur den körperlichen Abbau, sondern auch die Veränderung der Persönlichkeit seiner Frau beobachtet, steigen die Anforderungen an die zu leistende Sorgearbeit erheblich. Gezielte Übungen zum Erhalt der körperlichen Beweglichkeit, deren Absolvierung der Verfasser aufzeichnet, werden nach einem Jahr selbst zum Risiko. Er entfernt die Teppiche, um die Stolpergefahr zu verringern. Bald ist ein Rollstuhl erforderlich. Im Text ist erkennbar, wie die Erkrankung das Verhältnis zwischen beiden Personen spürbar verändert. Mit ihrer wachsenden Angewiesenheit auf seine Hilfe stellt sich ein zunehmend einseitiges Sorgeverhältnis her. Die mit der Erkrankung verbundenen Veränderungen ihrer Persönlichkeit, der Rückgang ihres Interesses an der Welt und der Rückzug von anderen Menschen, der auch Familienmitglieder betrifft, führen dazu, dass sie – wie der Autor schreibt – *„in ihrer eigenen Welt (verschwand)"*. Das wird durchaus nüchtern beschrieben:

„Der Abbau der Hirnsubstanz war nicht zu stoppen, jeden Tag starb ein bisschen mehr von ihr weg."

Der Krankheitsverlauf und die sich daraus ergebenden Anforderungen und Erschwernisse in der Sorgearbeit werden für das Ehepaar zur bestimmenden Struktur. Andere Aktivitäten müssen aufgegeben werden. Ihm sind nur wenige Atempausen vergönnt, etwa für eine eigene Operation oder wenn sie zwischenzeitlich stationär aufgenommen wird. Aber es ist bereits erkennbar, dass sich dieses Arrangement nicht unbegrenzt aufrechterhalten lässt.

„Noch schaffte ich das alles, nur meine eigenen Bedürfnisse und Freizeitbeschäftigungen musste ich streichen."

Ihr Rückzug von FreundInnen und Familie hat Folgen für die sozialen Beziehungen des Paares. Auch wenn sich der soziale Kontext nicht auflöst, sondern nur in den Hintergrund tritt, wie an späterer Stelle deutlich wird, wirkt es so, als würde sich der Alltag der Sorgearbeit im begrenzten Raum der Wohnung abspielen, in dem Interaktionen mit Anderen kaum mehr vorkommen, sodass beide in dieser ungleichgewichtig gewordenen Beziehung noch intensiver aufeinander verwiesen sind. Neue Medikamente bringen keine oder kaum Verbesserungen, sondern vor allem unliebsame Nebenwirkungen.

Etwa drei Jahre lang wird diese Form der Sorgearbeit unter Mühen, aber dennoch stabil aufrechterhalten, bis die titelgebende Selbsteinschätzung *„Ich war am Ende meiner Kräfte und Belastbarkeit"* den unausweichlichen Endpunkt dieser engen Form der innerfamilialen Versorgung markiert: Eine Heimhilfe wird beantragt und bewilligt, die Alltagsorganisation verändert sich und der Verfasser erhält Unterstützung vor allem bei den körperlich anstrengenden Pflegetätigkeiten, sodass etwas Freiraum entsteht. Die externe Unterstützung ist mit gewissen zeitlichen Unsicherheiten und einer starken personellen Fluktuation verbunden, die dem Ehepaar abverlangt, sich immer wieder auf neue Personen einzustellen. Der Verfasser behält den Überblick, dokumentiert genau und weist neue Personen in die Arbeit ein. Er beobachtet, dass es einige Heimhilfen schaffen, die Stimmung seiner Frau positiv zu beeinflussen und sie *„aufzumuntern"*, was ihm selbst – wie er bedauernd festhält – nicht mehr gelingt. Auch das lässt sich als ein Hinweis darauf lesen, wie sehr die dauerhaften Anstrengungen der Sorgearbeit die Beziehung zwischen beiden erschöpft und verändert haben.

Im Laufe der Zeit erzeugen Demenzerscheinungen eine erneute Krise und führen das häusliche Pflegearrangement endgültig an seine Grenzen. Anhand einer kleinen Alltagssituation wird deutlich, wie sich die (Über-)Beanspruchung durch die praktischen Pflegeaufgaben auf das Verhältnis der Eheleute auswirkt.

„Eines Abends bat sie mich, dass ich mich zu ihr hinsetze. Ich war schon sehr müde und lehnte ab. Sie brach in Tränen aus. Als ich mich dann doch ihr widmen wollte, schickte sie mich brüsk weg. Heute sehe ich noch immer ihr trauriges Gesicht vor mir, und es tut mir leid, dass ich damals so ablehnend reagierte."

Man könnte das für eine unglückliche, aber letztlich im Gesamtkontext von Pflegearbeit nicht so ungewöhnliche Situation halten. Ihre Dramatik besteht aus meiner Sicht darin, dass aufgrund der Erkrankung solche Situationen von den Eheleuten nicht mehr kommunikativ bearbeitet werden können und dass sie dem Verfasser in der Erinnerung als eine der seltenen, nicht nur verpassten, sondern ausgeschlagenen Gelegenheiten erscheinen, in der es vielleicht möglich gewesen wäre, einen Moment miteinander zu teilen. Insofern ist es wenig überraschend, dass die Erinnerung an diese Situation, die damit verbundene Erkenntnis der eigenen Grenzen und die daraus resultierende Enttäuschung für den Autor bis in die Gegenwart bedeutsam sind. Ein Pflegeheim kommt jedoch (noch) nicht infrage, weil der Verfasser das seiner Frau gegebene Versprechen einlösen will, sich *„solange es gehe"* selbst um sie zu kümmern, was er auch in den Phasen tut, in denen sie stationär versorgt wird. Sie kehrt noch einmal nach Hause zurück, aber selbst mit einer Pflegehelferin und einem Schlafmittel für die Nacht ist die Versorgung zu Hause zu fordernd und riskant geworden. Nach einem neuerlichen Krankenhausaufenthalt übersiedelt sie für knapp zwei Wochen in ein Pflegeheim. Bei einem erneut notwendigen Krankenhausaufenthalt verstirbt sie nach einer Operation an einer Infektion.

Das Ende der Sorgearbeit als Erfahrung der Leere
Zwei Zeilen sind dem letzten Besuch im Krankenhaus gewidmet, bei dem ihr Versuch, sich mitzuteilen, nicht mehr gelingt. Am Ende erinnert sich der Verfasser noch einmal an den Zeitpunkt der Diagnose und hadert damit, dass andere Menschen Jahrzehnte mit der Erkrankung leben, während ihnen nur zehn Jahre vergönnt waren – die Hälfte davon unter den für beide erschwerten Bedingungen der Pflege. In distanzierter Selbstbeobachtung, fast lapidar endet der Bericht, mit der Feststellung:

„Meine Lebensumstände änderten sich. Ich brauchte für sie nicht mehr zu sorgen, das Nicht-Gebrauchtwerden löste in mir ein Gefühl der inneren Leere aus."

Es ist nicht die physische Erschöpfung nach der in jeder Hinsicht anstrengenden letzten Pflegephase, die im Vordergrund steht, sondern das nahezu übergangslose abrupte Ende einer Lebensphase, deren ausfüllender Mittelpunkt die Sorgearbeit war, das ein Gefühl der *„inneren Leere"* erzeugt – ähnlich dem Selbstverlust, den Sabine Lenk beschreibt. Es ist noch nicht erkennbar, was an diese Stelle treten kann. Noch dramatischer bedeutet das Ende der Sorgearbeit aber hier mit dem Tod der Ehefrau auch den endgültigen Verlust der zentralen Familienbeziehung. Die begrenzte Welt der häuslichen Pflege mit der kranken Ehefrau und dem Pflegepersonal existiert so nicht mehr und die für das eigene Selbstverständnis zentrale Sorgearbeit für die Ehefrau ist genauso zu Ende wie die in den letzten Monaten und Jahren bestimmenden Interaktionsbeziehungen. Das erschwert es zusätzlich, an die Zeit vor der pflegezentrierten Lebensphase anzuknüpfen. Insofern ist nicht überraschend, dass eine in die Zukunft reichende biografische Sinnkonstruktion hier nicht einmal angedeutet wird. Welt-, Selbst- und Anderen-Bezüge müssen erst wiederhergestellt oder neu entwickelt werden.

Vor dem Hintergrund der hier vorgestellten Erfahrungsberichte stellt sich die Frage, welche Bedingungen und Unterstützungen günstig dafür sind, dass nach dem Verlust zentraler Beziehungen der biografische Übergang in eine neue Lebensphase gelingt. Dazu gehört auch die Frage, ob der in beiden Beispielen beobachtete unfreiwillige Rückzug in die Welt der Sorgearbeit, der von den Pflegeanforderungen gewissermaßen diktiert ist, wirklich alternativlos ist. In einer eher praktischen Einstellung wäre auch zu fragen, wie eine Unterstützung pflegender Angehöriger aussehen müsste, die verhindert, dass diejenigen, die die Hauptlast der Pflege tragen, von der Sorgearbeit so absorbiert werden, dass sich der Bezug zur Außenwelt und zu anderen in einem solchen Ausmaß verringert, dass sich auch der Selbstbezug weitgehend aus der Sorge für die pflegebedürftige Person bestimmt.

Resümee

Die beiden Beispiele haben gezeigt, dass es nicht nur für die Pflege-, sondern auch für die Bildungswissenschaft lohnenswert ist, sich Prozesse der Sorgearbeit unter der Perspektive anzuschauen, welche Lernprozesse in lebensweltlichen Kontexten bzw. im Alltag damit verbunden sind. In der Rekonstruktion der beiden ausgewählten Beispiele wird erkennbar, wie komplex und ambivalent diese Prozesse sind. Pflegende Angehörige beobachten genau, wie sich der Gesundheitszustand und das Befinden der pflegebedürftigen Personen verändern und passen ihre eigenen Handlungsstrategien entsprechend an, um Handlungsautonomie, Sicherheit und Wohlbefinden unter den gegebenen Bedingungen möglichst lange zu erhalten. Sie eignen sich dabei medizinisches und pflegerisches Wissen an und entwickeln Fertigkeiten, die für die Bewältigung der alltäglichen Pflegeaufgaben notwendig sind. Sie erweitern ihr Handlungsrepertoire als Pflegende, wenn Veränderungen in der Pflegesituation, fortschreitende körperliche Einschränkungen oder psychische Veränderungen das erforderlich machen, wobei letztere eine besondere Herausforderung darstellen. Die damit verbundenen Lernprozesse sind insgesamt am Erhalt von Handlungsfähigkeit unter zunehmend erschwerten Bedingungen orientiert. Während in der Erwachsenenbildungsdiskussion explizit davon ausgegangen oder implizit unterstellt wird, dass Lernen die Erschließung neuer oder erweiterter Handlungsmöglichkeiten bedeutet, zeigt sich unter den strukturellen Bedingungen der Pflegesituation am Lebensende, dass solche Erweiterungen von Handlungsspielräumen durch Lernen außerhalb des Möglichen liegen. Deshalb ausschließlich von Anpassungslernen zu sprechen, wird der Intensität und Qualität der Lernprozesse jedoch keineswegs gerecht.

Diese Lernprozesse erfordern Aktivität und Kreativität im Umgang mit immer neuen Anforderungen, sind aber gleichzeitig wesentlich bestimmt vom nur schwer vorhersehbaren und nur begrenzt beeinflussbaren Krankheitsverlauf und den damit verbundenen zunehmenden Einschränkungen. Mit fortschreitender Pflegebedürftigkeit verändern sich nicht nur der Alltag der pflegenden Angehörigen, sondern auch die diesen Alltag bestimmenden Beziehungen. Zugespitzt könnte man sagen, ihre räumliche und soziale Welt schrumpft, sodass für sie selbst darin nur wenig Platz ist. Bezogen auf die Sorgearbeit erwachsen daraus durchaus zusätzliche Handlungsmöglichkeiten. Diese sind – als unerwünschte Nebeneffekte gewissermaßen – zugleich mit Handlungsbeschränkungen in der Außenwelt, das heißt jenseits von Sorgearbeit, verbunden. Zur Krise werden sie dann, wenn die Pflege mit dem Tod abrupt endet und die Welt der Sorgearbeit in sich zusammenfällt, weil damit nicht einfach nur die Pflegeaufgabe verschwindet, sondern auch die Rolle, die Position und das Selbstverständnis, die die pflegende Person oft über Jahre entwickelt hat, nicht mehr verfügbar sind.

In den hier ausgewählten Erfahrungsberichten bedeutet ein pflegender Angehöriger oder eine pflegende Angehörige zu sein eine Daseinsform, deren Dauer nicht absehbar ist und die den Alltag zunehmend bestimmt, bis sie ihn fast vollständig ausfüllt. Auch wenn die ProtagonistInnen die Pflegeaufgaben bereitwillig und mit großer Selbstverständlichkeit bzw. Entschiedenheit übernehmen, handelt es sich nicht um eine Wahl, weil andere als das häusliche Pflegearrangement nicht in Erwägung gezogen wurden. Vielmehr geht es darum, einen Umgang mit dem Unvermeidlichen zu finden. Das unterscheidet die Pflegearbeit der Angehörigen wesentlich von professioneller Pflege. Die im Prozess der Pflege stattfindenden Transformationsprozesse ermöglichen einerseits, dass pflegebedürftige Angehörige sehr lange in guter Weise zu Hause versorgt werden können. Andererseits geht Übernahme von Sorgearbeit für eine längere biografische Phase fast zwangsläufig mit erheblichen Veränderungen im Selbst-, Welt- und Anderen-Verhältnis einher, die von den VerfasserInnen der Erfahrungsberichte als subjektiv und biografisch bedeutsam betrachtet werden und auch nach dem Ende der Pflegephase relevant bleiben.

Die biografisch bedeutsamen Lernerfahrungen sind nicht jene, die mit der unmittelbaren Bewältigung der Pflegeaufgaben verbunden sind, sondern die Transformationsprozesse, denen die ProtagonistInnen im Laufe der Sorgearbeit mehr ausgesetzt sind, als dass sie sie selbst herbeiführen, mit denen sie aktiv umgehen, die sie aber nur begrenzt mitbestimmen können. Diese müssen bewältigt werden, um das gewählte Pflegearrangement aufrechtzuerhalten, und sie dauern nach Ende der Sorgearbeit an, wenn es darum geht, die Jahre der Sorgearbeit in das eigene biografische Selbstverständnis zu integrieren und unter veränderten Bedingungen wieder eine Gestaltungsperspektive für das eigene Leben zu entwickeln. Das ist kein banaler Prozess und die Erfahrungsberichte können als Dokumente einer solchen biografischen Verarbeitung gelesen werden, in denen sowohl die Auseinandersetzung mit den Erfahrungen der Sorgearbeit stattfindet als auch Distanzierung von den damit verbundenen leidvollen Prozessen. Eindrücklich sind diese Dokumente auch deshalb, weil sie in ihrer Offenheit jede Idealisierung von Selbstaufopferung in der Pflege von Angehörigen verbieten. Vielmehr stellt sich nachdrücklich die Frage, welche Unterstützungsformen und Bedingungen notwendig sind, damit pflegende Angehörige sich während der Pflegephase und darüber hinaus als biografisch handlungsfähige Subjekte erfahren können, die auf ihr Verhältnis zur Welt, zu anderen und zu sich selbst gestaltend Einfluss nehmen können.

Selbst dann, wenn der Tod erwartet wurde und in den Texten erkennbar wird, dass die schreibenden Personen sich darauf auch eingestellt haben, geschieht das beide Male in einer Phase besonders intensiven Engagements und fortgeschrittener Erschöpfung. Daraus ergibt sich nicht nur die Notwendigkeit für eine Phase der physischen und psychischen Regeneration, sondern auch für eine biografische Neuorientierung. Es ist kaum möglich, nahtlos an das Leben vor der Pflegephase anzuknüpfen. Insbesondere wenn diese von so langer Dauer war, müssen Anschlüsse an frühere und vor allem andere biografische Erfahrungen erst aktiv hergestellt werden. Gelingt dieser Prozess biografischer Arbeit, liegen darin neue Erfahrungs- und Gestaltungsmöglichkeiten für das eigene Leben.

Literatur

Dausien Bettina (2006). Biografieforschung. In: Behnke Joachim, Gschwend Thomas, Schindler Delia, Schnapp Kai-Uwe (Hg.). Methoden der Politikwissenschaft. Neuere qualitative und quantitative Analyseverfahren. Baden-Baden: Nomos. 59-68

Dewey John (1993 [1916]). Demokratie und Erziehung. Eine Einleitung in die philosophische Pädagogik. Weinheim, Basel: Beltz

Gröning Katharina, Kunstmann Anne-Christin, Rensing Elisabeth, Röwekamp Bianca (2004). Pflegegeschichten. Pflegende Angehörige schildern ihre Erfahrungen. Frankfurt am Main: Mabuse

Meyer-Drawe, Käte (2008). Diskurse des Lernens. München: Wilhelm Fink

Künkler Tobias (2011). Lernen in Beziehung. Zum Verhältnis von Subjektivität und Relationalität in Lernprozessen. Bielefeld: transcript

Rosenthal Gabriele (2015). Interpretative Sozialforschung. Eine Einführung. Weinheim: Beltz Juventa

Schmidt Siegfried (2003). Was wir vom Lernen zu wissen glauben. In: Arbeitsgemeinschaft Betriebliche Weiterbildungsforschung e. V./Qualifikations-Entwicklungs-Management (Hg.). Was kann ich wissen? Theorie und Geschichte von Lernkultur und Kompetenzentwicklung. QUEM-report. Heft 82. 11 -25

Schreiber, Birgit (2018). Schreiben zur Selbsthilfe. Worte finden, Glück erleben, gesund sein. Heidelberg: Springer

Der Zeit ihren Sinn geben

EDITH AUER

Es gibt Momente im Leben, in denen Zeit zu einem kostbaren Gut wird. Ich habe erlebt, wie meine Mutter immer mehr ihre Orientierung in der Realität verloren hat, für sie ist Zeit keine relevante Konstante mehr, für mich hingegen wird die Zeit knapp, für mich wird schön langsam real, dass Lebenszeit endlich ist. Ich würde am liebsten die Augen davor verschließen und so tun, als wäre alles wie zu der Zeit, als die Mutter noch eine agile, selbstbewusste und vor allem selbständige Frau war, aber es hat mich schon aus der Bahn geworfen. Ich bemerke, dass ich für mich selber Pläne entwerfe, was ich noch tun will in meinem Leben, und ich versuche, keine Angst zu haben.

Als Soziologin interessiere ich mich dafür, was Menschen erzählen oder wie sie handeln, was für unsere Gesellschaft markant ist oder worüber wir uns Gedanken machen sollten. Im Laufe dieses Projekts bin ich zur unmittelbar „Betroffenen" geworden, weil sich bei meiner Mutter die Auswirkungen fortschreitender Demenz manifestiert haben. Die Irritation, die diese Entwicklung in mir bewirkt hat, war gedanklich beim Schreiben immer da, und so habe ich mich dazu entschlossen, diesen Beitrag nicht nur als Wissenschaftlerin, sondern auch als Angehörige zu verfassen und meine eigenen Erfahrungen explizit zu jenen der AutorInnen dazu zu stellen, im Versuch, greifbarer zu machen, wie Zeit in einem Menschenleben wirkt.

Was ist Zeit?

Zeit an sich ist nichts. Und trotzdem oder gerade deswegen sind wir rund um die Uhr mit ihr beschäftigt. Sie wird uns zu kurz, zu lang, zu wenig, sie ist schnelllebig, anstrengend, manchmal ist sie auch gerade richtig, wir problematisieren, emotionalisieren und verklären sie, wir wünschen uns mehr verfügbare Zeit, wir haben Termine und viel zu tun und möchten dann die Freizeit umso besser nutzen, oft machen wir uns Gedanken über verbleibende Zeit, über die Ewigkeit, wir reden über Vergangenes und wünschen uns im Vergleich mit der Gegenwart eine bessere oder zumindest eine gleich gute Zukunft. Alle diese Beschreibungen gelten aber im Grunde nicht der Zeit an sich, sondern den Handlungen, die in der Zeit vollbracht wurden, oder den Ereignissen, die stattgefunden haben. Marc Wittmann, Psychologie und Humanbiologe, widmet sich in seinem Buch „Gefühlte Zeit" (2016) ausführlich dem Phänomen, wie unsere Zeitwahrnehmung verbunden ist mit Gefühlen: Wir werden ungeduldig, wenn die Ampel nicht und nicht auf grün schaltet, vor Weihnachten herrscht kindliche Aufgeregtheit, weil die Zeit nicht vergeht. Ob die Zeit schnell dahinrast oder langsam verrinnt, hat in seinen Ausführungen damit zu tun, ob es laufend Veränderungen gibt, ob es wie in der Jugendzeit viele aufregende „erste Male" gibt oder ob sich in einem gewissen Alter vorwiegend Routinen einstellen. Das Zeitempfinden offenbart sich also an unterschiedlichen Stellen im Leben mit mehr oder weniger Intensität.

Zeit wird in vielen Facetten thematisiert von der Gesellschaft. Im Laufe unseres Lebens verändert sich die Bedeutung, die Zeit für uns hat, Zeit wird zu einer Kategorie in unserer Lebenswelt, weil sie gestaltet ist und geordnet wird, und weil sie erst zu einer Wirklichkeit wird, wenn wir sie in irgendeiner Form wahrnehmen. Zeit per se besitzt keinen Sinn, außer man gibt ihr einen. Die erlebten und gelebten Zeiteinteilungen in den verschiedenen Ausprägungen bleiben als gefühlte, emotionelle Versatzstücke der Zeit übrig. Personen mit Demenz können sich daran erinnern, dass man im Sommer draußen sitzt, während sie das aktuelle Datum nicht mehr wissen.

Im Grunde versuchen wir stets, die Zeit unter eigener Kontrolle zu halten, denn so lange fühlen wir uns autonom, auch wenn wir uns an Dienstpläne und Termine halten müssen, an Öffnungszeiten von Institutionen und die Genehmigung unseres Urlaubs gebunden sind. Die Zeit ungewollt aus den Augen zu verlieren, erzeugt Unsicherheit und Angst, während Muße und Ruhe bewusst die Form der Zeitlosigkeit nutzt, um körperlich wie seelisch Regeneration und Erholung zu finden. Zeit ist nicht gleich Zeit, wir leben nach der Uhr, nach Zeitbegriffen, die mit Bedeutung aufgeladen und bewertet werden, produktiv verbrachte Zeit ist höher geschätzt als eine Zeitspanne, in der augenscheinlich nichts passiert, Lücken in Lebensläufen sind erklärungsbedürftig.

Abschnitte eines Menschenlebens werden festgelegt durch biografisch zu durchlaufende Institutionen wie Kindergarten, Schule, Ausbildung, darüber hinaus definiert die Gesellschaft biografische Zeiträume, in denen von einem Individuum erwartet, dass es beruflich tätig wird, dass es eine Familie gründet oder dass es aus dem Berufsleben wieder ausscheidet. Das Alter bemisst sich linear an der Abfolge von Geburtstagen, Hochzeitstagen oder beruflichen Erfolgsdaten, denen über das Abmessen der Lebenszeit aber auch eine rituelle Dimension zukommt, die über eine reine Linearität hinausweist. Bräuche und Feste im Jahreskreis verweisen auf einen Aspekt der Zeit, der etwas immer Wiederkehrendes als eine Konstante in einem Menschenleben feiert, das sich dennoch von Jahr zu Jahr verändert. Wir werden älter, Beziehungen dauern an, wir nehmen uns Auszeiten und organisieren unseren Alltag, kurz, Zeitstrukturen geben Sicherheit und halten uns in der Welt, sie sind Ausdruck von Teilhabe an und in der Gegenwart und erlauben die Vergewisserung, eine Vergangenheit gehabt zu haben und in eine Zukunft schauen zu können.

Strukturen der Zeit

In erzählten Lebensgeschichten wird die chronologische Abfolge, die biografischen Datierungen gefüllt mit einmalig Erlebtem, aber auch mit stets wiederkehrenden Ereignissen wie Festen und traditionellen Elementen oder Lebensgewohnheiten. Diese beiden Formen von Zeitverständnis, linear und zyklisch, stimmen überein mit dem Zeitverständnis der beiden großen Geschichtskonzeptionen des Christentums und der Antike. Das christliche Modell des geradlinigen Fortschreitens ist auf ein eschatologisches Ziel hin ausgerichtet, die antike Betrachtungsweise hingegen (wie auch die des Buddhismus und Hinduismus) äußert sich in der Vorstellung einer endlosen und kontinuierlichen Bewegung in Kreisform (Holl 1990: 64f). In ländlich-agrarischen Gesellschaften war es der Zyklus der Natur, der die Lebensweise und Lebenszeit der Menschen prägte und in Abschnitte teilte. Das Messen der Zeit, Uhr und Kalender, löste die Zeit schließlich von den Abläufen in der natürlichen Umwelt ab und objektivierte Zeit verbindlich für alle in den Rhythmen einer modernen Gesellschaft. Dennoch sind in der Alltagswelt neben linearen auch zyklische Zeitmuster vorzufinden, und beide geben mit ihrer jeweiligen Funktion Halt und Stabilität. Karin Böcks Geschichte vom „stillen Gast" gibt die enorme Bedeutung dieser doppelten Zeitrechnung auf eindrucksvolle Weise wieder:

> *„Täglich morgens um sieben Uhr rief er die Bereitschaftsnummer des Mobilen Hospizes an, um zu sagen, dass es ihm gut gehe. [...] Ihm gab es Sicherheit, auch weil er wusste, dass ich einen Schlüssel für seine Wohnung hatte. Seit dem ersten Weihnachten nach dem Tod seiner Frau kam er am 24. Dezember zu mir, seiner Nachbarin. [...] Er bestaunte unseren Christbaum, sang die traditionellen Weihnachtslieder mit, freute sich an unserer Freude, unterhielt sich ein wenig mit meiner Schwiegermutter, und nach dem Essen verabschiedete er sich, um zu seinem Fernseher zu gehen. Es überraschte mich immer wieder, dass es ihm über die vielen Jahre hinweg wichtig war, jedes Jahr wieder zu kommen, da wir uns während des Jahres nie besuchten."*

Das Fortschreiten des Lebens, das die Vorstellung einer linear verlaufenden Zeit enthält, wird in dieser Erzählung verbunden mit täglichen, gleichförmigen Handlungen und mit dem Ritual des Weihnachtsfestes, das im Rhythmus des Jahreskreislaufs seinen Platz hat.

Auf der Ebene des Bewusstseins wiederum erklären die Wissenssoziologen Peter L. Berger und Thomas Luckmann (2007) die Zeitstruktur der Alltagswelt mit den Begriffen „innere Zeit" und „soziale Zeit". Sie berufen sich dabei auf den Philosophen

Edmund Husserl sowie auf den Wissenschaftler Alfred Schütz, der den phänomenologischen Zugang Husserls in seine eigene Analyse der Strukturen und Wirklichkeiten der Lebenswelt integrierte.

> „Zeitlichkeit ist eine der Domänen des Bewußtseins. Der Strom des
> Bewußtseins hat immer eine zeitliche Ordnung"
> (Berger, Luckmann 2007: 29).

Als innere Dauer oder als inneren Rhythmus kann man bezeichnen, wie wir das Vergehen der Zeit wahrnehmen. Mein Körper mit seinen aktuellen inneren und äußeren Wahrnehmungen hält mich in der Gegenwart, von der aus ich immer einen Blick in die Vergangenheit zurückwerfen kann und von der aus ich gleichzeitig einen Zukunftshorizont vor mir habe. Die Gegenwart wird fließend zur Vergangenheit, die Zukunft zur Gegenwart, der Erlebnisstrom fließt, die Zeit vergeht. Die zeitliche Einheit des Bewusstseinsstroms beruht auf den sich ständig ineinanderschiebenden Phasen der Gegenwart, die von der Vergangenheit noch weiß und Annahmen oder Vorausahnungen von der Zukunft hat. In der Gegenwart ist es möglich, sich an Erfahrungen zu erinnern, die seit langem vergangen sind. Erfahrungen selbst bekommen ihren Sinn erst durch Reflexion, durch den Blick zurück aus einer bestimmten Situation in der Gegenwart.

> „Ich denke fast dauernd an früher. Es war eine schöne Zeit!
> Jung und gesund und voller Träume. Alles ist vorbei."

Wilhelmine Hinner erlebt eine Zeit, in der sie in ihrem privaten Leben, in ihrer Wohnung, zu einem Gutteil abhängig geworden ist von Zeitplänen, die andere bestimmen:

> „Nach dem Spitalsaufenthalt von 14 Tagen erlebte ich das Unvermeidliche: Einiges hatte sich hier in meiner Wohnung verändert. Der Gasherd hatte keinen Haupthahn mehr, auch die Lebensmittel waren weg, und ich war ein Pflegefall und auf Hilfe angewiesen."

Ähnlich formuliert es Ottilie Neumeier am Beginn ihrer Erzählung über einen langen Krankenhausaufenthalt und die darauffolgenden Veränderungen in ihrem Leben:

> „Bis zum Jahre 2015 war ich ein selbständiger Mensch."

Ein Bruch mit welcher Perspektive, mit welchen Folgen für Gegenwart und Zukunft?

> „Man lebt eben von Tag zu Tag. Man versucht kleine Freuden zu haben,
> so wie ein gutes Buch oder ein ‚crossword puzzle'" (Frances Nunnally).

Es sind Einbrüche in den üblichen Zeitverlauf, in dem man sich eingerichtet hat mit Alltag, Festen, Urlaub, Hobbys. Eine plötzliche Erkrankung, die Diagnose einer schweren Krankheit, schleichende Demenz, es verändert das Leben. Meine Mutter musste Stück für Stück erkennen, dass nicht mehr alles möglich war. Zuerst musste sie das Wandern aufgeben, dann ihre Reisen, als Letztes den jährlichen Urlaub mit Bruder und Schwägerin. In diesem Umbruch ist Essen wichtig geworden. Uhr und Kalender haben weitgehend an Bedeutung für ihr Leben verloren, die Zeit, der Tag wurde ab nun strukturiert durch Mahlzeiten. Da meine Mutter sehr zeitig aufstand, frühstückte sie meistens zweimal und verkürzte damit den langen Zeitraum bis zum Mittagessen, am Nachmittag wurde Kaffee getrunken, gefolgt von einem frühen Abendessen und eventuell einer Spätjause. Wenn sie die Mahlzeiten „verwechselte", half immer noch der Blick auf die große Uhr im Wohnzimmer, um die „richtige" Zeit festzustellen. Anders als zu der Zeit, als wir fünf Kinder noch nicht sehr selbständig waren und meine Mutter sich wenig Muße zum Essen nahm, schien sie jeden einzelnen Bissen zu genießen. Es wirkte wie eine sehr ernsthafte Tätigkeit, die ihre ganze Konzentration erforderte, es war schön zu sehen, mit welcher Sorgfalt und Hingabe sie die Speisen am Teller behandelte. Einmal, als wir wieder über ihren fortschreitenden Gedächtnisverlust sprachen, mit dem sie lange Zeit sehr haderte, sagte sie:

„Ich lebe eigentlich jeden Augenblick und jeden Tag in der Gegenwart."

Unser Leben ist immer auch mitorganisiert von der sogenannten gesellschaftlich festgelegten Zeit, von Zeitstrukturen, nach denen wir uns richten müssen, seien es Arbeitszeiten, Arzttermine, Behördenabläufe oder auch nur das Warten auf das neue Sofa. Solange wir noch weitgehend selbst bestimmen können, wie wir diese vorgegebenen Zeitstrukturen in unser Leben einbetten, und solange es genug andere selbstbestimmte Bereiche gibt, können wir uns damit arrangieren. Wenn wir nicht mehr in der Lage sind, etwas zu unternehmen, weil wir gesundheitliche Probleme haben, weil unsere Augen nicht mehr mitmachen, weil das Gedächtnis „auslässt", wenn das Warten auf die Heimhilfe den Tag bestimmt und die einzige Abwechslung darstellt, wandern die Gedanken unter Umständen in die selbstbestimmte Vergangenheit. Professionelles Betreuungspersonal hat begrenzte Zeit, die Menschen hingegen, um die sie sich kümmern, verfügen über sehr viel Zeit.

Zeit haben

Die Ressource Zeit ist in der Pflege, egal von wem sie geleistet wird, eine der entscheidenden Hauptkomponenten. Man muss Zeit dafür haben, irgendjemand muss Zeit dafür aufbringen können, zeitlicher Pflegeaufwand muss mit den Kosten vereinbar sein. Oft wird gesagt, dass es möglicherweise am wichtigsten ist, einfach Zeit mit jenen Menschen zu verbringen, die sonst nicht mehr viel tun können. Viele ehrenamtlich tätige Menschen machen genau das, mit Besuchen, mit Spaziergängen, mit Vorlesen, sie sind einfach da und schenken Zeit. Meine Mutter ist nach einer Hirnblutung körperlich nicht mehr mobil, ihre Demenz hat sich verschlimmert, ein Gespräch im Sinne von Austausch oder Plaudern ist kaum mehr möglich. Was bleibt, sind Berührungen, neben ihr sitzen, gemeinsam mit ihr durch die großen Fenster ihrer Wohnung die Welt draußen beobachten – und Unsicherheit. Ich hatte Bedenken, ich könnte sie überfordern mit meinen Ansprüchen, ihr Gutes zu tun, sprich, sie würde nicht fähig sein, zu kommunizieren, dass ich ihr auf die Nerven gehe mit überbordender Nähe. Meine kluge, mich begleitende Therapeutin meint, ich solle mich auf mein Gefühl verlassen, auf meinen Körpersinn und weniger auf den Intellekt, der nach Rezepten und nach der „richtigen" Behandlung sucht und nebenbei immer noch Ambitionen produziert und einen Ehrgeiz entwickelt, mit welchen Methoden eine Mobilisierung von Körper und Geist denn nicht doch noch möglich wäre. Damit man mich nicht falsch versteht: Jegliche Form von adäquater Therapie, jede Unterstützung, um am sozialen Leben teilnehmen zu können, alles, was möglich ist, soll gegeben werden. Was ich meine und was mir sehr schwerfällt anzunehmen, ist der Umstand, dass man nichts mehr tun kann im Sinne von weitreichender Rehabilitation, Demenz ist unumkehrbar und schreitet voran. Einfach nur da zu sein, ohne Ansprüche, ohne Ambitionen, ohne Ehrgeiz, das muss ich lernen auszuhalten. Der heranrückende Zeithorizont, der uns bewusst wird, ist auch Anlass, warum wir die uns verbleibende Zeit gut nützen wollen, die eigene Lebenszeit und die gemeinsame Zeitspanne mit unseren Angehörigen.

Elisabeth Amann setzt sich in ihrem Beitrag mit dem Lebensende auseinander, mit ihrem Lebensende, also mit der radikalsten Zukunftsperspektive. Es erzeugt Angst, an den eigenen Tod, an die eigene Hinfälligkeit zu denken. Sie fasst ihr Unbehagen in Worte, sie möchte damit nicht konfrontiert werden. Das konkrete Regeln ihrer letzten Zeitspanne kostet sie große Überwindung, bevor sie wieder von Erleichterung sprechen kann. Ich habe ihre Geschichte verstanden als Ermunterung, dem Unausweichlichen nicht aus dem Weg zu gehen, sondern die Gestaltung so weit wie möglich selber in die Hand zu nehmen, um danach wieder frei zu sein für das Leben. Und ich habe die Botschaft auch auf mich als begleitende Angehörige bezogen.

In einer Pflegesituation spielt die innere Abstimmung der Zeit zweier oder mehrerer Individuen eine große Rolle. Angehörige stimmen ihr Leben für diese Zeit auf die Menschen ab, um die sie sich kümmern. Die bisher gewohnte Lebenswelt verändert sich für alle unmittelbar Beteiligten, vielleicht erzeugt auch das Bewusstwerden der Endlichkeit des Lebens neue Sinn- und Zeiträume: Man versucht, das Beste zu tun, mehr Zeit miteinander zu verbringen, das Leben für alle Beteiligten so gut wie möglich einzurichten. Ist eine Betreuung in den eigenen vier Wänden nicht möglich, müssen sich die Betroffenen neben einer Ortsveränderung auch mit anderen, vorwiegend nicht selbst gewählten Zeitstrukturen anfreunden. Professionelle Pflegekräfte wiederum müssen sich tagtäglich auf die unterschiedlichen Zeitvorstellungen ihrer PatientInnen und KlientInnen einstellen und diese mit ihren eigenen Zeitressourcen und Vorgaben in Einklang bringen.

Die Soziologin in mir kommt an dieser Stelle wieder zurück auf Thomas Luckmann (2007) und seine Ausführungen zur vorhin schon angesprochenen sozialen Zeit. Allgemein kann man sagen, soziales Handeln bedingt, dass die innere Zeit der Beteiligten aufeinander abgestimmt wird. Nachdem die Alltagswelt aus vielen Feldern mit sozialer Interaktion besteht und alles wechselseitige gesellschaftliche Handeln notwendig zeitlich koordiniert werden muss, ist die gemeinsame Zeit der Handelnden intersubjektiv. Luckmann unterscheidet hier zwei Arten von Abstimmung: Die Synchronisierung zweier Bewusstseinsströme, und daraus abgeleitet, sozial objektivierte Zeitkategorien, die eine Grundlage für konkretes gesellschaftliches Handeln bilden.

Synchronisierung zweier Bewusstseinsströme findet in face-to-face-Beziehungen statt, in unmittelbaren sozialen Interaktionen, wenn der Körper des einen vom anderen ebenso unmittelbar erfahren werden kann. Der Körper ist ein reiches Ausdrucksfeld des gegenwärtigen Bewusstseinszustandes und kann so vom Partner wahrgenommen werden, Gesten und Mimik sind Teil unserer Kommunikation. Für routinisiertes gesellschaftliches Handeln ist Face-to-face-Synchronisation hingegen nicht immer erforderlich, hier wird die Abstimmung mit Hilfe vorgefertigter Kategorien geleistet, zum Beispiel mit Gesten und Handlungsverfahren, die jeder versteht: jemanden streng anschauen, sich bedeutungsvoll räuspern, die Hand abwehrend heben, Stirnrunzeln. Sozial objektivierte Zeitkategorien können als gesellschaftlicher Wissensvorrat gewohnheitsmäßig weitervermittelt werden, was auch bedeutet, dass sie als solche nur für Menschen bedeutsam sind, die in einer bestimmten Zeit in einer bestimmten Gesellschaft sozialisiert wurden.

> *„Wir könnten vielleicht sagen, dass die Zeit des Alltags sozialisierte intersubjektive Zeit ist" (Luckmann 2007: 180).*

Soziale Zeitkategorien bilden für die unmittelbare Interaktion sozusagen einen äußeren zeitlichen Hintergrund, auf dem die innere Zeit der beteiligten Personen sich trotzdem synchronisieren muss, um Handeln zu ermöglichen. Auf diese Weise sind innere und soziale Zeit im Alltag miteinander verflochten. Die innere Zeit hat ihre Verortung im Körper des einzelnen Menschen, die intersubjektive Zeit ist ebenfalls „ortsgebunden" im unmittelbaren Handeln, soziale Kategorien der Zeit sind jedoch nicht mehr körpergebunden, sondern haben ihren Platz im jeweiligen gesellschaftlichen Wissensvorrat gefunden (Luckmann 2007: 182). Aufgrund gemeinsamer Erfahrungen nehmen synchronisierte Handlungen in Form von Typisierungen mit einem Anfang, ihrer entsprechenden Dauer und einem Ende erkennbare Gestalt an.

Wir haben im täglichen Leben vermutlich nicht diese theoretischen Erklärungen parat, aber wir kennen mitunter die Herausforderung, Lebenssituationen so gut zu gestalten, dass sich alle daran Beteiligten im Einklang mit ihrem Zeitempfinden und ihrer Zeiteinteilung befinden, insbesondere in Pflege- und Sorgesituationen. Selbst wenn wir den erlernten Umgang mit Zeitstrukturen aus unserem Wissensvorrat abrufen und sozusagen fraglos einsetzen können, ist interaktives Alltagsleben dennoch ständig damit beschäftigt, individuell anders wahrgenommene und gestaltete Zeit möglichst in Übereinstimmung zu bringen. Auch die Zeitlichkeit der Standardzeit wird nie völlig mit der Zeitlichkeit der inneren Dauer übereinstimmen, was etwa bedeuten kann, dass ich ein Vorhaben aufschieben muss oder dass ich meine Pläne umstellen muss, wenn die Mutter oder der Vater an Demenz erkrankt und ich die Betreuung übernehme. Für viele pflegende Angehörige bedeutet das eine große Belastung und eine gravierende Veränderung ihres bisherigen Lebens. Sabine Lenk:

"Kein gemeinsamer Urlaub mehr möglich, kein gemeinsames Fortgehen. Nur Stunden des Davonstehen und mit der Sorge leben, was man wohl vorfindet, wenn man wieder nach Hause kommt."

Wilma Brauneis dokumentiert in ihren Tagebuchaufzeichnungen ebenfalls die Anforderungen der neuen Situation:

"Ich laufe ja jetzt schon im Kreis, habe kaum noch Zeit für meine eigenen Angelegenheiten, geschweige denn für eine eigene Arbeit."

Ein Teil der Herausforderungen besteht darin, für ihre Mutter die gewohnten sicheren Zeitstrukturen aufrechtzuerhalten, denn Demenz ist keine andere Zeit als die eigene innere Zeit:

"Mama vergisst, mich täglich anzurufen, wie wir vereinbart haben, also rufe ich sie jeden Morgen an. Damit sie ihre Tabletteneinnahme nicht vergisst und um zu erfahren, wie es ihr geht. Auch meine Tochter Monika ruft sie am Nachmittag an, sobald sie von ihrer Arbeit zurück ist. Ihr erzählt Mama, dass sie mit mir schon sehr lange nicht telefoniert hätte. Sie hat offenbar kein Zeitgefühl."

Zeit und Biografie

Welche Rolle Zeit in einem Menschenleben spielt, zeigt sich neben dem Alltagsleben im Kleinen zugleich in größeren Zusammenhängen, denn die Zeitstruktur der Alltagswelt verknüpft den Menschen auch mit einem soziohistorischen Apriori, in das er hineingeboren wird. Luckmann spricht auch von biografischen Schemata, die Abschnitte eines Lebens oder ein ganzes Leben mit der geschichtlichen Zeit verbinden. Sie sind wie die Zeitkategorien des unmittelbaren Handelns im gesellschaftlichen Wissensvorrat vorhanden und geben dem Sinn von Handlungen kurzer Spannweite übergreifende Bedeutung, etwa wenn man vor der Berufswahl stehend die nächsten Schritte plant und dabei sowohl die eigenen Vorlieben wie auch zukünftige erfolgreiche Entwicklungschancen diverser Ausbildungswege berücksichtigen muss. Biografische Schemata sind also Elemente des gesellschaftlichen Wissensvorrates, die Modelle für Lebensabschnitte und für das ganze Leben liefern. „Sie enthalten Anweisungen dafür, wie die Abschnitte zusammengefügt werden müssen, um ein ganzes Leben zu bilden." Diese Modelle, die „erklärende, normative und legitimierende Modelle par excellence sind", werden in der Sozialisation vermittelt (Luckmann 2007: 188). Ansprüche, die daraus entstehen, zeigen sich beispielsweise besonders auch in der beruflichen Phase des Lebens, wo Lebensläufe eine wichtige Rolle spielen. Der Lebenslauf ist wie ein Dokument, das belegt, dass die Lebenszeit im Sinne einer erfolgreichen Karriere verbracht wurde. Die Ansprüche des „contrat social", den Gertrud Maurer durch die gesellschaftlichen Veränderungen bedroht sieht, bewirken etwa, dass der Bereich der Pflege früher wie auch heute zum größten Teil von Frauen getragen wird, sei es als Angehörige oder in einem Pflegeberuf. Sabine Lenk hat diese Aufgabe gemeinsam mit ihrem Mann übernommen:

> *„Ich war 21 Jahre alt, als ich meinen Mann kennenlernte, und beim ersten Treffen mit seiner Verwandtschaft fiel bereits der Generationensprung auf. Seine Tante und sein Vater waren so alt wie meine Großeltern, seine Cousins so alt wie meine Eltern und Onkel. Und es war mir von Anfang an klar, dass seine Eltern einmal zu Hause gepflegt werden. Ich hatte damit kein Problem, da ich schon damals immer einmal im Monat mit meiner Oma zur Frauenärztin gefahren bin. So heirateten wir und bekamen Kinder, bauten sein Elternhaus um, und die Zeit nahm ihren Lauf."*

Männern fällt in der Regel die Rolle des Verdienens zu, und allzu oft ist daran nichts zu ändern.

> *„Mein Mann ging fleißig arbeiten, denn von irgendwas mussten wir auch leben"*, schreibt Sabine Lenk. Aber er unterstützt sie eben auch,

wo er kann: „Mein Mann und ich gaben uns nur mehr die Tür in die Hand. Wenn ich Termine hatte, war er für die beiden da, und wenn er in die Nachtschicht ging, musste ich zu Hause sein."

In Pflegesituationen hat man es überwiegend mit dem Aufeinandertreffen von Generationen zu tun, in den Familien, aber auch im institutionellen Rahmen. So wie Angehörige einer Generation über eine gemeinsame Lebenswelt verfügen, über das gemeinsame Erleben historischer Ereignisse, über Erfahrungen, die nur in einer gewissen Zeitspanne möglich sind, so unterschiedlich sind die aufeinanderfolgenden Generationen aber dementsprechend auch. Zudem befinden sich die Generationen in unterschiedlichen biografischen Perioden: Eltern bleiben Eltern, auch wenn die gelebte Wirklichkeit eine andere ist, weil die Tochter, die ihre von Demenz betroffene Mutter pflegt, diese Situation als umgekehrten Rollentausch empfindet. Mit den Generationen verbinden sich darüber hinaus Vorstellungen von moralischen Verpflichtungen: Eltern kümmern sich um ihre Kinder, die Kinder später wiederum um die Eltern, auch wenn Erziehung, Bildung oder die Versorgung im Alter zum Teil in den Händen von Institutionen liegen. Gertrud Maurer erzählt in ihrer Familiengeschichte von einem generationellen Verbund des 20. Jahrhunderts, der Vorstellungen von den dahinterliegenden, gesellschaftlich geprägten Biografien und Lebensmustern weckt. Mit den Veränderungen der gesellschaftlichen Ansprüche an Lebenskarrieren stellt sie die zunehmende Brüchigkeit dieser Familiennetzwerke fest:

„Wir haben unsere Großeltern und Eltern noch pflegen können – wer wird einmal auf uns schauen?"

Geschichtlichkeit der Biografie

Selten erzählen wir umfassend unsere Lebensgeschichte, aber öfter, als uns auffällt, erzählen wir fragmentarisch aus unserem Leben: „Kannst du dich erinnern?" So bekommt Lebenszeit Struktur und die Ereignisse Bedeutung, egal, ob mündlich oder schriftlich, egal ob kürzlich Erlebtes oder schon länger Vergangenes, wir ordnen uns selbst quasi ein, alle Daten unseres Lebens haben Bezug zu einer mehr oder weniger umfassenderen Ereignisgeschichte. Die Verknüpfung historischer Ereignisse mit dem eigenen Erleben erleichtert dabei vielen Menschen das Erinnern an biografische Begebenheiten oder Perioden, darüber hinaus werden sie auch prägender Teil der Identität. Frances Nunnally, die von ihren Eltern 1939 von Wien nach England geschickt wurde, um ihr das Leben zu retten, leitet die Erzählung über ihren Mann mit einem kurzen biografischen Rückblick ein. Frances Nunnally ist 1939 ein achtzehnjähriges Mädchen, das ihr gesamtes bisheriges Leben verlassen muss. Das Jahr 1939 ist für die meisten von uns ein historisches Datum, für die junge Frances aber brutale Realität, die sie in ihr Leben integrieren musste. Krieg und Tod, Flucht und Vertreibung sind traumatische Ereignisse, die in der Vergangenheit und gegenwärtig Millionen Menschen weltweit aus ihrem gewohnten Leben reißen, Perspektiven verkürzen sich drastisch auf das Nächstliegende.

Jeder Mensch lebt in einem bestimmten historischen Abschnitt und erlebt sich in dieser Geschichtlichkeit, wir sprechen von der Kriegsgeneration, von der Generation des Wirtschaftswunders, von der Generation der 68er, von den Millennials. Trotzdem ist jeder Lebenslauf individuell:

> *„Bei allen strukturellen Bedingtheiten, die gleichzeitige*
> *Lebenskarrieren bestimmen, entwickelt sich ein Lebenslauf als eine*
> *einzigartige Ereignisgeschichte für den einen wie für den anderen."*
> *(Luckmann 2007: 204)*

Diese Ereignisgeschichte besteht aus einer unverwechselbaren, wenn auch noch so typischen Abfolge von Erfahrungen und Erwartungen. Aber jede Erfahrung, die ein Mensch macht, ist in ihrem Vergangenheits- und Zukunftshorizont durchdrungen von seiner individuellen Lebensgeschichte und von seinem Lebensentwurf.

Meine Mutter erzählte immer schon gerne und oft, wie es ihr möglich wurde, als Tochter unbemittelter Eltern Lehrerin zu werden. Geboren 1929, erlebte sie als Kind und Jugendliche die Zeit des Nationalsozialismus mit seinen Auswirkungen auf das Zusammenleben der Menschen. „Es war keine schöne Zeit", sagte sie. Und dennoch bot gerade das „Dritte Reich" ihr, einer sehr guten Schülerin, eine Aufstiegschance. Sie konnte kostenlos die Lehrerbildungsanstalt besuchen, denn es herrschte Lehrermangel. Der Vater, ein Sozialist, unterstützte seine Tochter dabei nach Kräften, insbesondere dann, als die Lehrerbildungsanstalt nach Kriegsende wieder wie vor 1939 vom Orden der Franziskanerinnen geführt wurde, und für Internat und Schule Beiträge eingehoben werden mussten. Sie fürchtete sehr, deswegen ihre Ausbildung nicht fortsetzen zu können und verhandelte als damals 16-jähriges Mädchen erfolgreich mit der Direktorin über eine Herabsetzung des Schulgeldes. Zusätzlich wurde sie immer wieder von besser gestellten Mitschülerinnen finanziell unterstützt, was sie immer noch mit überraschter Dankbarkeit erfüllte. Im Lauf der Jahre, in denen meine Mutter vehement gegen den Gedächtnisverlust ankämpfte, wurde diese Erzählung quasi zur Haupterzählung ihres Lebens, zur Essenz des Lebensgedächtnisses.

Zeit und Sinn

Lebensweltliche Zeitstrukturen bestehen also aus Überschneidungen und Ungleichzeitigkeiten von innerer, subjektiver Zeit des Bewusstseinsstroms, den biologischen Rhythmen des Körpers und anderen zyklischen Lebenskreisen, von intersubjektiver Zeit der Synchronisierung sozialer Beziehungen und von gesellschaftlichen Zeitkategorien wie Kalendern und Uhren, die einen objektiven Zeitbegriff zur Verfügung stellen. Biografische Schemata als gesellschaftlich vorgeprägte und übergeordnete Modelle für die Strukturierung größerer Zeitabschnitte im Leben wirken auch auf die kurzen Spannweiten des Lebens (Luckmann 2007: 204). Sie setzen das Individuum in Beziehung mit einer Generation oder mit einer bestimmten Lebenswelt, und diese soziale, gesellschaftliche und historische Verankerung wird nicht nur in explizit biografischen Erzählungen oftmals mit der vergewissernden Formulierung „zu meiner Zeit ..." ausgedrückt, wir verwenden sie auch in kurzbiografischen Alltagsgesprächen. Die einzelnen „Bestandteile" der erlebten und erfahrenen Zeit sind im täglichen Leben nicht voneinander trennbar, wir leben eben in allen Zeiten zugleich. Der gesellschaftliche Wissensvorrat stellt dabei die Zeitstrukturen zur Verfügung, anhand derer wir uns sicher sein können, dass wir uns in der „richtigen Zeit", in der Wirklichkeit unserer Lebenswelt befinden. Die Bedeutung der üblicherweise nicht hinterfragten Zeitstrukturen wird uns bewusst, wenn wir den Verlust des gewohnten Tagesablaufes bedauern oder merken, dass uns das Zeitgefühl entschwindet und wir nicht mehr in allen Zeitstrukturen orientiert sind. Pflege- und Sorgesituationen sind auf eine besondere Weise vom Zusammenspiel lebensweltlicher Zeitstrukturen bestimmt: Von intensiven Momenten und zehrenden Stunden, von Alleinsein, von den Bedürfnissen der umsorgten Person, von notwendigen schnellen Entscheidungen und stetigem Fortschreiten, von der beruflichen Situation der Angehörigen, von Aufenthalten in Krankenhäusern, vom Zeitplan der Heimhilfe. Mit den unterschiedlichen Zeiterfahrungen und ihrer sehr individuellen Wahrnehmung und Reflexion verbinden sich in einem Menschenleben Gefühle und Empfindungen, Ängste und Sorgen, Freude und Enthusiasmus, Gleichförmigkeit und Atemlosigkeit, so wird das Erlebte für uns sinnhaft.

Literatur

Berger Peter L., Luckmann Thomas (2007). *Die gesellschaftliche Konstruktion der Wirklichkeit. Eine Theorie der Wissenssoziologie.* 21. Aufl. Frankfurt am Main: Fischer

Holl Waltraud (1990). *Geschichtsbewusstsein und Oral History. Geschichtsdidaktische Überlegungen.* In: Herwart Vorländer (Hg.). Oral History. Mündlich erfragte Geschichte. Göttingen: Vandenhoeck & Ruprecht. 63–82

Luckmann Thomas (2007). *Lebenswelt, Identität und Gesellschaft. Schriften zur Wissens- und Protosoziologie.* Konstanz: UVK

Wittmann Marc (2016). *Gefühlte Zeit. Kleine Psychologie des Zeitempfindens.* 4. Aufl. München: C. H. Beck

Wenn Frauen und Männer betreuen und pflegen.
Gender im Care-Alltag
ERICH LEHNER, ELISABETH REITINGER

Die Frage „Who cares?" kann Diskussionspunkte und Antworten aus ganz unterschiedlichen Perspektiven ergeben. Eine Dimension, die den Care-Alltag sowohl auf der Ebene der individuellen Erfahrungen als auch auf struktureller Ebene beeinflusst, ist Gender als das soziale Geschlecht. In diesem Beitrag wollen wir – ausgehend von konkreten Erfahrungen aus dem Pflegealltag – zunächst strukturelle Rahmenbedingungen der informellen Betreuung und Pflege unter dem Genderaspekt untersuchen und dann auf Forschungsarbeiten im Bereich der professionellen Betreuung und Pflege am Beispiel von Österreich näher eingehen. Schließlich diskutieren wir geschlechterspezifische Gemeinsamkeiten und Unterschiede in der familialen Pflege und Betreuung und geben zum Abschluss einen Ausblick, vor allem auch in Bezug auf die Frage, welche Unterstützungsmaßnahmen erforderlich sind.

Erfahrungen aus dem Pflegealltag

Schon bei der Hochzeit war Sabine Lenk klar, dass sie eines Tages die Eltern ihres Mannes pflegen würde. Nachdem das Elternhaus umgebaut und die Kinder gekommen waren, musste eine Tante, die bis dahin im Haushalt mitgeholfen hatte, immer mehr Unterstützung aufgrund zunehmender Beschwerden erhalten. Auch der Schwiegervater hatte bis zu dem Zeitpunkt, als die Parkinsonerkrankung bei ihm ausbrach, im Haus mitgeholfen.

> *„So vergingen die Jahre. Schubweise wurden die Beschwerden bei beiden immer mehr, die Arbeit immer intensiver, die Ruhezeiten immer weniger und die Unzufriedenheit immer größer."*

Trotz der Hilfe ihres Mannes musste Sabine Lenk ihre Erwerbsarbeit aufgeben, um die Anforderungen der Pflege zu bewältigen. Die Betreuung der beiden Pflegebedürftigen engte zunehmend das Leben der gesamten Familie ein. Rückblickend sagt Sabine Lenk:

> *„Das Schwierigste in den vielen Jahren war für mich immer das Gebundensein an jemand anderen. Nicht so entscheiden zu können, wie ich wollte, da immer die beiden im Vordergrund waren."*

Sie zieht dennoch eine positive Bilanz:

„Trotzdem möchte ich die Zeit nicht missen, ich habe viel gelernt."

Stefanie Ohrner war in die Pflege ihres Bruders involviert. Eigentlich hatte sie aufgrund einer Meinungsverschiedenheit lange keinen Kontakt zu ihm gehabt. Erst zu ihrem 60. Geburtstag kam es wieder zu einer Begegnung. Er erschien verändert. Allmählich erfuhr sie, dass er einige kleine Schlaganfälle und eine Gehirnblutung erlitten hatte. Dazu kam „Morbus Pick" – eine seltene Demenzerkrankung. Stefanie Ohrner hatte daraufhin wieder häufiger Kontakt zu ihrem Bruder und allmählich unterstützte sie ihre Schwägerin bei seiner Betreuung. Nachdem die Schwägerin einen Unfall erlitten hatte, zog sie schließlich für einige Zeit in das Haus ihres Bruders ein und übernahm die Pflege. Die Schwägerin war noch berufstätig. Trotz der Hilfe Stefanie Ohrners und zweier Caritas-Mitarbeiterinnen für die Körperpflege war die Belastung derart groß, dass sie sogar Gedanken an einen gemeinsamen Suizid mit ihrem Mann äußerte. Eine 24-Stunden-Betreuung war nicht möglich, da das Geld für den dafür nötigen Umbau des Hauses fehlte. So entschieden Stefanie Ohrner und ihre Schwägerin, den schwerkranken Bruder und Partner in ein Pflegeheim zu geben. Sein Zustand verschlechterte sich zusehends.

„Meine Schwägerin und ich sprachen oft darüber, ob wir lebenserhaltende oder lebensverlängernde Maßnahmen wollen, billigen wollen, zulassen sollen. Ziemlich bald waren wir uns einig, dass diese nur eine Verlängerung der Qual für einen Menschen darstellen würden, den wir lieben. Jemand zu lieben heißt auch, loslassen zu können und nicht unnötig zu quälen. Es war keine Besserung mehr möglich, es gab keine Therapien und Medikamente, die helfen konnten. Wir sprachen mit dem behandelnden Arzt, und er sagte uns Unterstützung zu für den Fall, dass er keine Nahrung mehr aufnehmen könnte. Auch diese Entscheidung war mit viel Nachdenken und Selbstzweifel verbunden. Der gesunde Angehörige steht mit dem Finden der richtigen Entscheidung fast immer ziemlich alleine da. Man getraut sich auch sehr selten, seine Gedanken mit anderen Personen zu besprechen. Man hat Angst, falsch verstanden zu werden. Gabi und ich hatten in dieser Hinsicht eine sehr offene Art und ich denke, das hat uns beiden geholfen."

Als er nicht mehr essen konnte, bekam er nur mehr Sauerstoff, Flüssigkeit und Schmerzmittel. Sehr bald verstarb er. Zwei Jahre nach seinem Tod wurde Stefanie Ohrner ehrenamtliche Mitarbeiterin in einem Caritas-Pflegeheim.

Dagmar Gruber betreute ihre ehemalige Volksschullehrerin, Dr. A. Diese war zwar alleinstehend, jedoch eingebunden in ein Netz von Beziehungen. Sie hatte diese Beziehungen immer sehr gepflegt und wurde nun im höheren Alter davon getragen. Als mit „Gretl" eine tragende Person des Betreuungsnetzes verstarb, entschloss sich Dagmar Gruber, die Betreuung der inzwischen 99 Jahre alten Frau zu koordinieren. Dr. A. verstarb mit 102 Jahren zu Hause. Dagmar Gruber schreibt:

> „Wir alle waren froh, ihr diesen friedvollen, angstfreien Tod zu Hause ermöglicht zu haben, traurig, weil wir in den vergangenen Monaten auch eine enge Gemeinschaft geworden waren, und natürlich, weil das Zentrum, Frau Dr. A., nicht mehr da war."

Rupert Erharter übernahm im Alter von 87 Jahren die Pflege seiner um drei Jahre jüngeren und von Demenz betroffenen Frau. Begonnen hatte es mit häufigen Stürzen, denen bald eine Verschlechterung des geistigen Zustandes und eine Depression folgten. Rupert Erharter bereitete das Essen zu und versorgte sie Tag und Nacht, wobei ihre Stuhlinkontinenz eine besondere Herausforderung darstellte. Zweimal die Woche kamen Pflegerinnen vom Sozialsprengel zur Körperpflege.

Gegenderte Rahmenbedingungen der informellen Pflege am Beispiel Österreichs

Diese Geschichten können paradigmatisch für die Versorgung Pflegebedürftiger in Österreich gesehen werden. Die Beispiele fügen sich in das Bild, das die Zahlen zur Situation der häuslichen Pflege zeichnen.

Häusliche Pflege in Österreich stützt sich in erster Linie auf die Familie. In Österreich wird rund 70 bis 85 Prozent der Pflege von älteren Menschen oder Menschen mit Behinderung von An- und Zugehörigen geleistet (Mairhuber, Sardadvar 2017a: 4; Hörl 2009: 363). Innerhalb der Familien entfällt der Großteil der zu leistenden Pflege auf Frauen. Die aktuelle Studie zur Angehörigenpflege in Österreich (Nagl-Cupal et al 2018: 7) zeigt auf, dass der Frauenanteil im häuslichen Bereich nach wie vor 73 Prozent beträgt. Somit hat sich im Vergleich zur letzten österreichweiten Studie zur Situation von pflegenden Angehörigen aus dem Jahr 2005 wenig verändert. Hier wird berichtet, dass 79 Prozent der Pflege von Frauen und 21 Prozent von Männern geleistet wird (Pochobradsky 2005: 11f). In der qualitativen Beschreibung wird angegeben, dass die Erwartung, Pflegeaufgaben zu übernehmen, stärker an Frauen herangetragen wird (Nagl-Cupal et al 2018: 13). In der Übernahme von Pflege lässt sich ein geschlechterspezifisches Muster erkennen. Frauen übernehmen die Pflege auch im Haupterwerbsalter. Ihre Sorge kann neben der engsten Familie auch entferntere

Angehörige und FreundInnen einschließen. Demgegenüber übernehmen Männer die pflegende Versorgung meist erst nach ihrer Pensionierung und lassen diese in erster Linie der eigenen Ehepartnerin zukommen (Hörl 2009: 368).

Diese ungleiche Verteilung der Sorgetätigkeit bei der Betreuung alter, kranker und sterbender Menschen in der Familie entspricht nun nicht allein der individuellen Entscheidung einzelner Personen, sondern ist bedingt durch die politischen Strukturen, die die Betreuung Pflegebedürftiger in Österreich leiten. Nach Ingrid Maierhuber und Karin Sadardvar (2018: 64ff; 2017b: 47) setzt das österreichische Langzeitpflegeregime auf die Familie und setzt damit das traditionelle Geschlechtermodell eines männlichen Familienernährers, von dem die nichterwerbstätige Pflegende abhängig ist, voraus. Sie belegen dies, indem sie die politische Konstruktion des Pflegegeldes und der Pflegekarenz bzw. -teilzeit eingehender analysieren (Sadardvar, Maierhuber 2018: 64ff; Maierhuber, Sadardvar 2017b: 48-52).

Das österreichische Pflegegeld stellt „eine zweckgebundene Leistung zur teilweisen Abdeckung der pflegebedingten Mehraufwendungen"[1] dar. Anspruchsberechtigt sind gemäß der Homepage des österreichischen Sozialministeriums[2] Personen, die aufgrund einer „körperlichen, geistigen oder psychischen Behinderung bzw. einer Sinnesbehinderung, die voraussichtlich mindestens sechs Monate andauern wird", einen „ständigen Pflegebedarf" haben, der „monatlich mehr als 65 Stunden" beträgt. Es wird „in sieben Stufen", unabhängig von der persönlichen Vermögenssituation vergeben. Obwohl es im internationalen Vergleich sehr großzügig bemessen ist, reicht es nicht aus, um professionelle Hilfe zu finanzieren oder der Familie abzugelten.

„Damit baut das Pflegegeld auf der Verfügbarkeit von (weiblichen) Angehörigen und der kostengünstigen Pflege im Rahmen familialer Beziehungen auf" (Maierhuber, Sadardvar 2017b: 49). Maierhuber und Sadardvar (2017b: 50) sehen im österreichischen Langzeitpflegeregime ein Modell des „expliziten Familialismus", dieses Modell steht im Gegensatz zum „optionalen Familialismus" (Leitner 2003: 358). In beiden Modellen wird durch die Öffentlichkeit die Familie zur Pflege ermutigt. Während beim Modell des „optionalen Familialismus" die Möglichkeit besteht, dass die Familie die Pflegeaufgaben ablehnt, besteht diese Möglichkeit beim expliziten Familialismus nicht (Leitner 2003: 358f).

2014 wurde nun eine Familienhospizkarenz und eine für Erwerbstätige als Unterbrechung der Erwerbsarbeit gedachte Pflegekarenz bzw. Pflegeteilzeit eingeführt. Die

1 https://www.help.gv.at/Portal.Node/hlpd/public/content/36/Seite.360511.html. Zugriff am 09.05.2018
2 https://www.sozialministerium.at/site/Pension_Pflege/Pflege_und_Betreuung/Hilfe_Finanzielle_Unterstuetzung/Pflegegeld/. Zugriff am 09.05.2018

Pflegekarenz bzw. -teilzeit kann ab Pflegestufe drei für ein bis drei Monate beantragt werden. Bei Erhöhung der Pflegestufe sind weitere drei Monate möglich. Angehörige in Pflegekarenz oder -teilzeit haben Anspruch auf eine Geldleistung von 55 Prozent ihres Nettogehaltes. Maierhuber und Sadardvar sehen im Modell der Pflegekarenz bzw. -teilzeit einen Schritt in Richtung eines „optionalen Familialismus", weil es zumindest begrenzt die Möglichkeit enthält, Betreuungsaufgaben zu übernehmen, ohne den Beruf aufgeben zu müssen. Zusammenfassend urteilen sie: „Faktisch – aufgrund fehlender Alternativen zur direkten Angehörigenpflege – bleibt es aber dem vergeschlechtlichten, expliziten Familialismus verhaftet" (Maierhuber, Sadardvar 2017b: 52). Aufgrund einer intersektionellen Analyse wird deutlich, dass „eine Politik, die auf Familialismus setzt, nicht nur Ungleichheitsstrukturen entlang von Gender, sondern auch entlang von Klasse/Schicht sowie Nationalität/Migrationshintergrund" (Appelt 2014: 72) verstärkt.

Gender in der formellen Pflege am Beispiel Österreichs

Diese vergeschlechtlichten Strukturen setzen sich auch in der professionellen Pflege für alte Menschen fort. Auch hier sind Pflegerinnen in der Überzahl. Laut Statistik Austria[3] arbeiteten 2017 bei den mobilen Pflege- und Betreuungsdiensten 91,5 Prozent Frauen und 8,5 Prozent Männer, bei den stationären Betreuungs- und Pflegediensten 84,2 Prozent Frauen und 15,8 Prozent Männer und in der teilstationären Tagesbetreuung 89,8 Prozent Frauen und 10,2 Prozent Männer. So ist beispielsweise die „fremde Welt Pflegeheim" (Koch-Straube 1997) eine Frauenwelt. Nicht nur, dass die Bewohnerinnen überwiegend weiblich sind. Neben den professionellen Pflegerinnen sind auch die familiären Bezugspersonen hauptsächlich weiblich. Es sind die (Schwieger-)Töchter und Partnerinnen, die sehr oft, manche täglich, zu Besuch kommen und auch länger bleiben, während die Männer eher in größeren Abständen kommen. Allerdings ist die Leitung in der Frauenwelt „Pflegeheim" oft männlich. Vorgesetzte wie MitarbeiterInnen und BewohnerInnen schreiben Männern eher zu, Sicherheit und Entschiedenheit mitzubringen (Reitinger et al 2016: 703). In vielen Altenpflegeeinrichtungen nehmen nach wie vor Männer leitende Positionen ein (Borutta, Gielser 2006).

In einem Forschungsprojekt zu „Gender in der stationären Altenpflege und -betreuung" (Reitinger, Lehner 2010) konnten die AutorInnen nicht nur im schon beschriebenen Kontext von Leitung und Hierarchie, sondern ebenso sehr im Bereich der Beziehungen und Interaktionen die Wirkung von Geschlecht festmachen (Reitinger et al 2016: 701f). Deutlich sichtbar wird sie in den Formen, wie persönliche Bedürf-

[3] www.statistik.at/web_de/statistiken/menschen_und_gesellschaft/soziales/sozialleistungen_auf_landesebene/betreuungs_und_pflegedienste/index.html. Zugriff am 23.01.2019

nisse geäußert werden. Professionelle Pflegekräfte nehmen diese klar geschlechterspezifisch wahr: Bei Frauen wird ein „Jammern" und eine Haltung des „Nur-ja-nicht-zur-Last-Fallens", aus der heraus gar keine Wünsche formuliert werden, beschrieben. Im Gegensatz dazu treten männliche Bewohner und Angehörige fordernd auf oder machen Vorwürfe. „Frauen, die kommen oft in einer großen Verzweiflung, es ist immer so eine ganz große Not im Vordergrund. Und Männer kommen dann eher, indem sie massive Vorwürfe machen, oder sie hauen auf den Tisch", sagt eine Pflegerin. Aufgrund ihrer weiblichen Sozialisation können Pflegerinnen mit dem Klagen der Frauen besser umgehen und sich abgrenzen. Dem Fordern der Männer gegenüber fühlen sie sich oft hilflos. In den Aussagen der Pflegenden wird „[e]ine professionelle Haltung, die Grenzen erlaubt und notwendig macht, [...] im Spannungsverhältnis zur traditionellen Gender-Rolle, die einen weiblichen Widerspruch gegen einen männlichen Wunsch nicht vorsieht, beschrieben" (Reitinger et al 2016: 701).

Eine besondere Herausforderung im Zusammenhang mit Gender stellt in jedem Pflegearrangement die Intimpflege dar. Viele Frauen – aber auch Männer – wollen nicht von gegengeschlechtlichen BetreuerInnen gepflegt werden. Eine kanadische Studie betont jedoch die Bedeutung einer vertrauensvollen Beziehung zwischen PflegerInnen und zu Pflegenden. Die Studie berichtet von männlichen Pflegern, die durch ein intensives Bemühen um eine vertrauensvolle Beziehung mit den zu Pflegenden auch von Klientinnen als Pfleger akzeptiert wurden. Grundsätzlich wurde jedoch dem Wunsch nach gleichgeschlechtlicher Pflege, wenn er geäußert wurde, entsprochen (Storm et al 2017: 203). Dass dies im Pflegealltag nicht immer realisierbar ist, gehört zu einem der Spannungsfelder, in denen die Organisation Pflegeheim agiert.

Frauen und Männer in der familiären Pflege: Gemeinsamkeiten und Unterschiede

Wenn nun wieder die Frauen und Männer, die in der Familie pflegen, in den Blick kommen, dann kann zunächst festgehalten werden, was beiden Geschlechtern gemeinsam ist. Beide trifft eine radikale Veränderung des Familienalltags. Pflege ist in den meisten Fällen keine punktuelle Entscheidungssituation, sondern ein sich allmählich entwickelndes Geschehen. Es beginnt meist mit einzelnen Hilfestellungen (zum Beispiel Begleitung bei Arztbesuch) und wird allmählich zu einer Betreuungstätigkeit, die der Pflegeperson immer mehr Präsenz abfordert. In den Pflegegeschichten kommt dieser Entwicklungsprozess deutlich zum Vorschein. Elmar Gräßel bezeichnet diesen Prozess auch als ein „Hineingeraten" in die Pflege, die vor allem in vier Bereichen (Gräßel 2000) Veränderungen hervorrufen kann. Erstens: Veränderung der Erwerbstätigkeit, zweitens: Konfrontation mit der Krankheitssymptomatik und möglichen krankheitsbedingten Verhaltensänderungen, drittens: starke Reduktion der Regenerationsmöglichkeiten der informellen Pflegepersonen und viertens: Anforderungen der häuslichen Pflege schränken das soziale Leben der informellen Pflegepersonen stark ein.

Angehörigen beiderlei Geschlechts ist auch gemeinsam, dass sie über weite Bereiche ihre Aufgabe als Hauptpflegeverantwortliche gleich definieren. Sie führen den Haushalt, machen den Einkauf, bereiten Mahlzeiten, kontrollieren die Medikamenteneinnahme und organisieren die informelle und professionelle Hilfe von außen (MetLife 2003: 2).

Unterschiede ergeben sich im Erleben der Pflege. Daniel Lüdecke und Eva Minch (2009: 320–323) haben pflegende (Schwieger-)Kinder untersucht. So wirkt auf (Schwieger-)Töchter der Grad der funktionellen Einschränkung der zu pflegenden Person belastender als auf (Schwieger-)Söhne. Auch fällt die Beurteilung, wie Kinder mit der Rolle als Betreuende zurechtkommen, unterschiedlich aus. (Schwieger-)Töchtern ist die Anerkennung ihrer geleisteten Pflegearbeit wichtig. Wenn sie ausbleibt, erhöht dies die Wahrscheinlichkeit, dass sie sich stark belastet fühlen, erheblich. Dagegen hat das Zurechtkommen mit der Rolle bei (Schwieger-)Söhnen keine Auswirkung auf ihr Belastungsempfinden. Lüdecke und Minch meinen, „dass bei den Frauen nicht nur ‚von außen' die Rolle als Familienmanagerin herangetragen wird, sondern dass sie sich selbst nur schwer von dieser Verpflichtung lösen können und daher versuchen, den Anforderungen und gleichzeitig auch den eigenen Ansprüchen gerecht zu werden" (Lüdecke, Minch 2009: 321). Für die (Schwieger-)Söhne stellt dagegen ein hoher Zeitaufwand eine große Belastung dar. Für sie ist es wichtiger, dass sie in der Pflege Unterstützung erfahren. Während beide Geschlechter gleichermaßen professionelle Unterstützung annehmen – zirka 40 Prozent greifen zusätzlich oder ausschließlich auf professionelle Hilfe zurück –, nehmen 40 Prozent der (Schwieger-)Söhne, aber nur 25 Prozent der (Schwieger-)Töchter zusätzlich oder ausschließlich Unterstützung aus informellen Netzwerken an. Dies lässt sich so verstehen, dass Männer weniger berufliche Einschränkungen zugunsten der Pflege in Kauf nehmen möchten und dies auch von ihrem Umfeld akzeptiert wird.

Auf Basis der Daten der 2005 abgeschlossenen Studie „Möglichkeiten und Grenzen der selbständigen Lebensführung" (MuG III) stellen Schneekloth und Wahl fest, dass sich der Anteil der männlichen Hauptpflegepersonen deutlich erhöht hat. Wie Lüdecke und Minch beschreiben auch sie die große Bedeutung von informellen und professionellen HelferInnen. Männliche Hauptpflegepersonen übernehmen dann verstärkt die Rolle des männlichen Pflegemanagements, während bestimmte körperbezogene Hilfeleistungen eher von professionellen Diensten übernommen werden (Schneekloth 2006: 408). Dies stellt auch einen Unterschied zu weiblichen

Betreuungspersonen dar, die vermehrt selbst Pflegehandlungen der persönlichen Sphäre übernehmen (MetLife 2003: 2).

In der internationalen Literatur wird der männliche Pflegestil als „professional model" (Thompson 2002: 34) beschrieben. Demnach stehen Männer in größerer Distanz zu den gestellten Anforderungen und bemühen sich mit einer aus ihrer Berufserfahrung gewonnen Rationalität, die Pflege möglichst effektiv zu organisieren. Jüngere Forschungsergebnisse zeichnen ein differenzierteres Bild. Männer übernehmen demnach auch körpernahe Pflegetätigkeiten und haben höchst unterschiedliche Pflegestile (Dosch 2016: 683f). Sie stehen in emotionaler Verbundenheit mit den zu Pflegenden (Russel 2007: 311). „Für Männer ist die Pflege Angehöriger sowohl ein Beziehungsgeschehen, das sie mit emotionaler Verbundenheit und Hingabe an die zu Pflegenden erfüllt, als auch eine Haltung, in der sie die Pflege ganz nüchtern als eine Tätigkeit sehen, die organisiert und bewältigt gehört" (Lehner 2018: 67, siehe auch den Beitrag von Barbara Pichler und Elisabeth Reitinger in diesem Band).

Ausblick und Unterstützungsmaßnahmen

Zusammenfassend lässt sich sagen: Beide Geschlechter können und wollen kompetent und verbindlich ihre pflegebedürftigen An- und Zugehörigen betreuen, sie bedürfen jedoch der Unterstützung. Zum einen braucht es einen verstärkten Ausbau der mobilen Betreuungsdienste. Sie sollten länger und auch flexibler – rund um die Uhr – zur Verfügung stehen. Die MitarbeiterInnen dieser Betreuungsdienste sollten über die nötigen Kompetenzen verfügen, um eine gendersensible Begleitung der zu Pflegenden, aber auch der An- und Zugehörigen anbieten zu können. Schließlich bedarf es dringender struktureller Reformen zur Unterstützung der Pflege im informellen Bereich. Gerade die Darstellung der Rahmenbedingungen in diesem Beitrag haben gezeigt, wie sehr Strukturen die Geschlechter unterschiedlich in die Pflege einbinden. Aus einer geschlechtergerechten Perspektive müssen diese Strukturen so verändert werden, dass Frauen und Männer in gleicher Weise zur Pflege angeregt und in sie eingebunden werden. Darüber hinaus sind sowohl der Staat als auch ArbeitgeberInnen gefordert, Arbeitszeitmodelle zu entwickeln, die es den Beschäftigten ermöglichen, ihre pflegerischen Verpflichtungen mit ihrer Erwerbsarbeit zu vereinbaren.

Literatur

Appelt Erna (2014). Das österreichische Elder-Care-Regime – eine intersektionelle Analyse. In: Appelt Erna, Fleischer Eva, Preglau Max (Hg). Elder Care. Intersektionelle Analysen der informellen Betreuung und Pflege alter Menschen in Österreich. Innsbruck: StudienVerlag. 55–76

Borutta Manfred, Giesler Christiane (2006). Karriereverläufe von Frauen und Männern in der Altenpflege. Eine sozialpsychologische und systemtheoretische Analyse. Wiesbaden: Deutscher Universitätsverlag

Dosch Erna C. (2016). „Neue Männer hat das Land." Männer vereinbaren Pflege und Beruf. In: Zeitschrift für Gerontologie und Geriatrie 49. 679–684

Gräßel Elmar (2000). Warum pflegen Angehörige? Ein Pflegemodell für die häusliche Pflege im höheren Lebensalter. In: Zeitschrift für Gerontopsychologie & -psychiatrie 13 (2). 85–94. https://doi.org/10.1024//1011-6877.13.2.85. Zugriff am 15.06.2018

Koch-Straube Ursula (1997). Fremde Welt Pflegeheim. Eine ethnologische Studie. Bern: Hans Huber

Hörl Josef (2009). Pflege und Betreuung. In: Bundesministerium für Arbeit, Soziales und Konsumentenschutz (Hg.) Hochaltrigkeit in Österreich. Eine Bestandsaufnahme. 2. Aufl. Wien: bmask. 363–386

Leitner Sigrid (2003). Varieties of Familialism. The caring function of the family in comparative Perspective. In European Societies 5 (4). 353–375

Lüdecke Daniel, Minch Eva (2009). Vereinbarkeit von Beruf und Pflege – Unterschiede von pflegenden Männern und Frauen. In: Behrens Johann (Hg). Hallesche Beiträge zu den Gesundheits- und Pflegewissenschaften. Pflegebedürftig in der Gesundheitsgesellschaft. Tagungsband. 26.–28. März 2009. Bd. 8. Halle: Institut für Gesundheits- und Pflegewissenschaft, Martin-Luther-Universität Halle-Wittenberg. 311–327. http://www.medizin.uni-halle.de/fileadmin/Bereichsordner/Institute/ GesundheitsPflegewissenschaften/Hallesche_Beitr%C3%A4ge_und_EBN/Halle-PfleGe-08-01.pdf. Zugriff am 06.05.2018

Lehner Erich (2018). Männer im Alter. Aktuelle Perspektiven sozialwissenschaftlicher Forschung. In: Reitinger Elisabeth, Vedder Ulrike, Chiangong Pepetuel Mforbe (Hg.). Alter und Geschlecht. Soziale Verhältnisse und kulturelle Repräsentationen. Wiesbaden: VS Springer. 53–77

Mairhuber Ingrid, Sardadvar Karin (2017a). Erwerbstätige pflegende Angehörige in Österreich. Herausforderungen im Alltag und für die Politik. Projekt-Teilbericht: Policy-Analyse und politische Empfehlungen. Unterstützt durch Fördergelder des Jubiläumsfonds der Österreichischen Nationalbank (Projektnummer: 16049). Forba-Forschungsbericht 1/2107. Wien.

Mairhuber Ingrid, Sardadvar Karin (2017b). Pflegekarenz und Pflegeteilzeit in Österreich: Eine Neuausrichtung im Langzeitpflegeregime? Folgen, Potenziale und Grenzen einer Maßnahme zur ‚Vereinbarkeit' von Erwerbsarbeit und Care. In: Femina Politica 2. 47–61

MetLife (2003). Sons at Work. Balancing Employment and Eldercare. Westport http://www.geckosystems.com/downloads/sonsatwork.pdf. Zugriff am 27.06.2018

Nagl-Cupal Martin, Kolland Franz, Zartler Ulrike, Mayer Hanna, Bittner Marc, Koller Martina, Parisot Viktoria, Stöhr Doreen, Bundesministerium für Arbeit, Soziales, Gesundheit und Konsumentenschutz (Hg.) (2018). Angehörigenpflege in Österreich. Einsicht in die Situation pflegender Angehöriger und in die Entwicklung informeller Pflegenetzwerke. Wien: Universität Wien

Pochobradsky Elisabeth, Bergmann Franz, Brix-Samoylenko Harald, Erfkamp Henning, Laub Renate (2005). Situation pflegender Angehöriger. Endbericht. Österreichisches Bundesinstitut für Gesundheitswesen Wien

Reitinger Elisabeth, Lehner Erich, Pichler Barbara, Heimerl Katharina (2016). „Doing Gender" im

Altenpflegeheim. Perspektiven von Mitarbeitenden und Führungskräften. In: Zeitschrift für Gerontologie und Geriatrie 49. 700-705

Reitinger Elisabeth, Lehner Erich (2010). Gender in der stationären Altenpflege und -betreuung. Abschlussbericht zum Forschungsprojekt. Gefördert von der Österreichischen Forschungsgesellschaft (FFG) im Rahmen des Bridge Programms und dem Land Tirol. Wien, Innsbruck: Eigenverlag

Russell Richard (2007). The Work of Elderly Men Caregivers: From Public Careers to an Unseen World. In: Men and Masculinities 9. 298-314

Sardadvar Karin, Mairhuber Ingrid (2018). Employed family carers in Austria. The interplays of paid and unpaid work – beyond "reconciliation". In: Österreichische Zeitschrift für Soziologie 43. 61-72

Storm Palle, Braedley Susan, Chivers Sally (2017). Gender Regimes in Ontario Nursing Homes: Organization, Daily Work, and Bodies. In: Canadian Journal on Aging / La Revue canadienne du vieillissement 36 (2). 196-208

Thompson Edward H. (2002). What´s Unique About Men´s Caregiving? In: Kramer Betty J., Thompson Edward. H. (Hg.). Men as Caregivers. Theory, Research and Service Implications. New York: Springer Publishing Company. 20-47

„Demenzkranke sind unberechenbar ..."
Reflexion von Männlichkeit(en) in der Pflege von Demenz betroffener Ehefrauen
BARBARA PICHLER, ELISABETH REITINGER

Das Zitat „Demenzkranke sind unberechenbar" stammt aus Rupert Erharters Erzählung und markiert eine spezifische Situation pflegender Angehöriger von Demenz betroffener Personen: Sie haben jederzeit mit unvorhersehbaren Ereignissen zu rechnen, was im Alltag ein erheblicher Stress- und Belastungsfaktor ist. Wiewohl es eine distanzierte Haltung der eigenen Frau gegenüber anzeigt, wenn von ihr als „Demenzkranke" gesprochen wird, so ist es die Kranke, der die Unberechenbarkeit zugeschrieben wird, und nicht die eigene Frau in ihrer Ganzheit. Für Angehörige kann es hilfreich sein, das irritierende Verhalten der Krankheit zuzuordnen, um trotz allem in Beziehung mit der jahrzehntelang vertrauten Person zu bleiben.

Pflegende Angehörige von Menschen mit Demenz sind in ihrem Alltagshandeln sehr gefordert. Laut dem österreichischen Demenzhandbuch (Sozialministerium 2008) fühlen sich mehr als zwei Drittel der Angehörigen durch ihre Betreuungsarbeit „ab und zu" bis „fast immer" überlastet. Diese außerordentliche psychische, körperliche, zeitliche und zum Teil auch finanzielle Beanspruchung spiegelt sich in den Schreibaufrufbeiträgen wider und erhält in diesen eine plastische Gestalt. Im folgenden Beitrag interessieren wir uns dafür, wie Männer mit diesen außerordentlichen Herausforderungen eines Pflegealltags umgehen, handelt es sich doch um Tätigkeiten, die in einer traditionellen Geschlechterordnung den Frauen zugeschrieben werden. Welche Handlungsstrategien entwickeln pflegende Ehemänner, welche Rollen nehmen sie ein? Den Diskurs über Männlichkeit in der Angehörigenpflege aufgreifend, werden wir die Ausführungen von Adolf Katzenbeisser und Rupert Erharter vor diesem geschlechterspezifischen Hintergrund reflektieren.

Reflexion von Männlichkeit in der Angehörigenpflege – wozu?

Warum soll gerade die männliche Perspektive in den Vordergrund gerückt werden, sind es doch zumeist Frauen, die ihre Angehörigen pflegen? In Österreich sind 73 Prozent der betreuenden Angehörigen weiblich (Nagl-Cupal et al 2018: 13), in Deutschland sind es 65 Prozent (Wetzstein et al 2015), und es sind auch wesentlich mehr Frauen dem Aufruf, über Sorgeerfahrungen zu schreiben, gefolgt. Wenn Männer Pflegetätigkeiten übernehmen, dann sorgen sie zumeist für ihre (Ehe-)Partnerinnen in bereits fortgeschrittenem Alter (Lehner 2011: 89), so auch die beiden Verfasser der Texte, auf die wir uns beziehen. Mit diesem geschlechtsspezifischen Fokus geht es uns einerseits um die Sichtbarmachung marginalisierter Männlichkeiten, mit dem Anliegen, damit auch zu einem Wandel stereotyper Geschlechtervorstellungen beizutragen, und andererseits darum, wirkmächtige Strukturen einer dualistischen Geschlechterlogik herauszuarbeiten. Insbesondere in der Pflege von Demenz betroffener Frauen nimmt der Anteil der pflegenden Männer auch zu (Schönborn 2017; Wadenpohl 2008). Im Aufzeigen, dass auch Männer Pflegende sind, werden Bilder von Männlichkeit gezeichnet, die nicht einer rigiden Geschlechterordnung entsprechen. Männer werden als jene, die Sorgetätigkeiten übernehmen, sichtbarer. Diese Bilder können damit auch zunehmend gesellschaftliche Normalität erlangen. Die Vielfalt gesellschaftlicher Geschlechterrollen wird darüber verstärkt. Im genauen Hinsehen, wie Männer pflegen, wird durchaus deutlich, dass dies nicht losgelöst von tradierten Vorstellungen von Männlichkeit passiert. Wie Manfred Langehennig (2010: 198) auf der einen Seite zu berücksichtigen gibt, dürfen die Aussagen der Männer aber nicht unreflektiert und vorschnell als typisch männlich kategorisiert werden. Auf der anderen Seite ist die Weise des Erzählens selbst, eben wie über die Pflege der Ehefrau geschrieben wird, vergeschlechtlicht (Dausien 2001; Gildemeister 2008). Bettina Dausien (2001: 59f) hat herausgearbeitet, dass sowohl der Inhalt („was") einer erzählten Lebensgeschichte als auch die Art der narrativen Präsentation („wie") nicht beliebig sind, sondern sich darin die biografische Struktur der Erfahrungsverarbeitung widerspiegelt, welche in vielfacher Weise durch das Geschlechterverhältnis strukturiert ist.

Mit der Zielsetzung einer geschlechterdifferenzierenden Perspektive begibt man sich in das Dilemma geschlechterbezogener Forschung: Einerseits ist diese Perspektive unerlässlich, um den machtvollen Wirkungen von Zweigeschlechtlichkeit nachgehen zu können, andererseits birgt dieser Zugang die Gefahr, dualistische Vorstellungen zu stärken. Geschlechtertheoretisch gehen wir von Judith Butlers (1991, 1998) Verständnis aus, dass Geschlecht performativ hergestellt ist. Durch performative Handlungen werden Geschlechter und die Unterscheidung der Geschlechter überhaupt erst sozial konstituiert und damit auch relevant. Sprache als performativer Akt des wiederholten Tuns bringt in diesem Verständnis Realität hervor und festigt sie. Auch die Schreibaufrufbeiträge oder das Verfassen dieses Artikels stellen performative Akte in diesem Sinne dar und sind durch ihre Zitatförmigkeit und ihre Ritualität charakterisiert. Dieser Zugang erklärt einerseits, wie wirkmächtige Geschlechter- bzw. Männlichkeitsvorstellungen tradiert werden, andererseits eröffnet diese Einsicht die prinzipielle Möglichkeit des Wandels, da die Wiederholungsverfahren nie identische Reproduktionen sind. Zitieren ist immer ein Re-Zitieren und birgt somit die Möglichkeit des Wandels, der Verschiebung von Bedeutungen, in sich.

Methodischer Zugang

Der Artikel nimmt zwei Schreibaufrufbeiträge zum Ausgangspunkt der geschlechtsspezifischen Auseinandersetzung: Rupert Erharters und Adolf Katzenbeissers Ausführungen werden vor dem Hintergrund von geschlechtertheoretischen Überlegungen und Erkenntnissen zu Männern in der Angehörigenpflege gelesen, analysiert und interpretiert. Das führt über die zwei Verfasser der Beiträge hinaus und verweist auf strukturelle Dimensionen kultureller Männlichkeitskonstruktionen. Es werden sowohl Momente der Tradierung im Möglichkeitshorizont einer männlichen Sozialisation wie auch die prinzipielle Möglichkeit des Wandels von Männlichkeitsbildern aufgespürt. Bei der Generierung der Themen, die sich als relevant in Bezug auf die Reflexion von Männlichkeit in der Angehörigenpflege bei Demenz herauskristallisiert haben, handelte es sich um eine Suchbewegung, die sowohl deduktiv als auch induktiv angelegt war. Im Lesen der Sorgeerfahrungen werden jene Themen identifiziert, die vertraut erscheinen, und so fungieren die Erzählungen als konkrete Beispiele, Belege bzw. Neuakzentuierungen eines zumindest ansatzweise bekannten Sachverhaltes. Oder aber in der Analyse der Erzähltexte kommen neue Themen zum Vorschein, die in weiterer Folge durch das In-Beziehung-Setzen mit Theorien einem tieferen Verständnis zugeführt werden.

Arbeitsorientierung und Normalisierung

In der Forschungsliteratur wird vielfach ein Pflegestil von Männern beschrieben, in dem Pflege als Arbeit und Managementaufgabe begriffen wird. Dieser Stil wurde zum Teil als bloß aufgabenorientiert, kühl und distanziert begriffen, was von unterschiedlichen Autoren (Russel 2007; Langehennig 2010; Lehner 2011) als eine zu einseitige Sicht zurückgewiesen wurde. So zeigt Richard Russel (2007) in seiner empirischen Studie über ältere pflegende Männer auf, dass vielmehr ein managerieller und versorgender Stil miteinander kombiniert werden und es Männern leichter fiel, über Organisation und Tätigkeiten zu sprechen als über emotionale Aspekte der Pflege. Auch in den beiden untersuchten Texten fällt auf, dass sehr ausführlich darüber geschrieben wird, welche Tätigkeiten die Männer ausführ(t)en und wie sie diese organisier(t)en. Wenn diese beiden pflegenden Ehemänner über Haushalts- und Sorgetätigkeiten berichten, wird einerseits deutlich, wie sehr diese Tätigkeiten in ihrem Alltag Einzug gehalten haben, andererseits sind sie aus ihrer Sicht auch wert, erwähnt zu werden und erfahren dadurch eine gewisse Art der Entselbstverständlichung. Im Vergleich dazu sind jene Tätigkeiten bei Frauen nicht selten dermaßen selbstverständlich, dass sie als Arbeit nicht sichtbar sind und damit in der Normalität des Alltags untergehen, ohne Erwähnung zu finden (Christof et al 2005: 67f). Rupert Erharter listet genau auf, womit er ab den frühen Morgenstunden beschäftigt ist:

„Ich verrichte die Hausarbeit, wasche und koche. Ab und zu backe ich Früchtebrot, das ist gefragt. [...]. Fast täglich ist eine verschmutzte Unterhose auszuwaschen, was gar nicht so auf eins, zwei, drei gelingt."

In der Längsschnittstudie von Ingrid Hellström et al (2017) zu pflegenden Ehemännern von Frauen mit Demenz wird der Befund, dass die Haushalts- und Pflegeaufgaben als selbstverständliche und normale Tätigkeiten in den Alltag integriert werden, bestätigt. Über eine Studiendauer von fünf bis sechs Jahren wurde der Prozess der Normalisierung der Sorgetätigkeit nachgezeichnet.

Folgende drei Phasen konnten bei den pflegenden Ehemännern identifiziert werden:
1. „me and it"
   Distanz zwischen dem Selbst und der Sorgetätigkeit;
2. „me despite it"
   zu einem Sorgenden werden;
3. „it is me"
   ein pflegender Mann sein.

Bei Adolf Katzenbeisser war die Identifikation mit seiner Rolle so stark, dass es nach dem Tod seiner Frau zu einer Leere in ihm kam:

„Ich brauchte für sie nicht mehr zu sorgen, das Nicht-Gebrauchtwerden löste in mir ein Gefühl der inneren Leere aus."

In der Art, wie die Männer die Pflege- und Haushaltstätigkeit ausführen, zeigt sich eine biografische Kontinuität, indem an Berufserfahrungen angeknüpft wird (Langehennig 2010: 202f). Die Handlungsorientierungen, die wir aus Adolf Katzenbeissers und Rupert Erharters Ausführungen herausgearbeitet haben und im Folgenden darstellen, erinnern stark an berufliche Handlungsmuster.

Problemlösungsorientierung:
„Wegen Stolpergefahr entfernte ich alle Teppiche"

Adolf Katzenbeisser beschreibt den Verlauf der Parkinsonerkrankung seiner Frau über einen Zeitraum von zehn Jahren, nach einigen Jahren kam noch eine Demenzdiagnose hinzu. Fünf Jahre waren geprägt von einer intensiven Betreuung und Pflege seiner Frau und einem starken Bemühen, ihren Alltag zu erleichtern und schöner zu gestalten. Interessant ist in diesem Zusammenhang seine Handlungsstrategie, die als problemlösungsorientiert bezeichnet werden kann. Er identifizierte ein Problem und suchte dazu eine Lösung, die häufig technisch war oder aber darin bestand, dass er für seine Frau etwas besorgte. Folgende ausgewählte Beispiele veranschaulichen dies:

> *„Gegen die Winterdepression besorgte ich ihr eine Lichttherapielampe."*

> *„Vorsichtshalber brachte ich an Möbeln einen Kantenschutz an. Damit sie sich sicher fortbewegen konnte, schafften wir einen Rollator an. Sie suchte sich das Gerät selbst aus."*

> *„Damit ich die Verabreichung in Abständen von zwei bis drei Stunden (tagsüber) nicht verpasste, stellte ich mehrere elektronische Wecker auf."*

> *„Ich besorgte ihr Serien von DVDs ihrer Lieblingssendungen, die sie immer wieder von vorne anschaute."*

In den Zitaten spiegeln sich Adolf Katzenbeissers Fertigkeiten und Fähigkeiten, die er als wichtige Handlungsressourcen in die Betreuung einbringen kann. Meistens ist er das Subjekt der Handlungen, aktiv und initiativ. Es gibt aber auch ein gemeinsames Tun, so besorgten sie gemeinsam den Rollator und die Frau traf die Entscheidung für das Modell.

Mit zunehmendem Pflegeaufwand trat die technische Lösungsstrategie in den Hintergrund.

> *„Die kranke Frau betreuen, kochen, die Wohnung sauber halten. Die Bettwäsche war häufig zu wechseln, täglich lief die Waschmaschine. Wenn mehrere Dinge aufeinandertrafen, war ich überfordert, ich war am Ende meiner Kräfte und Belastbarkeit. Allein schaffte ich es nicht mehr, ich suchte um eine Heimhilfe an, die sofort bewilligt wurde."*

Der Überforderung des Pflegealltags begegnete er mit der Organisation personeller Hilfe. Seine eigenen Grenzen erkennen und sich Hilfe holen, ist eine Kompetenz, die sich viele pflegende Angehörige erst aneignen müssen.

Dokumentarische Orientierung: „Darüber führte ich Aufzeichnungen"

> *„Täglich kam jetzt eine Person, welche mich in erster Linie bei ihrer Körperpflege unterstützte."*

Adolf Katzenbeisser bleibt die Hauptpflegeperson. Heimhilfe zu erhalten bedeutet für ihn nicht, die Pflege und Betreuung an andere abzugeben, sondern Unterstützung zu bekommen. Er beschreibt sehr sachlich die Betreuungspersonen und -situationen. Für seine Frau war es anfangs nicht sehr angenehm, dass *"eine fremde Person ihr an den Leib rückte"*, noch dazu, wenn dies ein Mann war. Auffallend in seiner Darstellung ist, wie er über die HeimhelferInnen Buch führte:

> *"Und sie [die HeimhelferInnen] wechselten ständig, in den anderthalb Jahren zählte ich deren 66, [...]. Die Hauptbetreuerin war nur teilzeitbeschäftigt und fiel bis auf 105 Einsätze meist aus. [...]. Es kamen auch Männer, ein Filipino, ein Tunesier, ein Afghane, einer aus Kamerun und einer aus dem Kongo. [...] Der Filipino war dreißig Mal zu uns eingeteilt, und sie war mit ihm und mit seiner Hilfestellung sehr zufrieden."*

Bereits in einer frühen Phase der Erkrankung notierte er für ihn relevante Daten, wenn seine Frau die vom Arzt empfohlenen Bewegungsübungen machte. Anfangs machte sie diese mit Freude, später jedoch mit Widerwillen.

> *"Jeden Tag zwang ich sie auf den Hometrainer, damit sie einigermaßen gelenkig blieb. Darüber führte ich Aufzeichnungen."*

Auch Rupert Erharter kann genau über die Anzahl der Stürze seiner Frau Auskunft geben:

> *"Insgesamt waren es 22 Stürze, darunter drei Stürze über Stiegen."*

Dokumentiert ist auch Datum und Kontext des letzten Sturzes:

> *"4. Oktober 2014, beim Schuhanziehen."*

Diese quantitativen und auch qualitativen Aufzeichnungen können als Versuch gelesen werden, eine gewisse Übersicht über das Geschehen zu bewahren bzw. herzustellen. Angesichts einer Situation, die wenig berechenbar und vorhersehbar ist, ist das Bedürfnis, diese so weit als möglich „in der Hand zu haben" nachvollziehbar. Ähnlich deutet Langehennig (2010: 203) die Arbeitsorientierung in der männlichen Angehörigenpflege als einen Versuch, die Lage zu kontrollieren.

Leistungsorientierung: „Solange ich etwas auf den Tisch bringe"

Langehennig (2010: 202f) beschreibt einen Typus Mann, der sehr stolz auf seine Expertise ist, die er in die Pflege einbringt, und diese auch entsprechend artikuliert. Die von ihm erbrachte Leistung wird explizit betont. In ähnlicher Weise führt Rupert Erharter aus, wie wichtig es für ihn ist, so lange als möglich selbst für seine Frau zu sorgen. Indem er mehrmals das Wort „solange" einsetzt, deutet er an, dass er sich über die Begrenztheit seiner eigenen Möglichkeiten im Klaren ist. Er lehnt die Optionen „Essen auf Rädern" oder eine Heimunterbringung seiner Frau entschieden ab.

„Sie in ein Heim zu geben kommt für mich nicht in Frage, solang ich in der Lage bin, sie zu pflegen."

Es wird von ihm nicht damit begründet, dass seine Frau eine Heimunterbringung ablehnen würde, sondern vielmehr seine eigene Fähigkeit, sie zu pflegen, in den Vordergrund gerückt.

Rupert Erharter, 90 Jahre alt, schreibt von schwierigen Situationen in der Betreuung seiner um drei Jahre jüngeren Ehefrau. So stürzte sie öfters, und obwohl er fürchtete, sie nicht mehr aufheben zu können, schaffte er es dennoch. Auch wenn zwei Mal pro Woche mobile Pflegerinnen kommen, um ihn bei der Körperpflege seiner Frau zu unterstützen, sieht er sich als „Hauptpfleger". Den Einsatz von Pflegemitteln der professionellen Pflegepersonen beäugt er skeptisch und vermittelt implizit den Eindruck, dass er es besser machen würde. Auch das von ihm gekochte Essen ist aus seiner Sicht für seine Frau besser bzw. entspricht eher der Situation und den Ansprüchen der Frau, als wenn es von einem Speisenzusteller kommen würde. Bemerkenswert ist, dass Rupert Erharter in diesem hohen Alter in der Lage ist, diese Pflege- und Haushaltstätigkeiten auszuführen.

Hilfssysteme: „Allein schaffte ich es nicht mehr"

Sarah Brügger et al (2015: 121f) fanden in ihrer Studie zu geschlechtsspezifischen Besonderheiten in der informellen Pflege heraus, dass die Unterstützungsnetzwerke pflegender Männer zumeist größer sind als bei pflegenden Frauen. Männern wird Hilfe aus ihrem Umfeld und auch vom Fachpersonal eher angeboten. Der Grund wird darin gesehen, dass diese Tätigkeiten beim Mann als weniger „natürlich" erscheinen. In den Ausführungen von Adolf Katzenbeisser und Rupert Erharter werden jedoch keine großen informellen Unterstützungsnetzwerke sichtbar. Beide nehmen mobile Dienste in Anspruch, Adolf Katzenbeisser ab dem Zeitpunkt, wo er realisiert hatte, dass er alleine nicht mehr zurechtkam. Es sind jeweils körperbezogene Unterstützungsleistungen, die sie an Professionelle delegieren, was ebenfalls als typisch für einen männlichen Pflegestil beschrieben wird (Dosch 2016). Bestimmte Aufgaben ohne schlechtes Gewissen an Fachpersonen zu delegieren, ist laut Brügger et al (2015: 124) für Männer eher möglich als für

Frauen, da sie ohnehin schon mehr machen, als die gesellschaftliche Geschlechterrolle von ihnen verlangt. Im Unterschied dazu spielt die informelle Hilfe in den hier analysierten Erzählungen von Adolf Katzenbeisser und Rupert Erharter aber eine verhältnismäßig geringe Rolle bzw. scheint sie im Falle Rupert Erharters gar nicht unbedingt willkommen zu sein:

> *„Hin und wieder gibt es auch Leute, die meinen, sie müssen uns etwas bringen, zum Beispiel Tochter und Stieftochter. [...] Eine Nachbarin stellt sich ab und zu mit Kuchen ein."*

Er sieht darin nicht eine freundliche Geste, sondern fühlt sich mit dem Mitgebrachten vielmehr als Bedürftiger adressiert. Es kann sich dahinter aber auch die Erfahrung verbergen, dass ihm als Mann öfter die Haushaltskompetenz abgesprochen wird und er deshalb seine diesbezüglichen Leistungen hervorstreicht.

Adolf Katzenbeisser erhielt von Verwandten und Freunden, später auch von einem Arzt, den Ratschlag, seine Frau in ein Pflegeheim zu geben, um nicht selbst ein „Pflegefall" zu werden. Abgesehen von diesem Rat berichtet er von keinen Hilfestellungen, wohl aber davon, wie er zwischenzeitlich auch noch zusätzlich seine Schwiegermutter in ihrem Haushalt unterstützen musste. Das Pflegeheim kam für ihn lange Zeit nicht in Frage, da dieser Option sein Versprechen entgegenstand, *„sie nicht in ein Heim zu stecken; solange es gehe, werde ich mich um sie kümmern"*. Nach mehreren Krankenhausaufenthalten und einer immer aufwändigeren Pflege zu Hause, als sie nicht mehr aufstehen konnte, kam seine Frau doch in ein Pflegeheim. Sie bekam den Unterschied zum Krankenhaus gar nicht mit, konnte nicht mehr sprechen, später dann auch nicht mehr schlucken. Während der Spitals- und Pflegeheimaufenthalte übergab er das Sich-Kümmern um seine Frau nicht gänzlich dem Pflegepersonal, seiner Frau das Essen zu geben (*„füttern"*) schien für ihn selbstverständlich.

> *„Ich besuchte sie täglich stundenlang, nahm dem Pflegepersonal Arbeit ab."*

Gefühle: „Heute sehe ich noch immer ihr trauriges Gesicht vor mir"

Während für Frauen - auch aufgrund der geschlechtsspezifischen Erwartungen - die Pflege einer angehörigen Person häufig die Erfüllung einer Pflicht bedeutet und gar nicht hinterfragt werden kann, wird die Pflege bei Männern tendenziell durch Liebe und Zuneigung begründet gesehen (Brügger et al 2015; Langehennig 2010). Eine Reflexion der Entscheidung, ob Pflege übernommen wird oder nicht, ist daher für Männer leichter möglich. Die „Normalität", mit der Frauen Sorgeaufgaben – und damit oft auch Angehörigenpflege – im Alltag übernehmen, führt immer wieder dazu, dass hier gar keine anderen Optionen gedacht werden können.

Was die Gefühle in der Partnerinnenpflege betrifft, spielen auch Belastungsfaktoren eine wichtige Rolle. Raphael Schönborn (2017) fasst hierzu die Ergebnisse der Evaluation des Projekts „Meine Frau hat Demenz. Ein Gesprächskreis für Männer" wie folgt zusammen: „Als zentrale Belastungsfaktoren wurden von den teilnehmenden Männern unter anderem die empfundene Hilflosigkeit, die auftretenden Verhaltensänderungen, die erschwerte Kommunikation sowie der Verlust von Fähigkeiten und Fertigkeiten ihrer demenzkranken Partnerinnen angeführt."

Adolf Katzenbeisser schreibt von einer Situation, die ihn noch heute betroffen macht und stellt diese auch in den Kontext von Überforderung:

„Eines Abends bat sie mich, dass ich mich zu ihr hinsetze.
Ich war schon sehr müde und lehnte ab. Sie brach in Tränen aus.
Als ich mich dann doch ihr widmen wollte, schickte sie mich brüsk weg.
Heute sehe ich noch immer ihr trauriges Gesicht vor mir, und es tut mir
leid, dass ich damals so ablehnend reagierte. Die Anforderungen an
mich waren groß."

Abgesehen von dieser Passage, erscheint die emotionale Betroffenheit in beiden Texten kaum explizit. Die Erzählungen entsprechen damit einem Männlichkeitsbild, in dem Gefühle nicht so stark thematisiert werden oder aber anders artikuliert werden. Paul Träxler, ein Teilnehmer im „Gesprächskreis für Männer", beschreibt, dass „Männer aus meiner Erfahrung untereinander eine andere Gesprächskultur (haben) – auch was emotionale Zustände bzw. Aussagen betrifft. Diese gemeinsame Sprache und das damit verbundene gegenseitige Verstehen ist gerade im Zusammenhang mit sehr persönlichen Emotionen sehr wichtig" (Träxler, zit. n. Schönborn 2017).

Resümee

Die Unterstützung pflegender Angehöriger im Falle von Demenz verdient besondere Aufmerksamkeit, da diese unter den betreuenden Angehörigen zu einer vulnerablen Gruppe zählen, die aufgrund der Vielschichtigkeit des Demenzsyndroms hohen physischen, psychischen und sozialen Herausforderungen ausgesetzt ist (Plunger et al 2014: 31), wie auch die Ausführungen von Rupert Erharter und Adolf Katzenbeisser aufzeigen.

Betrachten wir nun die Erkenntnisse der geschlechtsspezifischen Analyse vor der Folie „Tradierung und Wandel" von Männlichkeitsbildern, so können unterschiedliche Tendenzen beschrieben werden. Zunächst einmal kann es als Wandel angesehen werden, dass Männer die Rolle als Hauptsorgende und Pflegende übernehmen und damit auch Aufgaben wie Haushaltsführung, Kochen und Waschen, aber auch körperliche Pflegetätigkeiten ausführen und diese detailliert beschreiben. In den beiden Erzählungen erscheint es den betreuenden und pflegenden Männern normal, für ihre von Demenz betroffenen Frauen Sorge zu übernehmen und diese auch bis über eigene Belastbarkeitsgrenzen hinaus zu tragen.

Eher auf der Seite der tradierten Männlichkeitsbilder ist die Orientierung an Arbeit und Leistung sowie die genaue Dokumentation der Tätigkeiten und Ereignisse zu nennen, was durchaus auch als Ressource, die in die Betreuung eingebracht wird, gesehen werden kann. Ebenso entspricht es eher den Erwartungen an männliche Rollenbilder, dass professionelle Hilfe in Anspruch genommen wird. Vor allem wird deutlich, dass Personen aus dem professionellen Hilfesystem stark dafür plädieren, dass Adolf Katzenbeisser seine Frau besser im Pflegeheim betreuen lassen sollte. Hier drängt sich die Frage auf, ob diese Empfehlung gegenüber weiblichen Hauptpflegepersonen genauso deutlich artikuliert worden wäre. In diesem Zusammenhang sind die Erkenntnisse von Sabine Wadenpohl im Hinblick auf geschlechtsspezifische Ausformung von Hilfe interessant. Sie beschreibt, dass

„Unterstützung bei der Bewältigung der Pflege und der Haushaltsführung […] in Form emotionaler und instrumenteller Hilfe wirksam [wird]. […] Hierbei ist auffällig, dass pflegende Männer eher instrumentelle Hilfen einfordern und erhalten als Frauen und dass Männer häufiger formelle Pflegeleistungen in das Pflegearrangement einbeziehen […]. Emotionale Unterstützung […] nutzen pflegende Frauen häufiger als Männer" (Wadenphol 2008: 68).

Hinsichtlich möglicher Konsequenzen für die Praxis kann diese Analyse einer-

seits die Initiative unterstützen, Gesprächskreise für Männer anzubieten, die ihre von Demenz betroffenen Frauen pflegen. Andererseits wird deutlich, dass Frauen, die die Pflege einer/s Angehörigen übernehmen, schon früh (auch professionelle) Unterstützung bräuchten, um überhaupt in die Situation einer Entscheidung für oder gegen Pflege kommen zu können. Aufgrund der starken gesellschaftlichen, aber auch innerfamiliären Erwartungen, als Frau jedenfalls für Betreuungs- und

Pflegaufgaben zuständig zu sein (vgl. auch Nagl-Cupal et al 2018) ist die Option „nicht pflegen" kaum vorstellbar. Traditionelle Familienbilder, die auch in der professionellen Pflege oft dominieren (Reitinger et al 2016), können bestehende

Geschlechterungerechtigkeiten eher noch verstärken. Daher bleibt auch in Richtung professionelles Unterstützungssystem weiterhin die Frage ernsthaft zu bearbeiten, wie Frauen und Männern die gleichen Chancen der Inanspruchnahme von Entlastung gegeben werden können (vgl. hierzu auch den Beitrag von Erich Lehner und Elisabeth Reitinger in diesem Band). Hier braucht es, darauf weisen diese Ergebnisse auch hin, Geschlechtersensibilität im Umgang mit pflegenden Angehörigen (Deufert 2013). Zentral in diesem Zusammenhang ist auch, dass Männern die Kompetenz in Pflege und Haushaltsführung nicht abgesprochen wird, sondern als integraler Bestandteil eines ganzheitlichen Männlichkeitsbildes begriffen wird. Adolf Katzenbeissers und Rupert Erharters Erzählungen zeigen dies auf eindrucksvolle Weise.

Literatur

Butler Judith (1991): Das Unbehagen der Geschlechter. Frankfurt am Main: Suhrkamp

Butler Judith (1998): Haß spricht. Zur Politik des Performativen. Berlin: Berlin Verlag

Brügger Sarah, Perler Laura, Jaquier Adrienne, Sottas Beat (2015). „Dadurch, dass wir Mädchen sind, war die Erwartung von allen viel größer." Geschlechtsspezifische Besonderheiten der informellen Pflege. In: GENDER - Zeitschrift für Geschlecht, Kultur und Gesellschaft. Heft 2. 11 -129. DOI 10.3224/gender.v7i2.19316

Christof Eveline, Forster Edgar, Müller Lydia, Pichler Barbara, Rebhandl Nina, Schlembach Christopher, Steiner Petra, Strametz Barbara (2005). Feministische Bildungsarbeit. Leben und Lernen zwischen Wunsch und Wirklichkeit. Opladen: Verlag Barbara Budrich

Dausien Bettina (2001). Erzähltes Leben - erzähltes Geschlecht? Aspekte der narrativen Konstruktion von Geschlecht im Kontext der Biographieforschung. In: Feministische Studien 2/01. 57-73

Deufert Daniela (2013). Genderaspekte in der Angehörigenpflege. In: Zeitschrift für Gerontologie und Geriatrie 46/6. 520-525. DOI 10.1007/s00391-013-0544-2

Dosch Erna C. (2016). „Neue Männer hat das Land" Männer vereinbaren Pflege und Beruf. In: Zeitschrift für Gerontologie und Geriatrie 49/8. 679-684. DOI 10.1007/s00391-016-1145-7

Gildemeister Regine (2008). Was wird aus der Geschlechterdifferenz im Alter? Über die Angleichung von Lebensformen und das Ringen um biografische Kontinuität. In: Buchen Sylvia, Maier Maja S. (Hg.). Älterwerden neu denken. Interdisziplinäre Perspektiven auf den demografischen Wandel. Wiesbaden: VS Verlag für Sozialwissenschaften. 197-215.

Hellström Ingrid, Hakanson Cecilia, Eriksson Henrik, Sandberg Jonas (2017). Development of older men's caregiving roles for wives with dementia. In: Scandinavian Journal of Caring Sciences 31. 957-964. DOI 10.1111/scs.12419

Langehennig Manfred (2010). In der Angehörigenpflege ein richtiger „Mann" bleiben - Anmerkungen zur genderkonstruierten Angehörigenpflege. In: Reitinger Elisabeth, Beyer Sigrid (Hg.). Geschlechtersensible Hospiz und Palliativkultur. Frankfurt am Main: Mabuse-Verlag. 197-209

Lehner Erich (2011). Neue Männlichkeitsbilder durch männliche „careworker". In Kurswechsel. Heft 4. 86-94

Nagl-Cupal Martin, Kolland Franz, Zartler Ulrike, Mayer Hanna, Bittner Marc, Koller Martina, Parisot Victoria, Stöhr Doreen (2018). Angehörigenpflege in Österreich. Einsicht in die Situation pflegender Angehöriger und in die Entwicklung informeller Pflegenetzwerke. Im Auftrag des Bundesministeriums für Arbeit, Soziales, Gesundheit und Konsumentenschutz (Hg.). Wien

Plunger Petra, Heimerl Katharina, Reitinger Elisabeth (2014). Beratung von Angehörigen von Menschen mit Demenz – Ein Beitrag zur Lebensqualität von Menschen mit Demenz zu Hause. Im Auftrag des Bundesministeriums für Soziale Sicherheit, Generationen und Konsumentenschutz (Hg.). Wien

Reitinger Elisabeth, Lehner Erich, Pichler Barbara, Heimerl Katharina (2016). „Doing Gender" im Altenpflegeheim. Perspektiven von Mitarbeitenden und Führungskräften. In: Zeitschrift für Gerontologie und Geriatrie 49 (8). 700–705. DOI 10.1007/s00391-016-1147-5

Russell Richard (2007). The Work of Elderly Men Caregivers. From Public Careers to an Unseen World. In: Men and Masculinities 9. Heft 3. 298–314. DOI 10.1177/1097184X05277712

Schönborn Raphael (2017). Wenn Männer ihre Partnerinnen pflegen. Die Gesprächsgruppe „meine Frau hat Demenz" stellt sich vor. In: Pflege Professionell. 11. Dezember. http://pflege-professionell.at/wenn-maenner-ihre-partnerinnen-pflegen. Zugriff am 24.06.2018

Wadenpohl Sabine (2008). Demenz und Partnerschaft. Freiburg im Breisgau: Lambertus

Wetzstein Mathias, Rommel Alexander, Lange Cornelia (2015). Pflegende Angehörige – Deutschlands größter Pflegedienst. In: Robert Koch-Institut Berlin (Hg.). GBE kompakt 6 (3) www.rki.de/gbe-kompakt. Zugriff am 04.12.2018

Leben bis zuletzt.
Betreuung und Pflege sterbender Menschen

ELISABETH REITINGER, KATHARINA HEIMERL, SABINE PLESCHBERGER

Die Erzählungen und Erfahrungsgeschichten vom Betreuen und Pflegen, die im Rahmen des Projektes „Who Cares? – Szenarien einer zukunftsweisenden Sorgekultur" entstanden sind, umfassen ganz unterschiedliche Themen, Schwerpunkte und Perspektiven (Reitinger et al 2016). Dies zeigen die im ersten Teil dieses Bandes ausgewählten Texte recht anschaulich: So geht es sowohl um Perspektiven von An- und Zugehörigen[1] als auch um Perspektiven von professionell Pflegenden. Situationen häuslicher Pflege über viele Jahre stehen Aufenthalten im Krankenhaus und dem Pflegeheim gegenüber, das Leben mit Menschen mit Demenz erhält ebenso Raum wie Fragen der generationenübergreifenden Organisation von Pflege und Betreuung. Auch – und dies ist besonders dem Zeitraum des Entstehens der Texte zu verdanken[2] – Sorge-Erfahrungen von Menschen, die aufgrund von Flucht ihr Land verlassen mussten, werden erzählt.

Mit einem Thema, das in unterschiedlichen Schattierungen aufgegriffen und wiedergegeben wird, möchten wir uns nun im vorliegenden Beitrag näher befassen: mit dem Lebensende, dem Sterben, dem Tod und der Trauer. Dies wollen wir einerseits anhand der Inhalte, die von den Erzählerinnen und Erzählern formuliert werden, darstellen. Aus der Perspektive von Hospizarbeit und Palliative Care bewegt uns andererseits die Frage, wie in den unterschiedlichen Pflegearrangements am Lebensende professionelle Hilfe eingebunden ist und was hier als unterstützend wahrgenommen wird, wo aber auch Herausforderungen und Schwierigkeiten erkennbar werden.

Im folgenden Beitrag untersuchen wir daher auf Basis der Erzählungen, welche Themen die Menschen rund um die unterschiedlichen Situationen am Lebensende, Sterben, Tod und Trauer beschäftigen, und diskutieren diese jeweils aus Sicht von Hospiz und Palliative Care. Dafür strukturieren wir das Kapitel entlang der Perspektive der Erzählenden einerseits und den Orten des Sterbens andererseits: Zu Beginn kommen An- und Zugehörige zu Wort. Zunächst geht es dabei um die grundlegende Frage, wie sich die Bedeutung von Sterben, Tod und Trauer im Laufe der Zeit verän-

---

[1] *Darunter verstehen wir den Kreis derjenigen, die als Verwandte, Freundinnen, Freunde und als andere nahestehende Personen in Sorge- und Pflegebeziehungen Verantwortung übernehmen.*

[2] *Der Schreibaufruf erfolgte im Winter 2015 und Anfang 2016. In diesem Zeitraum waren die damaligen Fluchtbewegungen in Europa dominantes Thema im medialen und politischen Diskurs in Europa.*

dert hat und inwieweit die Organisation der Betreuung und Pflege als generationenübergreifende Aufgabe angesehen wird. Ein zweites Thema dreht sich um die Frage, wie das Sterben zu Hause ermöglicht werden kann. Hier können sowohl Erfahrungen einer Angehörigen als auch einer informell Pflegenden, die sich um eine allein lebende Frau gekümmert hat, wichtige Aspekte beleuchten. Schließlich wenden wir uns im dritten Abschnitt dem Sterben in Institutionen, hier am Beispiel des Pflegeheims, zu. Aus der Perspektive einer Betroffenen kann nachvollziehbar gemacht werden, wie die Auseinandersetzung mit der absehbar begrenzten Lebensdauer auch Möglichkeiten der Gespräche mit Angehörigen und der Gestaltung eröffnet. Abschließend hören wir die Stimme einer Frau, die schon lange beruflich engagiert im Feld von Hospiz und Palliative Care tätig ist. Über ihre Erzählung wird das Thema Abschiednehmen und Trauer verdeutlicht.

„Früher war alles anders"

Die Phase der Pflegebedürftigkeit war in der Vergangenheit oft kürzer, da Menschen früher verstarben. Auch der Umgang mit Tod und Trauer hat sich verändert.

Susanne Sayici ist zum Zeitpunkt des Verfassens ihrer Pflegegeschichte 65 Jahre alt und beschreibt ihre Erfahrungen aus der Vergangenheit folgendermaßen:

„Die Gesellschaft, die Umwelt, die Einstellung zum Leben und zum Tod – all das hat sich verändert. Ob zum Guten oder zum Schlechten, das wird erst die Zukunft weisen. Was gleich geblieben ist, das sind die diversen Schwierigkeiten und Probleme der Menschen. Ihre Ängste, Hoffnungen, Qualen begleiten auch uns Heutige, genauso wie dereinst unsere Vorfahren. Die Medizin hat scheinbar Fortschritte gemacht. Bei näherem Hinsehen bemerkt man jedoch, wie klein diese tatsächlich sind.

Meine Urgroßeltern wurden nicht alle im Alter gepflegt. Sie starben fast alle, bevor sie bettlägerig wurden. Der Großvater meines Vaters starb 1934 im Krankenhaus an Syphilis in relativ jungen Jahren. Zu seiner Zeit eine häufige Erkrankung. Wie seine Pflege aussah, weiß ich nicht. Es muss sie jedoch gegeben haben, wenigstens über kurze Zeit. Seine Frau kam bei einem Bombenangriff ums Leben. Sie hatte umsonst Schutz in einem Keller gesucht. Meine tschechische Urgroßmutter wurde von den Ärzten zu Tode gebracht, als sie ein Kind gebar. Auch das war damals eine sehr häufige Todesursache. Auch sie starb jung. Bewusstsein für Hygiene gab es damals noch nicht, und so infizier-

ten die Mediziner häufig ihre entbindenden Patientinnen mit tödlichen Keimen. Die Großmutter meiner Mutter verstarb ganz plötzlich, während sie schlief. Ihre Enkelin, die mit ihr das Bett teilte, spielte früh morgens fröhlich neben der Leiche, was den Rest der Familie zutiefst schockierte. Doch woher hätte das Kind wissen können, was der Tod ist?

Dann bleiben noch zwei Urgroßväter zur näheren Betrachtung über. Während der eine auch plötzlich das Zeitliche segnete, just während er sich zur Sommerfrische in dem Haus aufhielt, in welchem ich jetzt wohne, ereilte das Schicksal den anderen ebenfalls in diesem Haus, jedoch zu einem viel späteren Zeitpunkt. Obwohl bereits beinahe 90 Jahre alt, war er noch rüstig und ging jeden Tag zu Fuß vom Wiener 13. Bezirk nach Brunn am Gebirge und wieder zurück. Auch er wollte sich anscheinend nicht pflegen lassen. Warum alle seine Söhne trotz guter Gene und trotz medizinischem Fortschritt im Alter dement wurden und somit pflegebedürftig, wissen nur die Götter. Wie man am Beispiel meiner Familie leicht erkennen kann, war die Pflege alter Menschen zu früheren Zeiten kein so vorrangiges Thema, wie es heute der Fall ist. Die meisten Menschen wurden nicht alt genug, um pflegebedürftig zu werden."

Die Lebensgeschichten der Teilnehmerinnen und Teilnehmer am Schreibaufruf umspannen einen langen Zeitraum. Die erste Hälfte des vorigen Jahrhunderts war durch die beiden Weltkriege geprägt und damit auch der Umgang mit Tod und Sterben. Die traumatischen Erfahrungen der Shoa reichen bis weit in die nächste Generation hinein. Die Zeit nach dem Zweiten Weltkrieg war nach Norbert Elias (1986) geprägt von einer „Einsamkeit der Sterbenden". Auch Elisabeth Kübler-Ross beschrieb die Tabuisierung des Todes und kritisierte den Umgang mit sterbenden Menschen in Institutionen. In den späten 1960er Jahren entstand die moderne Hospizbewegung und damit wurde sprichwörtlich „das Sterben aus der Toilette geholt" (Haupt 2006). Cicely Saunders gründete 1967 das erste moderne Hospiz in London. Damit werden Tabus abgebaut und gesellschaftliche Sichtbarkeit erhöht, dennoch wird das Sterben weiterhin „umschwiegen" (Heller 1994) und institutionalisiert. Auch heute noch sterben in Österreich fast drei Viertel aller Menschen in Institutionen wie dem Krankenhaus und dem Pflegeheim, bei lediglich 26 Prozent aller Todesfälle ist der Tod zu Hause eingetreten (Statistik Austria 2017).

Mit Entwicklung und Etablierung von Hospiz und Palliative Care veränderte sich das Reden über das Sterben und den Tod (Heller et al 2013). Offenheit und Ehrlichkeit im Umgang mit Betroffenen und An- und Zugehörigen ebenso wie das Ansprechen von Gefühlen finden Einzug in Organisationen des Gesundheits- und Pflegesystems. Martina Kern und Birgit Pauler (2014) reflektieren dieses neu gefundene explizite

Benennen und aktive Ansprechen des Lebensendes kritisch und diskutieren den Widerspruch zwischen „Überredseligkeit" einerseits und „Sprachlosigkeit" angesichts des Todes andererseits. Jedenfalls wurden mit der Schaffung „neuer" Institutionen gleichsam auch neue Wege des Umgangs mit Sterben, Tod und Trauer etabliert. Palliative Care wurde von der Weltgesundheitsorganisation (WHO 2002) als Ansatz definiert „zur Verbesserung der Lebensqualität von PatientInnen und ihren Angehörigen, die mit einer lebensbedrohlichen Erkrankung konfrontiert sind. Das Ziel von Palliative Care besteht in der Prävention und Linderung von Leiden durch frühzeitiges Erkennen, exzellentes Einschätzen und Behandeln von Schmerzen und anderen physischen, psychosozialen und spirituellen Problemen." In spezialisierten Einrichtungen wie Hospizen, Palliativstationen im Krankenhaus, palliativen Konsiliarteams und multiprofessionellen Palliativteams für die Betreuung zu Hause wurden und werden Haltungen und Kompetenzen entwickelt sowie Rahmenbedingungen geschaffen, die die Begleitung und Betreuung am Lebensende verbessern sollen. Die Integration der Hospizidee und des Konzepts Palliative Care in alle Bereiche des Gesundheitswesens ist noch auf dem Weg. Im deutschsprachigen Raum erfolgt über den Zugang der „Palliativen Geriatrie" mit Fokus auf hochbetagte Menschen und Menschen mit Demenz vor allem die Umsetzung im Pflegeheim. Projekte in der Hauskrankenpflege arbeiten an der Integration in der Grundversorgung im häuslichen Umfeld (FPGP 2019; Dachverband Hospiz Österreich 2009).

„Friedvoller, angstfreier Tod zu Hause"

Zu Hause zu sterben ist für viele erstrebenswert. Ein solcher Tod scheint einzulösen, was vielfach ganz implizit unter „gutem Sterben" verstanden wird: Das Abschiednehmen vom Leben, von den Menschen, die einer/m ans Herz gewachsen sind und auch das Friedenschließen mit der eigenen Lebensgeschichte gehören zu diesem Bild. Im Ideal zeigt sich dieses Lebensende als selbstbestimmtes, kontrolliertes und individualisiertes Sterben – schmerzfrei und symptomkontrolliert (Heimerl et al 2018).

Eva Novotny erzählt vom Sterben ihres Vaters, das annähernd so verlaufen ist, wie viele es sich wünschen:

> *„Für das Abendessen setzte ich ihn mit Hilfe von Josef, [...] der ihn manchmal herumgeführt hatte, auf, damit er besser trinken konnte, denn der Durst plagte ihn, da er schwer geatmet hatte. Bei jedem Atemzug hörte man eine Menge Flüssigkeit in seiner Luftröhre rascheln. Er konnte nicht aushusten. Zwischendurch stammelte er: ‚Au weh, au weh.' Seine gelblich-fahle Wange lief plötzlich rot an, seine Hände*

> waren heiß, die Fingernägel ganz weiß und die Nasenspitze ganz spitz.
> Auf einmal, um 18.45 Uhr, hob er seinen Kopf und blickte zur Decke.
> Ich fragte: ‚Was siehst du, wo schaust du hin?' Aber er reagierte nicht,
> auch seine Augen bewegten sich nicht mehr. Ich griff nach dem Puls,
> der noch recht kräftig war.
>
> Während Papa in immer größeren Intervallen Luft holte und schließlich
> wie ein Fisch nach Luft schnappte, hörte das Herz plötzlich zu schlagen
> auf. Mein lieber Vater hatte es überstanden. Das Leiden war zu Ende.
> Sein Gesichtsausdruck war friedlich, entspannt. Ob ihn Mutti in die
> Arme genommen hat?
>
> Ich küsste ihn, als ich ihm die Augen zudrückte und seine kalte Nasen-
> spitze berührte, und in meinen Gedanken lief ein Film ab, der alle Szenen
> mit ihm wiedergab. Ich dankte ihm für alles Schöne und Gute, was ich
> von ihm gelernt hatte, und hoffte, Gott möge ihm seine Liebe vergelten.
>
> Dann holte ich mir Papier und Bleistift und zeichnete und aquarellierte
> sein liebes Gesicht, das ich so oft gezeichnet hatte, zum letzten Mal.
> Ich versuchte es mir einzuprägen, denn ich wollte es nicht vergessen."

Dieses Abschiednehmen zu Hause, das Sterben in den eigenen vier Wänden, wird oft ermöglicht durch betreuende, pflegende und begleitende Angehörige. Diese werden im Kontext von Palliative Care als Teil der „care unit" angesehen, auch an sie sollte sich Begleitung richten (WHO 2002). Gleichwohl ist dies nach wie vor nicht selbstverständlich, wie Forschungsarbeiten zu Fragen von Angehörigenbegleitung zeigen (Kreyer, Pleschberger 2014; Rungg et al 2019).

Nicht immer sind Angehörige im Nahbereich verfügbar. Die Frage, ob und wie es gelingen kann, dass allein lebende Frauen und Männer zu Hause sterben können, gewinnt vor dem Hintergrund der steigenden Anzahl an Einpersonenhaushalten an Bedeutung (Pleschberger, Wosko 2017a). NachbarInnen und andere nahestehende Personen, die kontinuierliche Unterstützung und Hilfe leisten, sind hier wichtige Ressourcen, wenngleich im Zusammenwirken mit formellen Hilfeangeboten.

Dagmar Gruber erzählt in ihrer Geschichte von ihrer ehemaligen Lehrerin, die im Text „Fr. Dr. A." genannt wird, um die sie sich bis zuletzt gekümmert hat:

> „Der Jänner verlief ruhig, die Hausärztin konstatierte bei ihren regel-
> mäßigen Besuchen den schleichenden Kräfteverfall. Dann wollte Frau
> Doktor gar nicht mehr aufstehen, Lenka und Alena sowie Jenka muss-

ten ihr immer wieder Schleim absaugen, sie saßen dann bei ihr und hielten ihre Hand, oft spielten sie Musik.

In ihren letzten Tagen entwickelte sie eine Lungenentzündung, die Hausärztin kam jeden Tag, um zu tun, was nötig war, kontrollierte, ob nirgends eine wundgelegene Stelle auftrat, war mit der Arbeit der Pflegerinnen sehr zufrieden, die die Kranke fast stündlich vorsichtig umbetteten, sehr sauber hielten, gut eincremten und die Luftwege frei hielten.

Eines Tages meinte die Ärztin, es könne nur noch Stunden dauern, wir sollten in der Früh den Amtsarzt anrufen, wenn sie gestorben war. Frau Dr. A. schlief ganz friedlich ein, sie hörte einfach auf zu atmen, im 102. Lebensjahr.

Wir alle waren froh, ihr diesen friedvollen, angstfreien Tod zu Hause ermöglicht zu haben, traurig, weil wir in den vergangenen Monaten auch eine enge Gemeinschaft geworden waren, und natürlich, weil das Zentrum, Frau Dr. A., nicht mehr da war.

Am Morgen riefen wir den Amtsarzt an, es kam eine Ärztin, die fragte, warum wir nicht die Rettung verständigt hätten, wer wir alle wären, und rief die Polizei. Die nahm uns alle Schlüssel ab und forderte uns auf, die Wohnung zu verlassen. Ein unschöner Abschluss und ein Schock für uns alle. Den Mädchen wurde nicht einmal gestattet, ihre Sachen zu packen. (Wenn man an verschiedene Zeitungsberichte denkt, wonach hilflose Rentner von gewissenlosen ‚Pflegerinnen' ausgeplündert werden, ist die Reaktion verständlich, in Anbetracht meiner jahrelangen Kämpfe um jeden Euro, der ausgegeben werden musste, entbehrte unser Rauswurf nicht einer gewissen Komik.) Aber es war egal, Frau Doktor war ihr sehnlichster Wunsch, in ihrem eigenen Heim zu sterben, erfüllt worden, alles andere war zweitrangig."

Diese Erzählung macht einerseits deutlich, welche kontinuierlichen Unterstützungen von professioneller und informeller Seite notwendig sind, um alleinlebenden Personen, die pflegebedürftig werden, ein Sterben zu Hause zu ermöglichen. Andererseits zeigt sich das Unverständnis von „bürokratischen Abläufen" gegenüber persönlichen Beziehungen, wenn diese nicht auf Basis von Verwandtschaftsverhältnissen gerechtfertigt werden können. Die Frage, was hier spezialisierte palliative Teams unter Umständen besser hätten machen können, drängt sich auf. Der „unschöne Abschluss" der Betreuung durch die Polizei und der Schock, aus dem vertrauten Umfeld der Pflege und der dadurch entstandenen engen Gemeinschaft unerwartet „hinausgeworfen" zu werden, hätte vermieden werden können. Ein würdevollerer Abschied sowohl für Dagmar Gruber als auch die Pflegerinnen hätte stattfinden können.

Sterben im Pflegeheim

Ein Wechsel oder Umzug in ein Pflegeheim erfolgt immer seltener bewusst und zu einem Zeitpunkt, zu dem noch relativ gute Gesundheit besteht. Damit wächst das Risiko, bald nach einer Übersiedlung in ein Pflegeheim zu sterben.

So erzählt Adolf Katzenbeisser von seiner Schwiegermutter:

> „Die Schwiegermutter rief an, brauchte Hilfe. [...] Nachbarn hatte sie keine mehr, im Altbau aus der Gründerzeit war sie die einzige ‚Überlebende'. Der Hausbesitzer vergab leer gewordene Wohnungen nicht mehr oder nur kurzfristig an Ausländer, um den Bau sanieren und die Wohnungen verkaufen zu können. Nach einem Zusammenbruch und Spitalsaufenthalt blieb für sie nur noch ein Pflegeheim. Sie war dort sehr unglücklich und starb nach kurzer Zeit."

Sterben und Tod sind heute in zunehmendem Maße Themen des hohen Alters – wir leben länger und sterben hochbetagt. Der Verlust der eigenen Wohnung und der Umzug ins Pflegeheim ist einer der größten Verluste, die alte Menschen erleben, aber bei weitem nicht der einzige: Im Alter gehen Fähigkeiten, wie das gute Sehen und Hören und das Gedächtnis verloren, Freunde und Familienangehörige sterben. Das Konzept von Palliative Care hat viel zu bieten für das hohe Alter. Palliative Care im hohen Alter beginnt nicht erst, wenn es unmittelbar um das Sterben geht, sondern sie ist „Lebensbegleitung bis zuletzt" (Kojer, Heimerl 2009). Wir sprechen hier auch von Palliativer Geriatrie (Kojer, Schmidl 2015; FGPG 2019). Wesentlich für den Umgang mit hochbetagten Menschen – nicht nur am Lebensende – ist die gelingende Kommunikation (vgl. auch das Interview mit Monika Gugerell in diesem Band). Diese stellt insbesondere für Menschen mit Demenz eine spezielle Herausforderung dar. Menschen mit Demenz kommunizieren über ihr Verhalten, das gehört zum Wesen der/des Demenzkranken. Methoden zur Kommunikation mit Menschen mit Demenz wie die Validation nach Naomi Feil (Feil, de Klerk-Rubin 2017) finden zunehmend Verbreitung in der Altenhilfe in Österreich.

„Die Vorsorgemappe"

Die eigene Zukunft bis zum Lebensende vorausschauend durchzudenken, ist eine der Zumutungen, die an älter werdende oder gewordene Frauen und Männer immer öfter herangetragen wird: von An- und Zugehörigen, die sich orientieren wollen, von beruflich Pflegenden, die sich absichern müssen, aber auch aus eigener Motivation heraus, um „nicht zur Last zu fallen" (Pleschberger, Wosko 2017b). Dass dies jedoch kein ganz alltägliches Vorhaben ist und mit unterschiedlichen Gefühlen und Fragen verbunden ist, macht die folgende Erzählung deutlich.

Elisabeth Amann erzählt ihre Geschichte und spricht über sich selbst als „Eva". Es ist ihr augenscheinlich wichtig, eine gewisse Distanz zwischen sich als Erzählerin einerseits und als Betroffene andererseits zu schaffen:

> „Mit den Fragen in der Mappe waren Risse in ihrer Auffassung von eigener Stärke und Kraft entstanden, Ahnungen von Unausweichlichkeit, von Endlichkeit! Diese Erkenntnis machte Angst, aber warum? Sie erfuhr von Bekannten und Freunden mehr über Hinfälligkeit, Tod und Trauer. Eva hatte zeit ihres Lebens viele Menschen bis zum Ende begleitet, dass es sie selbst irgendwann treffen werde, lag in ihrem Verständnis bis jetzt weit, sehr weit außerhalb der Zeitrechnung."

Schon vorher schreibt sie:

> „Aus der Zeremonie des Fragens und Antwortens machten die klugen Töchter mit fröhlichen Kommentaren einen Vormittag mit Gelächter und mit Lob für die Mutter. Sie hatten gesehen, dass Mutter manchmal lieber geweint als gelacht hätte."

Die Konfliktlagen, die in der Textpassage angesprochen werden, finden sich auch in Forschungsarbeiten wieder: Für die Betroffenen stellt es mitunter eine Zumutung dar, mit Erwartungen und auch Druck von An- und Zugehörigen oder aus dem professionellen Care-Bereich konfrontiert zu werden, sich der eigenen Zukunft und damit Situationen der Pflegebedürftigkeit, aber ebenso dem Sterben und dem Tod zu stellen (Musa et al 2015; Ke et al 2016). Leichter, so scheint es, ist es dann immer wieder, sich über das Begräbnis und das, was nach dem Tod zu geschehen hat, zu verständigen als darüber, was geschehen soll, wenn man selbst beispielsweise nicht mehr in der Lage ist, seinen Willen zu äußern (Pichler et al 2019).

Hinter den unterschiedlichen Formen von vorausschauender Planung – unter dem angelsächsischen Begriff „Advance Care Planning" (ACP) mittlerweile auch im deutschen Sprachraum etabliert – kann jedoch auch eine „Autonomiezumutung" gesehen und erlebt werden (vgl. Heintel 2006). Insbesondere dann, wenn aus dem Angebot oder der Möglichkeit einer Auseinandersetzung mit Wünschen, Sorgen und Ängsten in Bezug auf die Zukunft und das Lebensende ein Erwartungsdruck aufgebaut wird, über eine unbestimmte Zukunft vorab Entscheidungen zu treffen. In Österreich erfolgt der Versuch, über den „Vorsorgedialog" (Beyer et al 2016) angeleitete Gespräche über relevante Fragen am Lebensende und davor zu initiieren. In Deutschland wird seit einiger Zeit das Programm „Behandlung im Voraus planen" in der stationären Langzeitpflege implementiert (in der Schmitten, Nauck, Marckmann 2016) und gleichzeitig auch kritisiert (vgl. Feyerabend 2017; Graf 2017; Klie 2017).

„Wir vermissten ihn mehr, als wir uns vorher vorstellen konnten"

„Was ist Trauer?", fragt Monika Müller in einem Beitrag in der „Hospizzeitschrift". Sie beantwortet die Frage so: „Trauer ist kein Gefühl und kein Konglomerat von Gefühlen, sondern eine angemessene, den ganzen Menschen erfassende und sein gesamtes Leben durchtönende Reaktion auf einen Verlust" (Müller 2017: 51). Verluste von langjährigen und liebgewordenen Gästen, PatientInnen oder KlientInnen sind in der Hospiz- und Palliativbetreuung fast alltäglich und sie sind emotional belastend. Jemanden zu verlieren, den man lange beruflich betreut oder gepflegt hat, kann sehr schmerzhaft sein, es kann auch existentielle Betroffenheit auslösen.

Karin Böck, eine in Palliative Care spezialisierte Pflegerin, die in der Begleitung, Betreuung und Pflege zu Hause beschäftigt ist, schildert folgende Situation des Abschiednehmens:

> „Da er schlecht hörte und auch untertags immer wieder schlief, wären wir nicht überrascht gewesen, ihn schlafend in seinem Liegesessel zu finden. Aber er lag am Boden und war tot. Ab diesem Zeitpunkt übernahmen Polizei und fernstehende Verwandte die nächsten Schritte. Ich ging zurück in meine Wohnung und strich traurig über das kleine Geschenk für ihn, das ich dieses Mal schon ziemlich früh für Weihnachten eingekauft hatte. Jetzt legte ich es zurück in die Lade und verschob die Entscheidung, was ich damit nun anfangen sollte.
>
> Der Heilige Abend kam und wir vermissten ihn mehr, als wir uns vorher vorstellen konnten. So entzündeten wir eine ganz besondere Kerze für ihn. Die Kerze hat den ganzen Abend gebrannt, ruhig und ohne Aufhebens – so wie er. Ab und zu blickte ich in ihren Lichtkreis und dachte an ihn. Während unserer Feier hat sie ganz besonders geflackert – im Rhythmus der Lieder?"

Die Gefühle von Mitarbeitenden nach dem Abschied brauchen ebenso Zeit und Aufmerksamkeit wie die von An- und Zugehörigen oder Freundinnen und Freunden von Verstorbenen.

Ein sorgfältiger Umgang mit sich selbst und der eigenen Betroffenheit ist in dieser Situation für Pflegende und Betreuende besonders wichtig. Michael Kearney (2009) macht deutlich, dass nicht die Abgrenzung vom Leid der anderen, sondern der Erhalt der eigenen Empathiefähigkeit auf längere Sicht vor dem Burnout – oder wie er es nennt – vor einer „compassion fatigue", also mitfühlender Müdigkeit, schützt.

Fund- und Bruchstücke als Fragen der Sorge bis zuletzt

Diese Einblicke in die Erfahrungswelten von Menschen rund um das Lebensende, das Sterben, das Abschiednehmen, Tod und Trauer erlauben eine Annäherung an einzigartige Geschichten. Darüber hinaus geben sie als Fund- und Bruchstücke Hinweise auf Themen, die von breiterer gesellschaftlicher Relevanz sind. Eingebettet in die Entwicklungen rund um Hospizarbeit und Palliative Care und aktuelle Forschungsarbeiten in diesem Bereich können sie auch als zentrale Fragen in der Sorge bis zuletzt interpretiert werden: Wie sich „gutes Sterben" (Heimerl et al 2017) aus Sicht der Betroffenen, ihrer An- und Zugehörigen sowie der professionell Betreuenden und Begleitenden gestalten kann, welche existenziellen Unsicherheiten in dieser letzten Phase des Lebens auftreten, wie mit Gefühlen des Verlusts und der Trauer umgegangen werden kann und welche Hilfe durch angemessene Unterstützung oder auch Rituale möglich ist. Damit unterstützen diese Erzählungen Erkenntnisse aus einem Projekt, das sich „Sterbewelten" nannte. In diesem wurden lebensbedrohlich erkrankte Menschen („die Betroffenen") nach ihren Vorstellungen, wie sie sich ihr Lebensende vorstellen, befragt: „Die Betroffenen beschreiben ihre Sterbewelten als fragmentarisch – wir schließen daraus, dass es ein Recht auf ein Sterben im Fragment gibt, in Fortführung der Biographie – anstatt aus dem Sterben noch das letzte gelungene Projekt machen zu müssen" (Heimerl et al 2018: 149).

Ebenso deutlich wird, dass die nach wie vor dominierende Norm der familialen Betreuung und Pflege die Frage mit sich bringt, wie allein lebende Frauen und Männer bis an ihr Lebensende und darüber hinaus gut zu Hause begleitet und betreut werden können. Wie es gelingen kann, Hospiz und Palliative Care für „alle, die es brauchen" (Bischof et al 2002), tatsächlich auch in der Regelversorgung und in den Kontexten zu etablieren, in denen sich Menschen ganz unterschiedlicher Herkunft, sozialer Zugehörigkeit und Art der Erkrankung am Ende ihres Lebens befinden, bleibt damit eine Aufgabe der Gegenwart und Zukunft.

Die Texte und unsere Erfahrungen im Umgang damit zeigen auch, dass letztlich die Narration, das Erzählen eine produktive Form ist, mit dem Thema umzugehen (vgl. auch den Beitrag von Dressel in diesem Band). Indem wir vom Sterben erzählen ebenso wie vom Weiterleben, bearbeiten wir das Thema und verhandeln gesellschaftlich auch die Vorstellungen vom „guten Sterben". So zeigen die hier wiedergegebenen Geschichten aus Sicht der Tochter, des Ehemanns, einer Freundin, einer älteren Frau, die in ihre Zukunft schaut, sowie der Palliativexpertin, dass Erzählen uns miteinander in Kontakt bringt, da, wie Cicely Saunders es ausgedrückt hat „wir eben alle einmal sterben müssen" (1999: 106). Das verbindende Element – die Erzählform – hilft dabei, ergänzend zu anderen Formen der Bearbeitung.

Literatur

Beyer Sigrid, Henry Annette, Schuh Hans Peter (2016). Der Vorsorgedialog. In: ÖGERN (Hg.). Notfallmedizin am Lebensende. Wien: Neuer Wissenschaftlicher Verlag. 115–123

Bischof Hans-Peter, Heimerl Katharina, Heller Andreas (Hg.) (2002). „Für alle, die es brauchen". Integrierte Palliative Versorgung – das Vorarlberger Modell. Freiburg im Breisgau: Lambertus

Elias Norbert (1982). Über die Einsamkeit der Sterbenden in unseren Tagen. Frankfurt am Main: Suhrkamp

Feil Naomi, de Klerk-Rubin Vicky (2017). Validation. Ein Weg zum Verständnis verwirrter alter Menschen. München: Ernst Reinhard

FGPG (2019). Grundsatzpapier Palliative Geriatrie. Autorinnen: Heimerl Katharina, Kojer Marina, Kunz Roland, Müller Dirk. Berlin: Fachgesellschaft Palliative Geriatrie (FGPG). https://www.fgpg.eu/grundsatzpapier-zur-palliativen-geriatrie. Zugriff am 25.04.2019

Graf Gerda (2017). „Eine Gesellschaft kann ich nicht mit einem Schalthebel verändern." Interview zur aktuellen Debatte um ACP in Deutschland, geführt von Sabine Pleschberger. In: Praxis Palliative Care 37. 38–39

Haupt Stefan (2006): Elisabeth Kübler-Ross. Dem Tod ins Gesicht sehen. Ein Film von Stefan Haupt. Berlin: Edition Salzgeber und Co. Medien GmbH. Begleittext. Seite 3. http://verleih.polyfilm.at/elisabeth_kuebler_ross/ekr_ph.pdf. Zugriff am 12.10.2014

Heintel Peter (2006): Das „Klagenfurter prozessethische Beratungsmodell". In: Heintel Peter, Krainer Larissa, Ukowitz Martina: Beratung und Ethik. Praxis, Modelle, Dimensionen. Berlin: Leutner. 196–243

Heimerl Katharina, Egger Barbara, Schuchter Patrick, Wegleitner Klaus (Hg.) (2018). Projekt Sterbewelten in Österreich. Die Perspektive der Betroffenen auf „gutes Sterben". Endbericht. Wien

Heimerl Katharina, Wegleitner Klaus, Schuchter Patrick, Egger Barbara (2017). Gespräche über das „gute Sterben". In: die hospizzeitschrift 75. 6–12

Heller Andreas (1994). Kultur des Sterbens. Bedingungen für das Lebensende gestalten. Freiburg im Breisgau: Lambertus

Hospiz Österreich (2019). Vorsorgedialog. https://www.hospiz.at/fachwelt/vorsorgedialog. Zugriff am 29.04.2019

in der Schmitten Jürgen, Nauck Friedemann, Marckmann Georg (2016). Behandlung im Voraus planen (Advance Care Planning): Ein neues Konzept zur Realisierung wirksamer Patientenverfügungen. In: Zeitschrift für Palliativmedizin 17. 177-195

Kearney Michael K., Weininger Radhule B., Vachon Mary L. S., Harrison Richard L., Mount Balfour M. (2009). Self-care of Physicians Caring for Patients at the End of Life. In: JAMA (301) 11. 1155-1164

Kern Martina, Pauler Birgit (2014). Überredseligkeit und Sprachlosigkeit. Zwei Seiten einer (Belastungs-) Medaille? In: Müller Monika, Pfister David (Hg.). Wie viel Tod verträgt das Team? Belastungs- und Schutzfaktoren in Hospizarbeit und Palliativmedizin. Göttingen: Vandenhoeck & Ruprecht. 162-171

Ke Li-Shan, Huang Xiaoyan, Hu Wen-Yu, O'Connor Margaret, Lee Susan (2016). Experiences and perspectives of older people regarding advance care planning: A meta-synthesis of qualitative studies. In: Palliative Medicine 31 (5). 394-405

Klie Thomas (2017). Advance Care Planning (ACP) - Autonomieerhalt oder Rechtssicherheit für Medizin und Pflege. In: Praxis Palliative Care 37. 24-26

Kojer Marina, Heimerl Katharina (2009). Palliative Care ist ein Zugang für hochbetagte Menschen. Ein erweiterter Blick auf die WHO Definition von Palliative Care. In: Palliativmedizin 10. 154-161

Kübler-Ross Elisabeth (1992). Interviews mit Sterbenden. Gütersloh: Gütersloher Verlagshaus

Kübler-Ross Elisabeth (o.J.) Biographie. Homepage Fembio. http://www.fembio.org/biographie.php/frau/biographie/elisabeth-kuebler-ross/. Zugriff am 28.06.2019

Kreyer Christiane, Pleschberger Sabine (2014). Selbstmanagementstrategien von Familien in der Palliative Care zu Hause - eine Metasynthese. In: Pflege 27. 307-324

Kreyer Christiane, Pleschberger Sabine (2018). KOMMA - ein nutzerorientierter Ansatz zur Unterstützung von Angehörigen in der häuslichen Hospiz- und Palliativversorgung. In: Palliativmedizin 19 (06). 299-304

Müller Monika (2017). Trauer, die keine ist - Professionelle und Verluste: ein Diskussionsbeitrag. In: die hospizzeitschrift 75. 51

Musa Irfana, Seymour Jane, Narayanasamy Melanie, Wada Taizo, Conroy Simon (2015). A survey of older peoples' attitudes towards advance care planning. In: Age and Ageing 44 (3). 371-376

ÖBIG - Österreichisches Bundesinstitut für Gesundheit (2004). Abgestufte Hospiz- und Palliativversorgung in Österreich. Autorinnen des Berichtes: Nemeth Claudia, Rottenhofer Ingrid. Im Auftrag des Bundesministeriums für Gesundheit und Frauen. Wien: ÖBIG

Pichler Barbara, Dressel Gert, Reitinger Elisabeth, Jöstl Gregor, Zepke Georg (2019). „Das kann man ja nicht planen, das kommt ja irgendwie". Möglichkeiten, Grenzen und Unterstützung bei der Gestaltung der letzten Lebensphasen in alternativen Wohnformen. In: Fasching Helga (Hg.). Beziehungen in pädagogischen Arbeitsfeldern und ihren Transitionen über die Lebensalter. Bad Heilbrunn: Julius Klinkhardt. 277-296

Pleschberger Sabine & Wosko Paulina (2017a). From neighbour to carer: An exploratory study on the role of non-kin-carers in end-of-life care at home for older people living alone. In: Palliative Medicine 31 (6). 559-565

Pleschberger Sabine & Wosko Paulina (2017b). Wie denken allein lebende hochaltrige Menschen über eine Vorsorgeplanung? In: Praxis Palliative Care 27. 4-7

Reitinger Elisabeth, Dressel Gert, Pichler Barbara (2016). Who cares? Wen kümmert´s? Szenen und Kulturen des Sorgens. Kursbuch palliative care 13. Wien: Institut für Palliative Care und OrganisationsEthik der Alpen Adria Universität Klagenfurt, Wien, Graz

Saunders Cicely (1999). Brücke in eine andere Welt. Was hinter der Hospizidee steht. Herausgegeben von Christoph Hörl. Freiburg im Breisgau: Herder

„Anhand von Geschichten lerne ich Pflege ..."
Über professionelle Langzeitpflege als Kommunizieren und Da-Sein

MONIKA GUGERELL IM GESPRÄCH MIT GERT DRESSEL

GERT DRESSEL
Du warst mehrere Jahre Pflegedirektorin einer großen Hilfsorganisation. Zugleich engagierst du dich schon seit vielen Jahren in der Dokumentation lebensgeschichtlicher Aufzeichnungen der Universität Wien. Du hast auch alle annähernd 100 Beiträge, die im Rahmen des Schreibaufrufs über Sorge-, Betreuungs- und Pflegeerfahrungen geschrieben worden sind, gelesen. Was hat dich eigentlich dazu motiviert, dich so intensiv mit Lebensgeschichten zu beschäftigen?

MONIKA GUGERELL
Das ist unter anderem über meine berufliche Tätigkeit gekommen. In der Langzeitpflege kann man aus meiner Sicht nur dann wirklich professionell pflegen, wenn du dich mit der Geschichte der Menschen auseinandersetzt. In welcher Zeit wurde welches Verhalten geprägt, welche Handlungsoptionen oder welche Muster haben sich entwickelt? Damit kann ich verstehen, warum Menschen sich so verhalten, wie sie sich verhalten. Es gibt ja einen Unterschied zwischen Langzeitpflege und Pflege in einem Krankenhaus. Ein Krankenhaus ist ja nicht ursächlich eine Pflegeeinrichtung, sondern dort kommen Menschen hin, weil sie in der Regel eine medizinische Leistung brauchen. Pflege kommt additiv zur Medizin dazu. In einem Pflegeheim oder in der mobilen bzw. ambulanten Pflege dagegen sind Menschen vorwiegend mit chronischen Erkrankungen oder Einschränkungen aufgrund des Alters. Der Schwerpunkt hier liegt nicht so sehr in der Heilung von Krankheit, vielmehr geht es darum, die Menschen zu unterstützen, dass sie trotz Erkrankung oder Einschränkungen mit ihrem Alltag zurechtkommen. Da ist der hauptsächliche Auftrag Pflege, ich muss mich viel mehr damit beschäftigen: Welche Erfahrungen haben die Menschen? Was haben sie im Laufe ihres Lebens gelernt? Welche Ressourcen und welche Defizite haben sie? Wie haben sie bislang diese Defizite bewältigt? Und welche Handlungsoptionen stehen ihnen zur Verfügung? Diese entwickeln sich ja aus einer Geschichte heraus. Aus dem, wie Familie erfahren wurde und wird, wie das sonstige Umfeld gewirkt hat, wo die Menschen gelebt haben und leben: das Milieu, die Bildung, das Arbeitsleben, das alles wirkt auf den Menschen. Also, ich muss mich mit der Geschichte der Leute auseinandersetzen, sollte mit ihnen gemeinsam entwickeln, was sie gerne möchten, was ihnen wichtig ist, und aushandeln, wie das umgesetzt werden könnte, sonst kann ich sehr schwer gut pflegen. Sonst kann ich kein gutes individuelles Betreuungsmodell entwickeln.

GERT DRESSEL
Was ist der Unterschied zum Krankenhaus?

MONIKA GUGERELL
In einem Krankenhaus kann und muss vieles mehr standardisiert sein, es geht um Notfälle, Akutsituationen, um Operationen. Es geht vielfach darum, in einer Akutphase, in einem Ausnahmezustand Leben zu retten, Krankheit zu heilen etc. In einem Krankenhaus werden Menschen auch nur selten mit einem Arzt einen Aushandlungsprozess über die geeignete OP-Methode haben. Und es ist gut, dass es so ist, die Patienten in einem Krankenhaus sollten sich gut informiert fühlen, um die für sie richtigen Entscheidungen treffen können. Wie anders ist es doch im Pflegebereich: Der Alltag, der Pflegealltag steht im Vordergrund, er ist verbunden mit vielen Wünschen, Erwartungen und Gewohnheiten der Menschen. Um dies erfüllen zu können, sollten viele Perspektiven berücksichtigt werden. Viele theoretische Grundlagen aus vielen unterschiedlichen Wissensgebieten wie auch der Alltag fließen in die Pflege und Betreuung mit ein. Zu Hause oder in einem Pflegeheim müsste oder sollte eigentlich für jeden Menschen ein individuelles Pflege- und Betreuungskonzept erstellt werden, in dem das gesamte Umfeld des pflegebedürftigen Menschen eine wichtige Rolle spielt. Und vielmals sind Entscheidungen zu treffen, vor allem in komplexen Situationen. Was ist möglich oder was ist nicht möglich? Und: Wer trifft wie diese Entscheidungen? Pflege in diesen Settings, also Langzeitpflege, ist sehr stark ein Aushandlungsprozess zwischen vielen Beteiligten. Da ist zunächst der Mensch, der pflegebedürftig ist, dann gibt es oft Angehörige, Freunde, Bekannte und Verwandte und schließlich Ärzte oder Therapeutinnen. Die alle haben Einfluss, spielen eine Rolle und sollten eigentlich zusammenspielen, bis ein einigermaßen individuelles Betreuungskonzept entstanden ist, sich zusammenfügt. Das ist auch dann noch ständig im Fluss und gelingt mal besser, mal schlechter. Man muss es immer wieder abgleichen, anpassen, adaptieren.

Dabei muss man auch immer wieder schauen, was das Ergebnis, das Ziel der Pflege sein sollte. In der Medizin, aber auch in der Pflege sind wir ja oft so auf unsere Handlungen fokussiert. Wir vergessen manchmal zu fragen, zu hinterfragen: Was will denn der Mensch überhaupt? Mir fällt dazu immer ein Beispiel ein: Ich habe einmal einen alten Mann gepflegt. Mein Ziel war die Abheilung der Wunde. Aber das war sein Ziel überhaupt nicht bzw. nur bedingt. Sein vorrangiges Ziel war, dass er am Sonntag wieder zur Kirche und zum Frühschoppen gehen kann, und dort konnte er nicht hingehen, weil die Wunde so fürchterlich stank. Also, für ihn war die sekundäre Zielsetzung schon die Wundheilung, aber die primäre war die Wiedererlangung der sozialen Teilhabe. Das ist ein ganz anderer Zugang. Das bekommst du aber nur über die Lebensgeschichte hin.

GERT DRESSEL
Ich selbst mache ja immer wieder Biografiearbeit-Fortbildungsseminare für Menschen, die im Pflegebereich professionell oder ehrenamtlich tätig sind. Die TeilnehmerInnen, in den allermeisten Fällen sind es Teilnehmerinnen, sagen dann manchmal, der eigene Arbeitsalltag sei so getaktet, dass kaum Zeit dafür übrig bleibt, sich in Beziehung zu setzen, zuzuhören usw. Haben die nicht recht?

MONIKA GUGERELL
Ja und nein. Das ist natürlich auch eine Ausbildungsfrage. Es braucht eine Einstellungsveränderung, dass ich als professionell Pflegende nicht nur eine medizinlastige Seite wahrnehme – ein Stück weg von dieser naturwissenschaftlichen Geprägtheit der Medizin und Pflege. Es braucht auch ganz andere Wissensgebiete: Kommunikationswissenschaften, Soziologie, Verhaltenswissenschaften, auch aus der Psychologie sollten Pflegepersonen über Wissen verfügen und im pflegerischen Kontext einsetzen können oder aus der Geschichte. Wir haben sicherlich noch einen Aufholbedarf in der Ausbildung. Es muss aber auch der Theorie-Praxis-Transfer noch viel besser gelingen, und Pflegepersonen müssen klar aufzeigen, dass die verschiedenen Berufsgruppen innerhalb der Pflege unterschiedliche Aufgaben- und auch Verantwortungsbereiche wahrnehmen. Und wir müssen viel stärker als bisher die Führungs- und Leitungsaufgaben im Pflegebereich analysieren. Aufbauend auf diesen Erkenntnissen haben die Führungskräfte eine wichtige Rolle im Übergang von einer Pflegepraxis, die noch immer zu sehr auf tradiertem Wissen und Ritualen basiert, hin zu einer Professionalisierung der Pflege. Denn wenn ich als Pflegedienstleitung nicht die Pflege vertrete, wenn ich nicht ganz klar weiß und auch argumentiere, wie Pflege in meinem Haus sein soll und was ich darunter verstehe – wie soll ich das dann vermitteln? Das geht nicht.

GERT DRESSEL
Jetzt warst du ja selbst lange in einer Pflege-Leitungsposition. Wie hast du das vermittelt?

MONIKA GUGERELL
Mit sehr vielen Gesprächen, in meinem Fall vorrangig mit der mittleren Führungsebene, aber auch im Nützen von direkten Kontakten mit allen Pflegepersonen, mit viel Diskurs, der viel Zeit erfordert, wo wir besprochen haben, was verstehen wir denn unter Pflege, wie sehen wir das, was ist uns wichtig – nicht nur, was Methodenkompetenz betrifft, sondern auch ein Stück Pflegephilosophie, Leitbild und Ethik. Wie hätten wir gern, dass pflegebedürftige Menschen bei uns wahrgenommen werden? Bei uns hat's in diesem Zusammenhang übrigens große Diskussionen

über den Begriff des „Kunden" gegeben. Für uns war letztlich der Begriff „Patient" nicht so stimmig in der Langzeitpflege. Denn Patient ist letztendlich eine Person, für die sehr viele Entscheidungen getroffen werden, was in einem Notfall stimmig ist. In der Langzeitpflege ist dieses Erfordernis lange nicht in diesem Ausmaß gegeben. Viele Entscheidungen können oder könnten gemeinsam mit dem pflegebedürftigen Menschen und auch den Angehörigen ausgehandelt und getroffen werden. Darum ist der Begriff „Kunde" vielleicht noch einer, wo dieses Stück Selbstbestimmung mehr Platz hat. Er kann mitentscheiden. Gerade in der mobilen Pflege nimmt der Kunde viel direkter wahr, dass die Pflegeleistung mit Kosten verbunden ist – er kennt den Preis einer Einsatzstunde. Da ist der Kundenbegriff einigermaßen gut gewählt.

Kritisch sehe ich auch den Begriff der professionellen Pflege. Man könnte es vielleicht so bezeichnen, dass die Pflege, wenn ich jetzt Österreich nehme, sich auf dem Weg zur Professionalisierung befindet. Ein interdisziplinärer und grundlegender Diskurs zur Definition der Unterschiede zwischen informeller und formeller Pflege, die Definition von Merkmalen, wodurch sich die Pflege und Betreuung von Angehörigen und formell Pflegenden unterscheidet, klare Aufgabenfelder der jeweiligen Berufsgruppen im Pflegebereich und im jeweiligen Setting, nachvollziehbar für Patienten bzw. Kunden, wären aus meiner Sicht erforderlich. Und Pflegepersonen benötigen nicht nur Wissen, es braucht viel Erfahrung, wenn ich das jetzt wirklich gut machen will, wenn ich individuell pflegen möchte, aber auch Zeit und Kontinuität, generell und vor allem in der Langezeitpflege. Pflegefachkräfte, diplomierte Pflegepersonen benötigen insbesondere zu Beginn einer Pflegebeziehung Zeit, Wissen und Erfahrung, um im Umgang mit den Menschen, in der pflegerischen Praxis den Pflegebedarf, Ressourcen und Risiken einschätzen zu können. Direkte Beobachtung, Wahrnehmung, Pflegehandlungen sind unersetzbar, ergänzt durch Assessmentinstrumente. Bei einem einzigen Besuch erfahre ich noch nicht so viel. Ich brauche eine kontinuierliche Begleitung und Beziehung, auch Biografiearbeit. Primary Nursing wäre so eine Form. Was ich aber nicht möchte, ist, dass die Pflege am Bett nur mehr von Pflegeassistentinnen ausgeübt wird und nicht mehr von diplomierten Pflegepersonen. Ich bin jetzt vielleicht ein wenig ketzerisch, aber ich habe manchmal das Gefühl, Pflege kann sehr schwer vermitteln, was der Nutzen von Pflege ist.

GERT DRESSEL
Was meinst du damit?

MONIKA GUGERELL
Nur, weil ich pflege, heißt das nicht, dass ich jetzt da schon unbedingt von Nutzen bin, sondern ich mache ja nur etwas, was der andere jetzt nicht kann. Zum Beispiel:

Wenn jemand nicht mehr selbständig essen kann, dann bekommt er Essen verabreicht. Natürlich ist das von Nutzen für den Menschen. Aber im Grunde genommen ist mein Ansatz von Pflege: Was müsste ich alles tun, damit der Mensch eventuell wieder selber essen kann. Pflege ist vielfach in einem Bereich unterwegs, wo sie Aktivitäten des Menschen ersetzt, die er nicht mehr kann, die er aber früher konnte. Das ist das Schwierige an Pflege, weil Pflegepersonen das tun, was der Mensch eigentlich kann, jetzt momentan aber nicht. Da werden ja sehr stark Defizite abgedeckt. Und es ist zu wenig, Pflege auf die Durchführung oder Übernahme von Körperpflege, die Verabreichung von Medikamenten und Essen zu reduzieren. Die Bedürfnisse von Menschen sind vielfältig, sie wollen auch mit anderen Menschen sprechen, am sozialen Leben teilnehmen, sie wollen sich sinnvoll beschäftigen. Sie brauchen jemanden, mit dem sie ihre Ängste, aber auch ihre Unzufriedenheit oder auch ihre Wut besprechen können.

GERT DRESSEL
Die Pflege quasi als Rollator ...

MONIKA GUGERELL
Genau. In der Langzeitpflege müsste ich eigentlich überlegen: Aha, das ist das Defizit, aber welche Ressourcen sind noch vorhanden? Und Defizite sollte ich als Bedürfnisse wahrnehmen. Was könnte ich alles dazu tun, dass diese Aktivität zumindest erhalten oder gefördert wird, und wenn's auch nur ein Minimum ist. Das ist für mich der Unterschied zur Laienpflege oder zur Pflege durch Angehörige. Als formelle Pflegeperson gestalte ich die Betreuung nach einem Prozess. Mein Vorgehen sollte nicht geprägt sein von Versuch und Irrtum oder von Ritualen, sondern sollte ganz gezielt auf Basis einer Diagnose geplant werden. Mit welchen Methoden könnte ich erreichen, dass der Mensch wieder die eine oder andere Lebensaktivität selbständig durchführen kann. Und wenn das nicht möglich ist: Wie könnte ich ihn unterstützen im Sinne von „Das kann ich nicht mehr, aber ich bin trotzdem noch ..."? Ein Mensch ist ja nie völlig pflegebedürftig, sondern es sind immer noch viele Fähigkeiten vorhanden. Wir müssen also auch ein Stück mehr in eine andere Sorgekultur kommen. Nicht mehr: Du bist ein pflegebedürftiger Mensch, und wir müssen dich umsorgen, und du musst froh und dankbar sein, wenn du diese Sorge bekommst. Oder nicht mehr Pflegebedürftige nur noch als Kostenfaktor zu sehen. Wenn alte Menschen nur noch als Kostenfaktor gesehen werden, wird ihr Beitrag zur und für die Gesellschaft nicht mehr wahrgenommen, und dann entstehen diese Altersbilder, die es eben gibt. Es ginge auch anders, alte Menschen haben ja bereits einen großen Beitrag geleistet, diesen Menschen gebührt unser Respekt, unsere Achtung. Du bist ein würdevoller Mensch, auch wenn du manche Dinge nicht kannst, die du

früher konntest. Und du kannst vielleicht jetzt Dinge, die du früher nicht konntest, obwohl du pflegebedürftig bist. Ich als Pflegeperson helfe dir, wahrzunehmen, dass du ein Mensch bist, der nicht ent-sorgt und nicht be-sorgt wird, sondern um-sorgt im Sinne von Sorge für jemanden und für etwas.

GERT DRESSEL
Ist das nicht auch ein Spannungsfeld? Einerseits die Anerkennung und Förderung von Autonomie, von Ressourcen, die noch da sind. Andererseits nimmt die Möglichkeit zur Selbstbestimmung ab, was ja als enormer Verlust erlebt werden kann.

MONIKA GUGERELL
Ja, da hast du recht. Pflegebedürftige Menschen kommen in dieser vierten Lebensphase, wie man sie nennt, in eine Situation, wo sie nicht immer oder wo sie zunehmend nicht mehr selbstbestimmt sind. Für viele Menschen ist es eine große Belastung, in dieser Pflegebedürftigkeit zu sein. Das erfahren wir in den Geschichten, die im Rahmen des Schreibaufrufs geschrieben worden sind, immer wieder: Manchmal kann es den pflegebedürftigen Menschen stark belasten, ständig und vollkommen selbstbestimmt sein zu müssen. Sie brauchen auch Zeit, Energie, sich mit dem noch verbleibenden Leben auseinanderzusetzen, auch mit ihrem Lebensende – und jetzt sollten oder müssen sie oft auch noch viel Energie für vollkommene Autonomie, für viele Entscheidungen aufbringen. Sie schätzen es sehr, wenn sie bei der Entscheidungsfindung Unterstützung erfahren, wenn sensible und kompetente Pflegepersonen wahrnehmen und hinterfragen, bei welchen Entscheidungen muss ich unterstützen oder wo können Entscheidungen zumindest teilweise, eine Zeitlang, abgenommen werden, weil das für die Menschen eine zu große Belastung ist. Zum Beispiel im Palliativbereich: Welche Entscheidungen muss ich Palliativpatienten abnehmen, damit sie sich auf das fokussieren, was jetzt wirklich für sie noch von Bedeutung ist.

Ich denke, dass die heutige Zeit an alle Menschen, auch schon an Kinder, hohe Ansprüche stellt. Man muss autonom, individuell, einzigartig, kompetent, entscheidungsfreudig, mobil usw. sein, und all das kann Menschen erschöpfen. Es werden Reserven verbraucht, und gleichzeitig bleibt kaum Zeit, um wieder Reserven aufzubauen. Das gilt besonders für die pflegebedürftigen Menschen, aber auch für viele pflegende Angehörige. Das sagen viele Studien, und das kommt auch in den Geschichten heraus: Pflegende Angehörige sind nicht so sehr erschöpft vom Tun, sondern von diesem permanenten Entscheidungentreffen und Verantwortunghaben. Daher sollte die professionelle Pflege noch viel mehr Konzepte entwickeln, wie in diesen Bereichen Pflegepersonen zur Entlastung von pflegenden Angehörigen beitragen könnten.

GERT DRESSEL
Du hast gerade die Geschichten, die Beiträge erwähnt, die im Rahmen des Schreibaufrufs entstanden sind. Gibt es Texte, die dich ganz besonders angesprochen haben?

MONIKA GUGERELL
Ich muss sagen, dass mich eigentlich alle Texte angesprochen haben. Denn aus diesen Texten kann man zum Beispiel als Lehrende in der Pflege ganz genau herauslesen, worauf ich in der Ausbildung fokussieren müsste, damit pflegende Angehörige oder pflegebedürftige Menschen wirklich die Unterstützung bekommen, die sie brauchen. Und ich könnte auch als Pflegeleitung lernen, was ich mir beispielsweise im Rahmen der Qualitätssicherung genau anschauen müsste: Was läuft schief? Wie gehe ich mit Kundenbeschwerden um? Welche Pflegetätigkeiten sollten besonders forciert werden? Was müsste an der Gesprächsführung geändert werden? Wie müssten Dienste koordiniert werden, damit das auch wirklich sinnvoll ist, damit es auch entlastend für Angehörige ist? Ich würde auch sagen, selbst Politiker könnten aus diesen Texten lernen: Wie müsste ein Gesundheits- und Sozialsystem aufgestellt werden, damit ich eine Versorgungskontinuität habe, damit Leute mit den Materialien, mit den Medikamenten, mit den Leistungen versorgt sind, die sie jetzt wirklich in der Situation brauchen. Und selbst wenn die Menschen nicht permanent erwarten, dass für sie alles finanziert wird, kam dieses Thema immer wieder: Wie kann man das bezahlen, wie geht das? Da könnte ich sehr viel herauslesen, wie man das machen könnte.

Auch Gesundheits- oder Pflegewissenschaftler, Sozialwissenschaftlerinnen könnten sehr viel aus den Geschichten lernen. Wie müsste ein System, wie müssten Pflegearrangements sein, damit es von den Menschen wirklich als unterstützend wahrgenommen wird? Bis dorthin, dass man sich überlegt: Wie müssten Stadtviertel gestaltet sein, dass die Betroffenen soziale Teilhabe leben können? Ich finde es ja einen völligen Unsinn, Pflegeheime dort hinzubauen, wo es die Leute ruhig haben. Die Pflegeheimbewohner haben eh schon sehr eingeschränkte Möglichkeiten für eine Teilhabe am sozialen Leben. Ich muss die Häuser dort hinbauen, wo sich was tut. Ruhezonen sind schon wichtig, aber die Menschen wollen doch auch ein Stück weit im Leben sein.

Und was mich in den Geschichten schon betroffen gemacht hat, ist das Thema Demenz. Wir brauchen bei den Demenzkonzepten einen viel umfassenderen Ansatz. Was die Leute belastet, ist weniger die Diagnose. Natürlich die auch. Aber im Grunde genommen ist Demenz sehr stark verknüpft mit einem Verhalten des Umfelds, das für die Menschen mit demenziellen Beeinträchtigungen irritierend ist. Sie fühlen sich ja meist gar nicht krank, haben oft auch wenig Krankheitseinsicht, vielleicht auch deshalb, weil es ihnen ohnehin nicht hilft. Vielmehr geht es doch darum, dass die Menschen mit den Anforderungen, die die chronische und derzeit noch unheilbare Krankheit Demenz an sie stellt, zurechtzukommen, den Alltag zu bewältigen. Und diese Bewältigungsstrategien sind halt manchmal für das Umfeld irritierend. Und Demenz ist vielfach noch viel zu irritierend für die Gesundheitsfachleute, nicht wirklich in der Langzeitpflege, aber im Krankenhaus: Ein Mensch mit Demenz passt in diesen Alltag nicht hinein, der stört den gewohnten, standardisierten Alltag eines Krankenhauses. Er ist nicht vorhersehbar, und man kann auch nur bedingt an seinen Verstand, seine Vernunft appellieren. Und doch werden sich die Gesundheitsfachleute zunehmend auf immer mehr Menschen mit demenziellen Beeinträchtigungen im Krankenhausalltag einstellen müssen, wie eben alle Mitarbeiterinnen in den Pflegeheimen oder bei der mobilen Pflege und Betreuung. Ich habe ja größte Hochachtung vor den Menschen, die in einem Pflegeheim arbeiten. Es gibt Pflegeheime, wo bereits circa 80 Prozent der Menschen, die dort betreut werden, eine Demenzdiagnose haben. Das musst du erst einmal schaffen, dass dort Menschen ein Verhalten an den Tag legen, das nicht immer nachvollziehbar und vorhersehbar ist, dass sie Aktivitäten setzen, die uns als nicht normal erscheinen. Jeden Tag oder jede Stunde gibt es Überraschungen.

In der Hauskrankenpflege bzw. in der ambulanten Pflege ist es auch so, dass man sich fragt: Geht das noch alleine oder nur mit Unterstützung der Angehörigen? Und es gibt viele Angehörige, die sich Sorgen machen um die Sicherheit der von ihnen betreuten und umsorgten Menschen, bis dahin, dass sie mit den von ihnen Betreuten nicht mehr außer Haus gehen wollen, weil sie sich genieren, was wieder Unerwartetes oder Beschämendes passieren könnte. Und wir überlegen dann in unserer eigenen Hilflosigkeit: Was kann ich für Medikamente verabreichen? Aber in diesen Situationen geht's nur bedingt um Medikamente, sondern ganz einfach um Aufklärung der Öffentlichkeit: Der Mensch ist so, weil er so ist. Den können wir auch nicht davon überzeugen, dass er anders sein muss, der ist halt so. Den müssen wir so nehmen, wie er ist. Da habe ich in den Geschichten schon sehr viel Hilflosigkeit erlebt – nicht nur der Angehörigen, sondern auch der Pflegepersonen. Da steckt natürlich die grundsätzliche Frage drin: Wie gehen wir mit Menschen um, die sich nicht so verhalten, wie wir es gewohnt sind? Schnell sagen wir, das sind schwierige Patienten, auch schwierige Angehörige. Ja, warum sind denn die schwierig?

GERT DRESSEL
Also nicht nur einfach zu kategorisieren und abzustempeln, sondern dahinter zu schauen ...

MONIKA GUGERELL
Sie sind schwierig, weil ich teilweise keine oder zu geringe Handlungsoptionen habe oder die gewohnten Optionen hier nicht wirken. Ich behaupte, dass sie teilweise

deshalb schwierig sind, weil Gesundheitsberufe sehr wenig Fertigkeiten, Kenntnisse und auch Zeit für die Gesprächsführung mit schwierigen Kunden haben. Sie werden so empfunden, weil sie der gewohnten Organisationslogik nicht folgen. Das ist, glaube ich, etwas, auf das man in Zukunft in der Pflegeausbildung noch viel mehr fokussieren muss. Wenn ich eine Individualisierung der Gesellschaft habe, wo jeder für sich glaubt, er ist ein kleiner Halbgott, dann werden diese „einzigartigen" Menschen mit ihren Ansprüchen immer mehr werden im Gesundheits- und Sozialsystem. Damit habe ich aber jetzt zwei Schwierigkeiten, ein wahres Spannungsfeld: Erstens habe ich wirklich anspruchsvolle Kunden, die immer individueller sind mit ihren speziellen Bedürfnissen und Bedarfen, die aus ihrer Sicht sofort und in höchstem Ausmaß gedeckt werden sollten. Und zweitens habe ich Menschen, die zwar professionell ausgebildet, aber nicht ausreichend kompetent sind, um mit diesen individualisierten Menschen umzugehen; und die keine klaren Rahmenbedingungen, Informationen haben, damit sie anderen Menschen vermitteln können, was sie vom Gesundheits- und Sozialsystem erwarten können, das solidarisch finanziert wird.

GERT DRESSEL
Perspektivenwechsel! Gibt es Geschichten, die niedergeschrieben worden sind, die hoffnungsfroh stimmen? Vielleicht sogar Geschichten, die Mut machen?

MONIKA GUGERELL
Weil ja vor dem Hintergrund der Individualisierung von Gesellschaft immer die Frage gestellt wird: Ist eine Solidaritätsgesellschaft noch möglich, was verstehen Menschen darunter? Ich habe in den Texten schon sehr stark herausgelesen: Menschen fühlen sich auch in Zukunft zumindest für ihre Angehörigen verantwortlich. Was mich nicht so hoffnungsfroh stimmt: Dass es immer weniger Menschen gibt, die wirklich professionell bzw. formell pflegen wollen, die „Sorge" für Menschen übernehmen möchten. Es gibt anscheinend immer weniger Menschen, die eine persönliche Nahebeziehung eingehen wollen. Pflege bedeutet doch auch, sich auf jemanden einzulassen, eine Beziehung aufzubauen, ein vertrauensvoller Umgang miteinander. Aber bei den pflegenden Angehörigen lese ich aus den Geschichten heraus, dass sie Dinge tun, wo ich dann aber auch frage: Bist du „g'scheit", warum nehmen sie eigentlich keine Unterstützung und Hilfe in Anspruch? Das ist ja Überlastung. Und dennoch hat mich das schon sehr positiv gestimmt, dass sich Menschen für die Sorge, für die Pflege des anderen verantwortlich fühlen. Dass sie bereit sind, das zu tun, diese Verantwortung zu übernehmen. Das ist sehr positiv, und es war auch immer wieder erkennbar, spürbar und durchaus auch positiv, dass viele sich schon teilweise überlegt haben: Naja, wie wird denn das später bei mir sein? Dass sie sich damit auseinandersetzen. Das merkt man auch in den Medien, in der Öffentlichkeit. Ich bin ja

schon über vierzig Jahre im Pflegebereich. Vor vierzig Jahren war Pflege nicht wirklich ein gesellschaftliches Thema, aber wenn man jetzt schaut: Pflege ist Thema. Viele Menschen merken, ich muss mich mit dem auseinandersetzen. Sie sind bereit, sich mit dem Thema auseinanderzusetzen.

Für mich wäre jetzt auch die Zeit da, dass professionell Pflegende, aber auch die Gesellschaft aufzeigen müssen, dass Pflege kein Ausnahmezustand ist. Pflege ist normal! Und dadurch, dass es normal ist, ist es ja auch Alltag. Gerade wenn ich Pflege aus dem Fokus der Langzeitpflege betrachte, ist das normal, denn dort sind Menschen mit chronischen Erkrankungen. Darum halte ich auch nichts von dieser Differenzierung der Begriffe Pflege und Betreuung. Das ist für mich nicht stimmig. Wann ist es Betreuung, wann ist es Pflege? Das ist eine Unterscheidung, die keinem hilft, am wenigsten den pflegebedürftigen Menschen. Sie ist eher verwirrend. Pflege, Betreuung, Sorge: Es ist eins. Ich mache für jemanden etwas, ich sorge mich um etwas, und ob ich den jetzt pflege oder betreue, ob ich den begleite, also das ist immer so eine Frage ... Pflege ist für mich auch informieren und beraten, Pflege ist für mich anleiten, Pflege ist für mich aber auch, Entscheidungen herbeizuführen und zu treffen, und Pflege ist für mich immer auch Kommunikation. Im Sinne von Klaus Wingenfeld vom Institut für Pflegewissenschaft der Universität Bielefeld ist Pflege für mich: Für jemand anderen etwas zu tun, was er aufgrund von Einschränkungen, von Belastungssituationen, von Defiziten nicht mehr selber tun kann – aber mit dem Fokus, den Menschen wieder zu befähigen, dass er möglichst selbständig wird. Aber Selbständigkeit nicht mit selbstbestimmt zu verwechseln bzw. Selbstbestimmung zu differenzieren und sich zu fragen: Wann ist es diesem Menschen wirklich zumutbar, selbstbestimmt zu entscheiden, und wo muss ich Entscheidungen übernehmen, weil es diesem Menschen in seiner Situation jetzt gut tut.

Diese Normalisierung der Pflege könnte vielleicht ein Beitrag dazu sein, Menschen als Angehörigen oder als selbst Betroffenen die Angst vor Pflegebedürftigkeit ein wenig zu nehmen. „Schau, wenn das normal ist, warum hast du dann so viel Angst?" Und wenn ich weniger Angst habe, entwickle ich als jemand, der pflegt oder selbst pflegebedürftig ist, auch eher Handlungsoptionen.

GERT DRESSEL
Also Pflege weder als Ausnahmezustand noch als eine Situation, der man völlig ausgeliefert ist?

MONIKA GUGERELL
Ja, Pflege ist ja nicht nur belastend, negativ oder defizitorientiert. Es kann doch auch ganz anders sein. Ja, manches kann man nicht mehr, die Konzentration auf das Wesentliche kann aber manchmal sehr hilfreich sein. Wie viele alte Menschen haben zu mir gesagt: „Diese Banalitäten brauch ich nimmer." Das kann ja eine Qualität sein. Ich habe auch deswegen so gerne mit Menschen in ihrer letzten Lebensphase gearbeitet, weil viele sich auf das Wesentliche konzentrieren. Auch die Menschen, die in diesem Bereich arbeiten. Die haben oft einen etwas schrägen Humor, zumindest wirkt es manchmal von außen so. Natürlich, weil das, glaube ich, eine Möglichkeit ist, mit diesen schwiergen Situationen umzugehen ... Oft habe ich auch mit pflegenden Angehörigen gesprochen, und wir haben trotz der oft schwierigen und auch belastenden Situationen eine „Gaudi" gehabt, haben herzlich über Missgeschicke lachen können. Das tut den Leuten gut. Ich habe einmal einen Satz gehört, der mir gut gefallen hat: Alles, was ich mache, muss ich ernsthaft machen, aber ernst nehmen muss man nicht alles. Gerade in der Pflegesituation scheint dieser Satz von großer Bedeutung. Es entspannt die Situation oft um ein Vielfaches, wenn man nicht alles ernst nimmt, was der Tag so bringt. Aber es ist wichtig und richtig, die scheinbar alltäglichen Aktivitäten ernsthaft zu machen, so gut man kann, und alles aktuelle Wissen und seine Erfahrung einzubringen.

GERT DRESSEL
In den Texten werden ja häufig Institutionen thematisiert, Krankenhäuser und Pflegeheime zum Beispiel. Und dies auch in einem Spannungsfeld früher - heute. Wie hast du das gelesen?

MONIKA GUGERELL
Was ich herausgelesen habe, war, dass Krankenhäuser früher sicher viel autoritärer waren und dass sie einen anderen Stellenwert und eine andere Rolle hatten. Früher, also bevor die Menschen eine ausreichende Krankenversicherung hatten, sind die Leute gar nicht so oft ins Krankenhaus gegangen, da musste man schon schwerst krank sein, wenn jemand einmal in ein Krankenhaus gegangen ist. Man hört das immer wieder in den Lebensgeschichten der Menschen, vor allem im bäuerlichen Bereich. Eine Hemmschwelle waren sicher die Finanzen; viele konnten sich es ganz einfach nicht leisten, krank zu sein. In vielen Geschichten, die sich in der Dokumentation lebensgeschichtlicher Aufzeichnungen finden, lässt sich auch nachlesen, dass Krankheit ein Makel war, denn man war nur dann von Wert und wurde geachtet oder beachtet, wenn man gearbeitet hat. Man liest in den Geschichten immer wieder: Krank zu sein können sich nur die reichen Leute leisten.

In früheren Zeiten hatte ein Krankenhausaufenthalt noch eine andere Bedeutung. Man war nicht nur Patient, weil man eine medizinische Leistung benötigte. Es war auch eine legitimierte Auszeit von der meist körperlich sehr anstrengenden Arbeitswelt, für Frauen eine Auszeit von Hausarbeit, Arbeitswelt und Kindererziehung, und die Menschen waren möglicherweise auch länger im Krankenhaus, als es die Medizin erfordert hätte. Die Krankenhausverweildauer ist ja mit der Zeit mehr und mehr verkürzt worden. In den Geschichten ist oft zu lesen, dass heute pflegebedürftige Menschen, wenn sie medizinisch austherapiert sind, nicht mehr länger im Krankenhaus bleiben können, aber ein angemessenes Leben zu Hause trotz Unterstützung durch mobile Pflege und Betreuung auch noch nicht möglich ist. Ganz besonders trifft das Menschen, die keine Angehörigen haben bzw. deren Angehörige sich nicht kümmern können. Was ebenso stark in den Geschichten mitschwingt, ist eine gewisse Wahrnehmung von Pflegeheimen. Vor allem das Bild alter Menschen von Pflegeheimen erinnert an die früheren Alten- und Siechenheime, wo die Menschen gelandet sind, weil sie keine Angehörigen hatten. Wer ist früher ins Siechenheim gekommen? Die armen Leute, die niemanden hatten, der für sie zu Hause gesorgt hätte. Dieses Bild wirkt schon sehr stark nach, insbesondere im ländlichen Raum. Noch lange im 20. Jahrhundert wurde wie immer schon die Pflege von alten Menschen den Kindern und dabei sehr stark den Frauen, also den Töchtern oder Schwiegertöchtern, zugeschrieben, mit einigen Unterschieden zwischen den Bereichen der Bauern und Arbeiter. Und man muss schon sagen, und das kann man in den Geschichten auch lesen: Den pflegebedürftigen Menschen ist es dabei nicht immer gut ergangen.

GERT DRESSEL
Also früher war nicht alles besser ...?

MONIKA GUGERELL
Natürlich nicht. Ein weiterer Unterschied zwischen heute und früher ist, und das kann man auch in den Geschichten lesen: Die Leute waren früher viel kürzer pflegebedürftig. Oft sind die Menschen ja erst gar nicht pflegebedürftig geworden, weil sie vorher gestorben sind. Durch bessere Ernährung, mehr Bildung, bessere Lebensverhältnisse und medizinische Möglichkeiten ist in den vergangenen Jahrzehnten die Lebenserwartung gestiegen, aber damit haben auch die Wahrscheinlichkeit und die Dauer einer Pflegebedürftigkeit zugenommen. Früher lag die durchschnittliche Pflegebedürftigkeit bei ein paar Monaten, heute liegt sie im Durchschnitt bei etwa sieben Jahren. Und mit der längeren Lebenserwartung haben sich einige Bilder doch sehr gewandelt, das kann man auch an den Geschichten sehr stark ablesen: Heutzutage haben viele Menschen ganz andere Altersbilder als früher. Ich fand das sehr

spannend, die Leute, die die Texte geschrieben haben, sind ja teilweise schon in der dritten Lebensphase; sie definieren sich aber nicht als alt. Sie haben geschrieben, dass sie alte Menschen, also ihre Angehörigen, pflegen, weil diese alt seien. Ich habe aber nie gelesen, dass sie sich selbst auch als alt eingestuft hätten. Sie fragen sich: Wie wird's denn bei mir sein, wenn ich alt bin, und wer wird mich pflegen, wenn ich alt bin? Dabei sind sie selber schon sechzig. Als Sechzigjähriger wirst du von der Gesellschaft ja schon als alt wahrgenommen.

Was mich dann auch noch beim Lesen der Texte beschäftigt hat: eine scheinbare Rollenumkehr, das Erfordernis, Verantwortung wahrzunehmen, und die Schwierigkeiten, die damit verbunden sind. Bislang war ich, egal wie alt ich bin, immer noch das Kind, und ich habe ein Stück weit Kind sein können. Aber seitdem mein Angehöriger pflegebedürftig ist, merke ich, dass ich jetzt auf einmal mehr Verantwortung habe, und diese Verantwortung wird irgendwie gekoppelt an die Vater-Mutter-Rolle, also Rollenumkehr: Ich bin jetzt in einer Rolle wie Mutter oder Vater, und ich muss jetzt auf einmal für den Menschen sorgen, der vorher für mich Sorge getragen hat. Warum verknüpft man diese Rolle des Für-jemand-anderen-Sorgens so stark mit der Rolle des Vaters und der Mutter? Ich sorge mich ja auch als Partnerin für meinen Partner. Warum kann ich meine Eltern nicht partnerschaftlich sehen, sondern rutsche immer in diese Rolle Mutter, Vater hinein? Das ist sehr stark in den Geschichten zu spüren.

GERT DRESSEL
Gibt es Themen, die du in den Texten vermisst, mit denen du gerechnet hättest?

MONIKA GUGERELL
Als ich manche Texte gelesen habe, habe ich mich gefragt, ob das nicht mehr Konflikte im partnerschaftlichen Bereich ausgelöst hat und warum man das nicht angesprochen hat. Ob einem da vielleicht die Worte oder die Ausdruckskraft fehlen oder ob man das nicht ansprechen möchte. Und was mir vielfach gefehlt hat, war der Ekel.

GERT DRESSEL
Ekel?

MONIKA GUGERELL
Ja, Ekel! Ich weiß, dass der da ist. Und auch der Tod. Der wird zwar als Faktum beschrieben, aber wie es mir wirklich dabei geht, mich mit dieser Endlichkeit des

Lebens auseinanderzusetzen, wo ich das täglich erlebe ... In den Geschichten habe ich sehr oft gespürt: Ich bin froh, dass ich so viel Arbeit habe, dass ich mich mit diesen sensiblen Themen nicht auseinandersetzen muss. Im Hinterkopf ist das Thema aber da. Das gilt auch für alle, die professionelle Gesundheitsdienstleister sind, ob Psychologinnen, Mediziner oder Therapeutinnen. Ich habe es immer als sehr entlastend wahrgenommen für Menschen, wenn ich ein heikles Thema angesprochen habe, wenn ich als Pflegeperson gesagt habe, zum Beispiel, wenn jemand erbrochen hat: „Gell, das stinkt, das ist furchtbar." Die Leute haben dann erstaunt gesagt: „Für Sie auch?" – „Na, was glauben Sie! Das ist für mich genauso grauslich wie für Sie." Ich bin's vielleicht mehr gewohnt, weil ich's halt öfters erlebe, aber es ist grauslich. Es ist nicht immer schön. Tod, Ekel, ein Vielfaches an psychischer und physischer Belastung ist vorhanden, oft mit Krankheit und Pflegebedürftigkeit verbunden und daher eigentlich normal, nicht vermeidbar. Das muss ich wissen, wenn ich diesen Beruf ergreife. Es ist eine außerordentliche Belastung, chronisch kranke, schwerstkranke oder sterbende Menschen zu begleiten, zu pflegen. Aber ich kann in diesem Beruf den Tod oder andere schwierige Situationen nicht ausschließen, sie zählen zum Aufgabenbereich, zum normalen Aufgabenbereich. Das heißt aber auch, ich muss lernen, damit umzugehen, adäquate Bewältigungsstrategien entwickeln, um es auszuhalten. Ich muss es auch deshalb aushalten, weil Pflegepersonen ja sehr nahe mit Menschen arbeiten und sich nicht über ihr „Tun" definieren sollten. Pflege ist nicht nur Tun, Pflege ist Kommunizieren, Pflege ist da sein, Pflege ist für jemanden eintreten, Pflege ist über weite Strecken den anderen als Person wahrzunehmen. Auch und gerade im Sterben. Und auch in dieser Phase kann noch viel getan werden, damit jemand „gut sterben" kann, wie ein Angehöriger einmal gesagt hat. Und das heißt auch, sich auf andere Menschen einzulassen, als Person da zu sein. Dazu braucht es Zeit und auch Wissen und Können, aber vor allem die Bereitschaft, dies zu tun.

GERT DRESSEL
Als langjährige Pflegedirektorin, die du in einer großen österreichischen Hilfsorganisation warst: Können – du hast es ja bereits angeschnitten – professionell Pflegende und auch Pflegeorganisationen aus den Erzählungen etwas lernen? Oder, um es nicht ganz so pädagogisch zu formulieren: Wofür könnten solche Texte, in denen konkrete Erfahrungen thematisiert werden, in der Praxis einer Organisation hilfreich sein?

MONIKA GUGERELL
Sie könnten zum Beispiel eine Basis für die Qualitätssicherung einer Einrichtung sein. Ich würde zum Beispiel Texte heraussuchen, wo man ganz deutlich spürt oder wahrnimmt, dass mit Kundenbeschwerden nicht richtig umgegangen wird, und wo keine

ausreichenden Rahmenbedingungen für gutes Pflegen geschaffen worden sind. Als Pflegedienstleitung könnte ich mir dann überlegen, wie schaut denn mein Kundenbeschwerdemodus aus. Wie müsste ich meine Erstbesuche gestalten, damit die Leute das positiv wahrnehmen, oder welches Pflegekonzept gibt es im Palliativbereich? Auch im Sinne von: Welche Zeit müssen wir den Pflegepersonen geben, wo setzen wir sie ein, wie können wir sie gut unterstützen in der Betreuung von Palliativpatienten? Auch: Wie müssten unsere Kommunikationsstrukturen gestaltet sein, wie schauen unsere Fallbesprechungen aus, welche ethischen Entscheidungsgrundlagen haben wir? Ich würde auch Texte heraussuchen, in denen deutlich wird, dass die pflegenden Personen über zu wenig Kompetenzen und Wissen verfügen. Daraus kann man ableiten, welche Fort- und Weiterbildungsangebote notwendig sind.

Und natürlich sollte man eigentlich in Ausbildungseinrichtungen mit solchen Texten arbeiten. Ich würde so einen Text nehmen, Schülern oder Studentinnen geben und sagen: „Da haben Sie jetzt diese Geschichte, ein Fallbeispiel. Sie haben diesen Menschen nicht gesehen, aber: Was glauben Sie, welche Pflegediagnose könnten Sie aus dem Gelesenen ableiten? Was wären Maßnahmen und was wäre deren Nutzen? Nehmen Sie diese Geschichte und gestalten Sie daraus einen Pflegeprozess." Das wäre eine Möglichkeit. Für dieselbe Geschichte würde ich drei verschiedene Gruppen bilden und könnte danach die Unterschiede aufbereiten, die dabei herausgekommen sind: „Warum haben Sie das so gelesen? Welche Informationen fehlen Ihnen noch? Welche Fragen würden Sie daher bei einem Erstbesuch stellen? Welches Beratungsgespräch würden Sie führen? Welche Pflegeintervention würden Sie planen, und wie würden Sie intervenieren?"

Oder ich könnte zehn Geschichten herausnehmen und fragen: „So, jetzt haben Sie zehn Geschichten gelesen, welche Pflegehilfsmittelausstattung würden Sie empfehlen? Wie würden Sie die Haushalte adaptieren, dass Menschen dort alleine leben können? Würden Sie sagen: Können diese Menschen zu Hause alleine leben oder können sie nicht? Welche Unterstützungsmaßnahmen würden Sie daraus ableiten für pflegende Angehörige?" Oder: „Von Ihrer Einschätzung her: In welchen Bereichen könnten Sie einen pflegebedürftigen Menschen anleiten, dass er das selber übernehmen kann, wo müssen Sie ihn teilweise unterstützen und wo müssen Sie ihn vollständig unterstützen – und wie würde das in sechs Monaten ausschauen? Was haben Sie sich vorgenommen, dass er in sechs Monaten können sollte, und was tun Sie dazu?" Fallgeschichten haben den Charme, dass ich anhand konkreter Beispiele auch sagen könnte, was die Medizin bereits gemacht hat. Wo könnte ein Psychologe oder eine Sozialarbeiterin noch unterstützen, was wäre ein therapeutischer Auftrag, und was ist der Pflegeauftrag? Am Beispiel von Fallgeschichten könnte man Case Management lernen.

GERT DRESSEL
Das ist ja schon ein didaktisches Konzept, du entwickelst hier gerade Unterrichtsmaterialien ...

MONIKA GUGERELL
Das ist halt das, was mir spontan einfällt. Diese Texte bieten viele Möglichkeiten. Anhand von Fallbeispielen, anhand von Geschichten lerne ich Pflege. Schon die Märchenerzähler haben uns Geschichten erzählt, aus denen Menschen lernen können, wie sie sich verhalten sollen oder können. So könnte das Lernen mittels Geschichten oder Fallbeispielen eine Unterrichtsmethode sein, vor allem auch dadurch, dass die Perspektiven von Angehörigen in die Betreuungssituation miteinbezogen werden.

Geschichten haben oft den Nimbus des Wenig-Wissenschaftlichen. Wir denken, dass alle Daten, Wahrnehmungen messbar, objektivierbar sein müssen. Die deutsche Pflegewissenschaftlerin Sabine **Bartholomeyczik** hat einmal gemeint: Alles, was man nicht objektivierbar machen kann in der Pflege, muss beschrieben werden. Pflege sollte die Chance nutzen, die Dinge, die nicht gemessen oder in Zahlen ausgedrückt werden können, zu beschreiben, weil es eben Dinge im Pflegebereich gibt, die man nicht objektivierbar machen kann. Ich kann natürlich ein Dekubitus-Risiko einschätzen und in einer Zahl ausdrücken. Aber die Einschätzung, wie Menschen mit ihrer Bedürftigkeit, Abhängigkeit oder mit Angst umgehen, was sie fühlen, muss ich beschreiben. Es entsteht eine Geschichte, eine Fallbeschreibung, und Pflegepersonen brauchen ein eigenes Vokabular, um diese Geschichten zu erzählen, so zu erzählen, dass die anderen das auch so verstehen, nachvollziehen können, was gemeint ist. Auf der anderen Seite muss ich aus Geschichten, aus Lebensgeschichten herauslesen können, was da gemeint sein könnte, und sollte über so ein umfassendes Fachwissen verfügen, dass ich letztlich ein individuelles Betreuungsmodell erstellen kann. **Das ist die Kunst.**

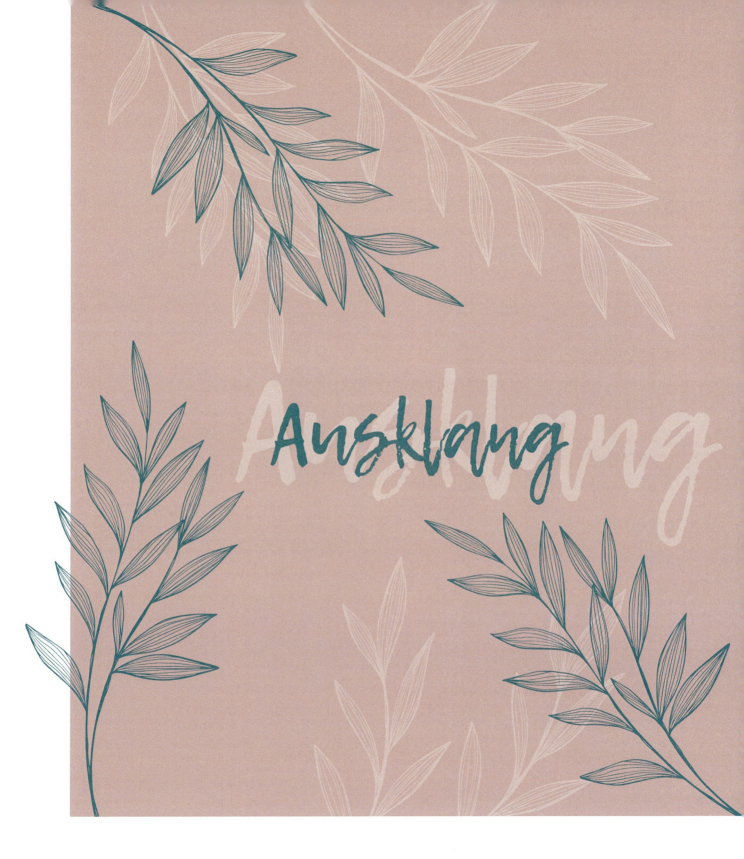

Ein Beitrag im Original

FRANCES NUNALLY

Edith Auer, Gert Dressel, Gunter Müller, Barbara Pichler, Elisabeth Reitinger, Bärbel Traunsteiner.

Oktober 2015

Liebe Damen und Herren,

Ihr Schreibaufruf kam bei mir gerade zur richtigen Zeit an, da ich meinen Mann bis vor einigen Monaten pflegte. Nur hoffe ich dass ich mich auf Deutsch ordentlich ausdrucken konnte, denn 76 Jahre sind schon vergangen seit ich von Wien wegmusste. Da vergisst man allerhand. Ausserdem gibt es jetzt viele neue Worte von Sachen die damals nicht existierten.

Ich danke Ihnen allen schon für die Gelegenheit über meine Erfahrung sprechen zu dürfen. Ja, bitte, Sie

Frances Nunnally wurde als Franziska Huppert 1921 in Wien geboren und war das zweite Kind jüdischer Eltern, die von einem kleinen lederverarbeitenden Betrieb lebten. Während Franziska 1939 nach England flüchten konnte und sich der britischen Armee anschloss, wurden all ihre Angehörigen in nationalsozialistischen Konzentrationslagern ermordet.

Seit 1950 lebt Frances Nunnally in den Vereinigten Staaten. Sie ist dreifache Mutter und war bis in ihr siebentes Lebensjahrzehnt für ein Kinderhilfswerk tätig.

2

Können meine Erzählung auch öffentlich verwenden, wie immer Sie wollen.

Ich hoffe dass Sie meine Schrift lesen können. Im Alter von 94 Jahren wollen die Hände nicht mehr so wie früher!

Mit herzlichen Grüssen aus Richmond und viele gute Wünsche für den Erfolg Ihrer Projekte!

Thomas Nunnally

Schreibaufruf/Geschichten über Pflegen und Betreuen:

Doku Lebensgeschichten
Institut für Wirtschafts und Sozialgeschichte
Universitätsring 1, 1010 Wien

Oktober 2015

Sehr geehrte Damen/Herren,

Ich bin eine ehemalige Wienerin. In 1939 schickten mich meine verzweifelten Eltern nach England. Es hat mir das Leben gerettet. Meine gesamte Familie kam im Holocaust um.

Während des zweiten Weltkrieges diente ich beim Englischen Militär, und dann in 1950 wanderte ich nach Amerika aus, wo ich meinen Mann kennen lernte. Wir sind jetzt schon 63 Jahre verheiratet. Wir haben 3 Kinder, 4 Enkelkinder und eine Grossenkelin.

2

Dann, so ungefähr vor vier Jahren bemerkten die Kinder und ich verschiedene Änderungen an meinem Mann. Es hat einige Zeit gedauert und da waren Konsultationen mit verschiedenen Doktoren bis es sich herausstellte dass er "Alzheimer's Disease" hatte. Ausserdem ist er oft niedergefallen, und war nicht nur geistig, sondern auch körperlich behindert.

Als seine Frau, musste ich mich Tag und Nacht um ihn kümmern, und als die Wochen und Monate vorübergingen hat sich sein Zustand verschlimmert. Da ich selbst schon in den 90er Jahren stand, war es sehr schwer. Ein Sohn der bei uns wohnte hat mitgeholfen, denn viele Tätigkeiten so wie ihn aufzuheben war ich nicht im Stande zu tun.

3

Es war immer ein "Unternehmen" ihn am Abend ins Bett zu bringen und ihn morgens vom Bett auf das Sofa zu leiten. Mit allen Tätigkeiten des täglichen Lebens brauchte er Hilfe.

Als sein Zustand sich noch mehr verschlechtete, kam eine Krankenschwester zweimal in der Woche ihn zu sehen. Eine andere Person kam ihn zu baden. Jedoch seine stundenlange Betreuung war die Verantwortigkeit der Familie, mit mir als Hauptperson.

Jetzt waren schon ungefähr 3 Jahre vergangen seit ich anfing ihn zu betreuen. Dann, auf einmal, übernacht, war da wieder eine grosse Änderung zum Schlechten. Es war ein Wochenende, wann baldige Hilfe nicht immer gleich da

4

ist. Jedoch ich rufte die Krankenschwester an und sie kam ihn zu sehen, und hat ihn ins Spital geschickt. Dort war er nun einige Tage und ist von dort gleich in ein "Veterans Home" geschickt worden. (Das ist ein Heim für Männer die im zweiten Weltkrieg gedient hatten.) Jetzt lebt er dort. Zum Glück ist das Heim nicht allzuweit von uns, so dass wir ihn oft besuchen können. Der Staat hilft für seinen Aufenthalt dort zu bezahlen. Jedoch wir müssen die Hälfte seiner Pension dazu beitragen, was für uns finanziell schwer ist.

Eine andere Sorge ist dass meine eigene Gesundheit in letzter Zeit nicht gut ist. Ich war schon einige Male im Spital mit Herzproblemen und andern Sachen. Naja, ich bin 94 Jahre alt!

5

Meine Tochter (Heidi heisst sie) ist vor einigen Monaten zu uns eingezogen (mein Sohn wohnt auch hier). Sie hilft mir viel mit Sachen die ich nicht mehr imstande bin zu tun. Jedoch sie arbeitet ausserdem die ganze Woche in einem Büro und kann nicht immer hier sein. Mein Sohn hat auch seine Arbeit. Na ja, die Kinder mussten zuerst helfen sich um ihren Vater zu kümmern und jetzt bin ich diejenige die Hilfe braucht!

Ich weiss dass unzählige Familien hier in Amerika, und wohl auf der ganzen Welt, ähnliche Probleme haben. Man lebt eben von Tag zu Tag. Man versucht kleine Freuden zu haben so wie ein gutes Buch oder ein "Crossword puzzle" (was heisst das auf Deutsch?)

6

Ich selbst habe im Dezember 2014 einen PACEMAKER (was heisst das auf Deutsch?) gekriegt. Jedoch ich versuche einen Teil der Hausarbeit noch zu machen (ein bissl Kochen, Wäsche u.s.w. damit nicht alles auf den Kindern lastet).

Ich danke Ihnen für die Gelegenheit über dieses Problem zu sprechen. Hoffentlich können Sie meine Schrift lesen, denn meine Finger sind jetzt etwas steif und wollen nicht mehr so!

Mit freundlichen Grüssen aus Richmond, Virginia,

Frances Nunnally

> „EINE ANDERE SORGE IST, DASS MEINE EIGENE GESUNDHEIT IN LETZTER ZEIT NICHT GUT IST. ICH WAR SCHON EINIGE MALE IM SPITAL MIT HERZPROBLEMEN UND ANDEREN SACHEN.
>
> **NA JA, ICH BIN 94 JAHRE ALT!**

Ein Beitrag im Original

SINEM SOLMAZ

Am 5.12.2015 am Samstag sind mein Vater mein Bruder und ich einkaufengegangen. Natürlich auch ein paar Freunde. Wir haben nicht für uns eingekauft sondern für die Flüchtlinge. Wir alle waren im Kik, Hofer und Zielpunkt. Es hat insgesammt 3 Stunden gedauert bis wir alles eingepackt haben. Und dann fuhren wir los. Mein Freund mein Bruder und ich reisten im Auto. Wir kamen dort nach 3 Stunden an. Mein Bruder und ich stiegen aus dem Auto. Dort waren insgesammt 55 Leute und Kinder gemischt. Wir wie das Autokoffer aufmachten stürmten alle Kinder und Erwachsene zu. Alle haben was bekommen. Ich hatte auch sehr viele Haargummis dabei. Ich habe sehr viele Mädchen gesehen und habe die Haargummis verteilt. Ich habe sehr viele Kinder kennengelernt die hatten fasst nichts zum anziehen. Wir haben zusammen gespielt. Es war ein Mann der hat mich mit ihrer Tochter verwechselt. Er hat gesagt zu meinem Vater ist das ihre Tochter. Dann hat mein Vater gesagt ja das ist meine Tochter. Die Männer hatten keine Schuhe und Jacken.

Sinem Solmaz
wurde 2006 als älteres von zwei Kindern einer Migrantenfamilie aus der Türkei geboren.

Sie beteiligte sich wie auch ihre Mutter und ihr jüngerer Bruder mit mehreren schriftlichen und gezeichneten Beiträgen am Schreibaufrufprojekt „Who cares? – Geschichten vom Sorgen, Pflegen und Betreuen" und ist zurzeit Schülerin an einer Allgemeinbildenden Höheren Schule in Wien..

Und die Frauen auch nicht.
Es war 20 Familien. Und die alle
hatten sehr sehr kleine Häuser.
Wir haben auch sehr viel Essen verteilt
und sehr viel Gepäcke. Meine Freunde
und ich haben verstecken gespielt.
Mein Vater und die anderen Männer haben
geredet. Es war sehr sehr sehr kalt dort.
Die hatten nur drei WC. Alle war sehr
dünn. Die Kinder waren alle so lieb und
nett. Manche redeten Türkisch und manche
Deutsch. Es waren auch sehr viele Babys
dort. Und die hatten nichts zum
anziehen. Und es war Zeit nach
Hause zu fahren. Alle haben sich so
sehr bedankt. Und ich habe
inbgesammt 10 Mädchenfreundinnen
kenengelernt. Das war ein tolles Ausflug.

Ich hoffe diese Menschen geht es gut.

Sinem Solmaz

Who cares?

Szenarien einer zukunftsweisenden Sorgekultur

Schreibaufruf

Geschichten übers Sorgen, Pflegen und Betreuen gesucht!

Haben Sie schon einmal jemanden in Ihrer Familie gepflegt? Helfen Sie regelmäßig einer Nachbarin? Haben Sie sich ehrenamtlich um Menschen mit Demenz gekümmert oder haben Sie beruflich mit Sorgen, Pflegen und Betreuung zu tun? Dann haben wir eine Bitte an Sie: Schreiben Sie Ihre Geschichte(n) doch auf! Diese Erzählungen werden dringend gebraucht. Denn wir alle wissen noch viel zu wenig über die Freuden und Sorgen von Helfenden. Vielleicht kann Ihre Geschichte auch andere dazu motivieren, zu sorgen, zu pflegen und zu betreuen. Und womöglich gibt Ihre Geschichte ein paar Antworten darauf, wie eine zukunftsweisende Sorgekultur ausschauen kann.

Das Sorgen für Angehörige, Nachbar/innen und andere Menschen, die in irgendeiner Form Unterstützung benötigen, ist ein Tätigkeitsfeld, über das meist nicht viele Worte verloren werden. Und doch ist es der Rede wert und gesellschaftlich wichtig, welche Betreuungsleistungen tagtäglich – oft unbeachtet und unentgeltlich – erbracht werden: Hilfe im Haushalt, im Garten, beim Einkaufen usw.; oder Dienste, die im Krankheitsfall, nach Unfällen, bei der längerfristigen Pflege von chronisch kranken oder hochbetagten Menschen geleistet werden – durch verwandte, ehrenamtliche oder professionelle Helfer/innen.

Wir bitten Sie also um Erzählungen, die das Angewiesen-Sein auf und das Sich-Kümmern um andere Menschen zum Thema haben – in der Gegenwart oder auch in früheren Lebensabschnitten, im privaten Umfeld oder in der beruflichen Praxis.

Wie erleben (oder erlebten) Sorgende/Pflegende solche Situationen und wie geht es jenen Menschen „mit besonderen Bedürfnissen", die umsorgt bzw. gepflegt werden? Gefragt sind Erfahrungsberichte aus möglichst vielen verschiedenen Blickwinkeln und Bevölkerungsgruppen: von Frauen und Männern, Älteren und Jüngeren, von Menschen mit unterschiedlicher Herkunft, Ausbildung, Lebensart …

In dem Forschungsprojekt **„Who cares? Szenarien für eine zukunftsweisende Sorgekultur"** interessieren wir – Wissenschaftler/innen, Lehrer/innen und Schüler/innen – uns für aktuelle und vergangene Sorge-, Pflege- und Betreuungserfahrungen, um daraus praktische Hinweise und Perspektiven für eine gerechtere zukünftige Sorgekultur zu gewinnen. *Wer* sorgt in unserer Gesellschaft eigentlich *wie* und *wo* für *wen*? Welche Aufgaben, Tätigkeiten fallen an, wer übernimmt sie? Welche Erwartungen bringen Betreuer/innen und Betreute wechselseitig mit? Wie gestalten sich die persönlichen Beziehungen in Betreuungs- bzw. Pflegesituationen? Gibt es ein Unterstützungsnetzwerk aus mehreren Beteiligten und wie gehen diese miteinander um? Was macht eine Betreuungssituation befriedigend? Gibt es Momente der Freude, des Glücks oder der Anerkennung? Was wird als belastend und überfordernd empfunden? Welche zusätzliche Unterstützung kann bzw. könnte den Alltag erleichtern?

Daher möchten wir Sie einladen: **Versetzen Sie sich in eine eigene oder miterlebte, gegenwärtige oder vergangene Lebenssituation, in der zwischenmenschliche Unterstützung nötig war, und versuchen Sie möglichst ausführlich zu erzählen, was Sie erlebt haben.**

Wie schreiben? – Tipps zur Textgestaltung

Je nachdem, wie viel Zeit Sie unserem Schreibaufruf widmen möchten: Konzentrieren Sie sich entweder auf eine besonders einschneidende Erfahrung, ein besonders bewegendes Erlebnis, oder erzählen Sie uns eine gesamte „Betreuungsgeschichte". Wenn Sie Ihren persönlichen Umgang mit (eigener oder fremder) Hilfsbedürftigkeit über eine längere Lebenszeit hinweg festhalten möchten, so ist das natürlich auch möglich.

Haben Sie vielleicht schon einmal von sich aus entsprechende Erfahrungen und Erlebnisse (z.B. in einem Tagebuch) aufgeschrieben? Solche Notizen wären für unser Projekt ebenfalls von Interesse.

Der Umfang Ihres Beitrags bleibt ganz Ihnen überlassen. Im Allgemeinen gilt: Je offener und detaillierter Sie konkrete Lebensumstände beschreiben, desto aufschlussreicher wird Ihre Erzählung sein. Sie können Ihren Text handschriftlich verfassen oder mit der Schreibmaschine oder dem Computer arbeiten. Auf Wunsch werden eingesandte Originaltexte von uns fotokopiert und retourniert.

Was passiert mit Ihren Beiträgen?

Anhand Ihrer Erzählungen möchten wir einen breiteren Einblick in soziale Situationen bekommen, in denen fremde Hilfe gebraucht und gegeben wird. Wir wollen Ihre persönlichen Erfahrungen mit zwischenmenschlicher Sorge, Pflege und Betreuung sammeln und so die Stärken und Schwächen der „Sorgekultur" in unserer Gesellschaft erheben.

Auf dieser Basis sollen wissenschaftliche Arbeiten entstehen, aber nicht nur. Die gesammelten Erfahrungsberichte sollen nach Möglichkeit auch weitergegeben, beispielsweise in der Ausbildung für Pflege-, Sozial- und Betreuungsberufe eingesetzt werden. Weiters denken wir daran, eine Auswahl an Texten in geeigneter Form zu publizieren, um die öffentliche Diskussion über diese Themen zu bereichern. Teilen Sie uns deshalb bitte auch mit, ob Ihre Erzählung vertraulich behandelt und nur projektintern genutzt werden soll oder ob sie – auf Wunsch in anonymisierter Form – auch öffentlich verwendet werden kann. Wir richten uns hier ganz nach Ihren Vorgaben und werden im Zweifelsfall Rücksprache halten.

Wem schicken?

Senden Sie Ihren Text per Post oder E-Mail bis etwa zum Jahreswechsel 2015/16 an:

Doku Lebensgeschichten
Institut für Wirtschafts- und Sozialgeschichte
Universitätsring 1, 1010 Wien
lebensgeschichten@univie.ac.at

Wenn Sie uns mitteilen, dass Sie noch an einem Beitrag arbeiten, sind auch spätere Einsendungen willkommen. Außerdem wäre es natürlich hilfreich, wenn Sie diesen Aufruf an Bekannte weitergeben würden, von denen Sie wissen, dass sie zu unserem Thema einiges zu erzählen hätten.

Mehr Infos zum Projekt gibt es unter:

https://www.sparklingscience.at/de/projects/show.html?--typo3_neos_nodetypes-page[id]=819

http://www.uni-klu.ac.at/pallorg/inhalt/2299.htm

Falls Sie sonst noch Fragen haben, können Sie uns gerne auch telefonisch kontaktieren:

Günter Müller (Doku): 01/4277-41306
Edith Auer (IFF Wien): 0680/4013696

Auf Ihre Geschichten freuen sich:

Edith Auer, Gert Dressel, Günter Müller,
Barbara Pichler, Elisabeth Reitinger,
Bärbel Traunsteiner

Projektpartner/innen von „Who cares?": Institut für Palliative Care und OrganisationsEthik, Institut für Wissenschaftskommunikation u. Hochschulforschung (beide IFF Wien, Alpen-Adria-Universität Klagenfurt, Wien, Graz), Dokumentation lebensgeschichtlicher Aufzeichnungen (Universität Wien), Wiedner Gymnasium (Wien 4), Caritasschule für Sozialbetreuungsberufe (Wien 9), IG Pflegende Angehörige, Arbeiterkammer Wien. Finanziert wird das Projekt im Rahmen des Forschungsprogramms „Sparkling Science" des Bundesministeriums für Wissenschaft, Forschung und Wirtschaft.

IFF-Wien
Fakultät für Interdisziplinäre Forschung und Fortbildung
Institut Palliative Care und

ÜBER DIE AUTORINNEN UND HERAUSGEBERINNEN

EDITH AUER
Mag.[a], Soziologin mit dem Schwerpunkt auf mündliche und schriftliche Lebensgeschichten in unterschiedlichen gesellschaftlichen Bereichen, in der Praxis und in der Wissenschaft; Mitarbeiterin der Dokumentation lebensgeschichtlicher Aufzeichnungen an der Universität Wien.
edith.auer@gmx.biz

GERT DRESSEL
Mag. Dr., Historiker und Fortbildner, langjähriger wissenschaftlicher Mitarbeiter der Fakultät für interdisziplinäre Forschung und Fortbildung (IFF) an der Alpen-Adria-Universität Klagenfurt (Wien, Graz) und der Dokumentation lebensgeschichtlicher Aufzeichnungen an der Universität Wien, seit 2019 auch am Institut für Pflegewissenschaft der Universität Wien sowie Projektleiter bei „Sorgenetz. Verein zur Förderung gesellschaftlicher Sorgekultur". Arbeitsschwerpunkte: narrative und/oder lebensgeschichtliche Zugangsweisen (u. a. Biografiearbeit, Erzählcafés) in Forschung, Bildungsarbeit, Beratung und Begleitung, Inter- und Transdisziplinarität, partizipative Forschung, Projekte zur Sorgekultur.
gert.dressel@univie.ac.at

MONIKA GUGERELL
MSc, Diplomierte Gesundheits- und Krankenschwester, langjährige Tätigkeit im Langzeitpflegebereich im mobilen bzw. ambulanten Setting als Pflegeperson und im Pflegemanagement; Vortrags- und Referententätigkeit, Publikationen in Fachzeitschriften, seit 2013 als Pflegeexpertin vorrangig in Projekten tätig.

KATHARINA HEIMERL
Assoz. Prof.[in] Dr.[in], Medizinstudium in Wien, Ausbildung zur praktischen Ärztin; Master of Public Health an der University of California at Berkeley. Habilitation in Palliative Care und Organisationsentwicklung an der Universität Klagenfurt. 1998 bis 2018 wissenschaftliche Mitarbeiterin am Institut für Palliative Care der IFF, 2015 bis 2018 Prodekanin der Fakultät für interdisziplinäre Forschung und Fortbildung (IFF), Universität Klagenfurt. Seit Herbst 2018 wissenschaftliche Mitarbeiterin am Institut für Pflegewissenschaft der Universität Wien. Forschungsschwerpunkte: Palliative Care, Dementia Care, Care Ethics, partizipative Forschung.
katharina.heimerl@univie.ac.at

ERICH LEHNER
Mag. Dr., Psychoanalytiker in freier Praxis, lehrt und forscht im Bereich der Männlichkeits- und Geschlechterforschung und in Palliative-Care. Letzte Veröffentlichungen (jeweils 2018): Ringen um Identität: Männlichkeit(en) im Visier. In: ThPQ 166, 115–121; Männer im Alter. Aktuelle Perspektiven sozialwissenschaftlicher Forschung. In: Reitinger Elisabeth, Vedder Ulrike, Chiangong Pepetual Mforbe (Hg.). Alter und Geschlecht. Soziale Verhältnisse und kulturelle Repräsentationen. Wiesbaden: Springer. 53–77.
mail@erich-lehner.at

GÜNTER MÜLLER
Mag., Soziologe und Dokumentar, Leiter der Dokumentation lebensgeschichtlicher Aufzeichnungen am Institut für Wirtschafts- und Sozialgeschichte, Universität Wien; in diesem Rahmen hauptverantwortlich für die Herausgabe der Buchreihe „Damit es nicht verlorengeht …".
lebensgeschichten@univie.ac.at

BARBARA PICHLER
Mag.ª Dr.in, Studium der Pädagogik, Soziologie und Pflegewissenschaft nach beruflicher Tätigkeit als diplomierte Gesundheits- und Krankenschwester; wissenschaftliche Mitarbeiterin am Institut für Pflegewissenschaft der Universität Wien, Lehrbeauftrage am Institut für Bildungswissenschaft der Universität Wien. Arbeits- und Forschungsschwerpunkte: Dementia und Palliative Care, Kritische Gerontologie, Alter und Geschlecht, Care aus feministischer Sicht, Alter in der Sozialen Arbeit und Bildungswissenschaft.
barbara.pichler@univie.ac.at

SABINE PLESCHBERGER
Priv. Doz.in Dr.in, MPH, DGKP; Sozial-, Pflege und Gesundheitswissenschaftlerin. Seit vielen Jahren in Forschung und Lehre mit folgenden thematischen Schwerpunkten befasst: Historische und konzeptionelle Entwicklung von Hospizarbeit und Palliative Care, Pflege und Versorgung im Alter mit Schwerpunkt auf häuslicher Versorgung und Fragen der integrierten Versorgung, Berufsentwicklung und Qualifizierung in Gesundheitsberufen; seit Januar 2018 an der Gesundheit Österreich GmbH (GÖG) in Wien als Leiterin der Abteilung Gesundheitsberufe beschäftigt.
sabine.pleschberger@goeg.at

ÜBER DIE AUTORINNEN UND HERAUSGEBERINNEN

ELISABETH REITINGER
Assoz. Prof.^in Dr.^in, assoziierte Professorin am Institut für Pflegewissenschaft, Fakultät für Sozialwissenschaften, Universität Wien. Psychologin, Sozial- und Wirtschaftswissenschaftlerin, Habilitation in Palliative Care und Organisationsforschung. Forschung und Lehre zu Palliative Care im Alter, ethische Entscheidungen in der Altenhilfe, Kommunikation mit Menschen mit Demenz, Genderaspekte von Care.
elisabeth.reitinger@univie.ac.at

DANIELA ROTHE
Dr.^in, Erziehungswissenschaftlerin, lehrt und arbeitet an den Universitäten Wien und Duisburg-Essen. Arbeits- und Forschungsschwerpunkte: Lernprozesse in der Lebensspanne, Erwachsenenbildung, Bildung im Alter, qualitative Forschungsmethoden, insbesondere Ethnografie, Biografieforschung, kooperative Praxisforschung. Bildungspraktische Schwerpunkte: Methoden der Biografiearbeit und Schreibdidaktik.
daniele.rothe@univie.ac.at; daniela.rothe@uni-due.de